萨满教与神话

富育光 著

图书在版编目(CIP)数据

萨满教与神话 / 富育光著. — 北京:商务印书馆,2023
(2025.4 重印)
ISBN 978-7-100-22234-1

Ⅰ.①萨… Ⅱ.①富… Ⅲ.①萨满教—研究 Ⅳ.① B933

中国国家版本馆 CIP 数据核字(2023)第 056037 号

权利保留,侵权必究。

萨满教与神话
富育光 著

商 务 印 书 馆 出 版
(北京王府井大街36号 邮政编码100710)
商 务 印 书 馆 发 行
北京盛通印刷股份有限公司印刷
ISBN 978-7-100-22234-1

2023 年 6 月第 1 版	开本 880×1230 1/32
2025 年 4 月北京第 4 次印刷	印张 14 1/8

定价:75.00 元

编辑说明

本书曾于 1990 年由辽宁大学出版社出版，此次重新出版我们在尊重原文的情况下，根据现行的出版规范做了少量必要的文字编辑修正。原书中注释所列参考文献，给出信息较少，不便于读者参阅，我们尽量补充了著录信息，但由于当时的学术研究背景，一些文献未公开出版或仅为研究者自己收集和使用，至今难以查考，因此部分注释一仍其旧。此外，为了保持原貌，原书首版中由任继愈先生撰写的序，以及作者所写后记，均予保留。

序

　　伟大的中华民族是由五十六个民族结合成的共同体,各个民族都在自己生活的领域里对中华民族作出过贡献,但长期以来,我们对有些民族的社会历史了解得很不够,新中国成立后,贯彻了正确的民族政策,开始改变这种状况。

　　每一个民族都要随着政治、经济生活的发展不断改变自己的生活方式。中华人民共和国成立后,各族人民当家做了主人,经济生活日新月异,所有制也发生了深刻的变革。1956年,党中央发动全国范围内的少数民族调查,调查内容包括民族、风俗、语言,重点放在社会经济结构、生产方式方面,通过近两年的社会调查,培养了新中国第一批民族研究人才,积累了丰富的第一手资料,为后来的更深入的调查打下了基础。

　　由于时代条件的限制,调查手段不像今天采用的录像录音设备,连照相器材也有困难,如果当时有现在的设备,我们保存下来的原始资料会更完整,当时的重点着眼于社会经济制度、所有制及民族语言,对原始宗教只进行一般考察,今天看来,这是当时认识上的不足的地方,因为原始宗教本来是群众社会生活的组成部分,尽管如此,我们还是开创了前人从未做过的艰巨事业，初步摸清了全国五十六个民族的社会经济的基本状况，抢救了大批原始资料，为今后制定民族政策、发展民族经济、培养民族干部积累了最基本的资料。

随着国民经济的七个五年计划的完成、民族政策的贯彻落实，我国的社会科学研究也有相应的发展，如西南地区对彝族、纳西族的古籍文献进行了系统的整理、翻译。在老一辈专家带动下，通过研究工作，培养了大批新型的专家学者。对蒙古族、藏族的古典经籍也进行了整理出版。对东北地区的萨满教及时进行了广泛深入的调查研究，提供了可靠的依据。十一届三中全会以后，中华民族面临着开放、发展、走向世界的伟大时代。中华民族前进的经验如果研究得透彻，对全世界也是一种贡献。对各少数民族的文化、历史研究得透，才能使中华民族有所发展。由于主观客观的原因，对各民族的调查研究的进程很不平衡，这是正常现象。总的说来，近十年来我们的民族学研究一直在前进、在创新。

最近高兴地看到富育光同志新著的《萨满教与神话》的书稿。作者长期从事萨满教的调查研究，现在这部书稿即将出版，值得鼓励、表扬。它是我国萨满教研究的第一部系统调查研究的成果。社会科学近来发展的趋势，趋向于综合、比较、融会贯通。综合、融会贯通必以精密坚实的分类研究为基础。分类研究的不断深入，才能把综合研究提高到一个新的层次。通过本书提供的萨满教这个历史的活化石，参证中外古代文献资料，可以开拓关于研究古代社会、历史的新视野。这一新领域有待于有志者共同开发。我期待着我国民族学研究繁荣昌盛的新局面的来临。

任继愈
1990 年 9 月于北京

目 录

引 论 ··· 001

第一章 萨满教神论 ··· 013
  第一节 神祇原道观与神论分期 ······························ 014
  第二节 神论与神系 ·· 025
  第三节 萨满教"多层天穹观"和"三界说" ··········· 038

第二章 萨满教多神崇拜 ··· 047
  第一节 自然神祇 ·· 049
  第二节 图腾柱与图腾神祇 ····································· 057
  第三节 萨满教的火崇拜 ·· 064
  第四节 地、水(冰、雪)的崇拜 ···························· 071
  第五节 灵禽崇拜 ·· 079
  第六节 祖先崇拜 ·· 096
  第七节 生育崇拜与"乌米"、"乌麦"生殖神解析 ···· 104

第三章 萨满教的祭类祭程 ····································· 115
  第一节 原始血殉血祭遗风 ····································· 116
  第二节 火 祭 ··· 126
  第三节 星 祭 ··· 136

  第四节　柳　祭 ·· 151
  第五节　海　祭 ·· 160
  第六节　北方诸民族的熊、蛇祭祀 ························ 169
  第七节　清宫堂子祭与各族民间家祭 ···················· 177

第四章　萨满的卜术 ·· 197
  第一节　占卜是萨满神事活动 ····························· 198
  第二节　萨满的卜筮 ··· 204
  第三节　萨满近世卜术 ······································ 223
  第四节　萨满卜术的心灵观念 ····························· 233

第五章　中国北方古神话的丰富载体 ······················ 243
  第一节　北方古神话成因与特征 ·························· 247
  第二节　宗教信仰和讲古习俗与北方神话 ············· 261
  第三节　北方神话 ·· 277

第六章　神偶——萨满灵魂世界的幻象形体 ············ 383
  第一节　神偶探索概述 ······································ 384
  第二节　神偶的产生因素及诸种形态 ···················· 387
  第三节　神偶与灵魂 ··· 397
  第四节　神偶与神性 ··· 403
  第五节　北方诸民族的神偶崇拜 ·························· 426
  第六节　北方萨满教神偶崇拜的文化意义 ············· 435

后　记 ·· 439

引　论

　　神秘莫测的萨满教崇拜狂热以及那种种令人惊叹不已的神术活动，同世代都在虔诚信仰本氏族宗教神威的北方诸民族一样，一向被世人感到无限敬畏和好奇。在我国历朝典籍中，有不少属于北方萨满教信仰的零碎记载，均视其为东北夷诸民族中的一种特有巫俗。可以毫不夸张地说，数千余年来北方诸民族文化发展史的核心史观，便是萨满教文化的传承史。萨满教是民族文化和民俗形态的母源。萨满们那灵佩斑驳、森严威武的神裙光彩，那激越昂奋、响彻数里的铃鼓声音，那粗犷豪放、勇如鹰虎的野性舞姿，那独具英风、百代讴诵的北国神话和英雄史诗，那秘传儿孙的古史、古训、古药、古卜，以及先辈驭火、治水、罟狩、孕婴、训世、辨星、操勇等技能经验，一代又一代地铸造、陶冶、培育着北方诸民族的精神、性格和心理素质。萨满是民族之师、民族之神、民族之魂，承继着民族精神文化的全部遗产，从而享得全民族的敬重。往昔，萨满教的影响在少数民族中不仅妇孺皆知，而且波及的地域遍及白山黑水，文化范围是辽阔无垠的。北亚和东北亚，处处皆然。尤令人惊奇的是，在1990年的春雪季节，我们还在黑龙江省大兴安岭林区深处，请到了正在捕犴的鄂伦春族著名萨满孟金福老人，击鼓诵唱年轻时神授的萨满歌舞。撮罗子里的鄂族男女欢笑着拊手相和，十分热烈感人。也是在 1990 年谷雨后，我们在吉林省永吉县杨木乡发现了一户满族珍藏了百余年之久的萨满手抄满文神谕、神像、神偶及其他神器等珍贵实物。可以说这是近些年来所发现的最古老的自然崇拜和祖先崇拜的清季原始实物。实物制作年代至少要早于二百年前，具有极珍贵的研究价值和鉴赏价值。萨满教在北方各民族中的存在与影响，并未因时代的推移而消逝或退减。事实上，我国北方萨满教活动区域的诸种文化形态、现象与影响，也早就为国内外学术界所注意和重视。不少学者不辞艰辛，久住民家，跟踪记录和研究，期盼能登入萨满教"万神宝殿"，畅览我国北方先民筑建的原始文化神秘之宫，进而揭开北方诸族所共有的传统宗教理念之谜。

萨满，亦有写成"沙曼"、"萨玛"、"沙玛"、"撒麻"、"撒瞒"、"珊蛮"等字样。在中国史书上最早见于南宋徐梦莘所撰《三朝北盟会编》一书中，讲"珊蛮者女真语巫妪也，以其通变如神"。金元以后，"珊蛮"、"沙曼"、"撒麻"、"娑玛"、"沙玛"、"萨玛"、"萨瞒"、"萨满"等词便多次出现在各种书籍中。现在统用"萨满"一词。萨满，实为阿尔泰语系满语支的女真语，其含义多数解释为汉语的"巫"意。在国外，有些国家在百科全书中多释义萨满含义为"情绪癫狂的人"、"精神狂躁疯跋者"。俄国和苏联有些学者解释为"萨满是一种臆症者，病来疯癫不可自制"，也有个别学者解释萨满不能称为"正常的人",而是"病狂之人"。总之,对"萨满"的解释,世界各国多从其外在形态的某些特征来释义,而且其释义五花八门,不一而足。国内从凌纯声先生始,对萨满一词也基本释为巫的一种,其形态为"情绪癫狂"者。笔者认为,这些解释并未把萨满一词的真正含义讲清楚。萨满,作为女真语的真正含义是什么?从阿尔泰语系有关的北方诸民族语词语音中可以辨析:在满语、赫哲语、锡伯语、鄂伦春语、鄂温克语"Sa"、"za"等音的词根,都是"知道"的意思,上述几个民族几乎相同。"知道"、"明白"基本上都是称谓"Sam"或"zam"。而满语和赫哲语"Sam",就是"知道"的意思,或称"Saha",意为是"知道了"、"明白了"。因此,可以说"萨满"一词的真正含义便是"知道"的意思。在满族著名民间史诗《乌布西奔妈妈》中,就有萨满的解释,认为萨满就是"晓彻"之意,说明萨满是沟通人世间与神的中介人。萨满最能知道、最能晓彻神意,疏通人与神或神与人之间的思想情感联络,达到神灵护佑的目的。故此,萨满才享有极不平凡的特殊的社会地位,受到族众的信仰崇拜。在满族后世萨满神谕中,将萨满直接尊称为"阿布卡朱赊"、"阿哈朱赊",实即天之子、天仆、天奴的意思,其意是指萨满为宇宙间众神祇服务的仆奴。

萨满的职能和萨满的素质,绝不是由于臆病或神经变态的"情绪癫狂者"等因素才算作萨满。按上述说法,萨满则是病狂者,或称患病者,这是对萨满教中萨满的成因与特征完全错误的揣测。事实上,北方诸民族所有氏族的萨满,也包括前数代一些甚有名望的大萨满,他们并不是愚笨无知的病态患者，更不是喜怒无常的精神分裂的疯癫人。正相反，从我们接触到所有资料和萨满本人，他们是本民族中的智者、渊博多能的文化人。按满族有些姓氏颂扬萨满的话讲，"有金子一样的嘴，有神鹰一样的勇猛智慧"。在一定意义上讲，萨满是一个氏族的精神、智慧和力量的综合。平时，萨满是氏族中普通的一员，不享受任何特殊礼遇，然而氏族或其成员罹难时，他是一马当先的化导者，同时也是本氏族药师和女人育婴的保姆。因此说，一个原始氏族的兴旺要依靠和培育出众多文武齐备、智勇双全的萨满，才使本氏族像"有太阳一样光明永照"。萨满的形成有多方面的条件和因素，各族产生与选择萨满的方式礼仪大同小异。它与萨满教原始精神心理说、魂化气化观念等有密切关系。萨满成因又是萨满教值得专门探讨的重要课题。笔者将以大量调查另书专论，在此不多赘述。萨满教属于北方诸少数民族所崇奉的原始宗教。曹廷杰《西伯利东偏纪要》中就指出："按跳神之俗，通松花、黑龙、乌苏里三江至东北海口皆然"。萨满教作为自然宗教是靠氏族传承的，具有着极严密的传袭性和封闭性。清以前某些国外人士在游记书稿中有些点滴描写与披露，仅为略记而已。清代在北方志书、笔记与史籍中有简单记叙。在国内真正考究与探讨北方萨满教的奥秘，始于民国初期。对于我国北方诸民族所固有的萨满教信仰与崇拜习俗的翔实观察、躬亲访问、搜集实物传说，并予以严谨地分析和比较，在大量调查的成果基础上整理著书，有功于世者最早当推凌纯声先生，传世名著便是民国二十三年（1934年）在南京出版的《松花江下游的赫哲族》上下两册，资料之丰富细致，为国内外学界所备崇。除此，国内亦有些学人著文探讨北方诸民族的萨满教的宗教观念和影响，均有所贡献。

真正开展对北方诸民族萨满教状况的系统调查，是在新中国成立以后的20世纪50年代至60年代期间。当时，在党的民族政策的指导下，国家民委、社会科研单位以及地方有关部门极力倡导，组织了国内许多学者包括民族学、社会人文学、历史学、经济学的学者对全国各民族地区陆续进行了大规模的社会历史调查。在此次卓有成效的社会历史调查中，除广泛调查了全国民族地区的历史、经济、文教等发展状况外，还首次在我国东北地区，对世居的诸少数民族萨满教情况做了较全面的调查。这是一次富有历史意义的文化壮举，为建立我国马克思主义的民族学，培养了一批后来颇有建树的学者队伍，成为我国萨满教文化研究的开拓者。我国北方诸民族对他们的辛勤耕耘与劳动以及创立北方民族学研究所作出的贡献，寄予了深厚的民族情感和良好的评价。

然而，科学进步与发展是无止境的。随着我国社会主义两个文明建设的发展，我国民族学、民俗学、历史学、北方考古文化研究日趋广泛深入。特别是党的十一届三中全会以来，我国民族关系与民族政策的落实达到了历史上最好时期，前所未有的各民族文化复兴的繁荣气象开始出现了。北方各民族世代传承的民族文化遗产，得到抢救、挖掘、翻译与整理。不少有价值的民族文化书籍已陆续出版。各民族聚居区内本民族文化的承袭者与保留者——各族深有名望的萨满、歌手、故事家、民间工艺家受到应有的尊重与爱护。在满族、达斡尔族、鄂伦春族、鄂温克族、蒙古族、锡伯族、赫哲族、朝鲜族中,还征集到众多的本民族珍藏经世的文化实物与手抄资料,确为北方文化遗存储藏之一大奇观。不能不令人慨叹祖国文化辉煌灿烂、历史源远流长。近些年,我们对北方民族文化的调查、挖掘和整理工作,与中华人民共和国成立前后相比,确实更加全面深入。我国五六十年代的民族社会历史调查,主要侧重于社会和经济的变革,为研究民族文化工作做了基础性工作。但对广藏于民间的丰富多彩的文化信仰、习俗、口碑文学等还缺少详细的了解与记录,而且对某些民族如满族等民族文化遗产的挖掘和整理,则相对显得薄弱。由于各种历史原因,许多民族文化人士相继谢世。许多宝贵的资料任之消散践毁,导致祖国北方文化中出现不少难以填补的空白,实为憾事。

笔者发于对民族文化的崇仰和热爱,深感学术与历史是不容含糊的。多年来我国对北方萨满教虽有一定研究,但许多问题得不到应有的答案,而且尚有众多研究的空白和问题,其因归根结蒂就是对第一手资料占有的贫乏。所以说,不对我国北方诸民族萨满教文化抓紧进行奋力抢救,北方民族文化史将会留下许多重要的不解之谜,其发展规律和特点将不可能被真正理解和认识。何况萨满教文化因其历史的积淀、文化层次形态等相当错综复杂,剖析其实质是十分艰难而细致的科学鉴别与分析研究工作。诸如,萨满教文化圈范围究竟多大?萨满教对我国民族文化的影响、地位、价值、意义如何?有些国内外学者认为,凡属原始宗教性质的宗教形态均可视为萨满教,包罗世界各地各民族。这显然似乎扩大了它的地域性和本质内涵;

也有不少学者则认为它属于北欧、北亚、北美地域性的原始宗教文化，即地球亚寒带和北寒带地域为主的原始宗教形式，或称萨满教文化圈文化模式，反映其强烈而鲜明的地域性、内向性和长期历史形成的本地域众民族群团共有的大同小异的生活习性特征。又如，萨满教与巫教的异同，也是长期为人们所困惑的问题。因缺少对北方诸民族文化和生活习俗的深入调查和了解，特别是20世纪30年代初日本人出于政治目的对"满洲地方"的调查，将民族信仰萨满活动同蛊惑狐黄白柳灰骗财害命的"神汉"、"大神"、"巫医"混在一起，讹传日久，民族萨满祭祀亦被看成"跳大神"。解放后，适逢百废待兴，民间宗教信仰与习俗并未来得及进行研究和剥离，仍沿旧说，一定程度上耽搁了萨满文化的抢救。总之，萨满教文化是否应视之为"迷信之尤"，如防瘟疫，给以不公正的摒斥和防范？或者我们以马克思主义者实事求是的态度，以满腔热忱和高度负责的精神，正确对待民族文化遗产，留精去粕，古为今用，既认识到作为人类历史文明初期萌生的原始宗教，在漫长的社会发展历史长河中，不可避免地泛聚着历史的污垢和陈迹，但是它的主流却正是汇聚了一个民族漫长历史中所创造和积蓄下来的极丰富而灿烂的文化智慧和精神财富——人类祖先的文化足迹和全部文化遗产。后者的态度是正确的，是绝对不可忽视的。

近些年来，在我国学术界中亦有不少有识之士，开始重视和认识北方萨满教文化宝库，并产生了浓烈兴趣乐以研讨，而且开始冲破某一类学科的藩篱，被历史学、人文学、文艺学、美学、社会学、人类文化学、宗教学、民俗学、考古文化学等多学科的青睐，都能够从萨满教文化中，撷取到丰厚的营养和开拓全新的研究领域。当然，萨满教研究属于世界性的学术课题，要真正解开其许多未解之谜，揭示其庐山面目，除要靠国内学者合作外，还要同世界学者广泛合作。还有一段艰难曲折的路程，要我们不懈地探索、攀登。

从国际萨满教文化圈来看，信仰与传播萨满教文化的国家与民族，属于地球北半部分的温带、亚寒带与寒带地域。从北欧至西伯利亚乃至北美洲均有萨满教文化同类或相近的文化形态。因此可以说萨满教文化是北方地域性质的大文化带的文化现象。国外对于萨满教宗教现象与其文化的考察与研究，至少早于二百余年以前。随着世界现代文明发展，如欧洲、苏联以及北美洲等地各国现代化文明建设与发展，往昔属于原始宗教萨满教的文化遗存，受到了强烈冲击，生活改变了社会的习俗与信仰。原始宗教的形态被现代新兴的文明需要所取代。许多历史的陈迹相应地被荡涤殆尽，传统的文化遗物也只能被收藏到各种博物馆与陈列馆中去了。但是，国外学术界一直把萨满教研究作为一个热点，作为探索人类历史文化之谜的重要途径和宝藏。所以，他们不仅设立专门研究机构和学术团体与组织，还出版不少刊物和专著，以至使萨满教研究成为一门新学科——萨满教学。至今萨满教学仍是世界上方兴未艾的学科。

在我国东北地区，因社会历史条件发展，在客观上为萨满教的保存与沿袭创造了可能性。至今东北三省特别是吉、黑两省中的满族、鄂温克族、鄂伦春族、达斡尔族等民族中，仍存在较深厚的萨满教文化遗存与现实萨满活动和影响。除此，如新疆察布查尔地区的锡伯族中至今保留有珍贵的萨满神本和祝祭传说。在内蒙古东部地区的蒙古族中亦保留和流传着独立于藏传佛教之外的萨满"孛"的虔诚活动。在东北诸民族萨满文化中，尤为可贵的是，甚至有些民族的家族中，至今除保留有珍贵的清以来的萨满手抄神谕、神器、神服等文化遗物外，还保留一些相当古朴的萨满海祭、野祭、火祭等原始自然崇拜形态和原始星图、古药、卜术、育婴术等，虽是残迹余影，从世界总的文化观念窥视，其价值与意义都是非常重大的。萨满教属于残留于现代文明世界上少有的原始文化遗存，保留着极其可贵的北方人类"童年时期"开拓自然、征服自然、繁衍种族的艰辛岁月中的情感、观念、经验、认识。这对于研究人类思维发展规律、对人类文明史的研究都是很珍贵的人文资料，堪称人类文化"活化石"。如此，我国的萨满教文化研究也越来越引起国际上学术界的浓厚兴趣。文化人类学的研究，从来都是跨国性的。中国是世界萨满教文化研究重要的一环，是萨满教产生、发展、传播的重要故乡与中心。所以，加强对萨满教的研究，在国内外萨满教研究丰富成果的基础上筑建萨满教文化研究大厦是我们这代学者责无旁贷的历史责任，应在更高层次上加强国际合作，发展与深化萨满教文化研究，为世界文明作出应有的贡献。

长期以来，我国学界对我国北方文化、历史乃至民族源流的研究，主要依凭于历代典籍文献以及各种史志、笔记等材料。众所周知，东北地区诸民族文化历史资料，历朝记载不甚详尽。许多少数民族文化历史未能系统、具体地反映出来。所以，给北方民族文化史的研究带来了相当大的困难。而萨满教文化是北方诸民族文化的基石，其中保留着众多珍贵的族史、部落史、民族关系史、祖传手谕、桦贝书契以及生活习俗、创世神话、史诗乃至宗族初民世代积累下来的生产生活斗争经验与技艺，堪称北方民族生息繁衍的经典与师训。只有真正汲取与掌握了北方萨满教文化，才能真正认识、理解、熟悉北方民族的历史文化渊源，才可能解释与写出北方诸民族的文化史、民族史、民俗史，进而丰富与光耀我们伟大而统一的中华民族文明史。

原始宗教是在原始初民时期，一定地域生产生活条件下的观念产物。对萨满教的了解、剖析，旨在探索北方诸民族先民的原始思维意识，求索古人在遥远的氏族部落时代的生活掠影，从而洞窥人类文化之源。人类"童年时期"是颇令今人幻想、猎奇并甚感兴趣的谜境。众所周知，民族与国家的形成，是历史进化的产物。而初兴时期的原始信仰与原始宗教，是不分种族与国家的，确切地讲，远在民族形成之先便是已经存在的观念意识了。本书首先便是要力求探索北方文化萌生过程中逐渐形成的共同观念意识。我们伟大祖国是由众多兄弟民族组成的大家庭，而多民族的大家庭又是在一个特定的地理和历史条件下形成的。要研究我国北方各民族文化，不仅仅要熟悉和了解我国北方各民族形成后的文化与历史，还应深入研究和探索这些民族未形成前的文化形态与历史。只有这样才能真正了解民族文化的源与流，增强民族的自强心和自信心，也才能更增强民族之间的凝聚力，促进民族团结，繁荣民族文化。其次，本书还着力重视与我国相邻的跨国诸民族（如西伯利亚、远东一带诸民族）萨满教文化的遗存与研究，从而给人们以既有共性又有个性的完整的北方萨满教的概念。最后，我们以极大的热忱注意于披露十数年来所积累的实地调查资料。为保证所引用资料的可靠性、科学性，笔者曾多次赴东北三省有关乡村市镇，多次拜访萨满、族长、歌手核证求实，凡属民间传言，均一一注释说明，便于读者鉴引参考。

第一章 萨满教神论

第一节　神祇原道观与神论分期

萨满教不论其地域或民族有别，其最核心最活跃最基本的观念，便是将人类赖以生息的客观广宇间所存在的众生物和无生物乃至人自身客体外的一切存在都认为是寓神之所。神无所不生，神无所不有，神无所不在，从而予以虔诚崇仰和膜拜。这是萨满教泛神观念的体现，是萨满教神论的基本出发点，也是萨满教所有神事程式过程的思想渊薮。

研究萨满教的神论，必须首先弄清楚萨满教中之"神"的含意。各族中具有至上权威的神授萨满——神与人维系关系的中介替身和代表，会十分明确地告诉我们：神是一般人类看不见但确实存在的一种具备万能力量的气雾形幻象实体。它往往依托一种物质而运用其力量和影响。获得某种特质的萨满们，能肯定地承认和自感到宇宙间有着一种幻力，冲击和寄寓于自身实体中，忽生忽灭、忽来忽逝，影响并左右着自身的活动能量，有时使自身在昏醉中完成许多常人难以承担的超人动作。对于这种现象，在萨满教中称为"降神"、"有神"、"神附体"。也只有具备这种举动的萨满，才算实有神功，是名副其实的神人中介的真正萨满。他们方可通神，才可以洞测神道，对宇宙神域中的幻象所知、所解、所觉、所闻、所见，能随时寻得宇宙寓神之所，能交好宇宙泛神，能造访宇宙神域，自在自由地进出于神人之间。萨满教中的老萨满将这种功夫称为晓彻神祇原道。

神祇原道是什么意思呢？对于一般人难以理解。神祇，是指人自身之外的各种超自然力量，它包括一切宇宙空间的物质。实质就是原始的泛神意识和泛神观念。在原始人心目中，周围一切都是超能的，是自身存在之外的陌生的危险源和威胁物。抵消和防卫危险源和威胁物的心理观念崇拜便构成种类繁多的神祇群体。原道，按照萨满教观念解释，认为宇宙间存在着各种神灵。它们不受人世的干扰，始终按照自己的观念、爱好、习性、禀赋、好恶、特性等因素在宇宙间生活着，存在着。它们按各自的生成本原与各自的生息生存轨道活动着，生活着。要认识它，结识它，唯有神的选定代表即萨满通过自身所知、所觉、所悟、所解、所闻、所见，才能体察到神祇的存在与意愿。萨满教还认为，神祇在宇宙间独立存在着，活动着，显现着，只不过它们栖居与活动于另一个人间之外的世界中。世间数不清的神祇们，都在按照各自生存之道在神界中生活。它们像人一样有情欲，有喜怒哀乐，有人的一切意念与个性，而且又有远高于世人的幻术与奇能，具有无所不能、无所不达、无所不有、无所不摧的超自然力量。这种神力又有类属、区域、性质、谱系、大小、高低、远近、善恶之别，而神力入世或与人发生交往关系主要凭依祈、祭、梦、授等不同途径。神威无敌的萨满们，便是依靠所感知的神祇原道意识而借其神威，施展神人中介、沟通祈愿等能力，以实践诸种祈祝意愿与目的。

萨满教神祇原道观念认为，在人世外存在众多的神祇，自生自存，尊其本原、亘古长存，且按其独特的神界规律存在与生活着。人们若要了解、祈求、请降众神祇，萨满便要通过祈祝程式进入神界，按神祇原道原属予以诚请。神祇原道观念，是对神界神域的统观概念，它的基础是原始泛神的多神崇拜。神祇原本可能是物化神、人化神、飞禽走兽化神，也可能是自然界各种风云雷电为神，山河湖水、日月星辰化神，故神源甚繁杂，神名甚繁多。萨满请神，只是概括祭祀程式的统称，其实萨满在祈祝神愿、祭祀诸神时，是根据某种意愿，迎请辖司某一职位的神属临降，绝不是所有的众神都要迎请，而是有什么事请什么事属的神祇，不至于在祭请中请来众多杂神，既亵渎不恭，又达不到祈愿目的。神祇神道或称神祇原道观念的含意图示如下：

由上边的图示便可以清楚看到，在萨满教观念中认为，人世间之外包围着的整个宇宙，不分天上地下到处都是神域，不论这些神祇的原道来自何属，统称为神寓之所。另外，在中间

的人世间，还有交叉着的红线*，借以表示诸神祇还可以自由存在或穿行于人世间。因此，人自身以外的客观世界都可能有神祇栖居，并可能对人有巨大影响，如此构成了萨满教的泛神崇拜观念。

萨满教的泛神观念及其神论，是在一定社会历史条件下产生的，受当时生产水平和人类认识能力约束的。在萨满教形成与发展的整个漫长的历史时期中，泛神观念与神论含意是不尽一致的，是伴随社会的发展变革不断充实丰富起来的。

宗教属于意识形态，它是原始初民在生存生息过程中与自然界抗争相对软弱无力的观念反映。宗教并不是人类初始就有的。依据国内外考古调查证实，在原始群时代，人类刚与动物分野，大脑思维与意识观念等还相当不发达。当时人类只是自发地适应于自然界，还不可能将人类与自然分离开来，也就不可能产生那种人与自然之间相离又相关的神秘的宗教观念，也就谈不上有宗教祈祷行为。只有到了原始氏族制阶段，人类思维能力有了进一步发展，才有了原始宗教的萌生，如美洲印第安易洛魁人的氏族社会的宗教仪式便是这期间的产物。欧洲是在旧石器时代中期的尼安德特人才开始有宗教萌芽。据考古证实，发现尼安德特人已经有了埋葬死者的习惯，在死者周围还排列着公山羊的角。有些遗骨周围还散布着红色碎石片等。这种墓葬，被考古学认为是"尼安德特人"时代的宗教信仰的证明。在我国对于北方萨满教最初萌生时期的实物例证，过去鉴

---

* 原图如此，似为初版时有所遗漏。——编者

别、分析和认定甚少,所以确定其最早产生的年代是较困难的。但是,从我国旧石器时代晚期的山顶洞人的遗址人骨化石可以看到,遗骸周围撒有含赤铁矿的红色粉末,还有各种随葬品如燧石石器和钻孔兽齿、石珠、海蚶壳和骨坠等物,说明大约一万八千年前的山顶洞人已经产生原始宗教观念。红色粉末等在我国北方诸民族民俗信仰中始终代表鲜血或牲血的颜色,这与祈祝其灵魂安宁而予以献牲,源自同一观念。在我国北方特别是东北地区,乃至西伯利亚、远东一带的考古发掘中,发现新旧石器时代墓葬中很多骨骸旁伴有骨角、珠饰以及兽骨、蛤壳等遗物。苏联莫斯科东北部的逊戈发现两万多年前的男人和小孩的遗骸,身上撒有红色赭石粉。成年男子身上还有三千颗珠子,此外还有兽齿、猛犸象牙和石珠等饰品。[①]我国东北东部地区的新开流、莺歌岭文化遗存中出土的骨雕鹰头、骨雕游鱼、陶人,以及陶器上的水波纹、陶猪、陶狗、陶熊,中部地区昂昂溪文化遗存及白金宝、庆华遗址中的陶制的鸟形鬶,用三角形篦点纹在陶器上组合成的鹿纹、羊纹、蛙纹以及陶马等,这些带有图腾崇拜宗教色彩的文化遗存,都是初民在特定的采集与渔猎生产经济阶段下所形成的生物生命崇拜观念,实际上就是当时原始萨满教神论观念的思想结晶,进一步证明在氏族时期先民们产生了动物崇拜:如崇拜鹰神、水神、鱼神、猪神、熊神、鹿神等。

苏联学者 В.Я.托尔马切夫在《白城遗址》一书中曾介

[①] 参看林耀华主编,《原始社会史》,中华书局1984年版,第394页。

绍1917年他率领俄国学者在我国东北阿什河附近金代白城遗址地，发掘一件"一面磨光，另一面饰有两只小鸟的浮雕像"的青铜器，反映了古代人的灵禽崇拜意识。在苏联学者阿·巴·奥克拉德尼科夫著的《苏联远东考古学新发现》（后译名为《西伯利亚的古代文化》）一书中详细介绍了远东一带女真先民所遗存下来的极珍贵的岩画——萨卡奇——阿梁岩画，岩画中有下面这样一个画面，反映了人对太阳的崇拜观念：

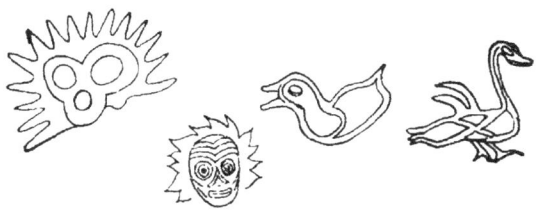

上面这些岩石画像，反映了在北方诸民族至今保存并流传下来的创世神话：人类生存的地球，在遥远的古代曾是一片汪洋洪水，水鸟类的灵禽等搬来砂石，堆成陆地，才生息繁衍了人和生命，并凭着太阳女神的抚育，人类才能生命旺盛，世间万物才充满了生机。这些岩画，说明了新石器时代北方先民的宗教意识和神话观念。

综上所述，可以得到初步结论，我国东北乃至与其文化渊源有密切关联的东亚、北亚跨国文化遗存，都反映在旧石器过渡到新石器时代前后大量不胜枚举的实物资料上面，形象地反映了当时的宗教信仰观念。北方诸族的先人，悠远的宗教信仰便是形成萨满教文化的根深蒂固的胚基。萨满教神论意识便萌芽于此。

萨满教神论意识，随着社会物质生产的发展，不断丰富、充实、发展、演变，按我们目前已掌握的文化资料来看，大致可以分为如下几个阶段：

一、按照杨堃先生的论证，宗教大约萌芽于一百余万年之前。北方萨满教的古老遗迹也充分证明是产生较早的。特别是从近些年大量出土的考古文物和获得原始手抄资料，可以推算其绝不可能萌生于氏族社会的晚期，因此认定为"晚期宗教形式"[①]，根据是不足的。任何一种宗教观念产生，都是有其形成与发展过程的。这个萌生过程正是人类在由蒙昧期向野蛮期过渡的漫长岁月里，思维观念日趋发达的表现。人类进入智人时期，由弱肉强食的禽兽般恐惧进入理智恐惧感，而且产生探索与解释恐惧感的原因，并且产生安抚恐惧感的心理意识，随着这些复杂的心理意识日益充实、发达起来，其间便萌生和发展了崇仰、敬畏、求祈等的低级宗教观念。在北方原始先民中，还可以从石器打制成柳叶形加以印证。因为，柳叶所寓含的深刻内含，是女性生殖崇拜的自然象形物，它是人类生命与种的繁衍的象征。又如在某些石器上面，还有各种打制花纹[②]，如：

---

① 见任继愈主编，《宗教词典》，上海辞书出版社 1981 年版。
② 满族郎姓、徐姓萨满传世石坠上的图案。石纹坠佩戴在神衣和神帽上，石纹多为鱼鳞纹，据传已经过七代，视为祖宝。

第一种石纹可能是昏夜的象征；第二种石纹是阳光的象征；第三种石纹可能是水波纹或水汽升腾的象征；第四种石纹则是突出天与地，或可能是指喻天上地下的象征画纹。这些都可以使人推断在原始初民旧石器时代，某些现代人看来是拙朴的艺术图案，实际上凝集着一种低级原始的崇仰理念，亦可证明当时能将诸种复杂的自然现象归纳、概括成若干种抽象图形，表示祈愿和信念。可见，当时人类思维发展已经达到相当发达的地步了。

近年来所发现的大量考古资料证实，远在数十万年以前，北温带、亚寒带和寒带的北亚、东北亚的广阔土地上，已经生息着古人类。而并不像某些学者所认识的，北方开发很晚，先民都是由黄河流域北上而来的，是中原文化的传播者。近年考古的新发现，说明北方人类的活动和文化创造的产生与发展都极其古远，旧石器以前在黑龙江两岸就有古人类的生活足迹。近年牛河梁女神庙的发掘也证实，北方先民的宗教崇拜意识在五千年以前就相当完备。

人类作为一种有思维能力的高级生命体，对客观自然界自古就有适应性和谋得生存权利的适应方式。大自然不仅给人类某种生育机会和生命延续手段，而且千变万化的自然现象也启迪、诱发着人类去思考、去探索、去谋求获得征服自然的力量与途径。因此，萨满教的萌生与发展，正是北方先民开拓寒土、征服自然的第一朵精神花蕾。萨满教观念中最突出的天宇物灵崇拜观念，其实绝不是后期才产生的一种宗教观念，而恰恰证明它萌生期相当古久。它是产生和迸发于萨满教产生初期的思维火花中的一点星光。对北方原始人来说，生存的首要条件莫大于阳光与温暖。故此在北方古代遗址的旧石器出土中可以见到上述所叙述的多种石器刻纹。因此，不要简单地把这些图案视为古人的偶然而作，或是简单的自然模仿和艺术美感的反映。那里所蕴含的主要内容是原始人对生活的认识与企冀，蕴含着他们炽热的宗教情感和奇丽的神话观念，反映原始先民对光明与温暖的渴求，反映对昼夜的认识，也反映原始人类为适应生活条件而初步认识到夏秋时地上暖、地下寒，冬春时北方地上寒地下暖的生活常识。当时，原始先民对这些生活现象既迷茫不解、不可思议，而又为生活所必需和须臾不能违拗的事实所制约，时刻谋求寻找统一这种复杂而矛盾的心理状态，在客观自然界中得不到依托，便求乞于自身观念认识上的慰藉和满足。所以，原始先民绝对畏惧与崇拜自身之外的全部自然物与自然现象，把诸种自然现象都看成是生存威胁，是可能庇护自己或可能侵袭自身生存权的攸关大事，故而逐渐萌生一种在自然淫威下的软弱无能、无所奈何的惊畏、依赖、乞求、膜拜、崇仰等心理意识。这便是萨满教最初级的宗教观念。萨满教从一萌生，便随着人类社会的进化一起不断演化着。史前期的宗教意识是低级的、萌芽的，只是对自然物与自然力的膜拜，并未形成明确的神的形象而予以成型的宗教祝祭活动。

二、在距今四万年到一万年左右，北方原始先民进入旧石器中晚期到新石器初期，出现了原始氏族社会。特别是进入原始氏族社会母系时代繁荣时期，萨满教宗教活动从理念到崇拜对象乃至祭祀程式都已完备，萨满教进入成熟与活跃期。萨满教神论观念包括自然崇拜、图腾崇拜、万物有灵观念和灵魂观念都相当发展，甚至成为氏族制度的精神支柱和生活法规。萨满教中许多神祭、神谕、神验、神示、神判等神圣的宗教仪式都相当频繁、隆重而内容丰富，独具北方渔猎民族先民的生活特征，有强烈的地域意识。这种纯朴的原始氏族宗教，同国内外其他地方的宗教相比，有相当大的区别。从我们已经搜集到的萨满教大批口传手抄的民族语言神本中，可以看到其中保留下来数量十分珍贵、十分难得的北方母系氏族社会的文化遗产。从这部分遗产中可以推断，萨满教在这一历史阶段已到了成熟阶段，表现了原始宗教的诸方面特征，而且延续时期相当漫长。萨满教母系时代繁荣活动的文化遗迹与影响，可以说直到今天文明时代仍十分鲜明突出。

三、从我国有史可考，相当于我国周秦时期，对北方肃慎人活动的文献记载，一直到室韦、勿吉、靺鞨、渤海，下延到辽金时期，北方萨满教在北方诸民族中表现已由母系氏族宗教向父系氏族宗教过渡、发展，并成为原始父系社会的宗教。在萨满教神论中除保留自然崇拜、动物崇拜外，重要的变化是：至为神圣的父系祖先神的崇拜观念和崇拜仪式在整个氏族宗教神事活动中，占有突出的地位。

这阶段萨满教神论中除保留有原始宗教多神崇拜神话与祭礼祭规祭俗外，其积淀的文化历史观念日趋繁杂。佛教、道教、儒教等教义与观念已在萨满教中占有一定位置。诸神杂糅的现象很常见。民间特别是汉族民间巫教及巫觋活动有许多已经被萨满教广泛吸收容纳，诸神文化祭俗相互融合汇集，萨教原始形态面貌发生了变化。特别是随着北方诸民族的连年流徙，一些民族分而合，合而分，汉族祭礼、东正教祭礼、佛教强大势力的浸染渗透，萨满教内涵更加繁杂、浩广，汇成一文化巨川。若想做到使之返璞归真，可以说已经极为困难。所以，若研究这一阶段的萨满神论需做大量艰苦的鉴别、剖析、离异工作。我国多年来萨满教的研究所依凭的原始资料，绝大多数是这一时期的。国外学术界对中国北方萨满教研究，严格说来，亦是如此。这便为萨满教的真正性质与文化内涵研究，带来诸多困难，且谬传甚多，几乎将其归入一般巫术，这是值得萨满教学研究者注意和重视的。

四、清以后直至民国乃至今日，我国北方萨满教已发展到日趋衰退的地步。清代，上层统治者从政治目的出发，在满族贵族与皇室遗胄中，虽保留了萨满教观念与信仰祭俗，但已经杂糅了汉族及历朝宫廷庙堂礼俗。萨满教堂子祭祀已在演变，特别是清乾隆十七年颁布《满洲跳神祭天典礼》*，统一了满族在清代的整个萨满祭规，完成了对北方延续数千年的古老的氏族原始宗教的规范化与改革，使萨满教祭祀开始变成简单的家族祭祖活动，纵然在当时东北地区有些民族如鄂伦春族、达斡尔族、鄂温克（索伦）族、赫哲族以及边远地区的个别满洲旗民姓氏，还多少保留本氏族祖传的祭礼祭俗，但受强大的满洲贵族萨满祭礼的示范与影响，以及诸多限制，相比往昔祭规祭

---

* 此处提到的文献疑应为乾隆十二年（1747年）颁布的《钦定满洲祭神祭天典礼》。——编者

礼已经发生了许多变革,不可同昔日相比了。民国后基本沿继这一祭礼,但声势与规模都逐年缩减。

萨满教作为原始宗教现象,是北方诸民族在特定历史时期中,经济、文化发展的历史产物,必然随着社会文明进步而日趋没落解体。追到新中国成立以后,萨满教其实际的祝祭程式与各姓氏萨满已经因年长者逐年谢世被逐渐中断或遗忘,只能算作一种历史文化的活化石和北方民族丰富的文化遗存被人们重视着。

第二节　神论与神系

神论是萨满教崇拜者和信仰者对所信奉的神灵的总认识和总看法。若研究和认识萨满教,就必须掌握和开启这把进入萨满神殿的门匙,洞测整个萨满教的神国秘密。

什么是神?这历来是神学、宗教学、社会学探讨的主要对象。它们在观念理解上各有侧重,但有其共同点,即将神视为一种不可知的、神秘的、超自然力的幻觉力量。或称为"不可知之谓神"[1]或称"阴阳不测之谓神"[2];或曰"神也者,妙万物而为言者也。动万物者莫疾乎雷,桡万物者莫疾乎风,燥万物

---

[1] 《辞源》。
[2] 《易经·系辞上》。

者莫熯乎火,说万物者莫说乎泽,润万物者莫润乎水,终万物始万物者莫盛乎艮。故水火相逮,雷风不相悖。山泽通气,然后能变化,既成万物也"①。《易经》中对于神是什么,予以五行学说相互影生相辅说的神妙解释,而中心意思不外是韩康伯在《易注》中所说的:"神也者,变化之妙极万物而为言,不可以形诘者也。"这是什么意思呢?就是指世界万物运动变化的动因,而不可视其形却感其在者,谓神。《易经》的解释,也是非常玄妙不可解的。至于佛家则以轮回、未来的超自然幻力来释神;而道家则以"能道变之日神仙"的说法,指神仙幻术而言神功、神效。所以,综观上述诸说,都将"神"字,予以玄奥化。何晏在集解《论语·述而》中孔子名言"子不语怪、力、乱、神"句时,指"神,谓鬼神之事",是指人死后的英灵,将神又与地界阎君联系起来。

原始宗教萨满教是产生于人类童年时期的自然宗教。它并未有更深奥的神论说。从我们承继下来的几代深有文化造诣和神事阅历的老萨满遗言遗训中,可以了解到萨满教神论,有其独到的精辟见解,有其玄妙奇幻的色调,但更多的是务实意识,反映着极朴实的唯物观念:

吴姓哈拉吴伯通老萨满在萨满"特曷"本子"序言"中写道:"古日神者申也,而余谓神者即心也,人之所思、人之所念、人之所想、人之所冀,便是神也。神无不有,神无不在。"

臧姓哈拉臧六十七老萨满在教"乌云"的遗训中曾说:

---

① 《易经·说卦》。

"学萨满要通晓之真谛，萨满神力非求索其不可觅得的幻术奇能，而是要借万物之气，仿万物之能，汇万物之力而独揽一身，久习久练不可中辍，日久石杵成针，真神即现，便谓之有神。"

四季屯富察哈拉著名大萨满、穆昆达依崇阿祖爷训示族中标昆萨满（满语：家萨满）云："神也能也。神不在外，而在内；神不在表，而在里；神不在肤，而在心也。心有则神有，心无则神失。神处处有，神处处在，广聚万神独善己身。要学勤蜂劳蚁。百草可知其药性，百兽可知其禀性，百鸟可知其翔性，百鱼可知其水性，山川星月可知其动性，不知不解不能不做非萨满也。"

钱姓哈拉著名神飞大萨满阔郭突里、穆昆达曾说过："余九龄梦有一对白鹰落怀而得神，族人不领，欲架木焚之，火熊燃，余冲柴腾空，驰疾走蹿于九株高树之巅，不坠、不惧，如玩跳于炕上。神也，万物之能助己用也。余后来便练轻功，纵涧跨树自如，成为神飞萨满。"

呼姓哈拉呼什哈里大萨满毓昆则言："万物皆有魂气，人有魂气，树有魂气，鸟有魂气，狐兽等有魂气，石有魂气，江有魂气，山有魂气，星月等有魂气，魂气无不有，魂气无不在，魂气无不升，魂气无不降，魂气无不流，魂气无不游，魂气无不入，魂气无不隐，魂气无可见，魂气却可交，魂气长不灭，魂气永不消，言神不玄秘，魂气侵体谓有神，何魂何气谓属神，魂气常存谓领神。"

扈伦七姓光绪十六年萨满神谕则称："神为气属，萨满得气领气用气为有神……"

上述论神观念出自满族诸姓萨满教祖传神谕中的摘译。它不仅代表了满族及其先世女真族遥远的萨满教神论观念，也可以参证北方萨满教诸信仰民族的观念意识。从这些摘译中，我们可以归纳出几点认识呢？萨满教神的观念不外乎包括这样几个核心意识：第一，萨满教认为，神念源于人思。人周围客体万物均有神存在。神并不是凭空就有的，并不是像其他宗教所讲是另一"极乐界之修成者"，而是人类自身对客观世界之所思、所念、所想、人之所希冀，即是"神"，是人们的观念形态的反映。这种认识带有朴素的唯物论的倾向。第二，萨满教中与诸神交往的萨满之神迹、神威、神占、神功都源于人的自身的习练与勤苦，汲万物之气与能力汇聚自身，成为超人功能，为氏族中之智者、强者，受到族众的崇敬与信仰；第三，萨满教认为萨满能有奇能，承认在宇宙客观世界中存在着魂气，认为客体世界存在有独立游离于生物之外的魂魄，可以不依生命体而长存长在，是它的形聚显露和力量左右着人而产生神念神感。此外，萨满教认为在宇宙中充塞着一种气质气素。气，神秘不可测，能作用于人、作用于物、作用于客观任何现象，这种气质气素就是魂魄的具体形态。它的活动即是神兆、神显、神威、神示。萨满教的气化气感意识，在萨满教整个观念中占有突出地位，是其神祇原道观念的核心。神祇原道就是气，它存在于人之外的宇宙客观世界中。萨满就模仿、凭借、汲纳、汇粹、运筹、施布这些弥漫之气，而为本氏族祛病除邪、庇佑子嗣、卜箅未来。所以，从某种意义上说，气论即神论，神就是气属，神为气，气为神，神气互生互补，成为萨满教宗教信仰的核心学说，是萨满教诸种神祀、神仪根本的"动"的内在实质，是一切活动的内核力量。正因如此，先父等诸位族中长辈，在同诸位长辈萨满听讲神时都极其重视和崇拜其气运观念。各姓诸耆老长辈们，在测试年景和族事兴衰等都要卜占"气运"、"气候"诸神象。老萨满谢世和族内教"乌云"培训新萨满，测看的兆候主要是其气旺程度和得气显现状况。也正因如此，气化作用可以说是萨满教原始观念中相袭久远的观念理论。所谓魂魄也是气化，本书将要在下文中详述，是有其重要认识意义的。

萨满教气运作用与实质，早在凌纯声先生所著《松花江下游的赫哲族》一书中，就已经提出过。他在讲述赫哲族原始精神信仰——即宗教观念时写道："赫哲和其他原始的民族一样，他们的宗教的基本观念是属于气生主义。他们崇拜祖先，因为相信人与动物都有灵魂的存在，他们崇拜鬼神，因为天灾人祸，冥冥中都是神鬼在那里主宰；他们崇拜自然界，认为日、月、星、辰、山、川、草、木，都有神主管的。"[1]凌先生这般精辟议论，是非常准确的。赫哲与北方诸少数民族，也包括满族及其先世，其萨满祭祀崇神观念中最核心的本原意识就是认为萨满教崇信气运或叫"生气"、"气化"、"气显"等词异意同的这个观念。气化或"生气"、"气显"等内涵，包括了自然

---

[1] 引自凌纯声，《松花江下游的赫哲族》上册，上海文艺出版社1990年版，第102页。

崇拜、动植物崇拜和祖先崇拜诸种多神崇拜现象的心理观念的核心意识。按凌先生的认识,也包括了萨满教所有祭祀现象,其"基本观念"是"生气主义",也即是我们所讲的气运、气化、气生、气显等诸词含义。

气化,我国自古便有论述。《论衡·命义》中便讲过:"人禀气而生,含气而长。"《二程遗书》云:"万物之始皆气化;既形然后以形相禅,有形化;形化长,则气化渐消。"北宋张载在《正蒙·太和》中更有论述:"太虚不能无气,气不能不聚而为万物。"古代,认为气便是命,"天地合气,万物自生"[1]。气,古人谓"无形质可见而相感应者曰气",气运、气化,都是指人体内的一种气化状态和宇宙万物中的气化状态。正因如此,气运、气化被命运学、卜占学视为气数、命运,"天地兆分,气数爰定"[2],以卜候国运兴衰。在原始萨满教观念中,认为世界万物生生灭灭、长长消消、大大小小、幻幻现现等诸种现象,皆源自构成世界万物的本原的一种极细微的物质的千变万化而凝生的体态。这些观念,同《易经》某些观念有相似的地方。我认为,这些古代哲学观念,最早都具有一定的唯物观倾向,源自氏族社会初民对世界的朴素认识,后来由不同阶层的文人智者予以整理提高,而形成一种哲理和学说。萨满教是原始宗教,其意识观念保留更多的原始面貌,代代相因,未经文人修饰整理,故其神学意识不如现在保留下来的诸理学观念

---

[1] [东汉]王充,《论衡·自然》。
[2] 见《宋史·志·乐三》。

和三大宗教等哲理那样深奥严谨。但是，萨满教的神学气化观念却更显示其原始形态的价值，具有独特的研究意义。我们访问的满族、鄂伦春族、赫哲族、达斡尔族、内蒙古东部的蒙古族、锡伯族、鄂温克族等族的萨满，他们的神事阅历与领神时间虽不一样，然而各族的老萨满，在与其详细请教时，他们都能讲述领神是领"神气"，都承认萨满有"气运"功能。神选定或称"抓萨满"，首先要看其气质，喜"静思"、"幽气足"、"颐气养神"的人不分男女可做萨满，有"幽气"、"颐气"的人多为少妇。学萨满，俗称"教乌云"（满语），首先各族都要招神，洗身（洁身），用烧烟火香纸烟等熏烤，相传热烟可以"动气"，使学萨满的人被烟火熏蒸得周身热气回旋，晕转悚栗，眼里可以出现幻影、两耳可以听到异响，或有不知出自何方的嘤嘤耳语声，其意随晕眩臆念中可悟其语意。这便是成功的得气领神过程，从此便可以成为萨满。在为氏族屡次祈神服务中动气功夫日深，而神技神语日多，便会逐渐成为独有神路，自成神系，备受尊崇的氏族大萨满。凡著名大萨满，都在平日积习气功，练嗓气、心气、臂气、腰气、目气、脚气，祭祀时身披数百斤重的上百件神器，唱念纵跃数夜数日而不见衰怠，甚至祭祀间萨满不饮不食，而精气足、目光明、睿志清，尤为氏族敬畏。这些现象，萨满们自解为有"气运"、"气度"，是萨满长期磨炼中所获得的气化之功。萨满祈神中的蹈火、潜水、举重、拔树、飞升、纵高、坠谷、穿火靴、过钉毡、滚针路、抚利刃等，都源于用气化功能。据萨满自述，认为萨满教气化神功不单来自于体内，而是借外气引内气产生神气功能。

这便是前文所讲，认为宇宙客体存在一种外气，或称神气，包括正邪二气，感于某人某身，诱导该人内气而具神力或邪力。萨满生神或请神，便是这一理论的具体体现，请外气而生神，再完成萨满某种神事职能。如果外气弱或外气消，萨满也便濒临衰老或死亡，便再也起不了萨满人神中介的作用了。

萨满教还认为，萨满外气消失，并不等于外气殒灭，其气仍然留存于世间，待到一定时候这一萨满的外飞又重新依附于另一族人身上。这一族人又重新领气，而成为本氏族另一代（辈）的氏族萨满，又重新与这一萨满的内气相糅，形成独立的神系神路，为本族服务，成为又一位德高望重的大萨满。正因为如此，从萨满自身来认识，萨满代代传承，实为萨满的神气世代传承与承继的关系，认为一代代作为具体人的萨满可以逝去，但作为神气、气化的萨满神气却永远代代相传、世代更替。所以，许多老萨满在请神时，可以将自己历代祖先萨满的神气迎请下来，俗称"×代（辈）萨满附体"。在萨满教研究中，这称气化神论观念，是值得重视的。

过去，在萨满教气化理论研究中，多数学者认为迷信玄虚，不屑一说。近年，在我国特异功能学说与气功医疗研究中，已经大量验证，在人身上确实存在着气运现象，而且在某些独具特殊体质的人的身上，这种气化作用尤显神效突出。萨满教气化神学观念，我们认为与这些现象，必有某种相近或一致的地方，在古代原始宗教中保留与传播下来也是可能的。气功与特异功能，不单在现世社会中存在，它在遥远的亘古时代也是存在着的。诸如这些问题，笔者仅抛砖引玉，提示出来，供请诸同仁和后世学者参考和研究。

魂化，在原始萨满教观念中灵魂观念占有另一重要地位。萨满教认为万物（包括无生物）均有灵魂，而认为人的灵魂有三个：一是命魂，即满语"发扬阿"，人与各种生物都有，与人和生物的生命同始终，人活着主要是靠这个魂生存于世间；二是"浮魂"，浮魂有两种形态，一为"梦魂"，它是在人身上和高级禽兽鸟虫中才具有的魂魄。它的特点是可以不完全依主体而生存，可以暂时游离徘徊于主体之外，与其他生物主体相互发生联络关系。梦是这类魂气的作用结果。浮魂的另一重要形态是意念魂，它比梦魂更活跃，人生活于世间最重要的求知魂、意志、卜择、暗示、潜诱、慧测、灵技等超人特能都源于这个魂魄的潜力。这个魂也受外界的影响，如在某些祭祀中，萨满时常通过神祭引来天光日光进于灵物上面，将灵物挂在或系在族人身上，便认为可以使人由愚变智、由弱变勇。这是七色阳光对意念魂的作用结果；三是真魂，满语称"恩出发扬阿"，意思是"神魂"，藏于牙齿、骨窍与头发之中，是人与动物最有生命力的本魂，是永生的魂和能够转生的魂。萨满认为人的身体死后很快就腐败了，但藏于牙齿、骨、发中的真魂能永世长存。萨满通过一定神术招魂，仍可见到真魂，或偶然显现甚至可以交流对话。

阿尔泰人和雅库特人称灵魂和生命为"腾"、"苏内"（或"苏尔"）和"库特"，认为所有生命的东西都有"腾"，它一旦离开人体，人就死亡。苏内为人特有，它使人类有思想、意志和感情，睡眠中它能离开身体四处游荡。认为生命体内均有库特，牧畜就兴旺，主人会富有，它若附在牧人的鞭棍上，病魔和恶狼就不敢加害畜群。他们还认为人的灵魂特别是亡灵，能同自然界各种灵魂或精灵交往沟通，甚至互相转移；亡灵喜附在活人身上或附在其他物件上，使其发生变化。

三魂说在各民族的萨满教中相当普遍，当然其名称和表现形式有所差异，但其实质是基本一致的。北方民族在萨满祝祭中，依据这种真魂不死的观念，通过萨满的神术，去九天寰宇中为人们寻索某人某动物的真魂，其中要经过若干时间的艰辛跋涉、周旋，才能将其请回人世，并用特定的物质——石、木、草、革、帛、兽骨以及后世的铅、铜、银、铁等物质，制作真魂依附栖居的神偶。因此，神偶不单被满族及其先世女真族广泛信仰，而且在鄂伦春族、鄂温克族、赫哲族、达斡尔族以及北亚、东北亚诸民族中也被广泛传播与信奉着。在萨满教观念中，便认为神形不同、大小不一的偶像，具有知觉，有生命，能日夜守护与庇佑氏族或部落。

萨满教认为，魂亦属于一种气态物质，又称魂气。民间传说其颜色多为黄褐色雾气或灰黑色雾气，形状变幻莫测，有时像椭圆形气状依附某处，有时像水珠流溢滚动在叶草、湿润器物上，而有时又多变为小黑团如小鸟浮游在空中，故称"童子魂"，有时状如小人形，于地面飞驰。总之，在萨满教观念中魂气游浮、移动、变幻、轻柔若绵，而其形只有萨满或认为含某些特质的男女，不论大人小孩，可以看到，而且特别认为人初死或人亡不久，其"浮魂"常可以看到，使人们误认为实见其人，俗称"幻影"。由此可知，萨满教认为宇宙间存在各种各样的神气运动外，还有人与动物的魂气存在，神鬼崇拜的基础就在于此。萨满就起到人与神和鬼魂沟通联系的中介作用。

那么，萨满教的"气化"与"魂气"又有什么区别与联系呢？

前文所述，"气化"主要指自然万物之气运活动。气化的神多数指自然界诸神与动植物诸神，而"魂气"主要指人与动物死后的亡魂发生气化活动，即浮魂和真魂的显现，实际是指鬼魂。"气化"与"魂气"是指神鬼两个方面，都是萨满依赖或慑服的幻觉观念。应该指出，在早期萨满教中，鬼魂也即神魂，是神魂的一种，那时神鬼没有绝对的分野，而冠以"恶魔"的魂魄往往指那些危害族人的神魂，在某些萨满神谕中，不称其为恶魔，而称其为恶神。魂的存在与活动，在萨满教中认为仍然以"气化"、"气运"的形式显示出来，故此萨满祭祀时非常注意观察气运显露程度，以此决策自己的祭神时间与行动。

萨满教祭祀神系和萨满自身的附神种类，就是依据萨满本人在对气化神祇和魂气神鬼的掌握与结交情况，组成自成一系的萨满崇拜神系。从各民族萨满崇拜内容分析，萨满众神神系是极其繁多而复杂的，而且因各民族所从事的生产生活对象与习俗不同，各民族在神系崇拜方面又各成体系，既有交叉共祀神祇，又有自己独特的崇拜对象和守护神。萨满教所谓神派，就是以所拜崇的神系为主要分野。

萨满的神派，主要以其神帽上的图饰表示其神系。在北方诸民族中，神系可大致分为鸟神系、狼神系、鹿神系、鱼神系、披发神系等。鸟神系多为原始渔猎民众，居住区多为依山傍水的丘陵与半平原、河套等地区，鸟神系的萨满头饰，多以鹰雕为代表，而鹰雕的多寡则又代表其神权、神龄、神力的高低等别。满族及其先世女真诸姓萨满头饰、锡伯族部分萨满头饰以及黑龙江以北部分少数民族部落萨满头饰多以神鸟统领神系，最高位的萨满神帽上的神鸟有的竟多达二十七只，有的振翅高飞，有的昂首翘立，有雕制亦有绘制于神帽盔沿上，威风神武，肃而生畏。

狼神系则原发自突厥民族的后裔部落，以及蒙古族等族萨满，多以崇拜苍狼为其神系代表。这些民族多为世居于草原绿海中之游牧民族，狼有机敏、顽强的抗争和生命力，古代颂为"草原之神"，萨满头盔上多以狼爪、狼尾、狼头骨等披饰神帽，尤显彪悍神威。据萨满传讲，狼毛中愈久愈可散发一种迷药奇味，使萨满祝祷神降时尤能激奋神气，昏醉若痴，勇猛无拘地完成各种艰难百倍的伏魔活动。

鹿神系是以鹿角枝叉代表萨满统领的神系，而鹿角上的枝叉多寡、高低亦代表萨满神权的高低和所居地的萨满派系。这类神帽标饰多为久居于林莽中的民族所用，如鄂温克族、鄂伦春族、赫哲族、达斡尔族乃至北亚、东北亚一些原始部落中的萨满帽饰便是如此。鹿角代表萨满派系，从我们掌握的资料与同一些老萨满座谈访问了解到，其沿袭很早。据传萨满最早的神帽标饰便是兽骨兽角，简单地罩在或套在头上，后来又取山羊角、野牛角以及掘得的残断的猛犸牙齿、马鹿、犴达罕、四不像等角，再后来随着部落的发展，野兽被驱赶到遥远的山莽中，便以常能猎得的鹿角代表了，而且鹿角精巧、轻便、美观，日久便习用它作为萨满帽饰的标饰了。正因如此，鹿角神帽在满族诸姓中亦有保留，有的姓氏不用鸟饰而用鹿角饰。

鱼神系，多为久居库页岛和黑龙江出海口的原始部落。萨满头饰采用鱼骨、鱼皮、鱼骨珠等雕磨制成的萨满神帽标饰，萨满凡戴这种神帽者其所崇拜神系多为海神、江神。东海女神便是鱼头女人身的跪式宇宙大神，她掌管和送给人间光明、温暖和生命之水，她带给万物以七彩阳光和湿润的甘露。鱼神系神位不甚多，比不上前几类神系，而且没有陆地动物神那样有凌空到天穹中的能力，可以说它是萨满教水系神祇的代表。

披发神系也是北方萨满教中有一定代表性的神系。其突出特征是萨满头上披发辫神帽，有七彩布帛、皮革或铁质围成的帽箍，戴于头上，发辫采用女人长发、动物长尾鬃毛、海豹和海狮的长须等编绺而成，发披于肩，额前罩以骨珠、石珠等，也有用鸟颈骨或鱼睛骨穿成的。这种萨满披饰的神帽，北方几个民族中都有，突出者为布里亚特人萨满，将自己扮成丐者像，意为向众神乞福乞灵乞生计。故又称"求乞萨满"，其神技高超，一般萨满莫可比肩。

除上述几种类型外，我们前文亦提过，还有鬼魔神系。这类神系是社会发展到近世才逐渐丰富起来，最初并不是北方民族所有的文化观念，是受强大的汉文化影响，特别是汉族巫教、道教影响下而日渐接受、吸收和沿袭下来对冥府五帝阎罗王的祭奠崇拜。鬼魂神系在萨满教研究中，也是不容忽视的一方面。

第三节　萨满教"多层天穹观"和"三界说"

在北方萨满教的"万神殿"中，天穹神祇始终占据显赫地位。可以说，萨满教初兴时期就产生的原始天穹观念是其宗教思想的基石。多年来，国内外学术界对此多有探研。但我国的某些学者认为"天神作为综合概念的神，出现的时间比较晚"[①]。显然，这个论断与崇信萨满教诸民族古老的崇天观念是不相吻合的，与这些民族的祝祭活动亦相径庭。实际上，笔者从多年在满族等民族聚居地对萨满教文化遗产的实地调查和对诸姓萨满神谕的释析上来看，则认为萨满教中对自然天体的崇拜是非常古老而久远的。而当时的天穹自然诸神崇拜，绝不能同阶级社会产生后"天神"成为人间帝王的宗教化、神圣化的产物相提并论，两者是有本质区别的。

天穹间自然崇拜，是原始初民视自然物与自然力具有生命、意志以及伟大能力的对象而加以膜拜的观念意识。在北方萨满教中当时最突出的崇拜对象，便是直接与原始初民生息攸关的天、地、日、月、星辰、风、雪、雷、电、云、雨、冰雹、水、火、山、石、河、海等自然物质，而日、月、风、雪、雷、电、冰雹等与原始人生命生活关系尤为密切。在原

---

① 参见秋浦编，《萨满教研究》，上海人民出版社1985年版，第19页。

始人的观念中,神道世界对人世间有重大影响,神祇可以来往、栖居在人世间的万物中,并起某种支配作用。因此,原始人将除了自身客体之外的一切社会变幻与现象均视为有生命的"神迹",统视为"天",即人头顶上昊天的一切变幻。《说文解字》"天"字便作"至高无上从一大"解析。萨满教观念中最突出的神祇便是充满风、气的变幻莫测的天穹,浩渺无边,风雷闪电、瞬息万变,引起原始人的恐惧和信仰,因此对天的崇拜是其最始初的宗教意识。

在黑龙江中下游野人女真部落中,曾广泛流传着的萨满教神话《天宫大战》中讲道:"最早最早以前,天是没有形体的,它像水一样流溢,像云一样飘渺。"这里给我们显示的是一个荒古未开、天地未分的混沌世界。这里的"天"还没有获得和地相对的地位,没有固定的形体,也没有多少神性。它是摆脱了动物界不久、刚刚获得原始思维的古人对其所生存世界的最初认识。这与世界上各民族原始人的心理认识非常接近。北欧神话就认为最初宇宙混沌一团,无天、无地、无海。[1]我国古籍亦载:"天地混沌如鸡子。"[2]这与萨满教天穹观念的萌芽和基元意识多么相似。这种意识非常古朴。它以水和云的流动性来寓意宇宙天穹的流动性,反映了原始初民对大自然直观、简单而又辩证的看法。

满族有的姓氏珍藏的萨满神谕中记载:"蓝天高大,无边

---

[1] 茅盾,《神话杂论》,世界书局1929年版,第17页。
[2] 《太平御览》卷二引《三五历记》。

无沿"，表明初民对浩瀚广宇的直观认识。有的萨满神谕称天是"舜莫林"（满语：日马）的住地，即日马驰骋之所。这里以神马的奔驰来解释天穹的无限变化。有的姓氏萨满神谕称颂天穹是"昂阿额顿"（满语：风嘴），将天穹喻为风的巨口，可恣意吞噬世界万物。一种流动性最大的风，成为天的象征。有的萨满神谕称颂天穹中突现的多彩云光谓"神迹"、"神化"、"神运"，以天色云光雾气卜吉凶，可见原始初民对天穹自然现象在畏惧不解的迷茫中赋予天象以神秘崇仰之情。

由于北方古老民族对深邃的天穹观察程度与解释互有不同，因此北方各族萨满教中所世代保留下来的天穹古谕绚烂多彩。满族有的姓氏萨满神谕中就有"登天云，九九层，层层都住几铺神"的神赞，认为宇宙天穹有九十九层，层层都住着宇宙精灵。日本学者赤松智城先生曾在朝鲜搜集到萨满神谕称颂宇宙"三十九天"[①]；阿尔泰语系突厥人萨满教认为"三十三重天"[②]；住南西伯利亚的图瓦人也认为"天体有三十三层"。但也有不少民族传说天穹"十七层"。在满族萨满教中则多认为天分"九层"，称"九天神楼"。这里的"九"不是一个实数，而是象征着无限多又无限大的"盈数"、"极数"。除此，黑龙江以北的费雅喀（尼夫赫）人、楚克奇人等，还有天分七层、五层诸说。

综上所述，北方萨满教诸种天穹观念都认为宇宙是多层

---

① 〔日〕赤松智城，《朝鲜巫术的研究》。
② 〔苏〕《北方民族的语言和口头文学》，孙运来译。

的，某种意义上来说，是不可以数计的。苏联学者阿列克谢耶夫（Aleksyev）曾撰文介绍过，雅库特萨满为到遥远的天上拜谒宇宙大神乌鲁托依翁，在天穹"途中需要休息三十九次"[①]，满族不少姓氏老萨满，传颂身有"三奥云"、"五奥云"、"七奥云"、"九奥云"的旋天术，都是借以表达宇宙空间的浩旷无穷。这里所讲的"奥云"，是萨满教天穹观念专用术语。往昔一个萨满被族众和神祇认定之前，必须要经过若干"奥云"，潜心苦学，方可真正成为氏族公认的神职萨满。"奥云"是"三旋天"的意思。相传在萨满祝祭时，萨满能使自己灵魂出窍，升入天穹。萨满升天要转"迷溜"，即旋转，象征飞腾貌。此时萨满处于昏迷状态，即谓"旋天"。"三旋天"即指氏族萨满经过昏迷术，驱策自身魂灵有翔天入地三次往复的神功。只有这样，才算得上是神职合格的萨满，才能被宇宙众神承认为中介使者、替身、代表，晓彻神谕，代达庶望，为本氏族服务。由此可见，萨满祀祭中的旋天术，便是萨满教对苍茫无垠的天穹虔诚崇仰膜拜的心理观念反映。

在满族等北方诸民族中，还有将宇宙比作"宇宙树"、"天树"或称"萨满树"，认为它长在天穹的中心，通贯宇宙，根须部是地界，树干部为中界，枝头分为七杈（亦传九杈），称神界。这种观念反映人类初期低级思维时期所具有的直观而简单的形象思维，用身边的高树喻比天空高不可攀，这要比以抽象数字喻天观念更要原始和古远得多。这种观念，在西伯利

[①] 〔苏〕阿列克谢耶夫，《西伯利亚突厥语族民族萨满教》，孙运来译。

亚、东北亚以及我国满族等诸民族萨满教中至今影响很广。满族诸姓所立祭天神杆盖源于此种观念。蒙古族等鄂博插柳堆石等俗，亦受此影响。

萨满教进入奴隶社会和封建社会后，天穹观受佛教、基督教、东正教的冲击与浸染，特别是清初叶后满族萨满教祭祀除留祭祖先神和某些女真族所共祀的天穹自然神祇外，已经请入一些外来神祇，如本尊如来、观音菩萨、关圣帝君等，尤其在满族上层统治阶级清宫祭祀与王公家祭中祭祀日趋典范化、庙堂化，原始天穹观念已日益淡浅。但是，在东北民间满族中，萨满教仍沿袭其古老的九天观念及宇宙多层说的天穹观。

在北方萨满教天穹观念中，还流传着"三界说"，也影响颇为广泛。"三界说"最早出自清人徐珂所辑《清稗类钞》书中，后为更多志书等引证。该书记述宇宙天穹中，"萨满教又立三界：上界曰巴尔兰由尔查，即天堂也；中界曰额尔土土伊都，即地面也；下界曰叶尔羌珠几牙几，即地狱也。上界为诸神所居，下界为恶魔所居，中界尝为净地，今则人类繁殖于此"[1]。徐珂所述"三界说"，其实来自北亚、北欧一带对萨满教观念的解释。"三界"，并非佛教所讲的三界概念，虽然它也主张三界中有多种多层之天，但均属佛家善恶报应理论和禅定修行含义的虚空理想。我们所言"三界说"是属于萨满教宇宙天穹的基本观念之一，认为宇宙（世界）分为上、中、下三界（三层），各族说法大同小异。徐珂所引"三界说"系来自北

---

[1] 徐珂，《清稗类钞》第15册，第63—64页。

方亚库特民族,其中天堂、地狱等观念很可能受耶稣教、东正教等教义影响。但认为三界(三层天)中存在地狱观念的解释已经有不少民族,如赫哲族萨满教认为"上界"为天堂,神灵所居,它又分为七层,最高神主居于最上层,其他神居于以下诸层;"中界"即人间,人类所居;"下界"为地狱,恶魔所居。魔鬼是人世罪人的执罚者。蒙古族萨满教则认为上层世界是圣洁仁慈的神灵世界,为拯救中层世界,而常与下界世界作战;中层世界是人类和动物的居地,而在中层世界和下层世界之间已有一个不可认识的世界,人死后即去此界;下层世界是死神和魔鬼聚集的世界,即地狱,常散布疾疫灾难于人间。[1]这种"三界说",据日人芝田研山《满洲宗教志》援引的拉得罗夫从土耳其民间搜集到的有关萨满教传说的资料说明,土耳其萨满教信仰的最高的神是丹格·喀拉·罕(善天),认为他是创世主,把宇宙分为天国、人间和地狱。天国为光明之国,地狱为黑暗之国。天国住着各种天神,地狱住着各种鬼魂。[2]在西伯利亚诸民族萨满教中,像雅库特人宇宙天穹中"三界"观念的民族也不少,"根据叶尼塞埃文基人的萨满概念,世界是由三界组成:位于东方的上界,主要的萨满河恩德吉特即从这里发源,中界——这条河本身,下界——在该河所注的北方。这条河有许多支流,每条支流又有许多小支流——这是属于每个

---

[1] 见任继愈主编,《宗教词典》,上海辞书出版社1981年版;凌纯声,《松花江下游的赫哲族》上册,上海文艺出版社1990年版,第103页。
[2] 见刘建国,《关于萨满教的几个问题》,《世界宗教研究》1981年第2期,第120页。

萨满的河流。在更晚期的概念中，上界成了上帝（舍沃吉、艾克赛利、玛音）和还未出世的人的灵魂——奥米待的地方，而主要萨满河的下流则是死者灵魂的世界"[1]。埃文基人的萨满教三界观念，又带有自己民族的观念特点。在其他地区的北寒带等地民族中亦有"三界"观念，实际上"三界说"，就是天有九层的观念在不同地区不同民族的观念反映。这种"三界"观念的形成，与萨满教原始天穹多层观念说相比较，可以看出人类思维意识的发展，不仅有数的抽象概括，而且因人类思维的复杂化发展，想像力的充实，赋予宇宙苍穹的内容已经日益生动、丰富。由此可以断言，萨满教天穹观念的多层意识发展到"三界"认识，正是萨满教在社会进步和发展中的演化而形成的。当然，在演化发展中，思维意识并不是排他性的，而且对周围的观念意识亦如河兼收并蓄，佛教及基督教、东正教等的上帝说、轮回说、五鬼阎罗等观念也不可避免地要吸收入萨满教中来。萨满教本来就是民间的信仰，杂糅各方面的观念而使低级、原始的萨满教意识更充实、更全备、更能富有神的感召力，这是合乎规律的正常现象。

从我们所搜集的满族萨满教大量手抄神谕资料中可以看到，"三界说"在北亚、北欧、东北亚萨满教中比较广泛存在，在我国东北占据有影响地位的天穹观念与神话传说，依然是传习古远的传统观念"九天说"。如满族萨满教中虽然亦有"伊

---

[1] 〔苏〕瓦西列维奇，《埃文基人》，见郭燕顺、孙运来译，《民族译文集（第一辑）》，吉林省社会科学院苏联研究室，1983年，第92—93页。

尔蒙罕"①的存在,亦有萨满教中的伏魔伏鬼传说,但"九天"观念内容尤比其他兄弟民族内容丰富,更富有神话性,是有特性的"九天三界说",认为自然宇宙分为九层,最上层为天界、火界,又称光明界,可分成三层,为天神阿布卡恩都力和日、月、星辰、风、云、雨、雪、雷、电、冰雹等神祇所居,除此还有众多的动物神、植物神以及诸氏族远古祖先英雄神,高踞于九天"金楼神堂"之中。在许多姓氏绘制的影像图中,可见九天上有神鸟,左日右月,光照寰宇;中层亦分为三层,是人、禽、动物及弱小精灵繁衍的世界;下层为土界,又称地界、暗界,亦分三层,是伟大的巴那吉额姆(地母)、司夜众女神以及恶魔耶鲁里居住与藏身的地方。萨满是"九天"的使者,既可飞升于高天之上与神通,又可伏治中界的精灵,更可以驰降于地下暗界最底层,去铲除殃及人类的诸魔怪,并随时迎请巴那吉额姆给予大地以丰收和富足。满族及其先世古老的宇宙"九天三界"观念,保留了原始萨满教天穹观念中天地相通的古代思想痕迹,而且土界地界亦绝非佛教等所讲的地狱观念,人生存的中界亦有恶魔及精灵存在,在其创世神话中,恶神、妖魔也可到天界捣乱,这颇有一点辩证观念的意味,事物从来不是绝对的,而从来都是相辅相成、相生相长的。世界上既有瘟疫与病魔,又有各种侵袭人类安宁的灾异。地下亦是不单为亡灵所栖居之所,也有助人的神灵。这些观念的产生,

---

① 请参见《尼山萨满》,尼山萨满便受命赴阴界会见阎罗伊尔蒙罕,取回童子魂。

同满族及其女真先世自古有穴居习俗有关,"常为穴居,以深为贵,大家至接九梯"[1]。长期地下生活,便产生祈神观念。所以,地下并不都是鬼怪居所。

这种观念非满族独有。如生活在北极地带的爱斯基摩人、拉普人等就认为地下也有人类生存的世界,"其处恒为夏季,有较地上犹美丽的太阳"[2],从而形成了萨满教独特的天穹多层神界的宗教心理。

---

[1] 见《后汉书·东夷列传》。
[2] 〔波〕尼斡拉滋,《西伯利亚各民族之萨满教》,金启孮译,中国社会科学院民族研究所《萨满教研究》编写组,1978年。

第二章 萨满教多神崇拜

乌德赫人的世界观，对北方诸民族萨满教多神崇拜观念来说，颇有一定代表性，认为自然界和宇宙间"没有任何没有生命的东西——一切都是有生命的，一切都是活的，一切都跟人一样。地球本身就是一个巨大的活的物体"[①]。在原始先人眼里，天地间像原始部落群一样，住满各种职司不同、大小各异、善恶不等的宇宙神祇，"在每一棵树木中都有神灵在呼吸，整个现象世界都充满了神灵"[②]。萨满教观念中将整个宇宙世界视为万神的神殿和王国，萨满们便基于这种观念而予以逢时不止地虔诚祭祷的。马克思主义早就认为，宗教的根源和基础，是在生产力发展极其低下的水平情况下，而显示出原始人对自然力斗争的软弱无力。"宗教是被歪曲的世界理念"[③]。原始人类发自求生、谋命和谋求部落群的安宁，便对赖以生存的自然环境和诸种现象予以膜拜。世界上许多原始民族中的原始宗教，都经过和存在着极相似的多神崇拜现象，当然也依据诸神性质、地位、神威不尽相同，崇拜程式亦不尽相同。在北方萨满教多神崇拜最突出的特点是，诸神之间并未产生严格的统属关系，而是平等相处，互不僭越，各姓诸神一般都有一些具有特定职司的神灵，有的是自然体、自然力的人格化神，有的是幻人形的动物、植物，有的是具有象征生命的崇拜神物，有

[①] 〔苏〕阿尔先尼耶夫，《林中人——乌德赫》，见郭燕顺、孙运来译，《民族译文集（第一辑）》，吉林省社会科学院苏联研究室，1983年，第305页。
[②] 〔德〕亨利希·海涅，《论德国宗教和哲学的历史》，第21页。
[③] 《马克思恩格斯论宗教》，人民出版社1954年版，第2页。转引自〔苏〕柯斯文，《原始文化史纲》，张锡彤译，生活·读书·新知三联书店1955年版，第169页。

的是对本族系卓有贡献的伟大英雄和先辈，而其中最显赫的神祇多为氏族守护神。

第一节　自然神祇

自然界的各种物质对象，是北方早期萨满教虔诚崇拜的主要内容。原始初民时期，在生产生活水平极端低下的情况下，人类赖以生存的周围环境和条件，都被视为有神灵的超自然力量。萨满教所祭拜诸神，最遥远的神祇观念仍是灵魂观念。萨满教的自然崇拜最初是从崇拜物灵开始的，然后有了人格化、半人格化的神祇。

在北方各姓萨满祭祀中，自然物灵崇拜很是奇特而富有象征意味。如山，则选山中之小怪石或于岩壁绘制简略山形（如下图中①），萨满身上或神器上以及各种器皿上彩绘有这种形图，甚至有的制成神帽形（如下图中②）；如水，则绘制波浪形（如下图中③），也画在萨满服饰上，或画在萨满神裙的裙底；如风，则以野草、皮革、布帛条作象征物，系于洞穴或绑于萨满服饰上；有的萨满神服上缝饰着色彩斑斓的长短条饰物达上百上千条之多。所有这些画饰等，都表示着自然界一些物质的魂魄。在萨满世界中，万物都有自己的灵魂，只要将这些浮游不定的自然物魂魄攫取并固定在萨满认为的神衣神器中，便可以随时完成对自然客体某一类物质的神圣祈愿。

①　　　　　②　　　　　③

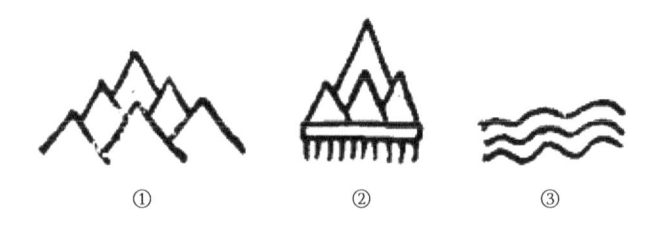

在自然崇拜中，最突出者是对日月星辰的崇拜，对日阳的崇拜，在北方萨满教中历史更古远。这是由于生活在北方的古人类部落，对风云严雪的畏惧所产生的突出祈愿。北方酷寒，一年内霜冻期占大半年之多，冰雪对北方人类与生物的威胁极其横暴残忍，往往突降暴雪，一夜间便遍山皆白而绿色消亡殆尽。因而，萨满教中极大的热诚与崇仰，都寄予了赐给大地温暖与光明的太阳之神。拜日，有些学者认为北方不甚突出，其实北方诸族远古祖先都有浓厚的拜日之俗。《蒙古秘史》中便有"梦见白海青两爪攫取日月飞来，落在我的手上"[1]的故事。鄂伦春等族也称太阳为神，叫"得勒钦"，每逢农历正月初一都要祭拜，北方诸族很早就有东拜之习，东拜主要是拜太阳初升之地。

据满族富察氏神谕传说，最早的女大萨满是只白海东青从东方背来的，鹰爪中还抱有一个光芒万丈的石饼，和女萨满一起交给了人类。所以人类才有了女萨满，而且女萨满携有唯一的一件神器——光芒四射的石饼，即太阳的魂魄，叫"顿恩"，含义是"光芒的太阳"，后来又发展成复数名词"顿恩希"，即

---

[1] 《蒙古秘史》第41页。

"众多的光芒太阳"[1]。萨满身上总是披戴无数大小不等的闪光的水晶岩片以及后来的铜镜等,便是这一神话的象征物。满语称铜镜为"托里",即"闪光的镜子"。从许多老萨满记述祖先遗言中可知,萨满身上所戴的神器中最突出者便是神镜,象征着太阳的光芒,是避邪秽、照妖魔、探神路的重要宝器。

萨满身上戴的神镜,实际上不仅象征太阳,还象征月亮、星辰,表示太阳的神镜为最大者,往往要披戴在前心窝处,后背要挂的神镜为稍小一些的神镜,代表月亮,寓意为"怀日背月",而两肩又要有"左日右月"两面神镜,腰间前后要"日月相环",象征日月相追、相映的含义。除此,萨满的神衣、神裙的前后、两袖、下裙、裙边均用小面神镜或用闪光的蚌壳、石片、骨角片、鱼鳃片等晶莹闪光的物件组合而成,或嵌上,或者用皮线穿缀在一起。在萨满传说中认为,天上的星体是天上的诸神用磨出的神镜抛到天宇中而形成的日月星辰。萨满的全身披饰便代表了整个宇宙的星体。还有的萨满神话则认为天上就是一个家族,日月星辰便是众星族中的姊妹,甚至连白云等也归为姐妹。在萨满早期神话中,天上的星辰等都是女性神祇,太阳(满语"舜")是大姐,月亮("毕牙")是二姐,白云是三姐,众星群是众小妹,是个庞大无垠的女族天体,因而萨满本人也是女的,若是男萨满也要将身形扮装成女萨满模样,甚至必须穿戴祖传的女萨满神服才可以跳神。星体的女群观念表现了萨满教沿袭的古老,它是女性母系时代的观念遗存。

---

[1] 参引于珲春县(现为珲春市。——编者)胡姓满族萨满神本。

颇有意思的是，萨满服饰前裆部位多系用数面铜镜遮挡，不管萨满是女是男，穿裙或穿短裤，胯前的数面铜镜不可缺少。这说明远古时代人类尚不讲求衣服遮体，只要遮住或简单遮挡一下前后阴部便可以了。这证明萨满教观念的古老。满族也有些姓氏的萨满神裙在前胯间饰有一面大铜镜，其余铜镜可佩戴在两肩、前后胸以及腰间等处。胯间镜则象征生育神，也是表示女性生育的特能。本书将在"生育崇拜"中论述。

随着社会的向前发展，以渔猎经济为主的诸民族，对日月崇拜观念中又产生了神牲御日观念。在满族著名的民间史诗《乌布西奔妈妈》中便讲过，太阳是日马"舜莫林"，在周天上日夜不停地奔跑。有的民族认为是麋鹿类的牲畜在奔跑。也有的民族颇类汉族"神鸟"的观念，认为是只神鸟在日夜飞翔。总之，都认为是一个动物在活动。满族神话中还认为：舜莫林是一匹白色的披光毛火发的神马在奔跑，因跑得太疾速了，光毛火发像一团火，所以人看太阳是团大火，又因为毛发光芒四射，所以人类总不敢正眼去探望它。

在萨满教崇拜观念中，相比之下，虽然也崇敬月亮，但不如对太阳的崇拜。在诸族萨满教自然神祇中把她看成是"祥和而温柔的姐姐"。这是因为原始人类在日常生活中，月亮不如太阳与其生存繁衍更为密不可分，和有着更直接的关系。月神的众多故事传说，多数是在原始初民生活定居下来以后，随着农耕生产的产生与发展，记岁记时意识成为生活所必需以后才逐渐丰富起来的。在北方诸民族中，流传着月神是狩猎神、夜守女神、乌忻贝子（农神）的灯笼等神话，都是这样产生或传颂起来的。

　　萨满教自然崇拜神话中有许多人格化的自然神祇，而众多神祇又多属女性大神，其中也有少数男性大神。在满族萨满教早期神话中，有几位颇有声誉的女性大神，舜安波妈妈，即"太阳尊母"，身披光毛火发，毛发有九天那么长，所以光线能一直垂到大地。它的光毛能照化大地，也能让大地燃烧，它住在九天之中，天天在疾跑着，把生命和精灵很快送到大地。世上的第一位女萨满也是她送来的。她让鹰神妈妈哺育成为神威的女大萨满。所以，女萨满是太阳的女儿，神鹰是其乳娘。女萨满身上的镜饰便是太阳光毛火发的闪现。传说，她最痛恨最害怕的宇宙神是风神西斯林。他是一位男性大神，对宇宙万物都想要追逐而使之成为他的妻子。他依凭着巨大威力的"额顿昂阿"（风口），吞噬一切。太阳他也不放过，可是太阳天天奔跑，风神总是追不上她，气得他将日月兄妹吹得分离开了，总不能聚在一起，吹得太阳有时躲得远远的、高高的，有时风不吹时，或吹得小时，太阳就离人类和万物很近。所以，凡是太阳离着人类和万物非常非常近的时候，大地上就是温暖的沃土，绿木成荫，万物萌生。当太阳躲得高高的、远远的地方，风神吹叫不休，这时候，大地上就是雪沃冰川，万物藏于地下。萨满教从古代就有专祭风神的仪礼。因太阳是红色的，所以祭风神要用鲜血。最初是人血，后来是牲血，以牺牲献祭。只要大地洒上和染上牺牲的鲜血，风神把大地上的鲜血吞噬，便以为捕捉住了太阳，就不再追逐太阳。阳光就能永驻人间。

　　云神，满语"依兰图其"，或称"依兰格格"。达斡尔族、鄂温克族（索伦）、鄂伦春族、赫哲族、锡伯族中萨满教中亦有此神，多数称"依兰图苏"。在自然崇拜中，云神也是一位风雅翩翩的温情女神，但性格倔犟，是舜安波妈妈的妹妹，她处处守护与保卫着舜格格。在《天宫大战》神话中，风神西斯林在追逐日光时，是她用白云遮挡。她是天宫中的最聪智的巧手，用云朵组成各种云桥、篷帐，打扮天空。天神阿布卡与恶魔耶鲁里战斗时，她制成了许多迷阵，使耶鲁里无计可施。萨满登天，除灵魂要依靠各种星斗做天梯外，还要有云的翅膀，光的照耀，方能攀登九层之天，故此萨满神裙、神服上必绘制有云朵。相传这是世上第一位女萨满从天上带来的。"依兰图苏"平日安详地翔游于天宇，性情慈祥悯人，宇宙间众多的游灵与精灵等也常寄身于她的彩裙之中。所以，她又是保护生灵遨游穹宇中的仁慈的妈妈神。

在天宇女神中还有一位美丽的神女"尼亚其妈妈"，又称"沙延妈妈"，她全身披着白气白光，在《天宫大战》中她帮助阿布卡用白气白光罩满穹宇大地，黑色的恶魔耶鲁里无处藏身，舜格格用火光照射，尼亚其妈妈的儿子伯诺库用身躯驱打他，使他无处藏身，逃离天穹，钻入地下。尼亚其妈妈实际是北方诸族敬祭的雪神，伯诺库就是冰雹，北方民族长期与雪联系最密。雪对北方民族不是灾难，而是至亲至友，被尊为女神。这也有其生活基础，雪对北方人类来讲，创造了北国生存的智慧，以雪为屋、以雪为帐，以木履在雪中行走如飞，雪窖可以长期储备食物，雪又可使人类躲藏，避过各种猛兽的追击。所以雪对北方古人类来说反而成为生活的必需物质，成为其心灵中受到膜拜崇仰的女神形象。在萨满教神话中，风神西斯林也追索尼亚其神女，可是风神总是追不上她，她总是比风跑得快，总是她先到达目的地，风才最后赶上来。她与舜格格虽然都是姊妹，但两人从不相聚一起。当风神将舜格格追赶到最高最远的时候，尼亚其女神便很快降临大地人间，帮助人类万物生存。当风神远遁，舜格格接近人类万物的时候，她又悄悄地离去，住在沟壑与高山之巅安歇酣睡。

萨满教中的"天"，是一个复合词，它包括了云、雾、露、雪、雨、雷、电、霜、雹、霞、虹、星辰等诸种自然现象，复合统称为"天"和"天神"的概念，约产生于母系时代的繁荣时期，因为众多的天神是女性大神，而不是人类进入阶级社会后，人间帝王在神国的翻版。

北方民族对"天"称呼，一个系统是以满语支的满族、赫哲族、锡伯族等语称"阿布卡"；另一个系统以突厥语支的蒙古族、达斡尔族称"腾格日"。除此也有介乎中间的称呼曰"布瓦松""乌吉椤"的索伦语和鄂伦春语。拜天的观念即拜天穹中出现的各种自然现象。不过此时对天穹的崇拜绝不能同后世的天神一神教的观念同日而语，是绝对不一致的。这个时期虽有了天的概念，也有了天神，但它们之间是独立的，并未有王与臣、主与奴之间的隶属关系，而是平等的母系姊妹之间的氏族平等的大家庭观念，将人间的母系氏族关系搬上了天穹，完全是以母系氏族概念来认识与解释诸种天穹自然现实与自然现象。所以萨满教的天穹观念，在这一个时期中实际上是母系氏族社会关系在天穹中的复演，进而演化出天穹女族神话与天穹女神崇拜意识。随着社会的发展，才逐渐出现女神与男风神的爱情追逐神话，出现了男性的天穹主神——阿布卡恩都里。这些神话反映了母系氏族社会向父系氏族社会的过渡，父系社会制度正在兴起而逐渐替代母系氏族社会的现实变革。

后世北方民族祭天典礼，已日趋隆重，出现了礼教化的趋向。除在诸姓萨满祭礼中有所记述外，在史籍文献中已有了正式记载。如《元史·志23·祭祀1》中载："元兴朔漠，代有拜天之礼。衣冠尚质，帝后亲之，宗戚助祭，其意幽深玄远，报本反始，出于自然，而非强为之也。宪宗即位之二年，秋八月八日，始以冕服拜天于日月山……至元十二月十二日……于国阳丽正门东南七里建祭台，设昊天上帝、皇地祇位二，行一献礼。自后国有大典礼，皆即南郊告谢焉。"

《辽史·志18·礼1》载："祭山仪：设天神、地祇于木叶山、东乡；中立君树，前植群树，以像朝班，又偶植二树，以为神门。"又载："若旱，择吉日行瑟瑟仪以祈雨。""拜日仪，皇帝升露台，设褥，向日再拜，上香。"

《金史·志16·礼8》载："拜天。金因辽旧俗，以重五、中元、重九日行拜天之礼。"清代更集历朝之大成，将祭天礼俗推到登峰造极的地位。从这些记载可以看到，这些对天穹的自然崇拜，已经渗透了文明时代的等级观念。天穹观念已不仅仅是朴素的对自然现象的崇拜，而且反映了人间帝王"君临天下"的观念。这表明萨满教已开始有向一神教方向转化的倾向。但应该指出的是，这种转变只是初步的转变，因为自然界诸种自然属性并未完全统属于一个至尊无上的天神，仍保留各自独立的平等地位，只有以天神为尊的萌芽观念而已。

萨满教中对山的崇拜，大约是产生于氏族逐渐由单一的渔猎经济改为渔猎游牧甚至兼有农业经济以后，即相对定居以后。对某一地某一山川的崇拜，正是氏族定居后对所在地缘神祇的膜拜。在早期的渔猎生产中，先民的流动性相当大，无所谓对某一山的崇拜，而到了定居以后，依山而居、依山而生，就有了对某一座山岭的生活依附性与依赖性，对山之险奇都容易发生惊畏攸关的意识，因而便将山祭与天祭联系起来。满族诸姓萨满祭中之许多山神，有男性神，亦有女性神，如穆哩穆哩罕即是清代祭奠的北方穆哩穆哩罕阿林（山），并尊其为猎神。可见，萨满教自然崇拜中的各种山祭，都是天穹崇拜后期发展中出现的自然神祇，而且多数神祇与后期天祭紧密联系在一起。随着农耕、狩猎生活的发展，人类依附山岭的必要性与渴切性尤其增强，对人类栖居的山林更加膜拜。在萨满教中的自然崇拜开始突出对山林的崇拜，并滥觞于动植物的崇拜了。

第二节　图腾柱与图腾神祇

长期以来，不少人认为澳大利亚、美索不达米亚以及美洲北美印第安人中才有图腾崇拜观念和图腾崇拜物。其实，人类在史前时期都产生过相类似的视某一动植物或自然物为氏族始祖母的图腾崇拜观念。近世，这种以图腾观念为标志的对自然体和自然力进行的崇拜，在非洲、大洋洲以及亚洲等地也有发现。图腾观念在北方信仰萨满教的诸民族中，在古代也有相近似的图腾标志崇拜物。有些学者认为北方民族未有显示图腾崇拜特征的事例，因而否认有图腾崇拜存在。其实，图腾崇拜观念产生于远古氏族社会时期，这些氏族是以共同血缘系统结合而成的一种血族团体。氏族是人类各民族都曾普遍存在过的社会组织，恩格斯曾经根据美国民族学家摩尔根（L. H. Morgan）的调查资料，承认普那路亚家族是群婚家庭的典型，除此澳大利亚人的级别制群婚也是相类似的一种形式。当然，普那路亚家庭制形式已经是群婚制发展的高级形式。这时的氏族常将某种动植物或与某种无生物视作与本氏族有特殊的亲缘关系，作为本氏族的特殊的保护者和氏族的标志或名称，这个标志、名称和保护物便是图腾。原始萨满教是氏族宗教，因此在氏族宗教中具有相类似的图腾物是正常的，合乎情理的。从我们所掌握的萨满神谕中就发现有关于氏族图腾柱的清楚记载。清光绪二十六年满洲扈伦七姓萨满神谕中，关于萨满火祭仪礼中便有九根望柱，圆木柱上刻有熊罴头、兽角人面头饰、长角鹿头和钩嘴鹰头木桩。如图示：

这些造型奇特的望柱，不是一般的艺术品，而是氏族的标志，各氏族部落互不混用，带有鲜明的图腾寓意。

在某些姓氏萨满头饰上，常有鹰鸟与鹿头鹿角，有时是豹尾、狼尾等饰物。上述这些头饰被神圣地供奉着，不敢亵渎。笔者认为这些兽头等饰物，便是类似图腾式的标志。后来才发展成为萨满神系、神派的标志。在满族先世女真语中均尊称其为"玛法"，视为自己的祖先神。北方民族中动物图腾很多，此外也有植物类，如满族及其先世的崇柳、拜柳、食柳、祭柳、颂柳等习俗，而且将柳叶直接视为女阴，有生育本能。[①] 这可能是满族先世一支中远古时代的图腾遗留意识的反映。

有些学者对于崇信萨满教的诸民族是否有图腾崇拜，予以质疑，似乎在同一氏族中不可能有众多的图腾物流传下来，更不能将一般的动植物崇拜均视为图腾崇拜。这些观点固然有一定道理，但不能不认识到北方诸民族的文化发展历史是相当复杂和相当漫长的。要认识这样一个事实：北方诸民族的目前分布与形成现状，是经历了千万年的多次分化、相聚、相分的交叉融汇的民族变迁史、民族融合史。有史可考，中国东北地区民族之间的融合、交流、混杂，是十分剧烈而突出的。如古代的突厥族已经混入北方诸民族血统之中。而古代契丹人又有相当一部分融汇到女真等部落中，女真诸部也不是肃慎人的纯血统后裔，已经发生了巨大的变化。在满族民族集合体形成之先，就有女真族、汉族、蒙古族的相融合。东海窝集部与黑水

---

① 请参见本书第三章第四节"柳祭"。

女真人明末清初的急遽变化，民族各部落间的争杀、兼并，分而合，合而分，几经变迁，民族的原始信仰也随着民族的分化、融合、变迁而分化、融合、变迁着。这是中国北方诸民族诸种文化形态所形成的重要特征。不容置疑，若研究萨满教的图腾信仰，目前已很难确定哪个民族的祖先氏族时期信仰和崇拜何种图腾自然物。萨满教是民族文化的巨川，将远古时代氏族原始文化观念、遗迹无保留地传承与保存下来，故而在萨满教中见到的图腾物是多种多样、五花八门的。因此，在一些人的鉴别中产生了可以理解的疑问。如熊图腾，在北方许多民族中有着浓厚的崇仰习俗。鄂温克族称熊为祖父、祖母，鄂伦春族语称熊为"牛牛库"。但他们从不直呼其名，而尊称为"阿马哈"（舅舅）或雅亚（祖父）、太帖（祖母）。把熊捕猎回来，杀熊前要祭熊，剥皮去骨吃完肉还要再假哭一番。满族多数姓氏只是萨满祭祀时要迎请熊神降临，但也有不少姓氏将熊形象绘成熊旗，象征氏族旗帜。满族扈伦七姓的徐、胡姓（均为呼什哈里氏）、卢氏（卢叶勒氏）、那姓（那木都鲁氏）、关（瓜尔佳氏）、石姓（曷奚特里氏）、杨姓（尼玛查氏）等古姓，过去均有族旗——熊等动物旗，作为本氏族的标帜。这些姓氏所以能出现共同采用熊旗，与有些满族如富姓（富察氏）、杨氏（尼玛查氏）、关姓（瓜尔佳氏）、赵氏（刁洛氏）、衣姓（伊尔根觉罗氏）、金姓（爱新觉罗氏）等均采用鹰旗为标帜一样，在遥远的原始氏族发展成为几个胞族后，多次分化成单独部落，但原始的图腾信仰仍未更变，保留着原始的氏族标帜。这正说明萨满教的古老与发展演化的复杂性。

黑龙江以北诸西伯利亚民族如尼夫赫民族（布里雅特或我国史籍之费雅喀族）、埃文克、埃文基、果尔特、乌德赫等民族均有极其浓厚的熊崇拜观念和意识，甚至要饲养熊，在杀熊吃熊肉前，要欢度阖族神圣的熊节，共进欢乐的熊肉圣餐，把它作为本氏族最盛大的节庆仪式，认为只有进食了神圣的"熊玛法"肉，才能使神熊的威武无敌的生命魂魄传输入每个氏族成员的躯体之中，从而使氏族成员成为受其保护的无敌的强者而驰骋于世上。正如苏联学者Е.И.杰列维扬科在《黑龙江沿岸的部落》一书中所讲的："远东的一些古代部落，平时都把熊称作'阿马哈'（爷爷或老爹），而在林中则称作埃季享、埃图享，即老人（黑龙江上游通古斯语）、大伯（黑龙江上游通古斯语）……对它的一些称呼，看来与图腾崇拜观念是分不开的。"

其实，北方民族的图腾崇拜自然物很多，正如摩尔根所记述易洛魁人的氏族标帜是很多的，如有豹胞族、狼胞族、鱼胞族、大鸦胞族一样，有许多自然生物的名字。北方民族的图腾中有狼图腾崇拜的民族如蒙古族崇拜苍狼，鄂伦春族称狼为"古斯格"，但从不直接这样叫，而是叫它"翁"，是按它叫声起的名字。[1] 满族也有姓氏祭狼神和用狼旗作氏族（姓）的标帜的。而鄂温克族"崇拜'嘎勒布勒'，即一种脖长身细、灰色的水鸟，这个氏族特别尊敬它，不打，不恫吓。'靠

---

[1] 参见《民族问题五种丛书》内蒙古自治区编委会，《鄂伦春族社会历史调查（第一集）》，内蒙古人民出版社1985年版，第52页。

闹克特'氏族的'嘎勒布勒'是一种韩卡流特乌。'那妹他氏族'的'嘎勒布勒'是一种名叫'乌鲁嘎斯'鸟。'西拉那妹他氏族'的'嘎勒布勒'是'海嘎嘶'鸟（身黑头顶白的'嘎斯'鸟）。'造鲁套特'氏族的'嘎勒布勒'是鹰！'杜拉尔氏族'的'嘎勒布勒'是一个叫'给连恩道勒'的山。'我乌特巴亚基尔'氏族的'嘎勒布勒'是天鹅！"①可见，图腾崇拜的自然物类很多，满族图腾物还有蜥蜴、青蛙、刺猬等等。在满族某些姓氏所供奉的鹰神格格，是鹰头人身的母体神像，两个大乳房，丰隆的腹部与女阴，是人类第一个萨满之母，也是人类的母亲。它成为满族及其先世女真族中许多姓氏（部族）的守护神、标帜，说明它是远古母系氏族社会时期留下的氏族鹰图腾。赫哲族等也有类似的信仰。赫哲族民间口头文学"依玛堪"里所歌颂的人格化的图腾神鸟"阔里"，也是鹰神，并是女萨满神武无敌的象征。赫哲族的创世神话里，最初的人类叫作"卡德"。有的译称"霍代"。鄂伦春族叫"霍斗""哈斗"等，都是汉语玄鸟的同名转音。赫哲人后来进入父系时代，便将"卡德"称为男性，其实仍可见到其女性始祖的本来面貌。

当然，萨满教在万物有灵观念指导下，对自然界的动植物均有不同形式、不同程度的崇拜观念和仪式。满族许多姓氏的萨满神祇中动植物神祇，特别是动物神祇一般不下七十余种，上自猛兽猛禽，下及一般动物，不但有陆地动物而且有众多的

---

① 参见内蒙古自治区编写组，《鄂温克族社会历史调查》，内蒙古人民出版社1986年版，第341页。

水中动物，还有许多小型的动物如青蛙、蜥蜴、蜗牛等都可以是神，而被祭祀着。其他民族如鄂伦春族、鄂温克族（索伦）、达斡尔族、赫哲族等民族也是如此。对自然界的动植物崇拜是与一个民族所长期生活的地域及环境有关，也和所从事的渔猎生产经济密切相关。萨满教中诸族所世代承袭下来的动植物崇拜，不能简单地视为来源自图腾崇拜。图腾崇拜是有特定含义的，范围是比较狭窄的，动植物崇拜则不同，它不都是源于母系氏族时期有亲缘关系观念下产生的图腾崇拜意识。它随着原始初民生产力的提高，生产区域的扩大，生产对象的增加而不断丰富。原始初民为了满足生活的需要和幻想征服、控制、占有庞大而凶猛的各种动物以及各种水域、地域、草域，对当时的特定地域的各种动植物产生某种神秘感和崇仰感，似乎能够崇拜某种动物就可以征服它，或者比较顺利地获得它，于是产生崇拜观念。恐惧可以产生神，需要和期盼也能产生神。原始萨满教基于这种观念不断增加动植物神祇，以至越来越多，几乎包括整个生命世界。当然，还应看到，各氏族部落所处的生产生活环境和对象不同，在世代传承下来的众多动植物崇拜的神祇不尽一致、祭祀礼仪也不完全一样。但同处于北方，自然环境和生产水平有某种一致性，整体看来，基本是大同小异，各有特殊崇拜对象和供奉主神。动植物崇拜是萨满教多神崇拜又一大特征，因它将在本书许多章节中分别论述，就不专列章节，以免赘述。

第三节　萨满教的火崇拜

火是一种具有伟大效能的自然现象和自然力。它出现的历史极其悠远古老，对于人类生命和人类社会的进步与发展，起着巨大的作用。因而，人类的祖先从发现火、认识火的开始时起，便产生了神圣的火崇拜。对火的崇拜、信仰乃至火祭，是北方民族萨满教多神崇拜中最有代表性的宗教礼式。火祭，是通过特有的祝祭程式，对自然界火的恩惠、威力的礼赞和膜拜，以达到驱寒、逐邪、除秽、祈禳目的，从而祈盼全部族的吉宁与兴旺。它是往昔北方诸民族非常盛行的一种古俗，影响极为深远。

很古以来，满族等北方诸民族一直传留着敬火拜火的古礼。这种颇有群众性的古习，源于原始朴素的萨满教自然崇拜观念。萨满教的火崇拜和火祭，就是祈请天界降赐温暖与光明，驱逐寒魔鬼疫，让大地永远吉宁。所以，正如土耳其著名学者阿·伊南在《萨满教今昔》中所讲："萨满教徒所举行的每个仪式都必须有火。"萨满教信仰者认为，火中生万物，神火可以荡涤一切尘垢，驱赶邪恶魂灵，使福寿和光辉永驻人间。因此火祭仪式在萨满教神事活动中，是一项备受民族老少虔诚喜爱的祝祭活动，沿袭不衰。凡遇族祭，活泼热烈，常伴有耍火绝技，竞赛识火、储火、升火、驭火的超人本领，宗族长辈还要讲唱火神神话故事，女人们互传用火的技能与禁忌，表现了北方先民勇于征服自然、雄沉乐观的民族精神和特有的北国风情。

远在辽金元时期的古籍中，就有关于北方民族火崇拜的记载。《辽史·礼志·岁除仪》中，记述了辽代宫廷大巫和巫觋祝祭火神的礼仪，"初夕，敕使及夷离毕率执事郎君至殿前，以盐及羊膏置炉中燎之。巫及大巫以次赞祝火神，讫。閤门使赞：'皇帝面火再拜。'"在《辽史·礼志·岁时杂仪》中也记载："正旦，……令巫十有二人鸣铃，执箭，绕帐歌呼，帐内爆盐炉中，烧地拍鼠，谓之惊鬼。"契丹贵族用盐火燎肉敬火神的礼俗，与女真族火祭非常近似。

在满族郎姓家传"祭祀记事"中，就明确介绍：满族各姓远在金代就有萨满火祭。祭祀时用盐撒火中，没有盐则劈湿柞木桦子燃火中，特意使火花爆响为喜兆。另外，立新房或新粮入场，都要先请萨满执箭击鼓响动腰铃，放火烧地蒿野鼠，亦称"驱鬼"。

又如，《辽史》记载辽代有"燔柴祭天"礼仪；《金史》记载金代有"烧饭"、"抛盏"礼仪；《元史》记载元代有"烧饭祭天"礼仪。辽金元三朝所述"燔柴"、"抛盏"、"烧饭"，名异礼同，均属北方少数民族萨满教火祭礼俗。"烧饭"与"燔柴"，同属一个意思，即在萨满主持下，合族举行祝祭仪式。祭祀时要生火，或在庭院中，或燃于石盆和土炉中，族长将所献神前的豕羊，屠宰剥皮，将肉在火苗上熏燎，然后刮洗，再供神明享宴。

火祭中用燔、燎法，是北方古代渔猎民族相袭久远的古代猎食法。在满族著名民间英雄传奇《两世罕王传》和《东海沉冤录》中可窥见女真时代火猎情景：部落达（部落长）率族众选定兽群啸驰的山莽，洒酒叩祭猎神，然后敲石呐喊烧山，凭风势火威追剿猛兽，火熄，用肥大野牲九头先谢天，族众再刮洗燎肉，共享"天火肉"，叫"打火围"。鄂伦春族、达斡尔族、鄂温克族部落猎手中，过去也兴火围。这实际上是在生产工具相对落后的情况下，所沿用的原始捕猎手段。

满族传统观念认为，缅古莫过于习古。对祖先生活的模拟与复演，似乎视作最虔恭的表示。满族每逢除夕要在院中架柴点火，火光映空，预卜来岁平安。族人们还要往火里投盐、食品、酒菜，叩拜火堆。据已故的乌拉街满族民俗专家赵文金老人生前回忆，吉林省永吉县乌拉街满族人家，过去除夕都有接"突恩都里"（火神）的风习，用神火烧邪气，还在火盆中留"长明火"，并禁忌往火盆吐唾沫。火祭与火崇拜包含着北方民族对火的独特理解。火是神圣不可侵犯的，是世界上最纯洁、最光明又最富有生命旺气的圣物。凡是经过火烧炼过的世上任何东西，才算是最纯正而最无邪的。古代蒙古人在成吉思汗"大扎撒"（法令）里，把对火的禁忌作为一个内容以法令的形式固定下来。满族先世建州女真王杲与诸部首领结盟议事以及和郭尔罗斯蒙古结盟时，为表示心鉴天地，均以洒乌牛血于火中，而后同穿火阵后才算盟誓。[①]当斡罗斯（俄罗斯）的

---

① 引自《两世罕王传》。

使者前来谒见拔都时，首先让他在两堆火中走过。他们认为火可以洗去他们身上的污秽东西。他们甚至认为"拿小刀插入火中，或甚至拿小刀以任何方式去接触火，或用小刀到大锅里取肉，或在火旁拿斧砍东西"是罪恶的事情。①

鄂伦族称火神为"透欧博如坎"。吃饭时要往火里投放一些食物，以示供奉，禁止人们向火上倒水或烤肉时用刀子叉烟火，谨防触怒火神。若有客人过年时来贺年，要先向火神叩头，然后才能向主人拜年。鄂温克族也崇敬火神，认为火神是位老妈妈，保留着敬火和向火献祭品的古俗。禁忌妇女从火上跨过，搬家也不敢扑灭火种，甚至认为山林中野火是火神放的，在驱逐恶魔。达斡尔族也非常崇拜火神，也认为火具有除污秽、祛害避邪的功能。火有神奇的力量，凡送葬归来人都要从火上跨过，才会吉祥平安。赫哲人尊称火神为"佛架妈妈"，认为火是有神的，对火的敬畏与禁忌尤多。居住在苏联境内的埃文基人、果尔特人、涅吉达尔人以及生活在西伯利亚的爱斯基摩人都有炽热的拜火习俗与神话。

值得提出的是，在希腊的神话中普罗米修斯是位盗火的大神，是位男神；阿波罗原来是光与火的神，供在三脚的火盆中，他是灶火的保护者，"因此他也是家庭、城市、殖民地的保护者，近一步，他也是家畜的保护者"②。又如乌尔堪神，他

---

① 吴依桑、巴根，《蒙古族拜火习俗概观》，《黑龙江民族丛刊》1987年第4期。
② 〔德〕施密特，《原始宗教与神话》，萧师毅、陈祥春译，上海文艺出版社1987年版，第66页。

是铁匠与破坏火的神。[①]在古希腊，每个区域的首领或村长的屋内，每个家庭的灶中，都有永存不熄而由家长亲自保持的火。这是维持家庭的火和国家的圣火。灶火的崇拜是人类进入定居后才出现的。所以这些神祇产生时间都比较晚。而在我国北方诸民族中的火崇拜，却非常悠久古老，是原始宗教萨满教祭祀与崇拜的重要内容之一。在萨满教三大神系中最古老的神系要属自然群神了。在众多类型的自然群神中，神威无敌的自然火神，莫过于司管宇宙光与热的"拖恩都里"（火神）。在满族一些姓氏萨满神话中称颂它主宰春夏秋冬的更替和九层天中的光照与黑暗，把它视为天神的化身，与日神、星神并重，是生命之母。所以，在萨满祭祀中，排神位迎送时，尊火神为山、水、星、雷、云、风、雨众神之首。

某些满族萨满神谕中讲到，火神是穿红袍的老妈妈，她的衫子是天的一部分。在原始人对宇宙认识肤浅的时候，他们凭着生活经验，以为火是居住在最高的天穹里，天天随着"舜莫林"（日马）在大地上奔跑。也有的萨满神谕认为，火是"额顿昂阿"（满语：风嘴），能吃掉林莽和自然界一切生物。可见，萨满教中早期的火神，形象变幻不一，这是原始先民对威力无穷的火没有完全认识和控制的原始意识的反映。他们认为火是最不可捉摸、不可思议的东西，不像食物可以寻找，饿了可以用来解饿，也不像水无论冬夏在大地上到处可见。唯有烈火，平时不见，突来突往，难以捕捉。所以东海窝集部的满族

[①] 〔德〕施密特，《原始宗教与神话》，萧师毅、陈祥春译，上海文艺出版社1987年版，第66页。

长诗《乌布西奔妈妈》中的萨满神词中有"火是笑着来，火是蹦着来，火是树上来，火是雨里来"的赞词。说明在原始人类的头脑中，认为火能燃烧，有声响，是突然而降的，而且说明林中最好起火，雷雨天也最易起火，表现了人类对自然着火现象的初步认识和总结。

随着满族等北方民族母系氏族社会的发展和繁荣，火神形象多数被尊奉为女性大神。在满族一些萨满神谕中，火神"拖亚恩都里"，满语词就是"拖"（火）和"额姆"（母亲）的两个词音的混称，译成汉语为"火母神"。可见，满族先民把火直接看作母亲，是孕育万物的生命之火。在满族那木都鲁氏神谕中，则直接称火神为"突恩都里妈妈"，还有些姓氏萨满神谕称火神为"拖洼妈妈"（火奶奶）、"妈妈图恩都里"（奶奶火神）。蒙古族萨满教中尊称火神为"母亲火"，是部族生存的"额吉"（母亲）。蒙古族在祭火时为火母神奉上供品——"黄头白羊"。有这样神词："罕君主打的，旗源母亲吹的，我的火母亲啊，献给你黄油，献给你黄头白羊，献给你脂肪油类，献给你马乳白酒。"赫哲族称火神为"佛架妈妈"。鄂伦春族、鄂温克族也把火神视为妈妈神，等等，上述这些民族都把火神奉为仁慈的母性大神，由此可以看出拜火习俗很可能是母系氏族社会的产物，反映当时妇女执掌着火的使用和保管的权力，在社会生活中地位崇高。

北方民族对火的崇拜是十分突出而普遍的。通过对其崇拜火的习俗的鸟瞰，我们可以得到什么启迪呢？火的认识与控制，是人类原始文化发展过程中一个伟大的贡献和成就。正如恩格斯指出的："它破天荒第一次使得人类控制了某种自然力，因而最后与动物界脱离。"[①]因此，世间对火的利用，"在原始人的想象中产生了非常强烈的印象，以至从他们组织部落、氏族、母权制和父权制家庭之时便创造了火的崇拜"[②]。在各国古代的文化史中，可以发现火的禁忌与崇拜是普遍存在着的社会现象，而且各民族都程度不等地崇奉着自己的尊严火神，传承着拜火礼俗与神话。但是，我国东北满族等北方民族火祭习俗与神话，不论从流传悠久、传播广泛方面比较，或从崇拜的火神神祇众多方面看都是比较突出和罕见的。它具有浓厚的北方文化特点与特征，构成我国北方文化史中的重要内容。而且，在西伯利亚及远东的广大区域中，有许多崇信萨满教的民族，存在一个非常丰富而又独具特点的崇火习俗的文化传播圈，与世界各民族以及我国南方一些民族的拜火习俗和神话相互辉映媲美。值得特别指出的是，颂赞光明与火的萨满神词，在萨满教神谕及各族口碑颂词中占很大比重。不少萨满传承下来的火祭火赞神歌，粗犷雄浑，有较高的文学性与艺术性，堪称火经，不亚于曾盛传于伊朗、印度的著名的《波斯古经》，可惜过去未被学界注意。所有这些荟萃成世界上又一特征的文化财富。

北方诸民族，尽管世纪更迭，能流传下来人类最古远的崇火意识，除因火的光明美丽，更重要的是与北方远古人类开拓

---

① 恩格斯，《反杜林论》。
② 〔法〕拉法格，《宗教与资本》，王子野译，生活·读书·新知三联书店1963年版。

并繁育于荒寒漠北的艰苦地域条件有直接关系。从目前国内外考古发现证实，西伯利亚一带最早有人类的足迹远在 20 万年至 30 万年以前，甚至要更早。① 这就意味着早在人类进化史的原始群时代，人类祖先的一支就依靠有了火种逐渐北移，占据、开拓并繁衍在广袤无垠的北方沃土上了。许多文献记载，漠北冰原雪海，"极边苦寒，遇夏犹服棉衣"②，"其地苦寒……地裂盈尺，雪才到地即成坚冰，虽白日照灼不消"③。因此，这块土地上的先民对火与光明的需求，恩比亲母，犹如生命。这与生活在温带、热带的诸民族，对光与热的感情是不可比拟的。正因为如此，在满族等北方各少数民族萨满教的神词、神话中，赋予火以仁慈老妈妈的形象，而不像汉族将火神爷描绘成绿身、绿脸、赤发、三眼、面目狰狞的凶神，只表现人类对烈火无情的恐惧心理。而在萨满教中，火神被赋予了人格，除寒邪，送温暖，庇护生灵。火的乐观崇拜情感，正表现了人类驾驭火源的胜利的喜悦心情。

第四节 地、水（冰、雪）的崇拜

萨满教自然崇拜观念中还占有突出地位的神祇是地与水

---

① 新华社 1985 年 5 月 14 日发表苏联学者考古新成果的新闻稿。
② 《黑龙江外记》卷 6。
③ 《宁古塔纪略》。

（冰、雪）的崇拜。

有些人认为，萨满教对地的崇拜似乎是后来才产生的。其实，萨满教最早的崇拜观念就包括对地祇的崇拜，当然不像后来的后土崇拜。最初的地崇拜，也是源于穹苍宇宙的多层观念的崇拜意识。萨满教认为，宇宙是多层的，天上有无数层，下面的地也是无限层的。从朴素的观念看或观察山洞、穴道、深谷、泉眼、地窟等，在原始人的意识中地下也是无尽远或是奥秘无穷的。而且地比天穹更易于直观，不像苍天只能仰止，不可探测，大地是可以测量的，也可以观察的。而且又能从大地上生出万物，许多有生命如蛇、蟒、蜥蜴、昆虫等能从地穴中爬出来，许多猛兽突然从洞窟中窜出来，都能直接伤害与威胁人类的生命，因而人类对大地也萌生敬畏莫测的心理观念。特别是每当月夜降临，或是漆黑的星夜，风声鹤唳，百兽惊吼，林莽涛鸣，山崩石塌，一切大自然中的声响与震颤，对原始人类来说都是神异叵测的。大地又赋予原始人类赖以生命的果食，与百兽一样栖息生活的所在。因此，"地者，万物之本原，诸生之根菀也，美恶贤不肖愚俊之所也"[1]，受到原始初民的崇拜，视地为神、为母。尽管在原始氏族社会时期，人类依赖于采集、狩猎而生，即或如此，也应该承认原始人很早就对地有朴素的崇拜和信仰。在满族萨满教神论中称地为"巴那吉额姆"（地母），或称"讷妈妈"、"纳恩都里"、"纳罕"，从这些名称可以分析，对大地的

---

[1] 《管子·水地》。

称呼由女性逐渐变化为男性称呼，这正是萨满教由最早的母系氏族时期对大地的崇拜而渐渐发展变化到父系氏族社会阶段而出现的男性神的称呼。

在满族臧姓萨满神谕中传讲："讷妈妈是全身生满乳头的黑发老太太。乳头淌的就是水，黑发就是山谷，她走动的声音就是雷，她黑发摆动就生出飓风，她吹走了日月，换上了白发就是冬天和大雪。洞穴就是讷妈妈的身上的数不尽的肉窝窝，人和兽就住在肉窝里，衍繁着子孙……"创世神话《天宫大战》也有类似的传说："在宇宙初开的时候，阿布卡赫赫和耶鲁里争斗，耶鲁里就是讷妈妈桦皮篓里的放着的黑头发，借着风神西斯林吹上了天空，黑发将宇宙覆盖成黑暗，并要束捆住阿布卡赫赫，让世界永远见不到光明。阿布卡赫赫同世上所有万物与耶鲁里搏斗，争夺宇宙的统辖权，使光明和温暖永驻世间。阿布卡赫赫派刺猬神用身上的刺剧住了耶鲁里，耶鲁里的魂发失去了魔力，才被打败，仍逃回地上，被讷妈妈埋在地心之内，所以地心里是非常漆黑的，也正因为讷妈妈失去了不少黑发，留下许多白发，所以大地上总是雪天多过暖天，讷妈妈常常披着白发，随着走动的暴风生起，大地上常有驰骋千里的弥天的暴风雪在肆意横行。"这些神话是北方创世神话的一部分，它具有强烈的北方地域意识和地域观念。

又如，位于黑龙江以北的穆林穆林山，被称作"穆林穆林额姆"。黑龙江萨哈连部野人女真称其"奇莫尼妈妈"。"奇莫尼"，满语意为"乳房"。原来，她是一位雪山女神，平时总是赤裸着雪白的肌肤，向着黑龙江侧卧而睡。当她酣眠之时，天空晴朗静谧，大地草沃花香，雪水消融，涓涓细流，沿山而下，滋育大地，牲畜肥壮。当她睁眼南眺时，就会风雪大作，冰雹成灾，人畜死亡。所以，萨哈连人敬她为畜牧女神。后来，随着社会形态的发展，男神地位的增高，她才在萨满祭中变成了"穆林穆林罕"，一位男性山神。

地母大神神话，往往突出女性的乳房。如，在鄂温克族中就有神话传讲："大地上的人类的产生，是由于有一位有很大乳房的老太太，人类吃她的奶才生育了万物。"满族中有不少萨满认为，要想拜谒地母大神，必须要在星辰出满天空的漆夜。因为讷妈妈喜欢静谧，总是万物睡觉的时候她在大地上走动，看望儿女们，送来奶汁、果实和花香。她顶天立地，黑发修长，黑夜的整个山峦、大地、川泊、旷野，就是讷妈妈坐卧着的影子，人类只能见到讷妈妈几个、几十个肉窝，谁也见不到她的全身。只有萨满请风神降临，才能觉到她的步履声，只有星神中的鹰星神，能看到讷妈妈的脸面。所以，萨满崇拜大地时要夜祭、要祭星、要紧晃腰铃迎请风神助威。

随着社会生产力的发展，人类由原始群团变为氏族部落，以某一山川为基地组织成了氏族社会。各个氏族群都有了自己的图腾标志，常常以所在的山水为自己氏族的代表，多数以奇特形态的山为氏族的代表、氏族的崇拜物，这个山便被设想成地母讷妈妈的化身或代表，予以地神崇拜。萨满教的山祭便是这样演化而形成的。后来随着社会的发展，原来母系时代的讷妈妈形象与影响逐渐淡薄，而具体的山神地祇观念却日益增长和具体起来，后来便日益巩固成为对某一座山林、地貌、岩洞、丘陵、石壁的崇拜。

水神崇拜，包括江河湖海崇拜，也是萨满教崇拜的重要内容。萨满教认为水与地不可分，地母讷妈妈（巴那吉额姆）的全身乳房所流注下来的乳汁就是地水，是万物生命之母源。萨满神话中"木克恩都力"（水神）就生在地母的乳汁里，生在水里，是司水之神。祭祀水神要有水，并要用清泉水祭神，用海心水祭神，用井心水祭神，用河心水祭神，绝不能用死水、污水敬神。用净水洗目、洗身能祛病，因为清水是众神之酒。都金恩都力（命神）就是降生在水底沙滩上，生下来是八手八足，水多深，脚多长，水多宽，手多长，水浅了，脚也就短了，水面小了，手也就短了，是司水底大神，住在东海。它每个毛孔都能生出人和鱼来，是东海生命之母神。它生出的人，刮风天生的是男人。风浪把人撕扯，就长得细，浪给挤出"索索"（男性生殖器，满语），无浪时生的人是女人，所以过去女人多……在萨满神词中还认为，"在很古很古的时候，遍地大水呀，黑风黑夜，举目漆黑，水中最先生什么？是尼亚勒玛（人）？是尼玛哈（鱼）？是塔斯哈（虎）？是音达浑（狗）？不是，不是'佛多'，是毛恩都里（树神），佛多生得像威呼①，是'〜'形，在水中能漂，风吹能走，由它越变越多，长成了'佛多毛'（柳叶树），或叫'佛佛毛'。世上的人为啥越生越多，遍布四方，凡有水的地方就有'佛多毛'。'佛多毛'中生万物，生出花果，生出人来"。"佛多毛"实际

---

① 威呼，满语，汉语意为独木舟。——编者

是指女性生殖器。"佛多毛"是水中生的。因此，木克（水）是妈妈的水，妈妈的奶，是生命不死的"布达"（饭）。而且认为地水拖着地，地水没了，地就塌了；人水育人，人的水干涸了，人的灵魂就要走了。所以，在萨满教中对水至诚崇拜，"水者，地之血气"，水者，万物之本原。基于这种观念，萨满教水神神话中认为有了水，才有了人类：

> 宇宙刚刚初开的时候，遍地是汪洋。水连天，天连水，阿布卡赫赫在黑风中让水里生出个水泡。水泡像蛤蟆籽，越生越多，越生越多，越生越大，水泡聚到一起，聚呀聚，聚成个大球，漂在水上，又不知经过了多长的时间，球里蹦出了六个（宁姑）巨人，是六个谙达（朋友）。这便是诸神之祖，六人管六方（东西南北四方和上下两方），六个人有三十六只眼睛，六个人头、手、脚上都长两只眼睛，所以什么都能看得见。六人四十八只脚，所以走得快，什么地方都能去。六人四十八只手，所以什么都能得到。

在崇信萨满教的北方民族中也崇拜水蛇，称谓水龙神（木克木都力恩都里），水龙形状从崇拜神偶中可以看到有蛇形，有大鱼形，有海獭形，有蜥蜴四足神形，等等，都是水神的代表，如下一则神话：

> 诸申供祭的木克木都力恩都里，是最古的宇宙大神之

一。遍地大水时，阿布卡赫赫同依鲁里（即恶神耶鲁里）厮斗，恶魔依鲁里让遍地大水不退，天天风浪不息。阿布卡赫赫的腋毛化成无数木克木都力恩都里，让她们吞水，木克木都力恩都里朝朝暮暮吞呵吞，把地上的大水吞肚里，可是越吞越多越重，动不了，变成了一条条又长又粗又闪光的岔儿罕（小河）、毕拉（河）、乌拉（江）。白的江是吞进了白石白水，黑的江是吞进了黑石黑水，躺在地上不能动，成了又长又大的水口袋，源远流长。巨龙肚里吞的水太多，有的变成喷泉。有的大水憋得它难受，便拱地争逃，把大地拱了很长很长的沟，才找到东边的海。是鸟叫帮助它找到的海。喜鹊、乌鸦为啥老是叫唤不停，就是在帮助众龙神寻找送水的池沼、大海。

正因为水在北方民族中受到普遍崇奉，形成了一些独特有趣的民俗，如北方诸民喜水，住址依山傍水，"胡俗，旧无仪法。君民同川而浴，肩相摩于道"[①]。"同川而浴"，不单表示北方民族习俗古朴，没有礼法束缚，而且还表现了北方民族不论尊卑都认为在河川中以水洁身可得吉祥、祛除病疫。除此，北方诸民族凡与水和潮湿有生活联系的各种小动物、小爬虫都视为吉祥灵物，加以崇拜。在萨满鼓上、服饰上、神偶形态上都时常出现蛙类、蛇类、蜥蜴类、水鸟类等生命。北方诸民族都有这方面的崇拜与神话。

---

① 洪皓，《松漠纪闻》。

过去，古代北方沿江域生活的诸少数民族采取过水葬。萨满死后缠坠石砂等沉于江底，顺流冲下，流入大海，让魂魄还到生命之源——水中去。《中华全国风俗志》中"黑龙江"条中便有黑龙江省往昔"俗有丧，……初多火葬，或近水置之，随江涨而没"的记载。又据《忠烈罕王遗事》中记述金代海陵王之妃，死后按金俗葬于阿什河江中，成为"水椁"的故事。另外，在北方满族、赫哲族、锡伯族等族萨满祭祀时，要用黏米糕敬神，做祭糕时，还要击鼓震米、淋水。满族有些姓氏祭歌中便有颂水神词，"降下妈妈的雨水，淋在阖族的院舍屋内房外，神灵随水降临，邪恶被气水冲逃"。

冰神与雪神在北方萨满教崇拜中是由神风神水的神威所致，在某些萨满教神话中，冰与雪是恶神耶鲁里造的。耶鲁里与阿布卡赫赫争斗，风石抛走了有火的石头，北边天就冷了。耶鲁里同阿布卡赫赫争斗打赌，骗阿布卡赫赫，说世界上最美的是什么？阿布卡赫赫想，最美的是白色，最明亮的是白色，宇宙是金黄的白色，大地上的河流是滚动的白色，所以回答说白色最美。哪知耶鲁里把巴那吉额姆的白发偷来，把宇宙万物身上披上了永不融化的雪和厚冰，越积越多，像一座座大雪山，万物众生因此死亡了。阿布卡赫赫刚明白过来，已经太晚了，宇宙变成了寒冷的白雪世界，天母叫太阳、星辰照晒，让狂风吹拂，但冰雪太厚，难以融化。所以雪天变暖天要经过很久很久的时间。鄂伦春族传讲，是风婆婆赶着风车游逛，把北边的冰雪误当成了白云朵，给拉到这边来了。所以雪下个不停。雪里总有风车的呼呼响动声，就是这个缘故。

北方萨满教的水崇拜，不如火崇拜更具有典型性，而且神词神祭等也逊于火祭神谕神祭。出现这种情况，很可能与北方地域酷寒、一年5—6个月是寒天有关，所以北方民族先民最祈祝之神为火神。

第五节　灵禽崇拜

国内外有不少学者，对满族敬祀乌鸦的习俗颇感兴趣。民国以来，就有大量的著述引证或论及满族古文化信仰和形成鸟类灵禽崇拜观念的民族意识。这些研究与探索，对于了解和认识我国满族等北方先民的古代文化史、思想史以及原始神话观念，都是大有裨益与启迪的。

马克思指出："物质生活的生产方式制约着整个社会生活、政治生活和精神生活的过程。不是人们的意识决定人们的存在，相反，是人们的社会存在决定人们的意识。"* 满族及其先民崇拜自然界灵禽的原始意识，不是孤立的、个别的，而是长期的历史产物，在满族及北方诸少数民族中具有普遍的民俗意义。它是我国北方诸民族乃至与我国相邻的西伯利亚和东北亚诸民族古文化观念的反映。可以说，正是由于这种灵禽惠世观

---

* 见《马克思恩格斯文集》，第2卷，人民出版社2009年版，第591页。——编者

念，我国北方诸民族在漫长的社会生产生活中，产生并凝集成特有的与禽鸟相密切联系的许多独特的生活习俗、情趣与禁忌，构成北方民族文化特征的又一组成部分。

谈起满族民俗中的鸟崇拜，世人熟知者为鹊。清代文献最早记载了满族崇鹊习俗。清太宗崇德元年（1636年）最早编修成册的《清太祖武皇帝努尔哈赤实录》中，记载神鹊吞朱果，被沐浴于白山园池中的天女佛古伦吞腹成孕，生布库里雍顺，"定号满洲，乃其始祖也"。这就是历来被传讲和引证的满族崇鹊创世神话。其实，满族民族共同体源于明末清初祖居东北的女真诸部以及部分汉蒙等族众，上则崇鹊创世神话，只能算是满族中的爱新觉罗氏家族族源崇鹊神话。

又据清文献《满洲实录》卷一载另一篇爱新觉罗氏家族崇鹊神话：布库里雍顺数世后，"其子孙暴虐，部属逆叛，于六月间将鄂多理攻破，尽杀其阖族子孙，内有一幼儿名樊察，脱身走至旷野，后兵追之，会有一神鹊栖儿头上，追兵谓人首无鹊栖之理，疑为枯木遂回，于是樊察得出，遂隐其身以终焉。满洲后世子孙，俱以鹊为神，故不加害"。

上述记载，是清代文献中关于满族崇鹊神话的最有权威性的记载。那么，除此之外在满族共同体尚未形成之前的东北女真诸部中，是否存在另外的"以鹊为神"或其他灵禽崇拜神话呢？

满族先民的原女真各部众，素有古老的崇鹊信仰。在满族先民古代神话中，很早就有"神鹊通天""神鹊救水中生灵"的神话。这些神鹊神话，远在皇太极颁定满洲族称之前，就传诵已久了。在满族洪水神话《白云格格》里，群鹊求告天神的三女儿白云格格投下青枝，才拯救和繁衍了地上的生灵万物。在满族萨满教珍贵的《天宫大战》神话中，讲述宇宙初开时，神鹊为阿布卡赫赫（天母，即后来的天神阿布卡恩都里）的侍女，阿布卡赫赫与恶魔搏斗，要吃能生力气的东海石，为此神鹊天天去东海采石，归程累了便歇落在神树上。因此，在满族古神话中，喜鹊有衔石助天的功勋而受敬崇。在满族民俗中，祝赞"神树与天通"，不单颂其高，更倍崇神树为神鹊落脚之所。这些正反映了满族及其先民"崇鹊为神"的悠远古俗。

满族灵禽崇拜对象不仅尊鹊为神，尤诚敬乌鸦。从已掌握到的满族一些姓氏萨满手抄神谕证实，满族等北方诸民族，崇拜乌鸦的观念远超崇鹊，更古远而普遍，甚至乌鸦进入尊贵的萨满神系中。满族敬天的神竿祭，主要祭乌鸦，严禁伤害或捕抓。《吉林汇征》云："满洲……祭院中杆，以猪肠及肺先置于杆顶之碗中，以祭乌鸦用。"在《宁安县志》中载，满族有的姓氏亦认乌鸦为祖，"庭中必有一竿，竿头系布片曰祖先……割豕而群鸟下，啖其余胬而喜曰：祖先豫。不则愀然曰：祖先恫矣，祸至矣"。又如，在吉林省公主岭市二十家子满族乡一户满族家中，在西炕神匣左侧立有一鸟形神偶。据该姓族人传讲，就是供奉救罕王的乌鸦神。[①] 久居黑龙江下游的涅吉达尔人，即我国文献中所讲的奇勒尔人，与满族古代文化互相影

---

① 据王宏刚同志 1987 年调查材料介绍。

响。他们认为,"乌鸦从前是人"[①]。这与往昔祖居东海窝集部的满族呼什哈哩哈喇(姓)信仰非常一致。他们在萨满祭祀中传讲"乌鸦是看林子的格格",即林海女神,或称林神。崇信乌鸦为神鸟的民族还很多。如我国北方的鄂伦春族便认为乌鸦是林中哀鸟,走在路上听到乌鸦在头顶上叫,必有不幸的事会发生,不是马匹死亡了就是人要出事,行动都要格外谨慎,赋予乌鸦以卜神兆的特长。

又如远居北极的爱斯基摩人相信善神与恶神,特别崇奉各种动物与鸟类,禁止打死它们。如逆戟鲸、狼、乌鸦。

费雅喀人即我国过去的土著民族,目前生活在苏联境内称为尼夫赫人。他们都认为乌鸦是天上最高神派到地上来的。因此,把乌鸦当作一尊高位神予以膜拜,认为乌鸦自从宇宙开辟之初就存在了。

更有趣的是,生活在乌苏里江流域林莽中的恰克拉人和满族尼玛查、那木都鲁等部落的人,在林中偶然猎得粗大而雄劲的巨蟒,便用几匹快马运进屯寨里。巨蟒,满语称"扎布册",认为它是太阳的使者,特别是蟒身上的七彩花纹,被认为是虹的化身。蟒吐出的红舌,是火光的化身。大人、小孩都要学乌鸦"嘎——嘎——嘎——"的叫声,还要手舞足蹈才可敬请神蟒伏降,求它真心诚意把光和热送给人间。满族先民及北方一些居住林海中的猎民,祭山林时先要给乌鸦扬酒撒肉。

[①] 参见郭燕顺、孙运来译,《民族译文集(第一辑)》,吉林省社会科学院苏联研究室,1983年,第204页。

在满族古老的萨满史诗《乌布西奔妈妈》中讲述：乌鸦从前是阿布卡恩都里（天神）的勤快亲随，在争战中饿极了，误吃黑草死去，变成了号啼的黑鸟，在人马屯寨边飞旋。在萨满教神谕中，还认为乌鸦的羽毛"像没有太阳时的颜色"，即黑夜。所以，满族及北方诸族民俗中认为，乌鸦是报警鸟，为人畜巡狩。凡林海荒野中陡生异兆或见野兽僵尸，乌鸦便满天飞叫，为人类传信。在《满洲实录》中，就有清太祖努尔哈赤与明兵争战，群鸦路阻兀里堪、传报兵情的传奇故事。因乌鸦报警，努尔哈赤以少胜多，大破前来进攻的九部联军，使努尔哈赤日益强大。

到了清代，敬饲乌鸦蔚成风气。"必于盛京宫殿之西偏隙地上撒粮以饲鸦，是时乌鸦群集，翔者，栖者，啄食者，梳羽者，振翼肃肃，飞鸣哑哑，数千百万，宫殿之屋顶楼头，几为之满。"①这些生动描述，可谓绘声绘色，足见敬鸦之诚。在民间，满族诸姓"后世俱德鸦，诫勿加害"，各屯寨鸦群麇落，层林墨染，显示部落兴旺、山川富庶之象。

上述例证可见，满族古俗崇鹊亦崇鸦。鹊与鸦都是北方的留鸟，架巢于屯寨林间，与人类关系密切。所以，不单是满族而且北方其他一些民族中也普遍崇爱。北方古民俗心理认为，乌鸦黑大体壮，数为成群，喜啄吃人兽尸骨。萨满教观念认为，黑色为灵魂的颜色，是魔鬼耶鲁里的肤色，乌鸦是天狼。满族等北方诸民族尚白惧黑。崇鸦心理便是原始人对黑乌

---

① 引《清稗类钞》书。

由惧恶而生敬畏心理观念的反映。崇鹊崇鸦的民俗意识，最先最重者是乌鸦。崇鹊则是另一种心理观念，鹊不害人畜，白脖白肚，修长俊美，北方民族在口碑文学中尊其为天神侍女。由于清代在典籍中倍崇鸦鹊，才更加扩大了鸦鹊在北方民俗中的影响和地位。其实，满族等北方诸民族崇拜灵禽，绝非仅限于鸦鹊，而且亦非始盛于清季。北方先民视鸟为神圣、吉祥的象征，有史可查，盖源古久。近世考古发现，早在新石器时代，北方先民就有了原始的鸟神崇拜意识，突出反映在许多出土的古文物上。苏联考古学者在黑龙江流域，多次发现过岩壁上刻画女神和鸟的图像。苏联学者托尔马切夫在《白城遗址》一书中曾讲道，在遗址出土的遗物中，"有一面磨光、另一面饰有两只小鸟的浮雕像"。我国考古工作者在黑龙江省密山新开流原始社会遗址中，发掘出一个珍贵的骨雕鹰头，体态呈弯月形，雕琢精巧。鹰头雕像与满族等北方民族萨满所供祭的鹰头人形神偶、人体鸟翼神偶非常一致。又如，我国考古工作者曾在吉林省梨树县河山乡长山村原始文化遗址中，发现大量鱼骨、鸟骨、兽骨及蚌壳残片。[①] 在黑龙江省黑河卡伦山古墓葬发掘中发现用禽鸟肢骨磨制而成的细管状骨珠，[②] 类似上述出土不胜枚举。它不仅说明原始人类生活兴趣与技艺的高超，而且反映了原始初民对灵禽崇拜的宗教观念。

　　早在我国古代一些文献中，就记载满族等北方古民族崇鸟

---

① 引自《东北考古汇编》第69、74页。
② 同上。

心理与习俗。《晋书·列传·四夷》云,满族先民"肃慎氏一名挹娄,在不咸山北……男以毛羽插女头,女和则持归,然后致礼聘之"。以鸟羽为青年男女定情信物的风习,沿袭至元、明时代。《新唐书·列传·北狄》亦载,满族先世一支中的黑水靺鞨人,"俗编发,缀野豕牙,插雉尾为冠饰"。《吉林汇征》又载:"黑水靺鞨,俗插雉尾为冠饰,近时俄妇人仍效此妆。"又据《金志》记载,女真完颜氏创建的金王朝,在征战兴师的旗帜上,以日、月、鹰隼为绣像,足见对鸟的崇拜。苏联学者1955年在乌苏里江沿岸的金代土城址上,又发现鸟图案的砖瓦。

辽金乃至清初,北方满族先民女真部落,仍习惯头饰羽帽,披羽裘,编羽帐,铺羽席,更有"富者以雕翎盖屋"。女真少女身佩鸟颈骨镂花的管状五色串饰,铿锵悦耳,并为避邪灵物。据满族一些耆老回忆,宁安、吉林等地,民国期间满族结婚用野鸡彩翎,织出花样漂亮的披肩,有荞麦花形、豹花点形、夜猫眼形,格外好看。婚后珍藏起来,正月拜年或节日才肯穿上。有些满族新婚夫妇,拜过天地,坐完帐时娘家婆就要将新娘做姑娘时的两把髻头,改梳成做新妇的一把抓髻,头上还要插羽花。羽花,便是用鸟羽织就的色彩斑斓、图案秀美的花饰,象征祥瑞。不少地方新婚所用鸟羽多为天鹅绒毛。相传天鹅等水禽为巴那吉额姆(地母,亦管辖地水)的侍者,因此,在满族先民及北方一些民族中的灵禽崇拜,天鹅也是神鸟。赫哲族在萨满祭时必献飞鹅为供品,表示最为虔敬。

《长白山江岗志略》中,就记载满族崇祀天鹅的宗教观念。相传松花江上源有条河叫鹅河,就因"有一神鹅飞而能言",卜告水旱灾情,"故名鹅河,以示不忘"。这种以天鹅等鸟体、鸟图、鸟塑像卜占吉凶、象征吉利避邪的习惯,在北方诸民族中十分普遍。

《东鞑纪行》中就记述北方官船桅杆上有鸟饰图形,以示舟船平安。满族、锡伯族、赫哲族、鄂伦春族等族屋饰上面也有装饰鸟图形而象征吉利的。

生活在苏联的果尔特人的盖房习俗与我国北方许多民族架屋风习大同小异。果尔特人盖房要在两根木柱和房角柱下放上旱烟根和打碎的碗,以防恶神钻进房子和将来生活饥饿。还要在横梁上分别拴一小绺鹰毛、一束红布条和一小口袋小米。据说鹰毛保护房子牢固,保佑房子主人安然无恙。[①]

除此外,满族和北方其他少数民族还崇拜麻雀和其他小雀,视为"挚友"、"精灵"。凡麻雀平日静飞,主宅院吉利;若麻雀舌闹喧天,必有隐火、毒蛇、瘟疫等异兆。麻雀性聪慧,畏火惧烟,洞测些微,故视其为人类灵禽。

达斡尔族所崇信的女性祖神"霍卓尔",据传讲便是一位女祖死后化成金色的家雀,"和鲤鱼一样跃游,和鲫鱼做了伙伴"。[②]

[①] 《果尔特人》《民族译丛》,第147页。
[②] 见《民族问题五种丛书》内蒙古自治区编辑组,《达斡尔族社会历史调查报告》,内蒙古人民出版社1985年版。

鄂温克族、哈萨克族、维吾尔族、柯尔克孜族，乃至苏联境内那乃人、埃文基人、涅吉达尔人、布里亚特人、克钦人、哈卡斯人等所讲的"鸟麦"神，便是主宰婴儿的小雀，后来又发展尊为护婴女神。鄂温克族就是用白桦或落叶松制成小雀形状，供奉它保护婴儿生命和安全。满族与赫哲族也是有这种信仰观念，喳喳叫的麻雀像孩子一样活泼可爱，认为小雀是童子魂所化。在为小儿叫魂时，若见麻雀飞来便看作小儿魂魄招回来了，病愈灾除，阖家致喜。因此，也有不少姓氏神案上也供雀形神偶。

满族等各姓祝祭中，还有的姓氏在布谷鸟春啼时祭田苗神，千里红（苏雀）冬来时祭雪妈妈。相传苏雀是一位随父赴享滚河极北雪山捕鹰死于雪崩的姑娘所变，年年南下寻亲，为后世女真人崇慕。

北方民族崇鸟观念，在野祭祭礼以及萨满服饰、神祭中，鸟神祭祀以及鸟神图饰占有重要地位。

萨满祭祀中的鸟神，因各族各姓（部落）祖居地域不同，所崇祀鸟类也不尽统一。各姓鸟神多则五位、七位，少则二位、三位。但所祭鸟神均有猛禽鹰、雕、海东青等类和各种鸠科鸟类与鸭科水禽鸟类，几乎包括各种鸟种，其中鹰、雕神祇神威无敌，敬崇倍极。据凭萨满教穹宇九天说，宇宙间各种大神都住在浩渺高远的宇内金楼神堂之中。祭祀时要由萨满鼓声迎请，众神祇便借天上的七星光亮降临世间。在原始人的想象中，居于浩渺宇宙中的尊严神楼，地上的人类是没有能力登谒的。唯独鸟类，有奇妙的双翼，有无与伦比的凌空本性。所以，在萨满教意识中便被赋予了超凡的神秘性，认为他们是天的信使、神的化身或某种精灵，可以无拘无束地随意升降于天与地、人与神之间。因此，鸟神，在萨满神谕中被尊奉为多重神性的神祇。它们往往既有自然大神所特有的火、光、风、雷、雨、电等神威，又有兽类神祇所具有的叱咤山岳、勇悍无敌的神姿，同时又有鸟类特有的迅捷、畅飞的特性。因此，在早期的萨满教野神祭祀的跳神仪式中，萨满迎请鸟神降临，模拟鸟类飞腾的各种体态，气氛最为活跃、火暴、虔诚、感人。

在各民族萨满服饰上鸟饰是最普遍的神物。满族等民族神帽上便是数只奋飞的鸟饰。"乌德赫萨满帽上也立一只鸟。"据苏联学者 C.B. 伊万诺夫著《黑龙江流域民族的造型艺术》中介绍，奥罗奇人讲过，"萨满的灵魂去太阳星球时，先是乘飞马，接着是骑线团，然后紧接着是骑一只鸟和乘坐一只带翅膀的铁船"。*"乌德赫人在萨满袍后面，肩部和袖子上缝着四绺鹰羽，从领子沿后背垂着三根很长的布飘带。奥罗奇人也有这种在肩胛骨处带羽毛的萨满服。"我国的达斡尔族认为石头、布谷鸟、鱼等也有神，用老柳木琢成神偶，为萨满供祀着。锡伯族萨满所说诸神中就有鹿、鹰同其他鸟类，各作不同姿态，除此并有展翅飞翔的羽人。① 赫哲族更是以神鹰为"阔力"女

---

* 见孙云来编译，《黑龙江流域民族的造型艺术》，天津古籍出版社 1990 年版，第 272 页。——编者

① 满都尔图、夏之乾著文《察布查尔锡伯族的萨满教》。

神。鄂伦春族人萨满神"德勒库·达日衣乐"大神是专司人畜抽风病的神,其神像布上便画有两条龙、两条蟒、两只凶鸟和一个太阳、一个月亮。鄂温克人把鸟皮剥下做"舍卧刻"骑乘的飞马,这种鸟叫"嘎里"鸟。萨满认为只有这种鸟的皮做成的神偶才可以自由飞翔。他们求雨时还用两只不同毛色的啄木鸟,把鸟嘴朝上放入盛装水的容器中,挂在树枝上,企图通过魔法达到自己的目的。[①]据苏联学者介绍,生活在西伯利亚兹文汉地区的鄂温克人崇拜十几种鸟类,有水鸭神、嘎黑神、鸟麦神等,更以水鸭皮为神偶神体。在鄂温克人的人类起源神话中就有关于用鸟毛鸟肉扎成男人的神话。

从萨满所祭鸟神类别看,原始初民最初因以渔猎生产为生与水禽类结下了不解之缘。所以,每逢祭祀首先祭祀各种水鸟,如天鹅、白水鸟、水鸲鹩等水禽。当这些水鸟神祇降临时,萨满跳鸟舞,走鸟步,腰铃神鼓震响,神帽上的铜雀和长飘带绕头飞旋,象征神鸟在飞翔,忽而展翅旋转,忽而潜水追鱼,忽而凌空御风,众侍神人伴舞相和。这种庄重、古朴、热烈的祭鸟神歌舞,并不是一般的模拟禽鸟的姿态,而且它往往表现所供祀的鸟神的非凡来历和伟大职能。比如,满族一些姓氏供奉的鸟神,满语称"册延木克嘎斯哈",实际是"白水鸟"神,司管洪水,它降临后便带来落雨与飞石。相传,白鸟神是位白姑娘变的,很古很古时候,遍地洪涛怒浪,有个女萨满好善助人,给族中长幼捉鱼充饥。她水性好,能潜游百里,

---

[①] 参见秋浦等,《鄂温克人的原始社会形态》,中华书局1962年版。

一次误认水中白石为鱼，撞岩而死，死后化为白羽神鸟，神鸟是女萨满的化身，有吞水搬石的神力，啼叫声能预报阴晴洪涝。

萨满教崇拜的鸟神还有一大批陆地鸟神，如"窝集嘎斯哈"（林鸟神）、"阿林嘎斯哈"（山鸟神）、"伐兰嘎斯哈"（阔野鸟神）等众类鸠神，此外就是"达拉加浑"和"达拉代敏"等"首鹰""首雕"众位鹰神。在萨满教中，鹰神是光与热的象征。在萨满神谕中，唱赞鹰神有"遮雪盖地的金翅膀，怀抱两个银爪子，白天背着日头来，晚上驭着日头走"，是人世间光明与黑暗的支配者。同时，鹰神与雕神又是力量与威武的象征，雕神为最凶猛的宇宙大神。

在满族萨满神谕中传讲，天刚初开时候，大地像一包冰块，阿布卡赫赫让一只母鹰从太阳那里飞过，抖了抖羽毛，把光和火装进羽毛里头，然后飞到世上。从此，大地冰雪才有融化的时候，人和生灵才有吃饭、安歇和生儿育女的时候。可是母鹰飞得太累，打盹睡了，羽毛里的火掉出来，将森林、石头烧红了，彻夜不熄。神鹰忙用巨膀扇灭火焰，用巨爪搬土盖火，烈火中死于海里，鹰魂化成了女萨满。所以，萨满魂就是不屈的鹰。

苏联学者斯特恩堡在《从民族学角度看原始宗教》一书中记载："关于萨满在地球上的出现，有两个传说故事。据一个故事讲，第一个萨满是鹰——迪；据另一个故事讲，鹰仅仅教会了人跳神。无论在哪个故事中，这只鹰都是双头的，而且，她正是因为教会了人跳神而失去了第二个头。在萨满教仪式中，鹰神被赋予很大作用；每件萨满神服都饰有它的图案。"

在满族东海七姓萨满古代神谕中，传讲洪水期小海豹救出了一男一女，生出女儿，阿布卡赫赫命鹰首女人身的鹰神格格哺养，成为世上第一个女大萨满。鹰神不仅代表天界的光明，而且有入世的本领，能下地府，传光送热、驱魔伏怪。满族著名的民间史诗《音姜萨满》（即《尼山萨满》）中的主人公音姜女萨满，就依凭着鹰神引路，为拯救两个童子的魂灵进入地府，并与依尔猛罕（阎王）周旋，凭神鹰的助力救出神灵，将其带回人间。

在布里亚特人的传说中，鹜（雕类的一种）被认为是善神派下来帮助人的。鹜与布里亚特女人之间，生出最初的萨满。雅库特人也传说萨满是神鹰的后裔。正因为鹰神有通贯天地的神力和与萨满有血缘关系，鹰与雕神成为萨满的佑护神与化身，成为灵禽崇拜的至尊无上的佼佼者。

北方少数民族崇祀灵禽的宗教观念，主要凝聚在原始初民所传承下来的许多鸟神创世神话之中。满族先民一支的野人女真，最早流传下来的古代神话集编《天宫大战》里，就有神鸟创世神话：

> 天地初开的时候，没有日、月、星、辰，黑暗无光。阿布卡赫赫跟勒鲁里两人打赌，看谁有能耐找到光明，看到天是什么颜色，地是什么颜色。勒鲁里凭着恶魔的眼睛，在暗夜的冰块上找到了白冰。于是把冰山搬来，用冰山照亮宇宙，结果万物冻僵。阿布卡赫赫在苦无良策时，

一只天鸟把阿布卡赫赫背上天去，把天给啄个洞，又啄个洞，一连啄出千千万万个洞，从此出现了日月星光，才有了光明温暖。可是，勒鲁里搬来的冰雪老也化不完……

从上述神话中可知，鸟类在满族先民眼中是与大地形成以及与火同时出现的精灵。在满族及北方民族先民中，在最远古的初民时期，火的发现很可能与鸟的活动有某种契机，因而才有了鸟与火同太阳的密切联想。将"过去的现实又反映在荒诞的神话形式中"。

又如在《天宫大战》中，还讲述阿布卡赫赫与恶魔勒鲁里争斗，勒鲁里撕碎阿布卡赫赫身上的围腰战裙，阿布卡赫赫伤倒在太阳河边。太阳河上有棵神树，枝上落着一只金光熠熠的泼罗坤雀，怜悯阿布卡赫赫遍体伤痕，于是，衔来太阳河的水给阿布卡赫赫洗涤伤口，用五彩羽毛为她揩拭伤口。阿布卡赫赫很快苏醒过来，全身力量无穷，打败了恶魔勒鲁里，从此取得了掌管宇宙的统治权。雀的神威，甚至可以庇护宇宙大神阿布卡赫赫的安危，反映满族先民对鸟神的无上膜拜心情。

俄国著名社会学家马克曾在乌苏里江地方考察时，发现河岸坚固的岩壁上刻画有鸟的图案，旁边还有四面闪光的人面画。这些石器时代的陈迹，反映原始初民对鸟类及太阳神的崇拜以及鸟类与太阳之间密切相关的认识。

苏联学者阿列克谢·奥克拉德尼科夫在《西伯利亚的古代文化》一书中介绍，在黑龙江流域诸民族中所保留的"三个太阳神话"，就与鸟类有关。相传混沌初开的时候，天空中有三个太阳照耀，大地燃烧，石头变软了，出了个叫霍泰的英雄，射落了两个太阳，大地才变得温暖舒适。在天空燃烧的时候，是鸟最先踩在被烧软的石头上，留下了爪迹，人们认为鸟是与天地初开的同龄精灵。又传说，在汪洋洪水中，最早创造了大地使人类得以生息繁衍的恩神，不是以人的形象出现的神祇，而是以鸟的形态出现的救世神。它们是与白浪一样颜色的白水鸟，也有天鹅，全身白羽，喜潜水，擅啄运砂石。在天地初开、遍野洪波时，生灵无处存身。这些白鸟，还有野鸭、野雁、天鹅等相助，搬来砂石，填出滩地，才有了大地。类似这种神话传说在北方许多民族与地区中还有不少流传，本文不再赘叙。

综上所述，我们可以发现北方诸民族在古文化观念形态中有许多极相通或相近的地方。尊鸟为祖、灵禽创世的崇拜观念，可以说是崇信萨满教各民族所共有的原始信仰，只不过由于时间漫长，民族流徙变迁，在这些民族古老的鸟神创世神话与有关习俗中，发生某些变异罢了。

鸟神的探索与研究，对满族等北方诸民族悠久丰富的神话宝库、宗教意识以及在此沃土上形成的民俗现象，有了新的开拓和认识，意义是深远的。满族先民以及北方诸民族，所形成的原始文化意识，不是凭空产生的，是他们在北方特有的自然生活条件下谋求生存、发展进程中形成的意识形态。我国东北、西伯利亚及远东地区是世界上鸟类群聚区之一。北方诸民族以及其长期相邻的各个部落，生活在黑水白山与东滨大海的林莽沃野之上。据近世科学考察证实，在这块广袤无垠的土地上，向来是鸟类生育的乐园。从地理图志中可见，东北地区南临黄海，东近日本海，北面有鄂霍茨克海，在黑龙江入海口，有众多的岛屿，湖泊密布，河川若网，夏季日照又长，春秋天不燥热，多雨湿润，是多种鱼虾繁衍之所。因此，东北及远东地区为各种留鸟与远方候鸟，提供了充沛食源和生育后代、避暑栖息最理想的乐土，向来是百禽的故乡。我国北方诸民族先民就是繁衍与开拓在这片鸟王国的沃土上，与各种鸟类共朝夕、同相邻。在北方民族民间传说中，就有"鸟引路探宝"、"坐鹅翎跨海"、"与鸟女成亲安家"、"鸟神驮人避洪水"等故事。满族还有的神话讲述有位巴图鲁，进山找寻鹿妻，被林海困住迷失方向，是啄木鸟帮他攀上神峰，找到被恶魔藏在树洞里的美丽的鹿格格，这都反映鸟给人类的恩惠。在生产力低下的原始初民时期，鸟类对于人主要不是衣食之利，鸟类是生活的伴侣，凭依鸟群惊鸣与飞向，卜测灾异，"宫室象鸟兽而为巢为窟"，鸟有功于人，无害于人，故所祀鸟神，都属于温厚善良的氏族守护神。

这种观念的产生，反映了自然界的鸟类对北方人类的生存作出过伟大贡献。在洪荒远古时代，在生产力极端原始落后的情况下，我们可以想象到亚洲人类的一支古原始人，依靠火的发现，开始了具有伟大意义的生存北征。他们在林莽中无路可走，正如萨满神谕中所讲的"到处是白茫茫的雾气，到处是湖泊、踏头甸子"。为了生存，他们观察着候鸟的行踪，追寻鸟的北行路线，边觅食、边北上，逐渐向北迁来。至今在萨满祭祀中，还可以看到依鸟迹行进的影子。萨满请鸟神，要走八字步、拐子步和锁链步，侍神人与族众边在后面跟着边唱边叫边舞。这些快乐的鸟叫鸟舞的舞蹈动作，追溯其源很可能就是模仿先人们追寻鸟踪行进的故事在宗教中的复演。

在满族著名史诗《乌布西奔妈妈》和《西林色夫》萨满故事中，讲述阿布卡赫赫与勒鲁里搏斗，迷了路，她依靠林中枝干上落有鸟的白屎，才找到进击勒鲁里的路。这则神话间接地歌颂了鸟类为人类生存作出贡献的巨大功绩。在满族古民俗中，猎人能在林中见到白鸟屎，便视为吉利物，意味不会被困囿林中，白鸟屎和树上砍出的白色标记都被视为"路标"，称曰"雀书"，即鸟给人写下的字。所以说，鸟使得人类北征至黑水白山乃至北亚、东北亚，使这片荒僻大陆变成丰饶的人类故乡。鸟类算得上光辉的导引者，生命的传播者。因而，在北方诸民族原始宗教与神话中，对鸟类予以神格化崇拜。

满族及北方诸族浓厚的灵禽崇拜观念存在的另一个重要原因是，母系氏族社会之图腾崇拜观念的遗留。在北方崇信萨满教诸民族中，原始母系社会时期肯定有鸟图腾的原始部落，许多例证可以证实。当然，随着时间的流逝，只能看到乌鸦、喜鹊及一些水鸟有某些图腾痕迹，其余鸟类只能看作是鸟崇拜观念的反映。

第六节　祖先崇拜

　　祖先崇拜是萨满教多神崇拜的重要内容。关于祖先崇拜国内外著述论及甚多，实际上它是从原始宗教的自然崇拜、动植物崇拜、图腾崇拜等崇拜形式发展过来的，可以说是原始宗教发展的更高一层的崇祀形态。

　　自然崇拜、动植物崇拜、图腾崇拜是原始初民对自然天宇诸种自然现象以及生活环境中的各种自然力的膜拜与信仰。它是人类还处于生产力水平相对低下状态下的蛮荒时期的泛神崇拜观念，而发展到祖先崇拜时期，人类社会已经有了高一级发展，婚姻制度已以一夫一妻或一夫多妻制为主，男子作为家长在家族中占主宰与支配地位，即社会发展成父权制。男性氏族首领和家族长的权威日趋增长。以父权或男权为核心的社会观念成为社会生活的准则，在宗教意识上的反映则是从母系氏族社会的图腾崇拜发展成祖先崇拜。

　　祖先崇拜主要是指对自己有血缘关系的死去的直系男性先祖的灵魂与偶像的崇拜，由对自然物的崇拜，改变为以自己家长祖先为崇拜中心，认为这些传袭子嗣的先祖亡灵仍然灵魂不灭，栖居在另一光明世界——九天神楼之中，享过着与人类一样的生活。而且生活更为安适幸福，其英魂已经被赋予了神武无敌的威力和超自然的作用，随时畅游宇宙与大地上自己儿孙之间，在关怀、荫庇、助佑着众子孙，成为比众自然神、图腾神更亲切、更知己、更无微不至地殷切护佑人间的守护神祇，随着社会的发展，父系家庭作为社会的基本细胞日趋巩固，祖先崇拜观念不断发展、活跃而牢固，祖先神群成为萨满教的重要神祇，成为维系父系氏族社会中的氏族部落以及相邻各部落、各穆昆、各屯寨家舍重要的精神与感情的强大纽带，产生巨大的凝聚力。

对于北方萨满教的祖先崇拜观念，从其崇祀内容剖析，与世界上各民族的祖先崇拜内容大体相同。它最初为氏族团体内的共同祖先的崇拜，然后才发展成为氏族联合体即部族祖先的崇拜。后来随着一个个家庭的产生，家庭的祖先崇拜也发生了。萨满教中便存在祖先崇拜的三种形式。这三种形式的祖先崇拜有一个鲜明特点，就是凡属自己直系血缘关系的祖先神灵都属于善神善灵，而将其他氏族的祖先亡灵看成与己无关的甚至是有害的鬼魂。所以，在萨满教中的祖先崇拜，有某种排他性，即只承认一部一族一姓的父系氏族祖先鬼魂是其神灵或称氏族守护灵，而对外族外部外姓的祖先亡魂不予以崇拜，更认为没有庇佑子孙的作用，甚或视为鬼惑而予以驱灾避邪。当然，在某些通婚联姻的氏族之间，其祖先神灵也可能由女方带到夫家。

萨满教祖先崇拜系列是：

1. 本氏族的族源父系神祇及氏族神祇；
2. 本氏族的各种创业神祇及英雄神祇；
3. 在为氏族征战中殉难的英雄神祇；

4. 本氏族首辈萨满与历代传世萨满魂魄；

5. 本家族本姓氏的宗谱中的祖先亡灵。

在上述这么众多的祖先崇拜神祇中，应该看到其中主要是父性祖先神，但是也包括本部众多的女性祖先神。萨满教中祖先崇拜特性之一就是不同于其他一些国家与民族，祖先崇拜中包括许多女性祖先大神，其是祖先崇拜中不可忽视的一大批神群力量，即北方诸民族所讲述的"妈妈神"。"妈妈神"或女神的延续崇拜，除了说明北方诸民族母系氏族社会宗教影响与势力的强大和影响的深远外，也说明在北方诸族中母系氏族的作用一直到了父系社会阶段仍有强大的感召力，女子的社会地位仍有一定的影响。实际上在父系氏族社会乃至进入奴隶社会和强大的封建社会时期，在北方诸少数民族，如满族、鄂伦春族、锡伯族、赫哲族、达斡尔族以及西伯利亚、东亚等地的民族中，众神主祭萨满多数仍为女性萨满，其在全族中仍处于重要的支配地位。这种状况，可以说一直到解放后的我国吉林省永吉、黑龙江省宁安等地区一些满族姓氏中依然是女萨满主坛，传世萨满也必选女萨满为氏族萨满，或为男女两性萨满共同主坛祭祀，女性影响可谓至深至大。

萨满教祖先崇拜的1、2、3类，细微分来又可以归纳为：

实物崇拜神祇。在北方诸民族崇拜最遥远的古代先人多为人兽结合或是以实物替代的祖先神，如满族不少姓氏在祖先神匣世代保留下来的鹰头女身祖先神偶、女头豹身的祖先神偶，或者是桦皮制成的女性生殖器柳形状祖先形象或石柱、陶柱状男性生殖器的祖先石柱与陶柱。还有的姓氏，因年湮日远，民族长期流徙融汇，祖先原来崇拜物不易寻找，就将祖先最初生活址域具有特征性的某项生活实物保留，并且能虔诚地传流数十代，将其视为祖像，予以膜拜。如满族徐姓原居黑龙江北岸支流黄河（苏联称为结雅河）后迁移至松花江流域，其姓在家祭中始终奠祭三块黄河的鹅卵石，以其视为祖先，家祭不衰，直至今日。其他几个民族也有相类似的实物，如石、皮革、木块、陶片、桦皮篓、草篓、兽毛、鸟羽、鱼骨、石针。还有的姓氏保留着祖先传世下来的石箭头，亦视为祖先神，供奉于神堂。

也有些传说颇为有趣儿，如说鄂伦春族将达斡尔族的祖先请回家天天用鲜肉供祭，说明两族间最早时代的源流崇拜是相近相亲的同一个氏族；在满族姓氏中也有两姓间过去曾经将对门另一个氏族女萨满神灵请回家供祭起来，后来这位女神就不走了，司掌两姓的福祸事。该姓在祀祭时既要祝祭和祈祷本姓萨满神灵护佑，又要祝祭这位请来的女神庇佑阖族安宁。这个传说也说明在远古氏族社会时代，这两个姓氏很可能也是同一氏族，随着氏族分化而成为同族不同姓，可以窥见氏族的演化与发展。

有的民族供奉祖先灵骨。北方少数民族特别是满族先民，自古有土葬、火葬、风葬、鸟兽葬等风俗，其中以火葬、风葬最为普遍而年代古久，在宗教观念萌生之前灵魂观念不十分明显，人死后即作鸟兽弃，死后就弃之于野，后来随着宗教观念和灵魂观念的产生与发展，对人死后的尸骨予以敬重，认为神骨可以藏魂。在萨满教观念中，风发自于气，气化是神行之本，风葬可以使灵魂飞腾于九天之上，亦可下降自己儿孙住宅之地，使祖先神灵不致受到束缚，而不能舒展神威；鸟兽葬，主要是在风葬基础上的接续古葬礼，将尸体架于树上或筑立的木架木栅之上，尸体腐烂后，将尸体放于地下，有时用小土薄掩，但大部分体骼裸露，被鹰鹫及小兽、乌鸦等啄食拖走，骨骼被分散各地。萨满教认为骨骼中藏着魂灵，这样祖先的魂魄便住居各地，驻守八方，荫庇自己儿孙承继生活着的土地四隅。后来，随社会的进步发展又觉祖先尸体撒于四野终感不忍，便多行火葬。萨满教亦认为火是世界最圣洁的神物，凡经过火洗礼才可以驱邪存正，永葆真魂，而骨骼经火化灰烬后唯有牙齿不易焚化，故萨满教认为人的骨髓真魂（永生魂）便常栖于其中。火葬后将先祖牙齿捡回，穿孔穿在一起，挂于萨满脖颈上祈神，或藏储于神婆、神匣、神罐中，或放于屋帐后面树洞中，设神舍，或称"堂涩"，族人向其膜拜，便是对祖先灵魂的崇拜。

祭祀，后期亦有风葬祭与火葬祭交混进行者，后来风葬多用于幼童；火葬多为成年男女。这种祖先崇拜属于近数百年来常见的崇拜形式，比神偶、实物等祖先崇拜要晚得多，但这些在北方诸少数民族中是较为普遍的。当然各族间也各有某种差异及俗礼，不尽一致。据我们收集的满族民间著名英雄传说《两世罕王传》中讲述，金代以来，东海女真人和久居松花江、阿什河流域的林中人，还常用水葬祖先的形式，将尸体投入海中河中，任水洗涤，多数做法是将尸体用毛皮、苫房草等包裹好后，洒酒祭牺，萨满祈祝，尸体外面绑有石块、石偶及豕羊等，投入深水之中，沉石堕尸于河底、海底，名曰海葬、水葬。萨满教亦认为水中是最安全的栖所，水界也是神栖的福地，可以保护水域的安宁。在金代《海陵王传奇》中曾讲海陵妃便是水葬阿什河，六月天天空骤降暴雪，河水结冻，海陵妃冻于冰中，金代作乱的贵宦们本想趁海陵王在燕地时便焚毁其尸，但坚冰护住妃体，不能得手，等海陵王赶回时见到妃子从冰中望去如见活人，认为水与冰都可以藏魂，经百年不灭。所以萨满教魂魄观念中认为，长生魂在未得到理想栖身之所时，或长生魂要返到人间看望自己儿孙辈的生息情状时，多借水而驻、借水而游、借水而隐形。正因如此，满族等北方诸民族，辽金以来随着生活逐渐趋于定居，而兴起水祭、海祭，甚至殉人杀牲。萨满祭祖先神时常祈降水獭神、牛鱼神、龟神、水蟒神、海豹神、蜥蛙等类神祇，表演潜水竞技，佯称为祖先神灵显现或驱使诸神为儿孙驱邪。水祭与海祭冬夏皆可进行。至今在满族不少姓氏野神祭祀中有"钻冰崖"、"探海穴"、"水下摸针"等神技表演与故事传说，都认为是先辈祖先或先辈萨满神灵的神力作用。

萨满教祖先崇拜的形体形象有以下几种：

木、石、土（陶）、革、帛、植物、兽骨、兽毛、鱼骨、鱼鳞等世间各种材料，皆可制作祖先神偶，种类繁多，将各种材料刻上眼鼻口，便代表某类先祖。苏联 Л.Я. 斯特恩堡著《果尔特人》中载："几乎在每栋房子都有一个大木雕像——柱林，人形，有两个大乳房。这种雕像，有时是一个，有时是两个——男人和女人。"这就是祖先崇拜。又如《吉林外纪》卷

27中记载三姓（今依兰地方）"林木虽多，不敢砍伐，留刻其祖宗之像，截木长尺许，其上刻圆如头颅，画成眉目，略似人形，置于磋落犄角处，多有十余枚者，其家争呼之为祖宗，年久多著灵异。如遇客误犯，则立患青盲，数日成瞽废，虽祷无效。一年数祭祖，祭时惟以一鹿而已"。《鸡林旧闻录》则云："混同江海口一带济勒弥人，亲死，削木为像，略具口眼，衣以熊皮，食必以少许祭纳像口，妻丧夫亦然，增系一犬于像旁，胸次悬刻木小人二，有事则祷。"

又如日人鸟居龙藏著《满蒙古迹考》一书中讲到在东北金代古城中所发掘之遗物，"其中最有兴味者，为萨满教之铜制人形，小者其上有穴，穴处殆便于结纽，作为护符而挂于首者。又有以布类皮类敬谨包之作为神像者。现今蒙古人中，每藏有与此相同（发掘品）之萨满教巫女之铜人，呼为翁哥特，与镜同尊崇之。余在东蒙古扎鲁特，曾见有此事。金之遗迹地，常掘出此等翁哥特，余此次买得三个"。

鄂伦春族供奉祖先神"阿娇儒博如坎"，供奉祖先神只能是自己氏族的人。当人们有病时，对"阿娇儒"要供奉野猪进行祈祷，祈求保佑病人早日痊愈。

达斡尔族的每个穆昆都有自己的祖神"霍卓尔"。霍卓尔神祖多以穆昆为单位，但一个哈拉的几个穆昆，都有自己共同的霍卓尔，相传霍卓尔祖神是一位女神，是达斡尔族的族源"根子"。

鄂温克族则将本氏族神称之为"舍卧刻"。相传世上刚有人类的时候，有一个梳着长辫子的鄂温克人，他在勒拿河附近的山中发现一个湖，叫拉玛湖。湖里长着许多好看的花草，湖的周围多高山。山中有兔、蛇等动物，还有一个大洞，是云雾的发源地。他还发现洞里有十五庹长的两头角的蛇，它是从天上下来的神蛇。它据说就是鄂温克族的发祥地。这个人死后成为其后代尊崇的神——"舍卧刻"。"舍卧刻"是木制人形神偶。鄂温克氏族崇拜的神，称为"玛鲁"神。在内蒙古阿荣旗巴奇乡鄂温克族中还供祭祖先神"敖教勒"。"敖教勒"是"根子"之意，传说鄂温克族的祖先是被雷打死的。"敖教勒"神是在蓝布上，有太阳、月亮、眉（灰鼠皮做），有九个小人，五个金色的是女人，四个银色的是男人。供氏族神"敖教勒"目的是求神不要生儿女们的气，还求祖神治病赶鬼。

除此，各族祖先崇拜神像，多为绘画神像，满族特别是赫哲族乃至黑龙江以北的那乃人等均好彩绘祖先神，甚至能画出除祖先外的各种山林、两栖动物，如龙、鸟、蛇、虎、豹、蛙等，非常齐全，反映出人和周围的世界。满族近世祖先影像，亦非常精细，彩绘讲究，有日、月神鸟以及坐骥畜群等，将祖先亡灵的另一世界生活栩栩如生地描述出来，仿佛他同活人一样的生活，只不过他永生不死。近世随着社会的发展，祖先崇拜的影像予以减略，满族等民族的诸姓多以各色彩布、彩绸、彩缎叠成方布帛祖主，在跳神时叩拜。《清朝野史大观》记载："满蒙则供奉神板，亦有绣像者悬黄云缎帘幔列香盘四或五如木主座。"布帛神主满语称"索利"，各姓色调与数目不同。除此，《奉天通志》亦说在满族人家有的是"有位无像惟挂纳带……皆绢画者"。在满族及锡伯族等族中，祖先崇拜中还有换索仪式，就是象征始母始祖荫护的旧俗。清代清宫中祭祀的所谓"画像神"，实际也是祖先神祇。

北方萨满教中常出现"瞒尼"、"玛鲁"、"瞒爷"、"荞尼"等神名，实际上就是祖先崇拜的众位英雄神，其职司包括武将、匠役、乐技、杂艺、舞师、箭手以及其他各种当时具有特殊功能和身怀特异功能的先人，为本氏族的开拓与发展树立某种勋业或作出过某种卓越贡献的人。在祖先崇拜中，多数以神偶或该荞尼所用器皿为祭物，萨满祭祀时要迎请众瞒尼降临，有的瞒尼还能变幻幻术、占卜吉凶、教授歌舞文化、讲述家传族史，成为全旗的崇慕和信奉的明师。各族各姓氏保留下来的"玛鲁"名称很多，有的一个氏族竟达数十位之多，是萨满祭祀祖先崇拜的重要神祇神群。鄂伦春族等族在萨满祭祀中所崇拜之"玛鲁"神，就是氏族的英雄神群，其音虽称"玛鲁"，亦即"瞒尼"之转音，可见此神传袭久远，其含意已无法释义，但可以断定是通古斯古音的传承词汇。

第七节　生育崇拜与"乌米"、"乌麦"生殖神解析

北方萨满教生育神崇拜始终占有突出的地位。过去多数学者似乎以为萨满教中生育、生殖崇拜例证不多。其实不然，初民时期，广阔的北方荒漠，人口相对稀少。对北方先民来说，人的生育、种族的繁衍为每个氏族看作极重大的事情。氏

族的人口繁衍多寡直接关系整个氏族的兴亡和发展，是全氏族在自然生存竞争中至关重大的问题。在当时生产力极端低下的状况下，人类能够生存下来关键是要有相当数量的人口。事实上任何国内外一个原始民族和初兴民族，都非常重视男女生育问题，都把祈求生育做为一项重要的礼俗活动。萨满教崇信者也毫不例外。远从考古挖掘中可以得到有力的证实，苏联学者阿列克谢·奥克拉德尼科夫在《西伯利亚的古代文化》一书中介绍，北方民族的原始女性生殖崇拜观念是非常突出的。在黑龙江流域的一些地方常发现用石灰岩刻制成的石人，都是新石器时代的文化遗物，其中最突出的是女性祖先神的崇拜，其中有的女像遗物就是女性全身裸体像，曾在黑龙江沿海州地区和西伯利亚地区发现三个偶像，极大地夸张和突出女性的双乳和女性生殖器。此外，还发现了男性石祖即石刻的男性生殖器。这些都说明从母系社会到父系社会性器崇拜一直占据突出位置。生殖崇拜是原始文化信仰的重要组成部分。

1982 年，我国考古工作者在辽宁省喀喇沁左翼蒙古族自治县县城所在地大城子绕东南四公里的大凌河两岸，发现古文化遗址，共发现陶塑人像残块二十余件，多为人的肢体部分，皆泥质红陶胎，可辨认形体有以下两类：小型孕妇塑像两件，为裸体立像，头及右臂均残缺，腹部凸起，臀部肥大，左臂曲，右手贴于上腹，有表现阴部的记号，均出土于黄土层中，通体打磨甚光滑，似涂有红衣，体肥硕，腹部尤圆鼓，下肢稍弯曲，下端残缺。这些女性塑像，与古人祈求生育有关。

又如，1983 年至 1985 年，我国考古工作者经过多次试掘，又在建平、凌源*两县交界处牛河梁村发现一座女神庙和数处积石大冢群，以及一座面积约四万平方米类似城堡式方形广场的石砌围墙遗址。这些遗址距今已有五千多年，先后出土了珍贵的文物——母系氏族社会的象征物——陶质妇女裸体小塑像，和真人尺寸相等的女神彩塑头像，以及一批大小不等的泥塑女性裸体像残块。东山嘴祭坛发现的两件无头孕妇裸体小像，皆为陶质，腹部隆起，臀部肥大，左臂弯曲，左手贴于上腹，阴部有三角形记号，是个典型的孕妇形象。有的专家认为，它可能是当时人们所崇拜的"生育神"①。有的专家认为，这是供祭祀用的。

1984年，我们在珲春县杨泡公社征集到一个鹰头女性裸体神偶，高五十厘米，双乳下垂如带，腹部隆起，女阴清晰可辨，怀中还抱个女孩，正在哺乳。她原是何姓满族（曷舍里哈喇）保留下来的传世神偶，密藏于神匣中，平时不准拿出来，唯该姓女萨满（后来是男萨满承袭）为本姓氏族妇女求子、求乳、产房安宁、临产祛灾等事时才可请出来，拜祭，焚香祝祷，称"鹰神格格"，是创世生育女神，也是萨满诞生祖神。

吉林省永吉县乌拉街镇韩屯村满族赵姓（刁洛哈喇）萨满赴兴亚老人口诵神谕中传讲，"先祖神给人间留下三个神：佛赫姆、楚楚阔、托洪武"，译成汉意是女阴、男阴和火铃铛，

---

* 现为凌源市。——编者
① 参见《光明日报》1986年7月25日一版。

并且均用泥捏成,坠于萨满前胸,传承已久,代代奉祀不衰。

在满族关姓、罗姓、高姓、富姓、徐姓、那姓、钱姓等家祖西炕神案的神匣中都有一个瞒尼神,是一个上小下大的神偶,如"▲"形,没有眼睛和口、鼻,有的姓氏就称为"楚楚瞒尼"、"绰阔瞒尼"、"郭郭瞒尼"等不同音字的神名,其实都是一个神——生育神,专治男女生殖病患与育子的神祇,新婚夫妇更要拜这位神。

蛇在萨满教中视为太阳神,送来温暖,生育需要阳光的温暖与照耀,才能繁育兴旺,所以多以蛇为守护神。有的姓氏所供奉的"绰阔瞒尼",便是一个柱形神偶外面围有一条跷首的小蛇,栩栩如生。如图示:

柳祖 　　　　陶祖蛇 　　　　鹰格格　　　　木祖

上图系我们征集到的清光绪十六年扈伦七姓满洲"火祭神谕"神示图中与生殖崇拜有关的素绘神图。

又如:满族诸姓所崇拜供祭的"佛多妈妈",有的姓氏便是供奉人形裸体神偶,是女性裸体。珲春县杨泡满族那姓家祭女神佛多妈妈,是本氏族诚祭的生育神和保婴神。新宾县永陵那氏家祖传的木雕像外,还有一位女神牵一匹马,相传赤身裸体,尊称"万历妈妈",不但平时不许人看,即使祭祀时也只有萨满才能见到。① 万历妈妈也是妇女生育、女红、庖厨等的保护神。有些萨满教实物中,还将柳叶等象征为女阴。

在满族早期神话中,作为宇宙天穹的主神——阿布卡恩都里(天神),最初尊称阿布卡赫赫(天母),"赫赫",满语"女人",由满语"佛佛"(FeFe)女阴之音义转引而来,意寓女人有生育奇能。这时,阿布卡赫赫的形象即为一个孕生万物的女阴,形似柳叶,原始人以柳叶寓女阴,由此派生出柳生人类和宇宙万物的神话。如珲春满族喜塔拉氏萨满神谕中载:满族先民最初敬柳,原来,当阿布卡赫赫与恶神耶鲁里鏖战时,善神们死得太多了,阿布卡赫赫只好飞往天上去,耶鲁里紧追不放,一抓就一爪子把她的战裙抓住,战裙是柳叶围成,因而抓下来一把披身的柳叶,柳叶飘落人间,生育出人类万物。柳还象征始祖神。

牡丹江富察哈拉神谕中载,在古老又古老的岁月,我们祖先居住的虎尔罕毕拉,突然变成了虎尔罕海,大水淹没了万物生灵。阿布卡恩都里用身上搓落的泥做成的人只剩一个。他在大水中漂流,将要淹死时抓住了一根柳枝,才幸免于难。柳枝载着他漂进了一个半淹在水里的石洞里,化成一个美丽的女人,和他媾合生下后代。

这里柳有浓厚的氏族图腾意味。所以,往昔该姓族人在萨满祭中,将柳枝供于神匣内,次年家祭时再采新柳。旧枝恭送到江河中逐水流去。这种年复一年的崇柳祭祀把其先人对女性

---

① 彭勃,《满族》,民族出版社 1985 年版,第 130—131 页。

始祖神崇拜观念传承到近世。

萨满教中每一个氏族萨满的神圣职能，最突出最经常最核心的功能是为全氏族祛灾治病，凭借萨满的各种神威祝祭活动，以维护氏族内部的生命安全与正常秩序，因而萨满始终受族人崇敬。因此，在全氏族中特别是在母系氏族繁荣时期，每一位女萨满都享有绝对崇高的声誉与影响，甚至她本身就被氏族内部视为庇护生命的女神或是守护神，后来社会发展到父系社会阶段，女萨满的氏族权威地位仍然处于被崇仰的地位，受到氏族上下的敬崇。究其原因重要一点是萨满自身有着或传承下来丰富的治愈各种病患的神术和能力，直到近世许多萨满都有一些不外传的治病绝技。不要以为萨满所行神事都是虚幻飘渺的，如果那样它早就被氏族人不信任，而最终被抛弃。事实上，萨满本身确实具备平常人所不可比拟的祛病救灾的能力。

在原始初民时期，特别是生存与活动在我国北方的诸原始氏族部落，猛兽、疫病和自然界所降临的漫长时期的酷寒蹂躏时刻在消减和吞蚀着氏族人口，萨满历代所传承着的御敌祭神经验很大一部分内容便是如何为本氏族祛灾治病。所以，每一个氏族萨满，不论是女萨满或是男萨满，都首先要会通过各种神祭手段给氏族男女老少治病。从我们对北方诸民族数十位新老萨满的调查中得知，他们治病最突出的内容主要是两项：一是祛邪，二是生育。而"生育"是萨满经常性普遍性的祈神活动。生育祈神包括交媾术、子嗣祭、育孕祭、健婴祭、多子仪，等等。交媾术主要包括生理知识、什么男女可以结合、什么时间准允男女结合，等等。据《东海沉冤录》《顺康秘录》

《乌布西奔妈妈》等满族民间传说与史诗中的零散介绍，以及许多姓氏老萨满讲述，在原始社会初期，人类对于如何生育、怀孕、产子是不懂规律的，而且认为非常奇怪和神秘，竟不分男女，"两个那么多的人，两个手脚合的人，神就会送来人孩儿"，这完全是低级的动物生育的本能，保留在神词中。随着社会的发展，族内群婚、乱婚变为族外婚，后由族外婚又发展成为对偶婚，在氏族制度下，负责严格控制管理族外婚、防止族内乱婚的执法者，不是穆昆与扈伦达部落长，而是执行神权的女萨满。她通过祈神祭神安排氏族男女的合法婚姻，违犯氏族婚姻的也要受氏族内神权的答责。这样就保证了氏族的子嗣兴旺，避免畸形与退化。族外婚男女通过两族的萨满准允，才可以同居。

在母系氏族制时代，都是女子娶另一部族氏族的男子，成为女子的附庸。据有些萨满神词讲，多数采取对等相换的形式。当然有时也有部落间的征杀与抢婚。这种萨满决定姻缘的形式，进入到父系社会时代，就更频繁而隆重了。凡一部落男子娶了另一部落女子，要先拜"堂涩"、祭祖、祭天。萨满甚至还要给净身，手握神杖、哈玛刀，点压男女裸体的部位，口诵神语，多在夜间进行。有时男女身下铺有藤草、艾蒿、苏叶，点燃艾叶与鞑子香，口中还要一口一口服下海狗、鹿鞭等经烧制的药粉。这颇有一定科学道理，实际是点穴健身功夫。萨满还有独特的按摩功，可以治男女生育方面的疾病。有的萨满还用研石粉及蚯蚓、蜂巢、木耳等合制粉药，冲服后可治痿病与不孕症；有的萨满用黄羊雄生殖器与狗、獾、熊生殖器，烧烤焙干制成面剂，祈神时令男女服后，可以治疗生育方面疾患。用熊虎尿脬熏洗腰及会阴部，亦治痿症和不孕症。

女萨满治病，多在背灯祭中，猛击神鼓，艾烟熏腾，被治病者要紧闭双目，在烟熏中脱开下衣，萨满点穴按摩，谓之"阔郭姆"神祇等降临，药也是在这种氛围中冲饮而下。达斡尔族的"巴列钦"萨满，实际上就是原始的助产士，给孕妇正位、接生等。① 满族乌拉街镇的吴绪伦大萨满就能看妇女病。宁安县渤海乡厉姓过去的女萨满也能为本姓族人接难产婴儿。黑龙江省孙吴县四季屯往昔张姓萨满也能治孕妇难产和不孕症。所以说，萨满实际上是全氏族最亲近的妇幼保健医、唯一的大夫和医师，而且在神降、神示的迷惘中施行药术，氏族人病愈后甚感神验，不知自己萨满是"郎中"而只知她是祈神人。有些重要的手术与针刺，往往亦在这种喧吵的气氛中进行，客观上反而分散了被医治者许多注意力，迷离中忘掉了一些疼痛与麻木。

治血蛊病人，萨满在背灯祭时，用水蛭十余个放在神鼓、腰铃上，放于患者腹腿等处，猛击神鼓、大声诵念神歌，水蛭吮吸毒水，蛭胀死取下，毒去病轻，家主与病人不知如何诊治中就取得了简单疗效。至于有人讲交媾术中萨满教授房中术等，笔者未调查到这方面的直接资料。可以肯定，萨满教不同于藏传佛教等有欢喜诸佛指点。清季虽崇祭欢喜佛及牛女相媾诸神，这是受佛教等影响传入的，并不是萨满教所自有的。

---

① 参见秋浦，《萨满教研究》，上海人民出版社1985年版，第88页。

子嗣祭与多子仪是求子仪式。满族的"佛里佛多鄂谟西妈妈"（即"佛朵妈妈"，此民间称呼）和锡伯族"喜利妈妈"祭祀大同小异。鄂伦春族等族也祭佛朵妈妈。达斡尔族已有女祀求子神祇，本书将在下章专著。

在探索萨满教生育崇拜的诸种形式时，我们应该对于北方民族"乌麦"崇拜予以充分重视。"乌麦"崇拜，在鄂温克族中保留比较突出。"'乌麦'是保护婴儿生命安全的神，是白桦或落叶松制成的小雀。"求"乌麦"的仪式是，"当小孩得重病时，他们认为是魂离开了小孩身，去另一世界，故借萨满把小孩的乌麦（灵魂）请回来"[①]。萨满去求"乌麦"时，要在夜间跳神，才能把孩子的灵魂找回人间。

"乌麦"一词是什么意思？实际是女真语"乌母西"一词的转音。苏联学者 C.B. 伊万诺夫撰著的《黑龙江流域民族的造型艺术》一书中对"乌麦"一词有下列探讨。他说："在中国东北的中部地区，掌管'输送'孩子并保护他们的女神还有其他名字。譬如，早在 20 世纪初，在乾隆皇帝（1736—1796 年）建造的佛庙娘娘庙中，就立着两尊这种神——催生娘娘和送生娘娘塑像。第一尊神两手托着一个婴孩，而另一个婴孩待在她的腿旁；第二尊女神肩背一只口袋，从口袋中露出许多小孩的脑袋。除满人外，汉人也有。"作者还对某些女性神的名称来源做了如下探讨：

[①] 以上两条参见内蒙古自治区编辑组，《鄂温克社会历史调查》，内蒙古人民出版社 1986 年版，第 233 页、235—236 页。

"属于灵魂和属于输送孩子并庇佑他们的女性神的一些术语，在西伯利亚诸民族中非常相似。妇女想要孩子时，就都求助这些女神。

通古斯满人

奥麦——女人肚子、子宫（埃文基人）

奥莫——巢、穴、洞（那乃人）

乌木克——巢（图鲁罕地区埃文基人）

奥米——周岁婴儿灵魂（涅吉达尔人）

奥米亚——同上（那乃人）

奥米松妈妈——女神，在她所管辖的天上，生长着有儿童灵魂的氏族树（那乃人）

奥米——乌米、奥米希——乌米希——调配孩子的神（中国东北埃文基人）

突厥人　蒙古人

奥麦——女人的肚子、子宫（蒙古-喀尔喀人）

乌麦——同上（蒙古人）

乌麦——胎盘（外贝加尔的布里亚特人）

乌麦——保护婴儿消灾祛邪的护身符（克钦人）

鄂麦——儿童庇护神的图形（别尔蒂尔人）

乌麦、鄂麦、麦——庇护孩子的女神（绍尔人、帖列乌特人、哈卡斯人）

从上述比较中，可见在北方少数民族中"乌米"的叫法很多，所指含义也不尽一致。但可以看出来，主要是指生育保婴女神。"乌麦"最早是以"巢穴"含意为主的说法是合理的，是指育婴的"巢"，实际就是指"子宫"，或"女子的肚子"。对女性生育功能的崇拜，发展演化成对育子育婴的崇拜，进而又演化成司管儿童灵魂的女性大神。

童子魂是小雀的信仰观念，北方几个民族基本相同。这些信仰都是在认为乌麦是女性生育功能崇拜观念产生后又进一步演化而生的观念。鄂温克族认为它是童子魂，而西伯利亚诸民族则认为它是女性生育能力，比鄂温克族更原始一些。满族中亦有童子魂的雀信仰观念。但最早"乌麦"词义是否存在呢？在黑龙江沿岸的满族群众中，仍有"乌麦"相类似的音词。在北方满族民间称谓"乌米"，是女性生殖神，传此神在母女中传播，有的姓氏家里传讲，"乌米"与妇女月经及月经布有关，此神非常厉害，可以行走，可以有鸣叫声。这些民间传闻仍保留北方"乌麦"神的较原始的观念形态，只不过它的神威含义已经变化了。尽管如此，我们仍可肯定地认为，它原出于对女性生殖、生育的崇拜，是对女性生育奇能的夸张与歌颂，而且其神威超过男子，使人们敬崇之。"乌米"应该是"乌麦"一词的音转，应该是同一含义。这些观念产生时间都可能非常遥远，是母系氏族社会时期的观念反映。

第三章

萨满教的祭类祭程

萨满教各种形式的祭类祭程，是其特有的多种信仰与崇拜观念的外在表现形式。萨满教各种祭祀可谓五花八门、形形色色，是一个绘声绘形的历史宗教文化的万花筒。对于进一步认识萨满教文化的内涵和研究北方原始文化具有着十分重要和突出的意义。长期以来，在北方萨满教文化研究中，对萨满教所特有的多种祭祀礼仪、程式、祭规、禁忌等了解不多，似乎以为各族各姓各类祭祀形式与方法都大同小异、简单单调，似乎没有予以认真地分析、探求的必要。其实，这恰恰影响了我们多年来对萨满教这一客观宗教现象的认识与研究。作为原始宗教形态最突出最可贵的文化显示，朴实无华、简赅单纯的原始宗教观念、意识，即神论，主要表现在其多种多样的具有不同文化表现形式的萨满教祭礼祭程中，而且随着时间的推移已日趋消逝与被遗忘。因此，本章针对萨满教中有代表性的祭礼祭程加以归纳和整理，用以探讨其在人类文化发展史中的地位、意义与价值。只有这样，才可以说我们真正了解和认识了萨满教。

第一节　原始血殉血祭遗风

《国语》中曾讲过古代祭礼："古者民神不杂。民之精爽不懵贰者，而又能齐肃衷正，其知能上下比义，其圣能光远宣朗，其明能光照之，其聪能听彻之；如是则明神降之，在男日覡，在女曰巫。"并认为远古"民神异业，敬而不渎，故神降之嘉生，民以物享，祸灾不至，求用不匮"，后来随着社会发展，"九黎乱德，民神杂糅"。在《礼记》中，便指出"燔柴于泰坛，祭天也。瘗埋于泰折，祭地也……埋少牢于泰昭，祭时也。相近于坎坛，祭寒暑也。王宫，祭日也。夜明，祭月也。幽宗，祭星也。雩宗，祭水旱也。四坎坛，祭四时也。山林川谷丘陵，能出云，为风雨，见怪物，皆曰神。有天下者祭百神"。古代我国便有蜡八之祭，便是总祭土地、草木、昆虫、禽兽一类的地上的风物，也正是华夏族的原始宗教，在"大蜡八"祭中，[1]随着神祇越来越多，祭礼也越来越繁复，故而"邦都之赋，以待祭祀"[2]，出现了相应的郊祀歌祭文学。

原始萨满教的祭类祭程，亦不外前述，大体也经历这些历程。最原始时期，萨满教的祭祀形态究竟如何？至今已难找到实际例证，无法推知，也无有实际事例传世，不过我们从一些老萨满回忆与传说中可以找到一些端倪资料。《富氏祭规程式礼序录》《钱姓乌仁神语》《大臧姓氏神祭规仪》《吴扎拉哈拉教乌云师训簿》等等，另外鄂伦春莫福生老萨满有"百句神语"、达斡尔吴德昆萨满有《坤河授神密传尊语》等散记资料，以及1987年在新疆察布查尔锡伯自治县发现的尔喜萨满编于光绪十年的《锡伯忆萨满舞春》(即《萨满歌》)，都是满族、

---

[1] 参见丁山，《中国古代宗教与神话考》，上海文艺出版社1988年版，第4—5页。
[2] 引《周礼·天官·大府》。

锡伯族诸姓萨满家传神书和鄂伦春族、达斡尔族萨满口授的珍贵文化遗产。这些珍贵的神语和教乌云（传授弟子）中有不少内容是涉及具体的祭祀过程的，"恐后世荒疏，谨记神言，诚替百代"，故"挥记祖训，撰文在册"。

原始萨满教最古远的宗教祭奠便是隆重的血殉与血祭。《富氏祭规程式礼序录》中云："凡我富察族人，勿忘祖制祭规，跳神必择吉日必有背灯夜祭，或祭院众神，或祭山河神祇，要谨选佳牲心血供祭，诸神享用鲜心血必不可少备。"这里突出强调了背灯夜祭、院祭、山河祭，而且必须要准备鲜牲血。背灯夜祭主要祭司夜众神，院祭主要祭司昼众神，山河祭在众神祭中比较早，主要祭旷野众神，反映原始初民茹毛野居时之崇拜意识。最早祭奠时给众神献牲不限家牲与野牲，而最上佳牲当以野豕、麋鹿等为主，沿江海猎居者并有鱼产祭献，或天禽为供。

《钱姓乌仁神语》中追述其族先民祖居"浑蠢"（珲春）江老河口地，"相传远祖栖居树巅、架屋居室，冬夏如此，祭献皆以鹿、鸭、鹅、鱼为上品，祭时必祭夜神，设背灯夜祭，族人排列江滨、燃熊火九堆，照彻河身如白昼，女萨满身披白鱼鳞皮、白蛤壳神衣，头额有无数白串珠，腰铃以白哈拉巴围成，其声震耳，唯祭时必献鹿、鸭、鹅，大哲罗长如小舟、有时亦备捕圈着的野猪数口，必星斗满天时活祭，在江心河身处筑木排，可站十数人，牲血洒于林、野、江心、天、地、石崖，均要以血洒之，抹之，涂之，人身与腰、额处也要抹血，凡祭人众均点牲血，然后燃火燔祭肉，会食于江野。天黎明时所余祭品投入江中流走。夜祭传祭司夜妈妈诸神位。老人传讲,此祭习代代相因,古已有之,不可疏忘也。"钱姓血祭记载较细,突出红白两色,而且献牲血不仅洒给山野江河,凡参祭人皆以涂牲血为记,足见将献鲜牲血作为祝祭中最隆重的仪礼。

臧姓、吴姓和鄂族莫福生老人、达斡尔族吴德昆老人都分别介绍各自夜祭时要献野牲血。罐篓等凡大小容器中夜祭时都应滴血。族里体弱久病男女更要涂祭牲鲜血于额于身,可祛灾异,邪魔不侵。甚至吴姓等族人和达斡尔族、鄂伦春族人祭祀会食时牲血滴于水、滴于酒中痛饮为吉祥。全族所供瞒尼神偶神像嘴唇也点鲜血,家具、家畜也点祭血为大喜事。臧姓民国初年有位大萨满,神降后不饮水、不要米酒,专饮牲血,用瓦盆吞饮。饮血涂血仪式,几乎在满族诸姓中多有记述。珲春杨泡何姓大萨满降神后,要饮野鸭血或天鹅鲜血。我们多年来所征得到的鹿皮神偶、布帛神偶以及木雕神偶等上面,至今仍可辨析出厚厚一层硬质黑红色涂物。据老萨满鉴认便是每次祝祭时涂血所致。

近世祭祀血殉血祭虽不甚突出,但北方诸民族在萨满祭祀时仍沿袭夜祭或称背灯祭,在整个祭程中都要杀牲向所祭奉的自然神祇、动植物或图腾神祇、祖先神祇前奉献鲜牲血,涂抹或点在神像、偶像嘴上。在神器及神竿等祭器上要蘸上一点鲜牲祭血,鲜牲血祭后各种均都食用,不准抛弃,甚至点于水中清洒屋室、仓楼、畜舍、院门内外,用以驱邪。鲜牲血滴于酒中饮用,或煮制血饼、灌制血肠食用。血成为北方萨满教祝祭中绝不可缺的神圣供品，是族人对神灵虔诚的象征。

位于黑龙江省西部的松嫩平原上，有座多克多尔山，当地的蒙古族称它为神山——博格达山。蒙古族多克多尔山的祭奠仪式便非常隆重，择夏季洪水期祝祭，而且必在黄昏后进行。"祭时，由萨满主持祭祀仪式，首先点燃九堆篝火，萨满手持神鼓，口念祭词，站在人群的最前列'作法'，法事完毕，部落头人向山致祷词，感谢山神降福，向山峰方向泼洒三碗奶酒。然后，宰杀一匹黑色牧马进行血祭。所谓血祭，就是将马的四腿捆绑，马头向山峰方向，用刀斧劈面而杀，使马头的血浆喷向山峰方向，表示用血洒祭。几百年来，历经几个朝代，繁衍了多少世纪，但祭奠多克多尔山的活动没有间断。"[①] 另外，又如蔡家麒先生在《中国北方萨满教》一文中，介绍北方达斡尔族宗教集会上，萨满将牛血拌入牛奶或酒内，盛在木碗里，"两个萨满在众人击鼓伴唱下，恭请神灵降临吃血，萨满们仿效飞禽的鸣叫，表示神灵变成鸟雀来吃血。人们还将牛血逐一抹在神偶神像的嘴上，象征众神业已饮享"。

鄂伦春族人也是血祭山神"白那塔"。鄂温克族血祭仪式相当庄重，而且禁忌甚多。鄂温克猎人剥熊皮时绝对不能割断其动脉，而要把脉中血挤进心脏里去，不能流失。为熊举行风葬祭礼，就是将熊头、喉、舌、鼻，连同颈部骨，脚上各小节骨及肋骨等用桦条捆好，涂上鲜血、野花色进行隆重的风葬。

---

① 引波·少布，《多克多尔山祭奠仪式研究》，《黑龙江民族丛刊》1987年第2期，第33页。

教萨满也要涂鹿或犴的血,萨满跳神治病,要选用白色驯鹿、犴等作祭物,在撮罗子前立桩,桩上要涂驯鹿血。①

锡伯族萨满教查库尔仪式(上刀梯),是该族独特的教授萨满徒弟的重要祭礼。徒弟在上刀梯前,要喝下一口鲜羊血,便象征神佑无畏,无往不胜。②

这种神圣的尚血崇拜的血祭仪式,盖源古久,它萌生于人类原始初民时期的生命崇拜,并认为血即生命。原始人类在与猛兽、与大自然生命抗争中,从实际拼搏的利害关系中朴素地意识到一个奥秘——不论是人,还是禽兽,只要从体内淌出奇特颜色的汁液,不要多久便要毙命。这种生活现象久而久之,便使原始初民认识了红色的尊严以及人体或其他生命体内这种红色汁液的高尚与可贵,从而在无知与不可解释的迷惑中产生了神圣的尚血崇拜与血殉血祭。在考古发掘中就发现了山顶洞人有红色粉末的遗迹。在北方先民中,往昔的古墓葬礼中在棺椁上多数同时葬有活猪、犬、鹿等动物,可能就是为了献活牲血。棺椁上涂血色,后来棺椁也多用红色涂面,象征血裹。在萨满教观念中,对活着的人来说,血色象征凶色、惊悸征兆。人的梦可以携带游魂外游,红血亦能携魂魄外游,血尽则魂魄散失。因此,在北方少数民族民俗中认为,血涂到一般日常物体器皿上,是不吉利的,将来都可以成精灵。这种古俗禁忌正

---

① 参见内蒙古自治区编辑组,《鄂温克族社会历史调查》,内蒙古人民出版社 1986 年版。
② 贺灵,《锡伯族信仰的萨满教概况》,见吉林省民族研究所编,《萨满教文化研究(第一辑)》,吉林人民出版社 1988 年版,第 106 页。

是认为血富有生命可以成灵的观念反映。所以，直到近世北方诸族除在祭祀中由萨满祝祷进行血祭外，一般情况下很禁忌人血或其他动物血涂抹在家具上，视为灾兆。

其实，我国古代文献中亦有血流石上生人的神话，如《春秋合诚图》曰："尧母庆都……盖大帝之女……天大雷电，有血流润大石之中，生庆都"，又有"血为人神"之说，见《素问八·正神明神》："血气者，人之神。"又如《韩非子·说林上》说："夫死者，始死而血。"《后汉书·邓骘传》已言"血祭"："血祀谓祭庙杀牲取血以告神也。"

在我国北方诸民族口碑文学中，清血变善神、污血化变恶魔的神话传说与民间故事相当普遍和丰富，不胜枚举。如满族著名民间故事"水仙格格"中的水仙格格被水泡中的蛇妖战死，泛起彩纱般的红血，流入田中，生长出北方富庶的玉米。[①] 满族民间著名史诗《乌布西奔妈妈》中的大萨满乌布西奔妈妈，便是用虎朵儿部的俘奴九颗人头和九个手掌、九个脚掌、九个胸骨殉葬黑风谷，祈祝本部落族众免生痘瘟。血祭可赢得大地富饶，这是北方部落人民生产定居、产生农耕后的血祭遗风。正如《周礼·春官宗伯·大宗伯》中所云："以血祭祭社稷五祀五岳，以貍沈祭山林川泽。"满族等东北地区少数民族萨满家祭，祭农耕田苗神，要杀禽宰牲，牲血洒地、祭天，这是后期产生的大地崇拜观念的反映。后则乌布西奔妈妈殉人神话，则产生时间很久远，萨满教在其独自发展过程中，

---

① 富育光，《七彩神火：满族民间传说故事》，吉林人民出版社1984年版。

经历了原始氏族社会时期，人殉是氏族间常常发生的事，萨满教中有过很多人殉的例证。萨满佩饰和氏族纛旗中便有人手掌骨，象征掌管了宇宙。在满族民间长篇说部《东海沉冤录》中便有海祭殉人的故事，殉人有的是将人替代牺牲，整个人被杀被埋或葬于水底。也有的人殉，实际是血殉，即用人血替代后来的牲血，宰杀另一氏族部落俘虏或另一部落的血缘仇敌。在原始人眼里，俘虏也像被捕获的动物一样，可作为献神的牺牲。而且用被俘的人作牺牲，更具有虔诚性，更可能容易换得某种神祇的欢颜。所以，在原始萨满教中关于人殉、人血殉、人骨殉或从人体中求得骨灵、血灵而杀人的神话传说与故事，相当之多。往昔在讲述这类故事时，多数加上魔鬼吃人的情节，魔鬼实际是对对立氏族人群的仇恨称呼。鄂伦春族、达斡尔族、鄂温克族称魔鬼"蟒盖"、"满盖"、"忙哥"，其形状与形态就是人形，只不过畸形或多头人罢了。满族民间传说中也有个魔怪叫"玛虎"或"玛虎子"的，它也是吃人食人血的怪妖。"玛虎"与"满盖"、"蟒盖"，音非常近似。实际上它们都是来自通古斯的古语音，都是共同所指的一个食人妖怪，而且其魔力超人。如达斡尔族木刻"蟒盖"神：

从上面的神偶图中，就可以看到它是九个人头的连体神偶，是具有相当神威勇力的食人恶魔。这类食人血神偶的流传与崇拜，反映了萨满教所信仰的诸北方民族，曾经经历了原始

野蛮的食人殉人时代，对当时氏族部落间血亲复仇、弱肉强食、竞争生存的惨景，在宗教祭祀与口碑文学中都有所保留，令人至今犹生惧畏之情。

随着人类社会的进步发展，血殉血祭已成历史，但原始宗教以牺牲鲜血祀神媚神，仍沿袭数千年未有改变。据初步统计，萨满教中杀牲祭种类甚多：

牲祭：牛、马、羊的骨、肉、蹄、血。

猛牲祭：虎、豹、熊、野猪、鲸鱼、蟒蛇、猞猁等的骨、肉、皮、血、牙。

麋鹿祭：鹿、犴、狍、獐、马鹿、麝、黄羊、野山羊的骨、角、肉、皮、蹄、血。

禽祭：鹰、鹫、鸭、鹅、雁、鹤、鸥、雉、沙鸥、鹌鹑、山雀、飞龙、鹕的骨、肉、翎翅、羽毛、爪趾、血。

小兽类：刺猬、貉、貂、松鼠、穿山甲的骨、皮、血。

鱼类：江河湖海诸鱼类的骨、鳞、肉、鳍、血。

水兽类：水獭的骨、皮、趾、血。

以上仅为概述，有许多生物尚未列入。但可以看到，各类生物的骨与血是萨满祭中最突出而不可缺乏的。萨满教因所祀对象、因由、地域不同，所遴选的牺牲物便有所不同。远居北冰洋的爱斯基摩人中血祭中要有北极熊、鲸鱼、海豹、海狮等动物，血也要洒于冰海之中。

综上所述，原始宗教萨满教崇尚血祭。那么血与萨满教信仰有什么关系呢？除前已述萨满教崇信血可游魂之说外，更重要的观念是血是魂魄寄生之所。魂栖骨中血中，以血荣魂，气领血行,血亏魂虚,血亏气短,气消血亡,血亡魂失,总之,在萨满教原始观念中领神之气与血和魂,三者紧密相关、相辅相成、相补相生、同生同在、同存同亡。而且认为,神靠气卫血养,颇有中医朴素的荣卫观念。萨满教并认为神道凭气运化,气运化之力又靠有血补育,血足则气壮,气壮则卫神和养神,由此认为血可养神生神。正因为如此,认为宇宙间诸神祇虽然栖居在九天之上的神楼中,却也像人一样生活,也像人一样有衣食之需。原始人从朴素的生活经验出发认为人有血就可以活着,动物有血就可以奔逃,人和动物一旦失去了血就要死亡。所以原始人很早就学习某些啮血动物如鼬鼠等食鸡蛋一样,也喜欢吃动物鲜血。北方许多民族狩猎期间常饮新宰杀之鹿血,视为可以壮力强身。食生血习俗极为普遍,甚至误以为自己受伤出血吮吸后可以收回身上失去的血液。这种食血意识与观念便逐渐渗透入宗教祀神观念中来,认为献给神祇灵魂鲜血,神祇便会永驻身边,守护部族人畜安宁,杀牲献血便被视为祭神仪礼中最神圣最虔诚的膜拜表示。

萨满教在此观念意识的支配下,祭祀神灵时往往一夜间要杀宰十数头(匹)牲类,整个萨满祭便是肉祭、骨祭、血祭,为讨神祇欢颜,不管阖族是否可以食尽,宁可祭后同葬山野河川,供诸方神祇永享。这点长期以来受到崇信藏传佛教的信徒们攻讦,视之为最沉重的靡费。然而,萨满教崇信者认为是不足为惜的。在满族等北方一些民族在平时若遇病患或某种灾忌而祈祭神灵时,由萨满主持祈神,甚至近世仍有不少姓氏给患者或家主刺血祝祭。萨满有时边饮牲血,边在降神唱舞中刺穿脸腮、手足胸部,以血荐神,等等,都反映了萨满教原始的血殉血祭遗风。

第二节 火 祭

萨满教火祭,是通过特有的祝祭程式,对自然界火的恩惠、威力的礼赞和膜拜,达到驱寒、逐邪、除秽、祈禳的目的,从而企慕全部族的吉宁与兴旺。它是往昔信仰萨满教的北方民族盛行的一种祭祀古礼,影响深远。

本书在多神崇拜章节中已经概述了北方诸民族所共有的独特内涵与心理信仰的崇火拜火观念。本节专就蒙古族与满族现保留下来的火祭礼赞与祭程内容详述。资料来源于满族等诸姓珍贵的萨满世传手抄本,以及对十几位老萨满的调查。从中可以窥见当年隆重而火爆的火祭盛典。

蒙古族拜火习俗与祭祀内容丰富,传袭古远,独具草原牧猎的火爆气氛。如内蒙古东部一带蒙古族人对神圣的多克多尔山的祭典,据有关学者介绍便是有夜中火祭的礼赞。火祭有公祭与户祭之分。公祭时,全部落人都参加,黄昏后聚集山前,将蒙古包设在圣山附近。所有祝祭的人们,由萨满主持祭祀仪式,先点燃九堆篝火,萨满手持神鼓,口念神词,并向圣山泼洒三碗奶酒,并宰杀黑马祭奠。参加祭祀的人们跪在山前叩头,然后分群依次围绕九堆篝火按顺时针方向转绕,形成九个人圈。围绕篝火转时，心中默祷，并向火堆投掷各种奶制品，泼洒奶酒，直到篝火完全熄灭才悄然离去。另外，还有户祭，一般多属人畜遭灾、染病时，以户为单位祭山祈求吉祥。户祭亦在深夜进行，于院中的西北角落或蒙古包的西北方摆一张方小桌，桌前点燃一堆篝火，用羊头或羊肉作供品，也有用奶油、奶酪、奶干、奶豆腐作供品的，然后，全家或户主向西北方向叩拜，祭后将供品投入火堆燃烧。[①]

又另据吴依桑和巴根两同志所撰写的《蒙古族拜火习俗概观》一文介绍，蒙古族自古还有封火习惯。封一天的火叫日火，封三十天的火叫月火，封一年的火叫年火。封的时间越长，意义越大，越发宝贵。平时在家中发生或将要发生什么重要事情时，大到婚娶丧葬，小至放牧打猎，要先向火灶献酒、黄油等祈求火神的恩典。蒙古族一年一度的祭火仪式，以家庭为单位，于年末腊月二十三日进行。届时，每家每户都要打扫干净。在古代，祭火仪式由萨满（孛）主持，但每家每户不可能全有萨满光临，一般家主可当祭司。黄教与萨满教相争地盘，拜火是萨满教一个重要阵地，喇嘛也拼力一争。喇嘛们利用祭火，念经布道，在科尔沁部还产生了专事火祭的"祭火喇嘛"。蒙古族家庭平时由家里男人主持祭火。祭火时男在右（上位）、女在左（下位），长辈在前，晚辈在后，一家人围火灶叩头，男主人诵念祭火颂词。祭火时只能用黑色的筷子，而

---

① 火祭内容均引自波·少布，《多克多尔山祭奠仪式研究》，《黑龙江民族丛刊》1987年第2期。

不能用红色的。祭火用的供品,据《蒙古风俗鉴》记载,主要有整羊、阿玛斯(一种肉粥,类似维吾尔族的抓饭)、红枣、黄油、白哈达、酒等,叩头毕,男主人将上述供品依次倒入火中,越烧越旺,火苗跳得越欢则越预示家业的兴旺、年景的丰盛。蒙古词火祭神词,颇有艺术性和特有的民族风格,如:

罕君主打的,
族源母亲吮的,
我的火母亲啊,
献给你黄油,
献给你黄头白羊,
献给你脂肪油类,
献给你马乳白酒。
……

向火叩头礼拜,念祝词,供祭品完毕,祭火仪式就算结束了。这时一家人开始围灶而坐吃阿玛斯,这叫吃"火饭",如客人来,也要留一份阿玛斯、羊胸脯肉等,表示共享火神之福。

满族及其先世女真各部诸姓氏,素有崇火拜火信仰,其火祭规模宏大,内容丰富,在北方诸民族中具有典型性。而且,不少姓氏保留下来萨满教火祭习俗与祭祀规程手抄原件,为我们今日研究北方萨满教火祭信仰与观念,提供了难得的佐证材料。

我们于 80 年代初,在珲春一带获得的光绪十六年(1890年)库伦七姓满洲火祭神书,是清以来获得的满族拜火祭礼的最重要的手抄本。库伦七姓是指呼什哈里哈拉（胡）、那木都鲁哈拉（那）、尼玛查哈拉（扬）、何舍里哈拉（何）、齐古济拉哈拉（徐）、苏墨里哈拉（舒）、钮祜禄哈拉（郎）七姓的火祭内容。此书的手抄汇集可能由于清末随萨满教的日趋简化，恐日后疏忽，诸姓穆昆与萨满中之有识者特将火祭内容予以抄录，以志流传不使遗忘。从手抄本内容分析，已是根据被扬弃或丢失后之剩余章节追记而成。尽管如此，仍能使我们对当时的火祭内容有不少了解，是十分宝贵的。从神谕中可知，火祭内容包括排神、祭天、升火唤词、野祭神词、神树神词、竞火神语、献牲神词、报祭神词等部分，除此还附有"火祭满语用语"，供萨满和侍神人研读火祭神谕时参用学习。

满族库伦七姓的萨满教火祭，又称神树火祭。从神谕中可知，火祭缘由多因曾患病瘟、畜疫、渔狩伤人、氏族争杀，总穆昆便与全族大萨满许愿火祭，祈求安宁吉顺。许愿必选在黄昏后的秋夜，在山岗上击鼓，杀牲祭血，并点燃篝火，萨满率众族穆昆叩头跪拜，萨满诵祝神词，总穆昆向众神祇讲述祈愿缘由。若篝火熊燃，火星四爆，便是吉兆，表示旷野与宇内众神同意族人举办火祭。火祭是非常盛大而隆重的祭礼，要点起九堆冲天篝火。除此四周还要放置石罐、瓦罐、土垒成的火池81座，还要耍玩各种火技，摆设火龙、火虎、火蟒、火马、火山、火鱼等火阵图形，整个火祭是在火海中全族祝祭。虽然非常热闹，别有生趣，但若遇风天就很易生成火患、人畜伤亡。所以，在火祭中全族禁忌甚严甚多，由于对火神与众神祇的虔诚膜拜，充满了崇畏与神秘感，似乎只有将火神与东海女神完全请来，便会水火平衡，圆满完成火祭程式。因此，火祭前的问卜、许愿，对萨满教崇拜者来说至关重要。火祭确定后，全族便召开穆昆会议，推举出火祭总祀萨满和总祀穆昆达。各族从春起便分别准备火祭供品、神具，要将獾油、野猪油存储于土窖内作为燃灯油料，要捕猎野猪、狍鹿、天鹅、山鸡、鱼、飞龙等，均为活的，圈养起来，以备盛节时使用。

总祀穆昆要率族人选清静、临高的山丘顶上，搭起一座草帐篷，凡是族内参加火祭的众萨满在总祀萨满率领下全住进草篷内，洁身、静养，不准再回部落，更不能与妻室同房。老萨满率众萨满习学神语，在篷帐里整理神器、神谕、神像，并捕捉喜鹊两只、公山雉两只，装于笼中饲养。

用鱼牙卜占方位。一切筹备就绪后，就要选定神山神树，用鱼牙掷空方法卜定火祭方向。鱼牙骨指的方位，便视为神选的火祭吉地。

萨满问卜神树。方位确定之后，山林中群树竞生，如何确定哪一棵为火祭神树？届时，萨满达身穿神裙，头戴神帽，整紧腰铃，手击神鼓，其余众萨满围跪四周，总祀穆昆洒酒血祈祷，萨满击鼓跳神，口念神歌，在林海中纵跳着，突然，鼓声大作，越击越响，节奏越趋急紧。在震天撼地的鼓声中，老萨满突然昏厥倒地，仰面向天，不省人事。老萨满头顶的神树便被视定族祭的圣树，作为火祭神树。然后众萨满鼓击敲响，叩头默祷，老萨满又渐渐苏醒过来，选神树仪式便算终结了。被萨满昏厥中选定的神树，就被看成与天相通的神树，不论其树干高矮、粗细就视为圣洁的神树，是宇宙神与祖先众神栖居的神楼吉地。

萨满所选择的神树，必须是榆柳树种，如昏倒处是其他树种则要另选，一般不会出现这种情况。笔者尚未调查到萨满有错倒在非榆、柳古树之下的情景。萨满这种闭目而能准确地分辨出树的种类的能力，宗教解释为神判、神示，赋予其深奥的神秘色彩，其实萨满的长期神事活动，在外在感觉中已有分辨树类的本能，不过只是为了增加神秘感而已。

放飞山雉。神树确定后，各支族众便要骑马、套大轮车，全村老小搬到神树四周，搭皮或茅草苫成的帐篷，吃住在神树四周，将在这里进行三昼夜或七昼夜的火祭，然后才分别撤去篷帐，装好食具等，载歌载舞地相互道别，返回各自的部落村寨。在夜树祭期间，除各部落有专人守护村落外，除极老弱病者，一般都赴盛会。男女老少，欢天喜地，如度盛节。火祭中，若氏族部落间往日有什么不快、仇恨，在神树的圣荫护庇之下，都会化成友睦、欢乐。神树与冬火又是长寿和生命的象征。全族支系甚多，神树四周地势坎坷不平，常有沟壑，如何选用四周吉地，分配各支宿营，采用传统的山雉放飞法确定。山雉，要由总祀穆昆取出来，羽翎秀美的公野鸡，稍绑住双腿。分支穆昆分别跪在地上，向已确定的神树祭拜。由长支穆昆开始放飞山雉，总祀穆昆达松手放出山雉，任山雉飞起，一翅二翅皆可，落脚处便插上长支族人的图腾旗，然后再依次按分支穆昆放飞山雉，一一确定驻地。也有山雉飞到同一方向者，便在同一方向依序排列驻地。驻地确立后，各分支便开始凿木架屋，筑造地室、帐篷，也有在树上架屋者，全穆昆部落便按序圈绕神树建起火祭时临时的草寨,各分支分插自己的图腾旗,以示区别。神树前建有松枝大门,两旁还有图腾柱桩各四根刻雕着各种动物及人兽同面的柱像。神树前插有八面动物图腾旗:鹰、飞虎、蟒、熊、野猪、刺猬、巨鲸、豹,神树上各支族人挂满吉祥物,还有各种猎物,祈愿狩猎丰盛。也有挂人形偶的,祈祝人寿平安。神树上还挂有鹊雀笼,火祭结束后放飞天空,求其向天神寰宇报喜。火祭前的供果甚多,除各支供献的神品外,还有全族供献来的活野豕、野鹿、飞龙,长槽盆中要放满清水,里面肥大的鲤鱼、鳌花鱼、草根鱼等游动戏水。土坛上点燃成堆的迎山红,这便是北方诸族供祭时使用年期香的原料。在如山般五光十色的供品中,还有燔烤而成的乳猪、鹿脯等,以及各种糕品饽饽,等等。

  火祭开始。火祭从星斗满天时开始上供,翌日黎明,晨光初起,便正式开始火祭。号角一响,总祀穆昆达和总祀萨满达先率各分支穆昆,萨满率族众依次随后边叩拜边来到神树前,所有神鼓、幌铃、抬鼓、恰拉器等响器全响起来,叩头完毕,萨满们开始白天报祭、排神,牵上来活鹿、活猪等,领牲杀宰,牲血装入神坛中,并用牲血配水洒地,洒遍神树四周与分支部落所有驻地。总祀穆昆达还要在方杯中留出一杯,准备夜祭火神使用。午后,各分支萨满为各分支报祭、祝祷。黄昏之后,天上的那丹乌西哈(七星)从东天正式升起,头开始指向西方天空时,鼓号齐鸣,族人欢呼跳跃,神树火祭才算真正开始了!

  首先由萨满点燃神树前的大堆篝火,和神案前的各种油灯:兽头灯、蛙灯、鹰灯、豹灯、龟灯、鱼灯,族火点燃

"拖罗"（满语，火把）。在这跳跃闪烁的火海中，总祀萨满诵念唤火神词（又称"升火神谕"），族众和声四起，此应彼和。升火神词是：

西兰拖罗母必——西兰拖罗（连绵无边的火把呵——连绵无边）

安巴施罗母必——安巴拖罗（大的火把呵——大火把）

乌西哈拖罗母必——乌西哈拖罗（星星一样的火把呵——星星火把）

哈达离拖罗母必——哈达拖罗（山岭一样的火把呵——山岭火把）

毕拉拖罗母必——毕拉拖罗（河流一样的火把呵——河的火把）

阿林拖罗母必——阿林拖罗（山一样的火把啊——山的火把）

妈妈衣拖罗母必——妈妈拖罗（奶奶的火把啊——奶奶火把）

妈妈拖罗——拖罗妈妈（奶奶火把——火把奶奶）
拖罗——拖罗——离（火把呵——火把呵——离——）
拖罗——拖罗——（火把——火把——）
拖——罗——离（火——把——离）
拖——罗——离（火——把——离）

上述的"升火神词",由总祀萨满达领喊,众人随和,使整个升火气氛非常热烈,在升火唤词中数百把獾油、猪油火把点燃起来,照彻夜空。从我们搜集到的满族火祭神谕资料看,除前述七姓外,我们还零散掌握了满族孟哲哲氏、库雅喇氏、图克里氏(涂)、乌扎拉氏火祭情况,但都非常一样的是火把点燃后便要点起九堆九夜篝火,昼夜不熄。在本族穆昆主持下,率领众族人拜星、拜树、拜篝火。熊熊篝火用木桦树枝堆成塔形,有专人侍火。

夜间,篝火摆成各种形状,有的像岭上飞舞的长蛇巨蟒,有的像卧虎、奔马……蔚为壮观。这是总祀穆昆达和总祀萨满达精心布设的火阵。族人们骑马、徒步,三五成群来穿火阵,只有最勇敢最机灵的骑手和猎人,才会识破"天火",平安地闯过火阵。穿火是为了烧秽气。认为只有圣洁的神火,能祛妖邪,求得一年无病无灾,事事如意。在火祭中谁过火阵次数最多,敏捷机智,谁就被全族敬为巴图鲁(英雄),推当猎达(狩猎头领)。因他过火阵顺当,越显得神奇,越证明有神庇佑,遇事必有好运气。

祭祀中间,还杂有驭火的体育活动:火中捉迷藏,火中棒打驰兔,火阵缚鹿,火中射鸭,火中抓取石珠、石盏、嘎拉哈。此外,还有秋千钻火圈、秋千踢天灯,以及马上各种火技比赛等,各具异彩。整个火祭活动,洋溢着对火威的讴歌和赞美,也是族人中世代积累的取火、识火、储火、避火、戏火经验的展露与传播。

娱火结束后,在高昂粗犷的螺号、牛角号声中,族众又齐聚到篝火熊熊的神树前，萨满击鼓迎请诸神降临，同享阖族的欢乐。在鼓声中、铃声中，鹰神、熊神、蟒神降临，萨满要在火前表演各种动物神的特技，然后请来东海女神——德里给奥木妈妈，她是东方光明与水的生命母神，她使用的神鼓为椭圆形，手舞七色彩条，口喷洁水。满族等北方诸族都崇拜东方，视之为生命的方向、光明的方向、希望的方向，妈妈神居住的圣地。崇拜东海女神就是这种观念的突出反映。

东海女神为鱼头女人身体的女性大神。相传唯有她降临才能祭火不熄不灭，不会伤害人畜山林。在《天宫大战》神话中，是东海女神最后伏住拖亚拉哈火豹女神，从此以后总是东海的水能治服住山火。伏火都要诚祭东海女神。在祭祀中，只有东海女神降临后，最后请下来的便是叱咤咆哮的威猛女神——拖亚拉哈火神，这个神下来后赋予众萨满和众族人以娱火技能，人人都可以在又宽又长的熊熊火炭上面跳跃、奔跑，族人跳唱火舞，使火祭进一步推向高潮。"跑火池"这种高超的火技，在北方许多民族中都存在过，而且在世界各地许多原始宗教中被保存着。如斯里兰卡崇奉达拉加摩神的巫人，能全身赤裸在四百多度高温的石头火地上迅跑。南非、印度等地巫师也有拜火和走火术。[①] 跑火在萨满教观念中被视为神秘能力，被涂上了宗教色彩，实际上是对火的科学经验的了解与熟练掌握。人迅跑在火上，而且火已经被压平，人脚站在火面的时间

[①] 参见世界知识出版社编，《世界风物》，世界知识出版社1983年版，第37页。

甚短，一瞬间就跑过数米，并不像静放在火上的东西，被火温烤灼。人们便是利用火温与速度之间的比差关系，完成了在热火中迅跑的神秘过程。火祭是原始宗教中一项重要祭祀内容，而且传播甚广甚普遍，足以证明人类很古远时代已经征服了火，可以自由地驾驭火。火祭是人类早期征服自然力的一个胜利标志。

取火。火祭结束时，各支族人往篝火中投掷供物，然后各人都用小罐、小盆、小坛从火坛中拾捡火炭，称为"常明火"，结束后带回各自屯寨，埋于火盆、火灶中，精心护理，使之常不熄灭。而且下次火祭时，又由总祀穆昆达将火星带到新的火祭地点，再重新燃起新的火祭篝火。在北方满族等诸民族中，都有保存火的传统习惯和风俗，反映原始初民们对光与火的爱护心理，在萨满教中非常深刻地保留并反映了这种尚火心理。

满族萨满火祭神词，很富有文学性与艺术性，而且充满神话内容，只可惜后来由于得不到重视，许多崇高优美的火祭神词被先代遗忘，逐渐散失，许多神谕变成了枯燥僵化的庙堂祝祭词，单调古板，对北方民族文化研究确是一个难以弥补的损失。我们现掌握的资料，仅仅是残存的凤毛麟角而已。

第三节　星　祭

萨满教最古老最原始的宗教崇拜，是对宇宙天穹间日月星辰等诸种自然现象的神圣膜拜，或曰祭天。按清《满洲四礼集》释析："在天者为神，在地者为祇，统言之曰祭天。"星祭，正是远古人类对自然界宇宙现象的崇拜、依赖与祈禳，是祭天大祭中的重要组成部分，是满族先民等北方古代民族沿袭很久的既隆重而又有影响的传统古习之一。星祭在萨满教中所以占有突出地位，说明萨满教宗教崇拜观念已进入氏族社会的末期和奴隶社会与封建社会时代，萨满教的神祇崇拜观念已由自然崇拜开始向祖先崇拜观念发展。北方人类已经由无定址的野蛮生产生活关系发展并进入到有秩序的相对稳定的部落氏族定居生产生活的时期，人类与各生产人群的地域和地缘关系与观念早已非常明确和占主导地位。只有这时，对天空间的星辰变幻现象与其方位，才有了观察和记忆的兴趣，才可能同各自的生产生活与崇拜观念等发生思维联系。星体再不是与人毫无关系的独立事物，而是人类依靠与向往的奇幻使者与助手，进入萨满教信仰的诸神系行列里来了。所以，星祭观念的产生与崇仰，要晚于血祭、火祭。同时，它随社会发展更富有生命力，可以说直至今日星祭的内容仍影响着北方民族的日常生活。崇拜者之广泛和至诚，会随着人对宇宙的探求与兴趣，更加亲切，星祭的宗教意识也随之浓厚，人为宗教的崇拜观念也更加发展。满族与蒙古族文化在北方诸民族中影响都远高于其他少数民族，吸收汉文化的程度也更高于其他民族。《周礼·春官宗伯·大宗伯》中所讲"以实柴祀日月星辰"的观念几乎同汉族相同，星祭礼仪的内容与隆重性都远远越过北方其他兄弟民族，成为封建社会中与祖先崇拜相比肩的重要宗教内容。正如《吉林通志》所言："祭祀典礼，满洲最重：一祭星，一祭祖。"《鸡林旧闻录》亦言:"满洲祭祀,有祭星、有祭祖,或一年一大举,或数年一大举,盖所费亦多矣。"清乾隆朝《钦定满洲祭神祭天典礼》中记述说:"祭祀乃遵昔日之制,由来久矣。而满洲各姓亦均以祭神为至重,大端亦不甚远。"从这些文献记载中可见,满族祭祀礼仪源远流长,既祭祖先又祭宇宙星辰,并且素以祭星祭祖并重,祭星习俗当应更要早于祭祖礼仪。我们从大量满族诸姓萨满神谕中,可以窥见满族祭星古俗的概貌。满族远古先民,长期从所在的北方特定地理位置观察宇宙星空,对周而复始、年年岁岁重复出现的星空格局,日月升落,五大行星运行,恒星方位及诸星宿形状、颗数、亮度、变态等征象,世世代代总结积累,形成了独具一格的北方星象崇拜神谱,并依凭着一年间在我国北方中天夜空中递续出现的东升西移的星辰形态,判定节令、方向、时间、寒暖、温度、风力以及同此天象相应出现的所在区域各种动植物的生态动息,决定本氏族行止或休咎祸福。这种崇拜星辰观念,是萨满教远在父系时代祖先崇拜观念产生之前便已形成的星辰观察和原始的占星方法。这是萨满教原始的最初的星祭和星辰崇拜的主要原因。蒙古族很古以来就对星宿特别尊敬,崇拜"七老"(即北斗星),拿酸马奶或其他动物祭祀它。对日月崇拜更甚,据记载,"鞑靼民族……崇拜日月山河五行之属。出帐向南,对日跪拜,奠酒于地,以酹崇拜日月山河天体之行"。蒙古族牧民从生产角度出发,崇拜天象,希望得到天的保佑获得丰收,这在内蒙古阴山地区岩画中有所反映。岩画是我国北方匈奴、鲜卑、蒙古族等民族长期凿刻的,其中有日、月、星、云等形象,而且有的画上刻着拜日或向着星星舞蹈等图像。①

鄂伦春族在长期生活中,掌握了一些气象知识。他们认为夜晚星星闪光,第二天必刮大风。冬天太阳刚出来时带"耳",当天暖和;太阳即临落山时带"耳",第二天要冷。月亮从两侧出环,次日要冷,等等。鄂温克族过去靠太阳、三星等记述时间,夜间赶路唯一的指南针就是"三星"和"北斗星",预测年成好坏要在冬天天亮之前看南斗星和月亮的位置,月亮在南斗星的左上边,来年要涝,月亮在右上边,来年要旱,月亮位置在南斗星中间或下边,便认为是来年一定是雨量合适的好年成。满族先民最早也是用日、月、星辰卜候年成。

从大量神谕中可知,萨满教最早的星祭观念与萨满教天穹观念与萨满教神话有密切关系。我国北方诸少数民族最早生活活动范围主要是在北纬36度至50度之间,甚至有些民族要深入到亚寒带及北寒带地区生活与渔猎,一年冰雪期因北地荒漠多达九个月以上,夏季甚短,冬夜甚长,有时竟要生活于雪原星空下的白夜之中。故此,远古初民希冀光明,企盼降火,祛祟避寒,在雪野冰域中得以孳育生息。这可能就是原始萨满教最早产生灵星崇拜意识的真谛。

萨满教早期星祭中所虔诚礼拜的宇宙星体,皆属于北方星空中常见的冬令星宿,俗称"祭冷星"或"祭夜星"。这些

---

① 李迪,《蒙古族早期的天象观》,《内蒙古社会科学》1986年4期,第16页。

被祭奠的星宿,视为专属司寒司夜的穹宇神群,此外还有迎送"舜莫林"(日马)的宇宙大神和布星女神,以及教地上人类谋生技艺的妈妈神群。萨满教在祭祀中统称为"图门乌西哈"(万星)、"明安乌西哈"(千星),或叫"奥伦渥车库"(辰星祀坛)、"乌西哈玛发"。萨满教观念认为,宇宙间密密层层像云雾似的星群,是活的世界,有生命,有灵魂,有知觉,有洞测些微的眼力,也有人的性格和感情。它们都是天穹中和谐平等的大家族成员,也像人一样日夜奔忙着。它们是有超凡的神力,像鸟一样以光耀为羽翼,飞翔在空中。所以,萨满教神谕中称星辰为"卧顿嘎思哈"(宇鸟),或称"爱新嘎思哈"(金鸟)、"猛温嘎思哈"(银鸟),它们用双闪光的白翅膀成群结队、秩序井然地由东朝西飞行着,朝朝如是,夜夜如是,在黑夜里追赶月神和日神,把白色的光耀给了人间。萨满教敬崇九天中的日月星辰的光耀,赞美为天的眼睛,认为白光为苍空的本色。白色又是日月本色,星光与火光的本色。年轻的颜色是白色,壮年颜色是黄色,老年颜色(衰落色、凶色)是红色。因此倍崇白色为天色、正色、生命色、吉祥色。在满族等北方民族夜祭的背灯神祇,其中就有一位伟大的宇宙布星女神卧拉多妈妈,即穹宇妈妈,相传是满族创世神话中宇宙三姐妹之一。她是人身鸟翅的半人半禽神祇,身穿白色鸟羽皮袍,背着装满星星的小皮口袋,萨满背灯祭时,要身围白裙,手摇腰铃或洪鸟(铃),两肘扇动象征女神飞翔在天的英姿,诵唱神词。萨满魂灵要登到九层甚至三十余层的宇宙高天之上,去寻访宇宙神祇、动物神祇和本氏族祖先神祇,也必须祈请卧拉多妈妈女神相助，求她赐给白翅膀，指引天上光耀的星辰们导引，帮助照明，护卫和供应饭水，或借"星桥"给萨满魂灵做天上的歇脚包（家）以便继续跋涉远程。苏联学者阿列克谢耶夫曾撰文介绍，雅库特萨满为到遥远的天上拜谒宇宙大神乌鲁托依翁，在天穹"途中需休息39次"。满族萨满故事《西林色夫》中西林萨满，有看天本领，经过幻觉中的10日行程，到达天穹中东海女神乌里色里居住的"洞顶金楼"。所有萨满魂灵的飞天神功，若没有众星神鼎助是办不到的。以宇宙万物有灵观念为其思想基础的原始宗教萨满教，教乌云（教徒弟）或举行某项神事活动，都要诵颂星赞神谕，都必须先祷祭星辰，祀礼分外虔诚，而且星祭禁忌颇为繁严。

满族在北方诸多民族中，星祭礼仪记载最多。从《东海沉冤录》等满族民间著名的口碑传奇资料传述，东海窝集部中的一支满族先民女真族人，星祭一岁两举，可单独祭星，亦可与祭祖合祭，初雪时祭星为禳祭冬围丰盈；正月祭星为除祟祛瘟，祈祝康宁。届时均择上瀚晴夜，初雪祭星要在奈呼乌西哈（俗称七女星、昴星座）升上东天时，烧伐倒大木九座，螺号鼓梆齐鸣震天。九个火堆，熊烟像九条通天白柱，俗称"星桥"。火柱起"神树与天通"的作用，火可逐秽照明，可助星神不遭邪侵，夜夜明亮，为人间指路和传递吉音。正月祭星除有九堆火柱外，还要献鹿、野猪、大雁、山雉等野牲，不求肥大，只要活牲，洒鲜血于林中和大火堆里，燔烤野牲肉做祭品。食具均用木碗木把草秸，表现古代野祭的会食习俗。《龙城旧闻》记载星祭盛况是，"是夕祭星于东房烟筒前，祭时熄灯,一人白衣跪地祷,左手持木刀刺豕,祭毕仍与亲友共食之"。《龙江县志》记载满族库雅喇氏祭星,"三日大祭之后在一日之内祭星,择吉期初更,星斗均齐,在房西向北斗,设香案、柳枝一棵……用细麻绳穿鸡膀翎七个,搭于柳枝之上"。清光绪三十四年撰记《呼兰地方旗籍礼俗·祭礼门》亦载黑龙江呼兰地方满族"夜晚祭星,在正房东烟筒前,避灯,用穿白衣人跪地祝祷,毕,用左手持刀宰猪"。吉林省乌拉地方伊尔根觉罗氏祭星,"其猪,重不过五十斤即妥……勿论猪大小不准一人拿,必令二人抬之,送至正房西,头向东北净地放,并设长桌请出木祖(祖先神像)同祭,祭时太平猪领牲用水,愿猪领牲用酒,及荞面饼七垛,每垛七个……按七星法摆之,每个酒盅内满斟白酒,秫秸筷子七双,分插面饼边上"。

近些年,我们在黑龙江、吉林等地实地考察满族祭星,其亦基本沿袭旧制。祭者穿白色祭星服者居多,亦有姓氏穿黄衫的,祭牲均用小猪和禽类,祭品亦保持三、七、九数不等,食具多用木器和秫秸棍,不用筷子。实柴祭天改用背灯点燃松明或烛火代替。亦有不少人家简化星祭,纳入家祭中背灯祭礼时同祭星神,神谕星赞已经减化或失传。笔者曾于1980年访问吉林省满族民俗专家赵文金,并访问满族90余岁付吉祥老者和高岐山、阎文宽、关志远、罗老太太等人座谈,详细追忆乌拉满族星祭实况。据他们认为,满族老幼倍崇星光是老辈人传下来的规矩,激励后辈勿忘创世之艰。萨满和穆昆达率全族祭星时,为让族人身尝祖先古昔栖林火猎生活,仿古祭星,违忌者重笞不赦。乌拉街东北四十里之凤凰山麓,往昔古刹晚钟，声名遐迩。附近满族各庄，从康熙至乾隆朝以来便有拜星传统。祭星时，山顶与山腰无数篝火长夜燃烧，像一片明星落地，很是壮观。祭期，满族诸姓萨满会聚，所谓同族祭星，同姓祭祖，推举各姓中有德者为总祭星达，白羊、白马、白兔皮均可制祭服，但必以皮为面。各姓萨满分管周山四处，击鼓诵唱"唤星神赞"，祭众呼应，此起彼伏，声传数里。俗传祭星要唤星，星愈唤愈明，邪恶不侵。这期间，还要杀牲献血，并往火中投洒血、肉、谷粒、米儿洒，然后用白石垒灶燔肉，祭奠星神后族众围聚一排排列满山阳的木槽盆四周，手蘸盐水会食"天火肉"，虽为严冬，热闹非凡。此外，亦有因某事一姓一户祭者，祭礼基本相同。祭星，有人说女子不参加，实为误传。满族等北方诸族，不受儒教束缚，故不论寡女姑婆，皆可骑马或坐爬犁来祷星求福，男女老少皆来参祭。若有外族过客，视为送喜，挽留款待，奉为上宾，与族人同食祭肉，不分亲疏，俗传祭众越多，布星越齐，年景越佳。祭期，族众还要在晚夜中竞比火技、火围、火戏（钻火龙、摆火阵、套火鸭、荡火秋千）、火中骑射等杂兴，清中叶后还兴燃放各种烟花和表演磷火幻象。凤凰山顶观星台用白雪冰块堆成，颇像银塔，另在山顶用雪堆成神兽、神鸟等，在磷火中如神祇降地。在星祭中，若偶见有蛇从火烤的石洞中爬出，视为大吉兆，绝忌践杀，萨满与祭众将篝火点得更亮，再杀牲血祭，诚谢苍穹："大蛇来啦，冬天不长啦！"星祭，满族耆老至今乐道，算得上是北方满族等先民古文化遗存中很值得重视的民俗遗产。

有史可考，满族先民等北方以渔猎经济为主的古民族很早就有星辰崇拜的记载。《后汉书·东夷列传》中云：高句丽的"好祠鬼神、社稷、零星"。辽金以后，各史籍中记载北方古民族习俗中崇仰穹宇星光异兆或以天鸟喻星神、卜吉凶例证甚多。近世北京白云观"顺星"祭礼，解放至今香火极为隆盛。我国北方已盛行七百余年的"顺星""祭岁星"风俗，实际上兴于金代。金章宗母病祈祷元辰神得愈，便敕建丁卯瑞圣殿，中奉丁卯元辰神像。由此，遂有"顺星"节日。其实祭岁星，即祭太岁，可追溯到殷周时代。西汉时又根据岁星纪年，推算组成六十个年名，每年有一岁星值年。元代，"顺星"之俗更广。明代永乐时在北京敕建白云观，清初改元辰殿，民间称"顺星殿"。据《北平风俗类征》中转引《水曹清暇录》云："正月初八，俗传诸星下界……燃灯自祭，灯数以百零八为度，间亦用四十九盏，习以为常。"该书还转《京都风俗志》中云："今于初八日祭本命星君，以糯米为面，裹糖果馅，谓之元宵为献，以其形肖星象也。自此亲友馈送，以元宵为新品，至残灯始上。"另据《燕京岁时记》中记述京畿祭星详状："初八日，黄昏之后，以酒蘸油，燃灯一百零八盏，焚香而祀之，谓之顺星。十三日至十六日，由堂奥以至大门，燃于堂奥，谓之散灯花。又谓之散小人，亦辟除不祥之意也。"《春照采风志》中亦有类似记载："顺星，初八日祭星，元宵上供，剪灯花纸拈成鸡爪样，蘸油置灯支碗中燃之，初供四十八盏，继之家下各人按值年之星盏数形式燃之，谓之顺星，然后再散置于门户井灶各处，谓之散灯花，或谓之散星，辟除不祥之意。"

金代以来流传北方诸地顺星习俗，固然与北方古代先民所崇信的萨满教文化有重要的关系，但与我国汉代以来道教的发展与传播亦有十分重要的联系，道教崇御后土，专有司掌天地、山川、诸星的女神。另一方面，我国燕地是金王朝重要的文化中心，女真文化影响甚深。北京西便门外白云观的"祭星"内容、形式，与萨满载星祭内容有一致地方。如满族萨满教神谕中，亦有称"祭星"为"顺星"的，亦祭岁星。这也说明萨满教星祭内容受汉文化与道释观念浸染，日趋繁复了。

近些年所见到的满族一些萨满神谕中，杂糅着许多我国汉代以来的禳星礼仪，如中国古代对黄道附近天空区域所划分的二十八宿，已成为满族萨满教星祭神祇，又如将太白、紫微、北斗、南斗、东斗、太子、天极、罗睺、五大行星等皆奉为萨满教星神。那么，二十八宿等中国古代王室星象观念，究竟最早是在何时传到北方少数民族中去的？从考古发掘中可以初析，至少在辽代北方便熟知二十八宿星象了。70年代河北省张家口宣化发现的辽代星图，是我国北方天文史上一大重要发现。宣化星图以中国二十八宿为主，吸取了古巴比伦黄道十二宫，像这样综合中外天文学成果的星象图，在我国天文史上还是首次发现。金代，据《三朝北盟会编》中记载，当时女真氏族组织射猎出战，"其官名则以九曜二十八宿为号"，足见二十八宿天象观念到金代更是家喻户晓了。所以，在满族诸姓萨满教神谕中至今祭奉二十八宿诸星神。

值得提出的是，经多年来的实地调查和翻阅萨满神谕以及众萨满介绍，我们发现在满族萨满教中长期以来有自成体系的北方星位天文图，这是萨满教在长期社会生产生活中逐渐创造、丰富并在祝祭中形成起来的星象体系，其突出特点是强烈的地域性、季节性和功利性，是古代先民生产生活经验的结晶。从其所包容的文化观念，可以推断它的萌生、形成的年代比我国约春秋战国时代产生的二十八宿天文图像久远，也早于古巴比伦和古罗马所创造的并长期为世界各国天文学领域沿用的黄道十二宫和动物星座名称及其星系神话。满族萨满教所保留下来的古老星象名称、颗数、星位、掌故等，均以北方秋、冬、春三季并以冬令列星为天文图像的依据，以此制定季节、方位、时间和气象变化，简列表如下：

星辰名称	星位与性质	星数	星图	所属星座	出现季节
那丹那拉呼（七女星）	东升西落，众星领星，司命女祖神	7		昴宿、金牛座	立冬初
恩都力僧固（房架星、刺猬星）	中天银河中明星，西移位，司夜守宅神星，方位星	3—13		天鹅座	霜降初
塔其妈妈（蛇星、罗锅星、筋斗星）	中天银河中明星，东升西北落，计时星	5—8	初夜　黎明	仙后座	霜降初
托包乌西哈（窝铺星）	东升西落，萨满升天歇脚包（房）	10—12		英仙座、胃宿	立冬初

续表

星辰名称	星位与性质	星数	星图	所属星座	出现季节
恩都力特克（合星）	位于南天，西移，萨满观测风雪候	4—15		室宿、壁宿、飞马座	白露前后
依兰乌西哈（三星）	东升西落季节星，冬夜测时	3		参宿、东斗星	秋分后即见
那丹乌西哈（北斗七星）	夜计时，方位星	7		大熊座	全年皆见，秋时平起于北天地平线（傍晚）
嘎思哈（达拉呆敏鹰神）	东升西落，占据中天、东南天、西天，萨满主祭星神，只见于秋冬，夏日不见，波江星座像条绳拴着神鸟左腿	明安乌西哈（千星）		双子、御夫、猎户、金牛、小犬、天狼、参宿、觜宿、毕宿、昴宿等合成	秋分后子夜三时许见于西天，正月亥时见于西天
兴恶里乌西哈	东升西落，占据中天，西移位，冬迎日星可卜雪量风力	8—15		狮子座	秋分后
莫林乌西哈（野马星）	东升西移，季节计时星	1—2	入冬后，傍晚即见于东天明星；戌时东方又升一明星，寅时东方再升二星，天将明*		秋分后

---

* 此处原文如此，无星图。——编者

续表

星辰名称	星位与性质	星数	星图	所属星座	出现季节
瓦丹星	东升西落，学萨满或萨满死必祭之，天上存神器所在	4—5，星不甚明，可卜雪量		乌鸦座	立冬后
尼玛沁星（鼓星与鼓鞭星，布星女神用具）	东升西落由中天西移，此星早出	16—20		雄羊座、三角座、仙女座、娄宿	秋分后天将黑即见于中天
西离妈妈（鲤鱼拐子星），萨满认为人变的鱼星，司冰川鱼族，卜冬日狩猎丰歉，助萨满魂魄入水界	东升西落，位北天偏中，西移	8—16，明星不多，卜验最难		天猫座、鹿豹座	秋分后
妥亲乌西哈哈（阶梯星），萨满认为助魂魄升天的登天梯，是位女神，坐地相助姿	东升西移，方位星	6—12		室女星座、后发座、猎犬座、角宿	立冬后见于东南天

续表

星辰名称	星位与性质	星数	星图	所属星座	出现季节
乌西哈布鲁古（灵兽）	东升西移，迎日兽			牧夫座、猎犬座、后发座	立冬后见于东南天
佛朵乌西哈（柳星）	东升西移，位南天低处，人丁生育神星，卜岁瘟	8—16		柳宿	立春前始见于南天低处
阿苏乌西哈（网星），萨满教猎神、班达玛发	东升西落，位于中天，西移	8—12		武仙	立冬后见
尼玛哈乌西哈（鱼钩星），夏季星神，后列入星宿，俗称"暖星"定农耕，卜丰稔	东升西落	16		房宿、心宿、尾宿	小满以后

上述星图中值得探讨的问题是，那丹那拉呼是什么星？那丹那拉呼又称那拉呼、纳呼、纳丹岱珲，俗称鸡窝星、伞子星、花骨朵星。北方诸民族也称"七女星"、"七姊妹星"、"七仙女"等，名称很多。《北平风俗类征》中所提满洲祀神，祭

"丹珲珲"和"七星鄂漠",实际上也指这个星座,即二十八宿中的昴宿。有人认为那丹那拉呼即是指大熊星座的北斗七星。其实北斗七星,在满族诸姓家祭中称那丹乌西哈(七星),和依兰乌西哈(三星)在背灯祭或祭星中另祭。满族先民及北方古民族原始民俗观念认为,生命之火和生命之光源出东方,即日月星辰出升地方。祭日与向日而拜是北方古民族悠远的古俗。这种拜日观念,与北方诸民族长期生活的客观地理条件有关。日月星辰总是东升西落,故而在原始先民思维观念中,视东方天宇为最神圣所在。那丹那拉呼就是高居于东天的领星神。萨满神谕中称布星女神的助手,也是女性群体。在萨满教神话中据传她们喜欢在天空中玩耍,也常好用羽衫遮住星光,使天空漆黑。所以萨满祭星时大声诵唱"唤星词"。那丹那拉呼神祇,居冬令列星的中心位置,从立冬直到惊蛰,都是由她们姊妹星导引众星日暮时便悄悄从东天升起,率领宏阔神武的满天星阵,缓缓向西移动。秋冬季节时,她们横沉西天,东方太阳便升起来了。所以远古先民极神秘地崇仰她们、敬慕他们,甚至视她们为万物祖神。而那丹乌西哈,祭时北拜,则为后期出现农耕经济并定居以来才逐渐形成的方位星神,比那丹那拉呼宇宙大神产生时间要晚得多。

另外,在星象图中还有祈禳农事丰稔的夏令列星,如房、心、尾、箕、亢、氐等东方苍龙诸宿。房宿四星即《汉书》所云农祥星,主谷;心宿之星,"古称大火,亦曰商星"(《辞源》),即民间俗称"热三星",与冬令参宿三星相对应而互不相遇。这些农事星辰的出现,与萨满教原冬令星宿祭祀目的迥别，而是"祇告天神坛，以祈甘雨"，"雨潦祈晴，冬旱祈雪"，是完全为农事服务而后来充实进来的星象图。

一定民族的民俗现象，正是该民族一定时期社会经济生产生活的观念反映。北方满族等诸民族所共有的祭星礼，都与当时社会生产生活密切相关。《北平风俗类征》引《金台纪闻》中云："北人验时，以天明三星入地为河冻之候。"鄂伦春族"婚、丧、祭各礼节不择吉，以阴晴为休咎，盖观月，向无历书"。满族及先民女真人仍以星测时，阴无亮星则选小星测时。在北方萨满教中不少星系已成为家喻户晓的北方农谚，如，"鹰（星）落西天，日头冒山"，"鼠（星）见耳，风冻水定"，"斗（北斗）把朝北，雪埋大腿"，"斗柄指北，天下皆冬"，"星星眨眼，寒风抽脸"，"星星打瓣，大雪连片儿"，又如"秋分雷收声，冬至蚯蚓藏，大雪麋角结，立冬水成冰"等，都是根据星兆对北方自然规律的经验概括，起着掌握时节、指导生产的作用，成为北方人民的共同精神财富。北方萨满教的星祭，可以说是北方人类拉开了科学天文学的序幕，对于我国天文学发展史与天文科学研究都是难得的宝贵财富。

第四节 柳 祭

满族等北方诸民族所崇信的萨满教，把某些植物视为圣物，奉为神祇，如桦、榆、柳等。但在诸种树类中处于显要地位的则是柳树，形成了一种普遍而悠久的崇柳、敬柳、娱柳的民俗活动。《大金国志》中，就记载辽代女真人"重五则射柳祭天"。金代女真人清明时分"儿童插柳，祭扫坟茔"、"坟墓插遍'佛多'以祭"①。《清太祖武皇帝努尔哈赤实录》《皇朝开国方略》《满洲实录》《满洲源流考》以及《东华录》等史籍中都记载了天女佛古伦吞朱果而生满洲始祖布库里雍顺的神话传说。其中，有这样一个情节：布库里雍顺到三姓治乱，乘独木舟随着水流而下，到对岸，"把柳枝折下来拉弯，做成弯状的像坐具样"。很显然，布库里雍顺是坐着柳具进入三姓地区的，足见对柳的敬崇。

《北平风俗类征》记云："清明，妇女儿童有栽柳者，斯时柳芽将舒卷如桑椹，谓之柳苟。"又曰："清明戴柳于发。"《白虎通》中记载："鞑靼地面极寒……能种柳一株；土人以异卉，春时竞至观之。"这透露出往昔塞外、漠北的边民都曾视柳为神奇的异卉。《北平考》中记载《金史·志·地理上》云，"大定四年十月，命都门外夹道重行植柳各百里"，甚至"柳木双城乡间插遍植陌，极目无涯，凡民间簸箕箩罐筐栲栳之属，多以柳木柳条编织为器"②。《卜奎风土记》犹云："城南独柳，土人皆神祀之，戕其枝辄病。"这说明当地土著民族对柳的诚敬。鄂伦春族、鄂温克族萨满祭时都非常崇拜松树、桦树、臭李子树等，但也非常崇敬柳树。鄂温克族老萨满教新萨满仪式时，要有落

---

① 李家瑞，《北平风俗类征》，上海文艺出版社 1985 年版，第 50 页。
② 《双城县志》，第 235 页。

叶松和桦树，但也要崇祭柳树。猎人长期打不着野兽，便求萨满赐给福气，萨满求神用柳条子做一鹿或犴放在"玛鲁"前，这时，"乌力楞"的人们都来参加。求福的猎人把猎枪弹头取掉，减少火药，用枪打柳条制的鹿和犴，观众们一起说"打中了，打中了"，这是很严肃的场面，任何人不准笑。猎人打完枪后，还要当场假装削皮取内脏，认为这就可以打到野兽了。[①]

鄂伦春族人新萨满跟老萨满跳神时，要搭一个较大的"仙人柱"，中间直立两根柳木杆，然后再将两根松木杆横在柳木杆上，将供品——野鸭供在松木杆上。新萨满上任时，供品必须是野鸭，其他野兽都不行。这是学萨满必经的隆重仪式，柳木杆成为学神的重要通天神物。萨满要替人治病时，在"仙人柱"外面供神，由负责供神者"察尔巴来钦"跪或站在供品旁，右手要拿着带叶的小柳条树，念到结尾时，将柳条上的叶子逐片摘下抛向前方。这时也有本家男主人在旁也伴念祷词。柳条和柳条叶子成为鄂伦春族祈神的通神灵物。

达斡尔族萨满每隔三年或大约在旧历三四月便行一次隆重的雅达干盛会，向神献礼，给全穆昆消灾求福。在摆设的众多神祇中有十二个杜瓦兰神祇，都要举行吃血仪式。这十二个杜瓦兰神像中就有以大柳树、杨树、粗柳树、白干红枝柳树、灌木柳树等作为神祇的替代物供奉着，可见柳树被达斡尔族也视为神祇之一。又如该族举行依尔登野外祭典时，祭时也同样有

---

① 内蒙古自治区编辑组，《鄂温克族社会历史调查》，内蒙古人民出版社1986年版，第235页。

神树，但不用桦树，而用柳树，杀三岁羊作牺牲，吃羊血，举行跳神仪式。①

赫哲族早先在举行鹿神祭——跳鹿神时，其中有一个仪式是跳柳圈儿。萨满以杨柳树条弯成一半圆形，自己如小孩子跳绳般先跳三次，依次及于在场诸人，由萨满家人先跳，后及外人，每人跳三次，在摇车内的小孩，父母即以柳条向摇车套三次。此时并唱鸠神歌。跳进柳条圈则意味在神威范围之内，灾病邪魔不能侵犯，永保平安，柳被赋予驱邪除病的神力。满族崇柳祭柳习俗遗迹尤多，在珲春的郎、那、关姓满族中，中华人民共和国成立前后还保留有古老的神树火祭。20世纪60年代不少满族姓氏的萨满祭祀中，几乎都有祭柳换锁的隆重仪式。黑龙江、吉林等地满族的求子仪式就是在佛多妈妈神位立一柳枝……而用草秸鸟巢的形状，把它作为寄托小孩灵魂的地方。②吉林关姓等满族萨满祭祀中，有隆重的祭"佛多妈妈"的仪式。祭时，萨满从西炕祖宗龛下挂着的黄布口袋中取出锁线（俗称子孙绳），一头连在西炕窝车库（神板）下方，另一头扯到门外矗立的柳枝上。锁线上有彩色布块，由他给本族孩子挂在脖前，拿回家后放在安放窝车库的西炕上，到下一次萨满家祭时再换新的。相传，这样能保佑男孩长大了成为一个骁

---

① 内蒙古自治区编辑组，《达斡尔族社会历史调查》，内蒙古人民出版社1985年版；《民族问题五种丛书》内蒙古自治区编委会，《鄂伦春族社会历史调查（第一集）》，内蒙古人民出版社1985年版，第263页。
② 《满族民俗考》，方红象、葛化东译，见《黑龙江民间文学（第四集）》，中国民间艺术研究会黑龙江分会，1982年，第252页。

勇的巴图鲁（勇士），女孩长得俊俏健壮。这里作为神树的柳树取其枝叶繁多，寓意着该族子孙众多，人丁兴旺，平安吉祥。另外，在门外祭杆（即祭神杆，意为祭天）仪式中，萨满持箭（箭头垂一束长鬃）绕柳三圈，向地泼洒米儿酒后，族中孩子抢吃粘在柳枝上的水团子，这里枝叶茂繁的柳树和密密麻麻的水团子都意寓子孙众多。满族的换索仪式，沿袭甚广，已甚普遍。《天咫偶闻》中介绍较详备："换索礼，是日卯刻，设石东阶下，竖柳枝，展索绳系其端于西神板下之右，下系于柳干，将所做新索并净纸，依次挂于柳枝，设矮卓于柳前，桌上设香、碟，系净麻于神箭，立于柳之左……主妇换索之子女，序跪于柳前……挽毕，将第一碗鱼头，夹在第一个大饽饽内，夹于柳枝丫内，俟午后，令世仆将柳枝请出，即将饽饽与鱼头领食。升柳枝于屋上，撤香案，归神箭，索袱于神板上，换索礼毕，此余家礼也。"

满族等北方民族崇柳、敬柳，甚至族人如有违背宗规族法，往往采取使用柳枝-柳木板鞭笞惩罚，以维护宗教权威。满族先世女真人据《金史》记载，以柳木为家法，供于堂子。北方诸民族如此崇柳、祭柳，与萨满教早期的创世神话有许多关系。柳，属于落叶乔木，大者成树，小者为条，俗称柳条，喜生于潮湿水塘之滨，故沿河低地，多柳条林，俗称柳条通，枝树生长最速。北方诸女真族先民古代多以渔猎经济为主，主要生栖于河滨之地。柳成为生活所必需，编织容器，或代为柴枝，在古人类生活中成为最有助益的树种，久之敬柳为神，神话与传说附会甚多。柳崇拜蕴含着对水的崇拜。东北地区不乏江湖河溪，但它有漫长而寒冷的冬天，打井取水又较之南方困难得多，而水又是人类生存所须臾不可离的东西。加之满族先民长期过着的"逐水草而居"的渔猎生涯，所以找到柳，也意味着找到了水。柳成了水的标记。而找到水源就意味着找到了生命的源泉，找到了氏族、部落的生存、发展的源泉。如果说满族等北方诸民族隆重、神秘的火祭反映了先民用火征服冰雪世界的自豪感，那么对于柳的崇拜就是洋溢着先民发现水源的喜悦感。所以，对北方生活的满族、鄂伦春族、鄂温克族、达斡尔族、锡伯族、赫哲族、蒙古族等兄弟民族都有关于对柳的崇拜的祭祀，风俗的基调是那样炽热、欢欣。而且将各种柳树、柳叶本身都视为神圣的神物加以敬重。

在满族的早期神话中，作为天穹、宇宙的主神——天神，最初是没有形体的。阿布卡赫赫的早期形象即为一个巨大的孕生万物的女阴，而柳就是女阴的象征，由此派生出柳生人类和宇宙万物的神话。珲春满族喜塔拉氏萨满神谕中记载了这样的一则神话：

满族为什么敬柳？原来，当阿布卡赫赫与恶魔耶鲁里鏖战时，善神们死得太多了，阿布卡赫赫只好往天上飞去，耶鲁里紧追不放，一爪子把她的下胯抓住，抓下来的是一把披身柳叶，柳叶飘落人间，这才生育出人类万物。

很明显，在这则产生于母系氏族社会的人类万物起源神话中，柳崇拜是和女性崇拜观念紧密相连的。到了满族父系氏族社会，男性大神阿布卡恩都里（天神）成了天穹、宇宙的主宰。但在关于他的神话里，仍然杂糅着母系氏族社会产生的柳崇拜的宗教意识。请看下列两则神话。珲春那木都鲁哈喇神谕中记载：

很古很古的时候，世界上还刚刚有天有地。阿布卡恩都里把围腰的细柳叶摘下了几片，柳叶上便长出了飞虫、爬虫和人，大地上从此才有了人烟。直到今天，柳叶上还好生绿色的小包，包里生有虫子，就是那时候阿布卡恩都里留下来的。

这里男性大神已取代了昔日的女性大神，但柳生人类、万物的观念是一脉相承的。牡丹江富察哈拉神谕中记载道：

在古老又古老的年月，我们富察哈拉祖先居住的虎尔罕毕拉（毕拉：小河）突然变成了虎尔罕海，白亮亮的大水淹没了万物生灵。阿布卡恩都里用身上搓落的泥做成的人只剩下了一个，他在大水中随波漂流，眼看就要被淹死了，忽然水面漂来一根柳枝，他一把抓住柳枝，才免于淹没。后来，柳枝载着他漂进了一个半淹在水里的石洞，化成了一个美丽的女人，和他媾合，生下了后代。

这里柳崇拜已经有了氏族图腾的意味。所以往昔该姓族人每年都要进行庄重的柳祭。祭后将柳枝请入神匣，次年家祭时再采新柳，旧枝恭送河中流去。这种年复一年、经久不衰的崇柳祭祀把先人对女性始祖的崇拜观念一直传承到近世。从上述几则神话及相关的萨满祭祀中可以看到：在满族先民的原始信仰中，柳与创世女神息息相关，柳是人类和宇宙万物之源。人类是柳的后裔，柳与人类有密切相关的亲缘关系。

关于萨满教柳祭的追溯与记载，因年湮日久，许多民族只在祭祀中同时祭柳，专祭柳神的资料，在满族以外其他民族中尚未发现，满族先世确有柳祭与柳游戏的明确记载。在我们搜集到的满族著名长篇说部《东海沉冤录》中，便记述过去居住在东海窝集部的满族先民以柳祭水神、祭海的宗教活动。东海嘎忽坦河部族往昔有东海女真柳祭大典：东海嘎忽坦河部落即在今天的苏联境内的苏城大沟的北侧。当时属隶于东海窝集部的中心罕王巢寨。柳祭为教祭中最有名气者。每当遇到海退潮、江河干涸、瘟疫骤起或柳叶长出绿色小虫包时，该部族就举行阖族的柳祭。祭柳时，由女罕斯呼林选貌美女子9人或17人，甚至多达33人，全身赤裸，仅在腰间围上用柳枝叶编成的柳围，代表柳神或海神、水神，族人围住这些神女，往她们身上洒鹿血、米酒和洁净的江水。神女们边舞边唱，族众呼喊应之。然后，女萨满甩开腰铃，击起神鼓，神女们随之从部落住地到山野、峰巅，再到河岸、溪畔、海边，把部落族人经常活动的四方都走遍。一路上边走边舞，边唱边叫，气氛十分壮烈。走过的地方都要甩洒鹿血、河水，祭柳神、海神等诸神灵，以使神灵庇佑部落人安鱼丰、风调雨顺。在祭祀期间，代表柳神的神女们不能回家，得住在水上。现在，这种祭祀虽然已不复存在，但我们前几年在珲春地方考察时，还听到一些满族群众讲，伪满时期曾有过类似的活动，只是代表柳神的众女人已经穿上衣服了。

满族先民的柳崇拜，还突出地反映在其他祭祀活动中。用柳刻制神偶，俗称"柳木人"、"柳木神"。在满族诸姓萨满中种类甚多。除人神外，也用柳刻各种神禽、神兽。在其他神器中，也有用粗柳制祭神的"激达"枪杆、箭杆，挂"瓦单"的神杆。可以说，柳与萨满祭有着密切的联系。在东海野人女真中流传的《乌布西奔妈妈》中，记载了东海窝集部别具特色的鱼祭活动。在祭祀前，要用金风扬选的大黄米做成鱼形饽饽，作为祭祀的神糕；并用河边新柳的粗干制成有两三个人大小的鱼形神偶。这鱼形神偶除了鱼翅是用洁白的天鹅羽翎制成的以外，全身都是用鲜嫩的柳枝柳叶围成的。这种翠绿的鱼形神偶有跳跃形、飞腾形、潜游形、双鱼追尾咬尾形，栩栩如生，气魄宏大。祭祀时，选善游水的男女青壮年钻进鱼形神偶，忽动腮，忽摇尾，忽潜忽浮，如群鱼闹水。女首领身挂用柳枝雕作的柳珠饰，主持的女萨满和族众均要身围柳叶，族中男女儿童要头戴用柳枝和柳树皮编成的各种鱼形小帽，有鲤鱼头形、鲸鱼头形、飞鱼头形等，江中岸上处处是鱼形神偶，鱼舞、鱼歌，整个祭祀犹如到了海底龙宫，看到了众鱼出世，真是一个鱼的世界、柳的世界。这样隆重的鱼祭要进行三天三夜，族人们扶老携幼住在江边、海岸或者水上的威呼中，欢娱水滨，吃柳叶、鱼虾，喝鹿血，饮江水，唯有这样，神圣的鱼神莫德喝恩都力才能庇佑族人渔产丰收。很明显，柳在人神同乐的鱼祭中，扮演了重要角色。这种以柳雕制各种自然物，祈禳丰收的宗教活动，正反映了北方民族柳崇拜的民俗心理。

由敬柳崇柳祭柳发展而来的娱柳活动，也成了满族先民一项极为风趣的娱乐活动。如《两世罕王传》中就记载了明末清初的一种娱柳活动——"跑柳城"。传说建州大罕王昊到乌拉部访多罗罕时，见众女孩嬉笑喧哗在做一种游戏，情不自禁地被吸引住了，多罗罕便陪其观赏。原来乌拉少女玩的就是当地历史已久的一种游戏"跑柳城"①。这种别有风情的娱柳游戏，正是积淀着满族先民的崇柳祭柳的信仰意识。往昔满族这种盛大的柳祭或娱柳活动，已经成为历史的一页，但作为一种历史悠久的思想观念，作为一个民族的心理素质，仍有一定的历史惯性，还活在某些满族乃至其他与满族相邻近的民族耆老的口碑中。

第五节　海　祭

在萨满教神祭中，不容忽视的祝祭盛典——海祭，确有着重要的文化影响。满族先世的一支东海女真人，也包括恰克拉人（在苏联境内称乌德赫人）、费雅喀人（在苏联境内称吉里

---

① 比赛双方女子相继争抢对方的虎头女王（也称柳王，身穿虎皮暖褂，头围柳叶，周身围柳叶裙），第一任虎头王被掠，再选二任，直到最后均归一方，为胜。

亚克人）等都保留着隆重的海祭。东海女真人的后裔如库雅喇氏、那木都鲁氏、孟哲勒氏、蒙温爪尔佳氏、尼玛查氏、曷舍列氏等姓氏中至今保留有海祭神话传说，而且在有些姓氏中还残留保存有萨满海祭神谕。这些相当宝贵的文化财富，有助于了解和研究东北与日本海上诸岛国、野民的经济往来、文化交往以及往昔的海洋生活习俗。蒙温爪尔佳氏，现在吉林省乌拉街镇外有其部分后裔，查其谱牒均为清初原居东海女真人，清初著名大臣费英东之后。除此尚有满族两姓氏满族其祖籍均在原东海窝集部所属之大小绥芬河一带，如满族厉姓（依尔根觉罗氏）、苏姓（舒木氏）等，保留有海祭祭神规程。

从十几姓谱书中可知，东海女真人所生活的东海窝集部地域甚广，今日之乌苏里江流域、珲春河流域、牡丹江流域、图们江下游流域、布尔哈通河流域、绥芬河流域乃至今日苏联境内之海参崴以北以东广袤平原与山岭、河流直至东海日本海中诸岛，都是东海窝集部人生息与游猎过的地方。在苏姓神谕中所讲东海女神所居之地在很远很远的"吉里精海"中，那里是"鱼神世界，有女无男"，鱼神显灵时"巨首如山岩，能装满大海的水"等，可以初步认为其祖先可能东渡大海，抵达过日本今日的轻津海峡。当然，这些谜还有待后世学者研究这一条神奇莫测的东海"经商之路"。

至今，我们仍可从吉林省、黑龙江省东部地区流传的古祭歌、古谣谚中，了解许多艰辛的开拓东海生命之路的生活现实。让我们先从古歌民谣中谈起，这更易于理解萨满教古代海祭的价值。1981年笔者曾在东宁地方八十岁的刘淑琴老太太

口里记叙了一首古歌:

> 嘿,嘿哝,嘿哝哝——
> 跪向托里一样光闪闪的海呵,
> 跪向蚌片一样光亮亮的海呵,
> 跪向月光一样白光光的海呵,
> 给神母海妈妈漂去三只肥胖的鹿,
> 给神母水妈妈送去三只长牙的野猪,
> 安吉岛上的阿哥、阿玛们呀,
> 朝着金色的夜路撒下牛鱼网吧……

刘淑琴,满族,伊尔根氏,女大萨满,她本人在世时能咏唱四十余首"东海渔歌",而且在民国年间还在乌苏里江西岔河口受族人委托跳过海祭神歌。又如在额穆一带流传有《拉大网》歌:"拉呀,拉,拉海网,海网沉,网金银,有金鳞,有银鳞,翻江倒海鱼成群",表现了往昔这里的丰饶生活。珲春镇[*]关英兰演唱的《我阿玛回来啦》民歌,也很有代表性,在东海渔歌中收割海藻、采集海参的民歌甚多,反映满族先民世世代代对东海地域的开拓与创业。民歌唱道:"海参崴,大海滨,阿玛前去叉海参。海参黑,海参大,我的阿玛不害怕。大海浪,像座墙,阿玛骑着下南洋。南洋有个菠萝洲,又出菠萝又出油。还有夜叉放水牛,十人去了九人留。只有一人不怕

---

[*] 今已为珲春市。——编者

它，骑着大风回到家。你猜这人能是谁，这人就是我阿玛。"①

又如敦化镇宁秀兰演唱的《阿库里》民歌，是对古代费雅喀民族的歌颂。费雅喀族崇信萨满教，女真统一时土俗称呼为鱼皮郎。民歌中唱道："费雅喀，抓海鱼，身上穿着阿库里。阿库里，真没比，又挡风来又挡雨。穿它不怕罗刹来，敢把罗刹拖江里。罗刹变鱼进大海，抓住就扒它的皮。扒它皮还做阿库里。"这是一首创业开疆与守护边疆的古代民歌，约产生于清代，经数百年间流传了下来。

萨满教海祭，最初的形式已无从考求。我们从征集得到的《东海沉冤录》一书中得到一些海祭的记载情况，海祭主要是祭海神德里给奥木妈妈和其所属众母神：

德里给奥木妈妈——东海女神，太阳与光明之神，鱼首人身，身为裸体女人，大双乳房，腹部隆起，她掌管整个太阳出升的东海，她降临时能带来甘雨，百禾孳壮。

吉姆吉妈妈——是东海深层海底女神，她长有修长的青色发，如海带，漂浮于海中，人若探海必由她指引，才能寻回陆地，海中有玉的蚌蛤深钻海底，海参深伏海底岩壁，海龟深藏于海底砂石之草中，只有祈求吉姆吉女神相助，才能觅得，而不致深海窒息或威呼触礁沉没。

福勒岛九女神——是东海旋风女神，常在风平的海上吹来一股旋风。旋风连卷九个，突然远去，这便是福勒岛九女神。

---

① 《吉林省民间文学集成·延边朝鲜族自治州歌谣卷》，延边朝鲜族自治州民间文学集成编委会，1987年，第320—321页。

她们常追踪、跟随渔民与海船之后，保护人船安全，常见九个旋风的人与船就是警告海中人要警惕，会有暴雨来临，纵然是风平浪静，海水澈蓝，也不过半天，必要有浪震骇涛。

迷额哈女神——"迷额哈"，有的神谕称为"雅哈"、"尼雅哈"女神，实际是"亚沙"神，即"眼神"。她是海中的眼睛，不论冬夏，不论昼夜，不论是游进无垠的狂涛，尼雅哈女神都会保护人船顺利返航。她不见形状，在黑云中有团白色的眼睛云，形态就像一个女人长眼毛的眼睛，只能见到一只眼睛云，按眼睛云的方向驶去，就是海浪中迷阵的平安门户，否则就会被鲸群或大海涛吞噬海里。

乌鲁胡玛众神——龟神，有男有女，他（她）们身材肥胖、矮小，常好在海滩上嬉戏、歌唱。这些神祇最大的神威是能使人船防备暗礁，大渔帆船在暗礁上搁浅，祈求乌鲁胡玛众神才能脱险。而且这些神祇好与渔人开玩笑。大海中突然出现楼阁、林岛，渔船划到近处却一无所有，只是几个亮甲的大海龟浮于海面；或有时从海中忽然传来笙箫鼓乐，划过岸边只是几个小灰海毛龟在翻筋斗戏斗着。所以，渔民非常膜拜乌鲁胡玛众神，传其有幻术神功。祭品必须在出海前备好鸡、鹅禽类作供，活鸡活鸭活鹅杀血祭海后，投入白浪中，众龟分食，祈祷护佑。

塔希图离妈妈——神形为海草形，每以海草干燥后编成形草神偶，相传须用海魂草编成。海魂草产于深海珊

瑚礁上，专司管海中疫症与海中亡魂，由它收摄送至海宫中常驻，否则，未被收摄的海难魂魄便常年飘佚，无依无靠，永遭风涛海浪之苦，不能存身。塔希图离神偶下面四条草飘带，便是摄魂带，游魂附于其上便可随塔希图离妈妈去到存身的海宫。海难后萨满祈祷便求祭塔希图离女神，要用大玛哈鱼、鲸鱼、海豹等血肉敬祭。

奥末阿离罕——兽身人首的岛礁神。相当于鄂伦春等族奉祭的"白那冷"山神，专司岛屿陆地安宁的善神。在那木都鲁哈拉和孟哲勒哈拉神祭神谕中最早有"白雀神"（珊延咕咕），尊崇的可能是海鸥一类的水鸟神祇，本为女性神，是年轻的格格神，是神群，常在神话中幻化成海滩上的一群女子，白衣白衫，美妙婀娜，亦司管各岛屿陆地的安宁，海岛系无忧无虑的天国。后来在有些满姓姓氏中，出现一位火神叫奥米阿离罕，或称奥米阿离大爷，是男性海滩神，力勇超凡，住海岛、进海岛都要供这位大神，用海石礁立祠堂，内供一双似人似兽形态的礁石即可，不过必须选择黑色礁石，稍加雕饰即可。制神位很简单，不一定是萨满雕做奥米阿离大神，谁都可以虔诚地雕饰，然后供在海滩阳处即可。奥米阿离大神像汉族崇拜的山神爷，在任何海滩、海岛都可以见到，甚为普遍。而且往往一个小岛上，有十数座大小、形状不完全一致的奥米阿离庙。据老一辈人传讲，清代以前东海诸岛上仍保留许多奥米阿离神祠，后来清政府腐败，东海诸多领土划归沙俄，奥米阿离神名神位只残存地保留在神谕中，不被祭奠，熟知者日益甚微。

据清光绪十六年扈伦七姓满族海祭神谕内容概叙中讲，往昔海祭分两种形式：

1. 人殉海祭：人殉海祭是往昔生活在海边的崇信萨满教诸民族的野祭仪式，甚为隆重。祭品是陆地兽类、禽类、海中鱼类，甚至殉人。海祭多为部落老酋长长逝、新酋长继位时举行海祭盛典。萨满是女萨满，而有些女萨满又兼作部落首领（女罕），祭时多在星斗升空后的深夜，众萨满脚登流筏，排队列阵，在海上击鼓开祭，全族人跪向大海，焚香、焚柴，海边拢起百堆篝火，而且在海面上设一大木坛，上铺砂石，上面架木桦干柴，点起海中篝火。大木坛四周坠有巨石，用鱼筋、牛、鹿筋缠于海下石上，大木坛只在水中颠簸，但不会被海浪漂走。入夜火烟四起，引来龟鱼围神坛戏耍，神坛上四角站有四个女萨满，专门往江中抛洒米酒、血肉、糕果等，常有巨鱼跃到大木坛上。大木神坛四周有编筏，筏数不等，有大有小，每个筏上亦点有火堆。火堆的火主要是在木柴上淋浇鲸油燃起的，火光白烟直冲霄汉，照彻海浪，如同白昼，百里外海面均可见到。海祭主要祭奠前述诸位海神妈妈。海祭的时间由夜至黎明，再至深夜，第二次迎来旭日时祭祀仪式结束，主祭者为部落罕王和部落达以及众萨满，萨满神裙在海祭时要穿鱼皮神裙、赤臂、赤足，身系腰铃，披挂满身数不尽的鱼骨神偶灵物、蛤壳、鱼眼珠及石饰灵物等，身上要涂满鱼油鱼血，篝火点燃后乘流筏或威呼，驶入大海，族众跪在海滩上、悬崖上，有的驾着木筏，有的骑着木雕的鱼龙，随着入海，鼓号声、螺号声、角号声，震耳震天，萨满便击鼓跪拜祈请东海女神，如果询问新罕继位事，便将新罕的女发与额血刺出滴于海中，如果海中不起白色旋涡形的浪花便是神祇未有明示，便要再滴血于海中，往海中撒祭品，如鸡、鸭、鹿、熊、牛、羊、野豕等，如果还不见翻起白浪，便要用已养于海中的牛鱼（鲸鱼）牵来，萨满骑于鱼背，亲刺牛鱼鲜血入海，海水殷红，萨满再跪而祷告，新罕王女罕跪在筏上额头鲜血直滴，一直到海浪翻绽出银白的花浪，全部落欢呼，便认为是神祇同意新罕继位为部落王，统领东海事务，此时女罕要将未过过性生活的幼男孩数名，投于海中，殉人不能是女人，而是男人，男人又必须是幼童。殉儿时，主祭的女罕要亲摸抚幼儿的阴物，表示海神女主完全可以接受送献的人仆，其是圣洁的，是作为世上女罕最喜欢最心爱的人而被献给了海神……若是祈愿丰收、征战等也是如上述类似的祭法，不过往海里投撒的各种牲类，也必须是雄性者，不能是雌性的。这种奇怪的古习直到近世仍保留这一观念，认为必须是男性的方可殉葬。究其原因，盖因此种海祭盛礼，系产生于东海女真部母系氏族社会时期，祭典均以女性为本位，而男子只能是社会组织中的附庸与女性隶属者的财产。殉男不殉女的观念，恰是母权时代之母权至上观念的反映。

2. 人葬海祭：久居东海窝集部的满族诸姓氏至今仍能传讲，海滨古代丧葬习俗是水葬、天葬，很少土葬、火葬。萨满教观念认为，人的生命是东海女神送来的，人死了，魂仍回到了东海女神统属下的海宫中去。因此，不论是萨满死了或是族中人丁病逝，都由萨满祝祷，编织流筏，将尸体放在筏中间，四周安放生者日常使用的器皿、衣物以及爱犬、爱鸟等活物，由萨满们击鼓乘威呼群驶入深海之中，一直乘风破浪驶进大海的深处。萨满祈请塔希图离女神降临，神附体后，萨满便在昏迷中指告部落穆昆和家主人将装尸体的流筏引入某一个海湾或翻涌白浪的海域，这便是神指示的葬所。家主人便在这个海域四周先遍撒供品、糕点、野果以及鹿、鹰等动物的鲜血，海水呈现红色彩丝状的水纹时，系海魂草丛生在海浪里，众威呼便围住装尸的流筏，往流筏上投下重石，一块一块往尸体上摆放，萨满边诵唱神词，边击鼓祝祷，一直到石堆将尸筏徐徐地送入海底，便为安葬顺利地结束了。葬后还要投入活牲致祭，然后再用石礁坠住另一个小木筏，筏上放着瓦罐或石罐或木槽等物皿，内装鲸油、兽油，点燃后群舟才返回部落，葬域海区的守尸灯有时竟数日才熄。灯熄后便认为塔希图离女神已经将死者魂灵带到美妙的海宫里去了，亲人也不必再惦念了。

近世海祭已经因疆域变迁和清以后征战与民族迁徙，许多姓氏不再有海祭礼仪了。但是如尼玛查氏、何舍里氏等满族家系在祭祀中仍有海祭余趣。何舍里氏是珲春老户，该户大萨满何玉霖老人前数年才病逝，不仅谙熟萨满神歌还能背诵众多新旧歌谣。据他在1982年夏于家中时为我们追忆，海祭礼他不知道了，但江祭礼他听他大爷与父亲都讲过，在珲春河上还办过祭祀，是为了治疗天花症族中举办的许愿河祭。何玉霖老人在背诵神词时将河祭还称为"毕拉音陈必"，而有时仍称"奥木赫音陈必"，问其因，他说神者传下来便是这样。"毕拉音陈必"是河祭，而"奥木赫音陈必"，正是"海祭"一词。所以仍沿用"海祭"一词，足以证明该姓过去先人曾在萨满祭中进行过海祭仪式。神祭的保留正是该姓祖先足迹的历史见证。吉林省九台县*䤈卡满族乡满族大萨满杨世昌老人，属于满族尼玛查哈拉，祖居珲春故地。据他1981年在住舍回忆，过去他在新学萨满时在查里巴地方举行过河祭，为了祭涝灾，杀猪献血吃燎毛肉，内容已经完全简化了。何玉霖年轻时跳野神祭时，河祭请水獭神，潜水珲春河中拾贝壳数枚，才出河面换口气，河祭内容只是萨满祭祀的一个内容，并无单纯的水祭内容。还有些姓氏水祭内容只依附在萨满野神祭礼中，请水鸟神、水獭神，表演潜游、冬泳、钻冰窟等水技。海祭内容发生了质的变化。东海女神等神祇神话在火祭等野祭中还有所保留。

第六节　北方诸民族的熊、蛇祭祀

北方诸民族对自然界一些动物如熊、虎、狼、蛇等十分敬畏，不敢轻易加害，倍加祭崇。对熊的崇拜，除黑龙江以北的尼夫赫人、吉里亚克人诸民族有祭熊和过熊节等礼仪外，在我国境内的鄂伦春族、鄂温克族等民族就非常崇拜熊。鄂伦春族人对熊十分敬畏，鄂伦春语称熊为"牛牛库"。但他们从不直呼其名，而叫"阿玛哈"（舅舅），称公熊叫"雅亚"（祖父），

---

*　今为长春市九台区。——编者

称母熊叫"太帖"（祖母）。每打到熊时，要假装哭着把它抬回来，吃完它的肉以后，对它的骨头要挂在树上，进行风葬。熊皮分配也有一套仪式，非常虔诚。鄂温克族更认为熊原来是人，因犯了错误，才变成了四条腿走路的兽。因此，认为熊通人性。鄂温克族人打住熊后必须实行风葬，其崇拜形式与鄂伦春族人非常相似。鄂温克族人认为如不实行风葬，将熊骨乱扔，熊就会不入洞，不冬眠，不仅不好打它，而且还有被熊伤害的危险。怎样风葬呢？猎人打到熊，剥完其皮后，把熊的头、喉、舌、鼻，连同颈部骨，脚上的各小节骨，掌以及右上肋骨二根，右下肋骨三根，左上肋骨二根，用桦树条子捆好，再用柳条子捆六道，在两棵松树的阳面上刮其皮成一平面，横刻十二道沟，并把沟涂上各种颜色（用木炭、鲜血、各种野花涂色）并在第六道沟的两端，把熊的眼睛镶在树上，再把已包好的熊骨等东西，悬挂在两棵树之间举行风葬。人们要装哭，对于害人的熊，并不举行风葬，只剥下皮子留用外，其他东西都扔掉。[1]总之，鄂温克族人对熊的看法和处理与其他野兽不同，会举行一些特殊的仪式。[2]

熊崇拜在满族等其他民族中亦有不同的表示。《汤原县志》中曾载："松花江两岸，旧为费雅喀部所居，喜弄熊，呼曰马发，多以重价购养，使邻里亲朋射杀为欢，有马熊、狗熊两种，射毙而后聚食之，先食熊头于野，谓敬长老也，余则聚食

---

[1] 内蒙古自治区编辑组，《鄂温克族社会历史调查》，内蒙古人民出版社1986年版，第233—243页。
[2] 塔娜在《达斡尔的萨满教及故事》一文中介绍过，《石恩莫日根和张犁花卡托》故事中就有崇敬熊的内容。

于家，妇女唯食熊髀。……熊罴，山内亦多，猎户打得，仅取其胆。"《汤原县志》将费雅喀民族玩熊为戏的情节介绍甚细，足见其对熊的崇仰。达斡尔族亦崇拜熊，在古老的达斡尔族萨满教"翁古热"（神灵）中，主要崇拜的神灵就是虎和熊。在众野神中占重要地位。如《石恩莫日根和张犁花卡托》（达斡尔民间故事）中，救济张犁花的两位老人，老头名叫"阿提热坎"（公熊之意）；老太太叫"额提热"（母熊之意）。可见，达斡尔人把熊当作崇敬的对象。除此，我们从北方诸民族祭祀众神中可知都有熊神祭。在萨满祭祀中，专有熊神祭礼，熊神在满族火祭中是太阳神的开路先锋，力大无穷，颂熊神的勇猛、忠诚，是人类光明的护卫者。在有些神谕中也称熊是"勒夫玛法"，最早在《天宫大战》中，是长着"索索"的人（索索：男性生殖器），因在和勒鲁里恶魔厮斗时，偷懒睡在山葡萄秧子里，结果使天河上不少星星被恶魔打落下来，变成了流星。熊神因为是力大盖世的巨神，所以萨满请神，熊神附体后时将磨盘举起，能将巨柳由地下拔起，能用巨石做泥丸抛掷着玩耍，极力表现熊神果敢、勇猛、神力无敌的拟人化神性格。我们近些年所搜集到的众多满族萨满神谕中的野神祭礼神谕中都有熊神祭礼。徐姓、臧姓、何姓等萨满祭规中还明确说明不用熊皮做鼓面、做偶像，认为用熊皮蒙鼓面，不敲自裂。若跳神请熊神临神坛会大闹神案，使萨满和主人遭难。所以，在民间习俗中只能用鹿皮、狃皮、牛皮做鼓面，平安吉顺。由上述资料可见，对熊神的崇拜是比较深远普遍的。满族诸姓早已由狩猎转入农耕生产经济，尽管如此，在满族诸姓的传统心理民俗观念中仍敬畏熊神，视其有人性，更会报复。这些心理观念应该是远古图腾观念的遗存，[①]更进一步反映北方诸民族在远古时代的文化心理素质的形成与发展是有其内在的同源与相互一致的基础的。

蟒神崇拜与蟒神祭礼。蟒神或称蛇神，在北方崇拜萨满教诸民族中有深远影响。在满族民间祭礼中，对蟒与蛇的区别是以其尺度为区分标志的。俗云"九尺为蟒，八尺为蛇"。它们都是太阳与光明的象征。满族许多姓氏野神祭中，萨满服饰上要有蟒皮。萨满的神帽上要飘坠蛇骨穿成的骨穗数条，表示在暗夜中可以见到光明。萨满在学"乌云"和跳神时，最难的动作是仿学蟒蛇爬行，躺在地上，脸朝上，用双肩骨力量使全身向前错行，行动如窜飞，愈快愈显神功。徐姓萨满（黑龙江绥化）在蟒神降临时，不单仰卧地上爬行，更有特技是能在墙壁和竖草帘上蠕行，人体不坠落地上，颇似"轻功"。所有萨满都仿学蛇的爬行术。赫哲族、达斡尔族、锡伯族、鄂伦春族、鄂温克族等族萨满也崇拜祭祀蛇神、蟒神，萨满服饰上亦有蛇形图案。在达斡尔族萨满神偶中，专有双蛇神偶，用长木雕刻而成。这些蛇神象征春天，象征太阳与温暖。这种观念，使我们想到黑龙江以北地区许多民族如基里亚克人也有相类似的观念。在日本列岛上的爱奴人也崇拜蛇，称蛇为"太阳神"。在爱奴人的神话中，蛇并不是单独降落于大地上，而是同自己的情人女大神，实际是与太阳一起降落下来的。在满族有些萨满神谕中，也称蛇是太阳的光，或称"蛇光"，意思

[①] 本书同意熊图腾崇拜观念，国内外学者分析是恰当的。

是"一条一条的光线照在地上,像一条一条长蛇降到地上"[①]。

如图:

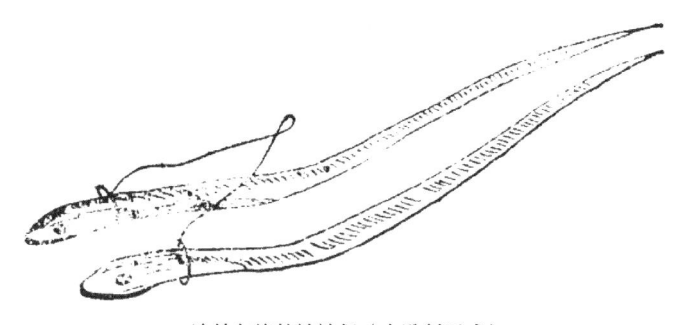

达斡尔族蛇神神偶(木雕制而成)

值得提出的是,不论满族或达斡尔等族,蛇神神偶都是成对的,认为蛇蟒雌雄总是在一起,永不会分离。与蛇、蟒同时祭祀的,还有四足蛇,即蜥蜴,俗称马蛇子。它属于阴暗中的小神灵,能预知阴晴涨涝,又能辨识风向,是蛇神的助手与前锋使者,能够预知太阳与光照即将来到人间的信使。因此,萨满便蛇蜥同祭。而且满族和鄂伦春族等族,都传讲马蛇子还能护治蛇伤,其唾液为宝物,有粘合骨断与肉伤复合之功力,最难得。萨满给人治红伤(外伤)往往以马蛇子全虫摔死敷于患处,并祭祝马蛇神,伤愈传可速合。故此,在萨满神服上有几个民族都要绘上马蛇子图形,祭时,同蟒蛇同祭。1982年我在永吉县乌拉街阎振宽萨满家便见到他的神匣中有九个已经焙干的黑色小蜥蜴,据传他已保存二十余年了,体尾无损。我问他为何保存,做何用处?他看我一再恳切询问,便告诉我:是

---

① 满族徐姓(舒木氏)神谕译稿。

萨满祖传下来的萨满自身护身灵，可避邪，更可以防蛇毒。他所奉祭的诸神中，有两位蛇神，都是松江白蛇，住松花江上游山里，神是否降临或者能不能来，只是由九条小蜥蜴请神，便可降临。他奇妙地讲九条中任何一条蜥蜴抖动，便可知从什么方向在什么时辰即可降神。阎萨满讲得极为虔诚认真，可见北方祭蛇并不亚于敬熊。又如，杨世昌萨满也曾讲过，他能请两位大蟒神，都住在东海边，神附体时自感浑身一阵凉飕飕的便不知道了。他说他平时不捕蛇，也见不到蛇，到野外别人都能踩到或抓到蛇，唯他什么蛇也碰不到。他也迷信马蛇子，甚至认为是萨满师傅。并说这是他的老赊夫（师傅）告诉他的。而且他活了七十来岁也从未见到过马蛇子。

鄂伦春族、鄂温克族、赫哲族、达斡尔族中都有虎神崇拜。鄂伦春族对老虎不直呼其名，称"博如坎"；"白那洽"（山神）为虎神，后来变成了白发老人；还称虎叫"乌塔其"（太爷）。称狼也不直呼其名"古斯格"，而按它的叫声称呼为"翁"。满族等一些民族对虎、豹、豺、狼等猛兽，以及江海湖泊中的鲸、鲨、黑鱼、狗鱼、龟等水生动物乃至一些如刺猬等小兽，都分别有各自独特的尊崇心理和祭祷形式，甚至不少民族的姓氏还将其皮、骨等小心供奉，奉为神偶与祭祀替身。在各族姓氏往昔萨满野祭中，都迎请这些动物神祇降临，这些神祇临坛后各自模拟出自己的动物特性特技，玩耍一阵后萨满与众侍神小萨满们才殷勤地恭送诸神回自己的神界。

对于熊崇拜与祭礼，国内外学者披露甚多，故此本书不多赘述。对于蛇祭与蛇崇拜心理分析，本书试图作一解析。北方诸民族为什么如此敬祭神蛇？这又与北方先民有何必然的生活联系？

长期以来，有些学者以为北方只产蛇，不产蟒，祭蟒可能来自于汉族或我国南方文化影响。其实不然，东北古代产巨蟒，民间早有流传。笔者近年曾在珲春市马滴达山村访八十古稀老人，均讲马滴达前山往年便有巨蟒下河吸水，身在峭壁崖洞，仅头入水中，足见其躯之长之大。东宁、通化等地老人均有类似的传讲。《长白征存录》中已载："本境蛇多黑色，丛林中有大至丈余，围可盈尺者，草甸岗坡在在多有。"《山海经·大荒北经》则云："大荒中有山，名曰不咸，有肃慎氏之国，有蜚蛭四翼，有虫兽首蛇身，名曰琴虫。"后者可能即指类似蜥蜴似的爬虫而加以夸张地描述。《辉南志》中亦云："蛇产山中，种类不一。大者长丈许，粗如盂。"这些叙述，已足见东北诸山中均有蛇蟒，蛇毒甚烈，这对原始初民构成莫大的危险与威胁，特别是居住林莽草野中的原始初民，蛇蟒侵袭更为常事，其害不亚于猛兽，故予以在软弱无能的生活境域中的宗教膜拜。在满族长篇说部《东海沉冤录》中介绍，巨蛇可以将人紧缠不用数分钟便骨节松断、窒息而死。特别是对于久居山洞中的山民，更容易受到蛇害。所以，蛇崇拜主要是对蛇的畏惧，敬而生神，祈求蛇类怜悯庇佑，不要加害于人。蛇被崇拜为光明与太阳的象征，也甚有道理。巨蛇、巨蟒常栖居阴湿石地，久之蛇鳞溃烂生蛆虫，故此蛇素有在晴天晒太阳的习惯。每当雨后太阳出来，蛇群便蠕动爬出，缠伏于石、木阳光处，喜阳光照晒。原始人类经过长期观察，而产生错觉认为蛇是太阳的使者，与太阳同时出来，必是太阳神。苏联学者C.M.希罗科戈洛夫[*]就曾经断言，通古斯人萨满教来自南方的证据就是萨满教中的蛇崇拜。实际上蛇图腾形象在东北乃至西伯利亚各民族，自古以来就由于生活方面的联系，而进入萨满教的信仰和崇拜体系。对于北亚与东北亚和我国东北诸古代原始部落祭拜蛇乃至在艺术和神话中表现蛇，再一个重要观念是，原始人类对蛇生存能力的憧憬与向往。蛇无孔不入，可以游历于任何细小的空间之中，深邃莫测的洞窟、树洞、石缝、石穴中的任何奥秘，都不能挡住蛇的躯体或避过蛇的眼睛，对原始人类探求生活奥秘的企图能得到满意答复的只能是蛇。因而他们对蛇日益敬崇，把蛇看成生存的希望，揭示世界秘密的洞视者。萨满是氏族人神的中介，特别期盼能在自己的神术上有蛇神的本能和神术，出于这种观念所以蛇形标志在萨满全身上可以到处找见。西伯利亚的图瓦人等萨满甚至身上用黑白两色动物毛编织成辫形的长蛇挂饰达千余条，全要披戴在萨满身上。满族民间史诗《乌布西奔妈妈》中乌布西奔大萨满整个的神裙全是用真正的五花色蛇内皮缝制成的，蛇皮有999根。这些都是萨满具有蛇威的象征。祭蛇还有生育求子的观念，满族萨满杨世昌等就讲过，祭祀蛇神可以治疗妇女经血症，求祈生子。萨满教认为蛇性淫，相传蛇不仅同蛇相交，蛇甚至与龟交配，俗称"龟蛇雾"，而且可连续性交，故在萨满教祭祀中蛇神可治疗男子阳事不举，治疗女子不孕，等等。因此，祭蛇

---

[*] C.M. Shirokogorov，现通译为史禄国。——编者

神,不仅是崇拜太阳神、颂赞蛇的生活特性,而且能够治愈男女生育等疾患。

对蛇的崇拜,亦是古代图腾观念的遗留。在满族著名民间长篇传奇说部《两世罕王传》中,就讲过满洲建州女真民族英雄王杲便是其母在晨曦中临渊祝祷时,有神龟天蟒交,浓雾漫天,口吸精气自孕而生,这也是蟒龟相交生人的神话。蛇与人有血缘关系的神话在中外文化史中均有,女娲便是人首蛇身。在印度南部的德拉维达人中,有些无子女的人要在两条盘织在一起的蛇的图像(交媾的象征)面前献祭和祈祷。在斐济群岛,蛇更被视为最受尊敬的神的化身。日本爱奴人从不杀蛇并不食其肉,蛇的图形放在最重要的地方,与火主并放在灶坑上,与家主、祖先的灵位并摆放在神圣的角落。蛇是萨满最强大的庇佑神,而有蛇作为自己保护神的萨满则被视为法力最强的萨满。蛇还能附于萨满体内并使他有可能成就奇迹般的功业。①

第七节 清宫堂子祭与各族民间家祭

一、满族

有清以来,满族的萨满祭祀分为宫廷中的堂子祭祀与民间

---

① 请参见孙运来译《爱奴人的崇蛇观念》。

祭祀两种形式，互有异同，而民间祭祀则不受礼法束缚，其内容、形式与祭礼又各有独规，众祭纷繁。

(一) 清宫堂子祭祀与宗室王公祭祀

清宫堂子祭祀实属于满族萨满教祭祀的一种演变形式，源于我国北方诸民族所固有的对萨满教神祇观念的膜拜。《清朝文献通考·郊社考》中载："大清高皇帝建国之初，有谒拜堂之礼。凡每岁元旦及日朔，国有大事，则为祈为报，皆恭诸堂子行礼，大出入必告，出征凯旋则列纛而告，典至重也。"《啸亭杂录》中记载较细："国家起自辽沈，有设杆祭天之礼。又总祀社稷神祇于静堂，名曰'堂子'，实与古明堂会祀群神之制相符，犹沿古礼也。既定鼎中原，建堂子于长安左门外，建祭神殿于正中，即汇祀诸神祇者，南向。前为拜天圜殿，殿南正中，设大内致祭立杆石座。次稍后两翼分设各六行，行各六重；第一重石诸皇子致祭立杆石座，诸王贝勒公等，各依次序列，均北向。"

关于堂祭的由来、礼序、内容及沿革，汇总尤为详备者当推清末民初所编纂之《清史稿》。在《清史稿·志六〇·礼四》中详述："堂子祭天，清初起自辽沈，有设杆祭天礼。又于静室总祀社稷诸神祇，名曰堂子。建筑城东内治门外，即古明堂会祀群神之义。世祖既定鼎燕京，沿国俗，度地长安左门外，仍建堂子。正中为飨殿，五楹，南向，汇祀群神，上覆黄琉璃。前为拜天圜殿，北向。中设神杆石座，稍后，两翼分设各六行，行各六重，皇子列第一重，次亲王、郡王、贝勒、贝子、公，各按行序，均北向。东南为上神殿，三楹，南向。祭礼不一，而以元旦拜天、出征凯旋如重，皆帝所躬祭。其馀月祭、杆祭、浴佛祭、马祭，则率遣所司。崇德建元，定制，岁元旦，帝率亲王、藩王迄副都统行礼。寻限贝勒止，已复限郡王止，并遣护卫往挂纸帛。"

据《清会典·卷九十二》载："满洲祭神祭天之礼，朝夕则神。"所祭神祇：朝祭神为释迦牟尼佛，观世音菩萨，关圣帝君。这是朝祭神，实际却不是萨满教原有神祇，而是受佛教以及汉族宗教信仰所传入的"客神"。夕祭神有阿珲年锡、安春阿雅喇、穆哩穆哩哈、纳丹岱珲、纳尔珲轩初、恩都哩僧固、拜满章京、纳丹威湖里、恩都蒙鄂乐、喀屯诺延等神。朝祭在寅时，夕祭在申时。朝祭夕祭诸神皆在皇帝住处清宁宫（在沈阳时），迁北京后在坤宁宫。朝祭神在坤宁宫西大炕致祭，夕祭神在坤宁宫西间北炕。堂子中所祀诸神，均属本部族之祖先神与本部族世代所奉祀的自然神祇与动植物神祇，即氏族守护神。具体来说，清宫堂子祭祀和清宫廷坤宁宫所祭祀诸神，必然是清皇室爱新觉罗氏世代祖先神祇，世代飨祭。关于皇家的祭礼，在乾隆年间制订的《钦定满洲祭神祭天典礼》中有详细载述，宫内序礼甚严，本书不赘述。

从我们挖掘到的努尔哈赤族系家传秘录、珍贵的满族民间长篇英雄说部《两世罕王传》以及《萨大人传》中可知，堂子祭礼在我国东北民族部落中，很古以前就存在了。孟森先生曾引证《永宪录》，证实"溯跳神之始，沿自蒙右、辉和跳神……则非满洲自创之堂子祭也"，是确切的。

"堂子"一词，按满族众多姓氏所珍藏的谱册及萨满神谕可以证实，系满语词汇，早在女真时期就通用了，系满语"Dangse"（档涩）演变而来。"档涩"汉译意为档子、档案。往昔凡满族各姓主持者总穆昆处专设有"恩都力包"（神堂）或"档涩包"（档子堂），作为恭放阖族谱牒及本氏族神祇神位、神谕、神器、祖神影像之所。所谓"神堂"，并不一定早期都是神祇楼舍。这与北方民族先民长期以游猎移居有关，神随人迁，宿营即设神位，便于携带。祖先神偶、影像或神册、神器等多放入桦皮匣、木匣、柳编匣、骨质匣、石或泥罐中，后来多放在长方形上抽盖的木匣内，俗称"神匣"。这是北方民族固有的习俗，满族诸姓皆然。因此，"堂子"一词，不能简单地按汉语字义理解，而要从满语译音的演化去探索。查史籍，"堂子"一词正式载用是在乾隆十四年编修的《太祖高皇帝实录》中，以前多用汉语词"庙"替代，改用"堂子"一词，恰当体现堂子祭祀内容与性质，可算再贴切不过了。古代生活在北方的少数民族，堂子祭祀内容也完全一致。辽金以前均兴野祭，部落游猎就地而祭，当时出现女真火祭、树祭、天祭、水祭、海祭、星祭等诸习俗，后来部落定居，才安设堂祭总祀诸神，名姓堂祭被逐渐固定并传袭下来。可以说堂祭形式是随着满族及其先民在长期社会生活与信仰崇拜中日趋完备起来的。明中叶建州女真首领努尔哈赤统一诸部前，各部首领（满语称罕或达）所居之霍通（城）内均分别设有"堂涩"，或译曰"唐舍"、"档色"。而各部之"堂涩"，规模、构筑所用材料不尽一致。有的大部落有"总堂涩"，各部分支地又有"分堂涩"，实际上这些都与爱新觉罗氏所建立的宫廷堂子性质相似。如，据《两世罕王传》传讲，著名的扈伦四部之一的哈达部，其首领万罕在明廷扶持下一时兵力雄威，曾有挟持诸部之势。时万罕母董尔吉妈妈八十寿，扈伦四部首领及建州左卫与右卫众首领率众先拜哈达部"侠倡唐舍"，为万罕母祈寿。"侠倡唐舍"，便是万罕族中"堂子"，建筑亦甚堂皇。又如建州右卫首领王杲，曾借兵于东海窝集，其部酋引王杲先谒"堂涩"，后将女许字于杲。努尔哈赤起兵攻占哈达、朱舍里、长白山、辉发、叶赫、董鄂、乌拉、斐攸等部众，兵马先废该地"堂色"，"掠祖像神牒于贝勒马前"等，这些都说明"唐涩"、"唐舍"、"堂色"等称都是"堂子"的音转，即为各部的堂子，均系奉祀本部族世代崇祭的守护神祇和祖先神祇之圣洁吉地。

作为满族萨满教祭祖一种演变形式的清宫堂祭，包括了女真先世往昔所共祀的宇宙神祇。如，堂子祭祀神祇除爱新觉罗氏本姓远祖神祇外，还有纽欢台吉、武笃本贝子等神祇。这些神祇名，我们在满族许多姓氏神本中可以互见，说明他们都是女真诸部相当古老的宇宙大神和远祖神。按照满族土语释析，"纽欢"（Niohou）为豆绿色、青色。在满族一些萨满神谕中称"纽欢阿布卡"，即青天、苍天之意。"纽欢台吉"在黑龙江省东京城厉姓萨满神谕中称"牛欢安吉"，萨满释为"苍天神"。笔者认为，"纽欢台吉"实谓天穹、天神之意。又如，"武笃本贝色"，在不少满族神谕中写成"乌朱贝子"、"五督贝色"等，译成汉意即最早、早先、最起根的远祖之意。按照满族及北方民族萨满教观念，认为天上居住着宇宙间诸种自然神祇以及本氏族最远古的创世祖先神与英雄神，清宫堂子祀中仍沿袭传统观念。此外，堂子祭祀中对田苗神突出供奉致祭，说明在天神祭中将祈禳农稔丰收摆到了重要地位，封建社会的农耕经济已经得到突飞猛进的发展。

坤宁宫祭祀与民间基本相同，只不过清宫予以简化变通，并补加入了如来、菩萨及关圣帝等"客神"，正式列为萨满朝祭，而将本民族固有的氏族与本姓祖先神祇等统归为夕祭神，其余祭礼均不变。民间满族众姓不祭如来、观音、关圣帝，仍恪守萨满教民族性祭规。当然，也有个别姓氏近世家祭中供观音像，但没有专门祭礼与赞词，只摆神幔一侧陪祭。这显然亦受宫廷祭礼的有力影响。宫廷夕祭诸神与满族民间诸姓神祇相对照，不少神名都可互见。如阿珲年锡等神祇，在我们目前掌握的满族民间诸姓四十余部手抄神谕中，均可找到。各姓保留不一，有多有寡，或相近只所用汉字标音有别，但仍不难辨认出来系同一神名。由此可以证实，清宫祭祀中夕祭诸神，不独为爱新觉罗氏家族祖先神，其中不少属于原女真诸部未分化前更古远的共祀神祇，清宫祭礼中仍承继下来。再有，清宫祭祀中所祭穆哩罕神群，穆哩罕，即"比干衣玛法"，或称"比干衣恩都里"，在不少神谕中称为"毛尔罕"、"莫尔罕"、"莫林罕"，系用树木或野猪革等制成的祖先神偶，实际是世代传祀的女真远世守护神。笔者认为它属于通古斯语，北方诸民族崇祀的"波如坎"等，均属同位尊神。又如喀屯诺延一神，长期被一些史册误尊为蒙古神，众所周知，在满族诸姓祭祀中不祭外族外姓神祇，清宫祭祀，当不例外。喀屯诺延，在我们获得的满族诸姓神谕中，有的标音为噶屯诺因、卡屯蹄彦、喀屯那彦，或标为噶屯那尤等，标音不同，但可以看出不论是久居长白山一带的满族先民，或者久居松花江流域、牡丹江流域的满族先民，祖先生活地域虽不同，但供奉此神是一致的。这正说明，满族先世的女真族中，很久以前就供奉喀屯诺延神祗了。在我们搜集的吉林省满族罗关氏、伊尔根觉罗氏、郎氏、赵氏萨满祭中，亦供此神。由此可以证实，喀屯诺延是满族先民曾广泛供奉的守护神，神威普及白山黑水，并不是来自草原蒙古族，而是遍布于广袤的白山黑水满族先民的一位共同祖先大神。恩都哩僧固和纳丹岱珲等，也是满族先世女真诸部世代倍崇的宇宙星神，维护宅宇与岁月安泰。清宫祭祀中"画像神"，世人多不解为何神。其实，满族诸姓均有为其祖先彩绘影像的古俗，敬奉于上屋西墙窝车库（神板）的神匣中。逢年节、春秋两季或按汉族干支纪年中之龙虎鼠蛇年可悬影像，修缮彩绘，焚香祭拜。这种诚祀影像意识，亦源于祖先崇拜观念，最早以草、木、石、革、帛等制成神偶，近世随绘画术发展，彩绘、临摹祖先容姿，流传后世，形成风俗。和满族相邻的鄂伦春族、鄂温克族、达斡尔族、蒙古族、锡伯族等族，亦兴此俗。影像，即祖先画像，以直系达玛法（远祖或称一世祖）画像为主，画面上部反映萨满教观念的左月右日，七星在天，神鸟栖于灵魂树上，下边绘祖先像及功业图和骏马等牲禽。黑龙江省宁安县厉姓满族将祖先影像绘成后，列入萨满祭祀内容。满族各姓只祭本姓祖先神像，其他姓氏祖先影像及他姓祖先神像不列入本姓神堂。正如《契丹国志》云，所祭诸神，其他氏族"不得预"。

至于痘神，堂子祭中亦绝非明将邓佐。满族及其先世和北方其他少数民族一样，原始初期文化经济极端落后，很早就畏惧侵袭氏族繁衍的诸种瘟疫灾患。天花常使部落灭绝，满族老萨满神谕称"山塔哈"（白色的恶魔）。各姓萨满，均笃祭祛瘟女神，称"妈妈神"，其中有"他拉哈妈妈"和"佛多妈妈"。满族先世女真时期，便传下来"走百病"、"射柳跳火"、"打画迷儿"等求福祛灾的民俗活动，亦避天花灾。这在流传下来的金源传说中，有许多故事。清宫堂子祭"佛里佛多鄂谟锡妈妈"，是"为保婴而祀"，也是沿袭满族先民为子孙求福驱邪的祭礼。

综上所述，可以看出清宫堂祭与满族诸姓跳神祭祀基本一致。尽管清崇德初年皇太极曾命满洲旗民停设堂子致祭，但居东北的满族诸姓却用神匣替代堂子栖神，人神同舍，丰秋祭祷，成为满族萨满教一大特征。而清宫堂子祭祀，属于皇宫大内的宫祭，既保留了爱新觉罗氏入关的民族部分特点，又极力吸收和受历朝宫廷宗教的影响和束缚，祭神典例已日趋宫廷化、庙堂化、规范化，客观上已使民族文化受到了损失。特别是经过乾隆、道光朝的历代不断改造充实，萨满祭歌所特有的形象性、文学性及生动性等北方民族浓厚的文化特征，变成空洞的程式化的赞词，而且礼仪极端森严，集历代宗祀之大成，"为历代祀典所无"[①]。这对于研究我国北方原始宗教和人为宗教以及上层宫廷宗教之演化过程，确是罕有的文化遗产。

---

① 《郎潜纪闻初笔》卷9，第192页。

(二) 民间祭祀

《奉天通志》载满族往昔的旗民（民间）祭祀："《满洲源流考》云：我朝自发祥肇始，即恭设堂子，立杆以祀天，又于寝宫正殿，设位以祀神。据此，则满俗祭杆、祀神，由来已久。旗民沿袭，无能或替，特设备丰俭有不同耳。其制：室中以西为上，即室中之位也。皮板为神位，悬黄云缎帘幔（或以各色绫条，长盈尺，藏木匣内，置神板上），列香盘四或五，如木主座，其左为完立妈妈（或云佛头妈妈），有位无像，惟挂绌带一，内贮五色线，绠长可六七丈，名曰锁。又南檐下偏西，供长木匣，内藏关帝及观音像，皆绢画者，下有窄炕，不容坐卧，祭者缚牲，特于此处撚绳并设席之地也。植杆于庭院南隅，贯以锡盘，名曰索摩杆子。常祭春秋二次，祭前斋戒，届时夙兴，洁除西炕，先请关帝像悬之，前设几，陈酒三杯，列长方木炉，撒达子香烧之，以黍米面蒸饼，裹芝麻以荐。三叩首已，撤像复位，乃祭神板及完立妈妈，礼悉如前……三日为节，第一日晨起先祭关帝，如常祭，或畜红马一匹，平日不乘，祭时被以鞍鞯，牵入庭中，植立不动，名他合马，主人捧炉，绕行三匝，乃去马撤像，既以雄鸭一，至神树前杀而烹之，登盘三举，谓祭神树。（树皆以榆，取其寿也，在所居附近，祭时割牲，取膀胱缚其上，并馂余之骨，悉置树下。）是晚祭神板，先陈祭品，烧香荐饼如初，阖眷皆跪，雍人置牲于桄，主人灌酒牲耳，牲鸣震耳，谓之领牲，示神歆享也。主人以次免冠拜，然后杀之，去毛，去脏，去蹄，按规零割八块，煮熟以荐，仍合为全体，陈于俎上，遂掩灯，主人跪位前，摸索斟酒，高举过顶，子弟立后，接饮者三，此昔人孙为祖尸，以代饮食者也，饮已，主人作满语数百言，旅人助祭者，以箸击碗，作声应之，殆歌以侑食之意。顷复张灯如前，老幼男妇悉跪，行三叩首礼，礼毕，乃撤俎，老少团聚食肉，以碎肉少许，置索摩杆锡盘上，以饲乌鹊，此谓之避灯祭，次日遂祭神杆，献牲既领，剥皮燎毛，熟则脔切，炒饭，铺油布院中，聚族食之，路人亦可入餐，行时客勿谢，主不送，如赠燎皮一方，为非常敬意，次晨祭完立妈妈，取袋中锁缏，由堂门引出，系索摩杆上，乃献牲已，宰割熟荐，与祭神板同，礼毕。又有挂锁、换锁之俗，于祭之翌日，令男女未婚嫁者，咸跪完立妈妈位前，老主妇以柳枝蘸净水遍洒之，以彩线各套其颈，谓之挂锁。越三日，取贮纸袋中，逢再祭日，即引出锁缏，取前套之彩线拴之，女已字人，令夫家备猪酒，来祭完立妈妈，为去锁缏彩线一缕，名曰换锁。余则岁时朔望，致祭祖墓，与汉人同，此满族祭祀之大略也。"

《吉林通志》中载满族民间祭祀，具体程式是："祭祀典礼，满洲最重一祭星，一祭祖，至春秋祭，则前一日以黍米（俗名黄米），煮熟，捣作饼曰打糕，荐享后以食，合族并亲串以族人，为察玛戴神帽，系裙摇铃，持鼓跳舞，口诵吉词，众人击鼓相和，曰跳家神，及祭，磨黄米面作小饼，内实豆馅，外裹苏叶，以之奉先，曰苏子叶饽饽，余与春秋祭同，惟蒙古祭品猪羊并用，一切仪节亦与满洲相似，民间多因事故，始刑牲祀神或先人诞辰忌日，设祭于家，鲜有立祠庙者。""满洲无论富贵士宦，其内室必供奉神牌，只一木板，无字，亦有用木龛者，室之中西壁一龛，北壁一龛，凡室南向、北向，以西方为上，东向、西向则以南方为上，龛设于南，龛下有悬帘帏者，俱以黄云缎为之，有不以帘帏者，北龛上设一椅，椅下有木五，形若木主之座，西龛上设一机，机下有木三，春秋择日致祭，谓之跳神，其木则香盘也。祭时以香末洒于木上燃之，所跳之神人多莫知相传，以为祭祖。按所奉之神，首观世音菩萨，次伏魔大帝，次土地，是以用香盘三也。其礼前期斋戒，祭用豕必择其毛纯黑无杂色者，及期未明，以豕置于神前，主祭者捧酒尊而祝之，毕，以酒浇豕耳，豕动则吉，否则复叩祝曰斋盛不洁与斋戒不虔，与或有不吉将牲未纯与下至细事，一一默祝，以牲动为限，即于神前割牲，豕熟按首尾肩肋肺心列于俎，各取少许置大铜碗，名阿玛尊肉，供之，行三跪三献礼，主祭者前，次以行辈序立，妇女后之，免冠叩首，有声，礼毕，即神前尝所供阿玛尊肉，盖受胙意也，至晚复献牲如晨礼，撤灯而祭名避灯肉，其礼祭神之肉，不得出门，其骨与狗，狗所余，夜弃户外，亦有焚为灰而埋者，惟避灯肉则以送亲友云，是日飨客，客食毕，不谢，唯初见时道贺而已，客去亦不送。"

《黑龙江志稿》中，记载黑龙江满族致祭礼序为："次日黎明祭天地，俗日还愿。院中照壁后置大案一，上供木酒钟三枚，黍米一碟，宰豕去皮，折为十一件，陈于照壁东偏，其西偏置锅灶，取肉少许，熟之，切为多数小方，盛以磁盆二，又以木碗二，实小米饭，同供之案，萨满单腿跪地，口念安祭，即祝词，以铜匙举肉与饭，向西南分列，主祭者行九叩首礼，院之东隅立杆一,高数丈,名曰索莫吉杆,又曰祖宗杆,上悬锡斗,贫者用木斗,祭时实豕尾豕胆,暨小米于斗,杆首尖锐,以豕项骨横贯之……立杆院中,示别于他种族之帜,实物于斗,以饷乌鸦。盖乌鸦曾救满人先祖之难,故附祭以报其德,或云立杆祀天也,以高为贵,取其上与天通,礼毕。食祭于院中,名曰吃小肉饭,午后煮内燎皮,会食于屋内,名曰吃大肉饭,是夕祭星于东房烟筒前,祭时熄灯烛,一人白衣跪地,祈祷毕,左手持木刀刺豕,木刀尚质,刺后以刀易之,祭毕,仍与亲友共食之,食毕举灯烛。凡祭用黑豕,无杂色,馂余瘗院中不少留,骨者弃之河,祭期以两日为率,富者或延至六七日。萨满或男或女,名数多寡,随家之丰啬而定。旧时家祭礼,岁一举行,或冬至节祭告,近不多见。……又有因事故疾病许愿致祭祈祖先者,有因富贵平安喜而致祭答祖先者,室内供神牌或木龛。唯南房以西方为上,东向西向以南方为上,致祭必择吉辰,如许愿之祭,其豕由许愿之日指定,必择毛纯黑无杂色者,指定后无论缓至三年五年,此豕绝不作他用,及期黎明,以豕置于神前,主祭者捧酒祷祝,祝毕,以酒灌豕,耳动谓之领牲,若豕不动,仍复叩祝,以领牲为止。领牲后,即于神前割而烹之,熟,取豕之首尾肩肋肺心,各切少许,置大铜盘中,名阿玛尊肉,供之神前,行三跪三献礼,主祭者及男妇,按行辈以次排跪,均叩首礼,毕,即神前尝之,盖受胙之意也。至晚复献如晨礼,撤灯而祭,其肉谓之闭灯肉,食余,则埋之。祭时有专习跳舞者名萨玛,祭时必先期具柬邀之,祭日献豕毕,萨玛头戴神帽,身系腰铃,手击皮鼓,腰与手足盘旋舞动，鼓动铃声，一时并作，又诵祝文唱歌，以申祈祷之意，院中左方立一神杆，上有锡斗如盘，祭之，次日献牲于杆，谓之祭天，祭毕，取猪肠肺肚等物，置于锡斗中，以饲乌鸦。祭之日，亲友来贺既则席地坐，以刀割肉自食，食毕，不谢，客去，主亦不送。"

将东北三省满族萨满祭祀习俗详摘于本书，意在使读者有个完整的比较和分析。满族民间萨满家祭情况，如三省志中所述，基本大同小异，已甚详备。从三省志中又可比较看出，在保留满族原始信仰方面，黑龙江较吉林为浓，而吉林又较沈阳一带为浓。我们于1984年曾在吉林省永吉县满族数姓中，进行了满族家祭电视录像，保留了满族家祭的原始资料。至今在黑龙江、吉林两省中，满族有一些姓氏仍有萨满祭祀，并保留完整的萨满神谕、神器，并有新的男女萨满承继，在族中仍保留有严格的穆昆会议制度。如吉林省永吉县乌拉街满族镇的关姓氏族，永吉县蟒卡满族乡的三家子赵姓氏族，以及黑龙江省宁安县渤海乡厉姓满族氏族都是如此。

满族民间祭祀中，还有一部分姓氏至今保留有除家祭以外的大神祭神典礼，即保留有原始宗教色彩较浓厚的野神祭礼。祭祀除有与满族诸姓大同小异的家祭程序外，还要摆大神神案，萨满在七星斗前迎请本姓的众位瞒尼神祇、萨满祖先众神和动物神、灵禽神或其他陆地、水中的某种人格化的动物守护神。这种大神祭多数由可以神附体或具有某种特异神质的老萨满率领众萨满共同完成祈神、祝神、娱神、送神等特技功能。萨满要在昏迷中完成神的附体与祈愿活动，表现了萨满教原来所特有的特征,即对宇宙万物的崇拜与信仰,而且其特殊技能令人瞠目而叹。

萨满"帽如兜鍪,缘檐垂五色,纸条蔽面,外悬二小镜如两目状,著绛布裙,鼓声阗然,应节而舞,其法之最异者能舞马于室,飞镜驱祟。据迷信者云,其技之神者,又能以镜治疾,遍体摩之,遇患处则深陷不可拔,一振荡之,骨节皆鸣,而病去矣。有病之家,或束草象人,又或如鸟兽状,击鼓作厉词以祭,喧而送之。枭其首于道,号曰逐鬼"[①]。又述云:"其巫师有名大神者,多青年者为之,又名二神者,大神之佐也。祷神之家,先于萨满神前置猪一及香酒等物,于是请神,大服神衣神帽,其帽及带,皆缀小铃,神来则跳跃不已,铃应之响,未几闻屋中闭灯,言语皆满洲语,系大神问话,二神答之,腔韵舒长,嘹亮若俚歌。初则大神先唱,次则二神及其他数人齐接尾音,而合唱,然后击鼓一通遂辍。"[②]这些大神祭祀的记述,在满族往昔不少姓氏中出现过。有些满族姓氏如尼玛查氏、刁洛氏、曷什里氏、奚和特里氏、那木都鲁氏、库雅喇氏、务呼瓜尔佳氏、萨克达氏、章佳氏等姓氏中都有野神祭礼。有些姓氏所保存的动植物大神能有三四十位之多。

另外还有很多本氏族古代的祖先萨满神与英雄神,有些姓氏萨满神总计达百余位之多。中华人民共和国成立后,目前保存萨满、神谕、神器,可以进行大神祭的姓氏甚少。多数姓氏

[①] 《中华民国省区全志》卷3,第48页。
[②] 《中华民国省区全志》卷3,第44页。

已经没有萨满，只保留神谕；有的家族只有萨满，而失散神谕和神器。有些姓氏由于历史原因神谕和神器均不复存在。

二、鄂伦春族、鄂温克族、达斡尔族、赫哲族的民间祭祀

据近些年的调查，在鄂伦春族、鄂温克族、达斡尔族、蒙古族等民族中，还有一些男女萨满在世。鄂伦春族萨满在黑龙江省大兴安岭地区还有两位老萨满，并有神器，还给族人看病。① 内蒙古呼伦贝尔*还有两位萨满，但一位德高望重的达斡尔女萨满已于 1988 年去世。经近些年了解，萨满教祭祀已经在这些民族中趋于绝迹。许多萨满教的活动情况多数仍局限在 50 年代前后的书面调查资料，相对之下不如满族保留的丰富。赫哲族同江地区的情况据尤金良同志讲，赫哲萨满早已灭迹，现在连一个萨满也没有了。只在年老的赫哲族人中保留一些萨满口头故事与传说。锡伯族萨满的活动资料主要保留在新疆察布查尔地区，近年发现公布的锡伯族《萨满神歌》，原保存在锡伯族群众手中，对于研究锡伯族萨满文化和民俗、历史有很高的学术价值。内蒙古东部地区蒙古族的萨满教信仰经调查，至今还很浓厚，而且还存在许多祈祭活动。如祭鄂博，是蒙古族每年重要的宗教活动。"鄂博"，俗称"敖包"，蒙古语"堆子"的意思。原为道路与境界的标志，后成为祭祀山神、路神的地方。鄂博多用石块堆成，没有石头的地方，则用柳条

---

① 据张晓光同志 1988 年 7 月调查材料。

* 现已为呼伦贝尔市。——编者

编成一个筐子，中间填以泥土，形圆而顶尖，堆放在小山丘上。鄂博有大有小，有的是在一个大鄂博前或旁边又有数个、数十个小鄂博。每一个鄂博中插一个木杆，高3—4丈等。上绕许多方布，书以经文。蒙古族对鄂博崇拜根深蒂固，唯诚唯敬，每出门远行，必到鄂博上拾一小石头装在身上，以求一路平安。平时行路至鄂博前，必磕头后才可绕过而行。骑马者至鄂博后，必得下马膜拜。每年都定期祭祀鄂博，其中，以秋季祭祀最为隆重。现在的"那达慕"大会，实际就是由祭鄂博的宗教活动演变而来的。

鄂伦春族萨满祭祀。鄂伦春族的萨满所进行的宗教活动，最主要的是为病人祈祷，为死者祝福，也为人们祝愿狩猎生产能带来丰收。给族人看病的萨满叫"巴克其"，能附在"巴克其"身上的神有"吉亚其"、"昭路博如坎"、"胡路斤哈达尔"、"库吞博如坎"以及娘娘神。一个穆昆只有一个"巴克其"，但不一定每个穆昆都有。"巴克其"治病时不穿神衣，也没有法具，坐在"仙人柱"里的"玛路"上，神附体后给病人看病。鄂伦春族萨满教所崇祭的神非常多，除原有的古老自然崇拜神之外，有许多管疾病的神，如管天花的神"额古都娘娘"、管抽风病的神"德勒库达日依尔"、管昏迷不醒的神"乌仁哈达尔"、管头痛和胸痛的神"额沁"。此外，还有管狩猎生产的神"吉雅其"、"阿路秋达力"等，打不到猎物时多向它们祈祷。

达斡尔族萨满祭祀。达斡尔族崇拜信奉众多的神灵。例如，狩猎的人供奉"白那查"（山神），伐木者、渔人都敬崇"毕尔格巴尔汉"（河神）。此外，一般人都祭"腾格日"（天）

和"鄂博"(即敖包,石堆上多插柳条)。总之,达斡尔族人所信奉神灵,大致可分为两类:一类是本族内部很早以来所信奉的神祇;一类是由外部传入的。这些神佛以各种偶像被人们祭祀和供奉。当人们生病时,还要宰杀牛、羊、猪、鸡等各种牺牲作祭品,由雅达干祈祷、跳神,以期用神灵的力量,逐除恶魔,平愈疾病。所以,雅达干在部族中享有很高的威望和权力。达斡尔族人中穆昆雅达干比较多。当今齐齐哈村年轻的雅达干,名字叫金莫昆,是最年轻的氏族萨满。雅达干能给人看病、祈祷、正骨、助产。雅达干可以为病人治病,宰杀牺牲,用牺牲的肉和血答谢神祇,满足魔鬼,达语为"拜特勒贝"(祈祷之意)。雅达干请的神有青白大蟒神、黑白二胡仙、雌雄对疯狼、凶猛黑狗熊等,跳神有"走铡刀"、"跳铁鞋"、"结红带"、"走火池"、"舌舔红熨斗"、"翻滚石磨"等神技。达斡尔族萨满还要定期举行祭祀典礼的内部活动,包括"洁身"、"依尔登"、"斡米南"三种祭式,其中以"斡米南"仪式最为隆重。每隔三年,大约在旧历三四月举行,目的是给诸神献礼。跳神地点一般选在家里或屯子附近,主祭者为新萨满,祭期三天,第三天夜半,行歃血仪式。所谓歃血,在斟有牛血的坦古拉里,加掺牛奶、奶酒、九小段香和九小块牛肺等,供诸神尝饮。进行时,要背灯,萨满击鼓跳来跳去,并发出布谷鸟声,众人皆和而效之,点燃灯火,各神偶嘴上要涂抹牛血。至此,斡米南祭礼方告终场。

鄂温克族人萨满祭祀。鄂温克萨满是世袭的,在群众中享有威信。鄂温克族人有盛大的"奥米那楞"节日祭礼,凡萨满都要参加盛会。时间在八月羊羔离奶的季节,都穿着法衣,但只有一个萨满戴面具,所有参加盛会的人们都尽力献羊作为公用费,给所有的人吃,并且出20多个锅,炊事由妇女负责,人们把鸡、奶交给管事的人。人们围成圆圈,二三十人围一圈,手拉手摇摆着唱歌。老人和萨满一起唱歌,跳神三天三夜,不分昼夜地玩和唱。唱歌的人要九人,帮助萨满唱歌。除"奥米那楞"之外,平常萨满则给人跳神治病,还有春、秋时供"吉雅西"神,以及祭天时给人祝福,祝福牲畜发展、全家平安,等等。另外,牲畜损失大时,有人做了不吉利的梦时,都请萨满跳神祝福。萨满治病赶鬼时要杀一只黑山羊,规模稍大的跳神则出一两岁的牛(给鬼骑),跳神后牲畜归萨满所有。

赫哲族人的萨满祭祀:往昔,赫哲萨满于每年春季二三月及秋季七八月有跳鹿神之举,亦称跳太平神。"鹿神"赫哲语叫"乌思珠耶",意思是求神消灾赐福。跳鹿神具体日期由萨满定,跳神的当天,日上三竿后,萨满先在家将爱米及神具由箱中取出供在西炕上。在神前烧香、敬酒食,祭神,请来诸神后,族众向萨满身上喷些酒,然后由村中小伙子拿上神杖、神像,击着鼓,随萨满从家里跳唱而出,绕村屯跳时,每到一家即鱼贯而入屋内,将爱米供在炕桌下,神鹰放在桌上,神刀插在西炕前,刀头向下,口向外,萨满在正房门外跳神,到各家跳神,到谁家,都得给萨满敬酒,萨满进院行至正屋门外,即开始跳神,跳入西屋,继续跳三圈。稍息整队而出,再向前进,所去人家为奇数,七、九、十一、十三、十五……有病的人家不去,生儿未满月者亦回避不去,跳到最后一家,萨满才能解神衣、休息，主人再敬酒食。然后萨满再穿神衣，族众喷酒，萨满返回时要唱归来神歌，且行且唱。萨满到家进院，在入室之先绕房三圈，绕至神竿前，是时还愿者与许愿者群集神竿前，献牲还愿，热闹非常。

赫哲族人还祭天神，供在神树上，神为神偶形。除此，祭吉星神，并举行家祭。每季出猎前，或打猎回来，常举行家祭树神。所祭的神祇甚多，也包括祭祖先神，将所祭神偶放在西炕上，焚香献酒，跪拜，但祭时忌妇女参加祭典。

第四章 萨满的卜术

在各民族所存在和保留的原始宗教活动中，占卜是其中重要而普遍利用的宗教现象，其产生与影响也是非常久远和广泛的。有关北方萨满教占卜情况的记述与介绍，比较详尽的还应该说是凌纯声先生对赫哲族宗教信仰中占卜术的调查。凌先生重点记述了赫哲族及其附近相邻民族的骨卜等卜筮方法和特征。除此，对萨满教占卜术谈论比较多的还有土耳其学者阿布杜卡迪尔·伊南所著《萨满教今昔》一书，也较系统介绍了突厥语族中信仰萨满教的一些民族所使用的骨卜等情况，在其他一些著述中虽零散有些叙述与介绍，但仍显得不足。对萨满教的特有卜术尚缺乏全面了解，更透过占卜看不出来北方萨满教的独自特点。本书试就多年来的调查，作如下分述。

第一节　占卜是萨满神事活动

占卜，即是预知未来，卜算、卜问、卜断明天的神秘事情或讨求预言、签语。这种观念与行动，作为原始宗教萨满教来说，传袭极久，卜筮方法更为多种多样。原始初民以万物有灵对待世界万物，人以外的任何物质都被当作有生命、有知觉、有灵魂的活动体，而且都有远超于人类自身的生活、抵御与防范未来的特殊力量，因而作为人神中介的萨满在执行氏族神事职责或实践某项为氏族集体、个人所做的祈愿与佑护活动时，都要首先去卜问身边最易见易得的卜物神器，讨求吉顺和求其预言未来结果，以此再相机进行某种请神灵庇佑的跳神祭祀活动。正如著名文人吴纪贤先生在所撰《乡祀笔汇录》中讲的："龙江古民喜用卜术，骨、角、牙、爪、草、木、江河、山石乃至日、月、星、云、风等，均无不可以不为卜物，皆为萨玛祈师助手。"富希陆先生在所撰《瑷珲祖风遗拾》中载："满洲诸姓萨满均有卜风，未有卜算能事者非为名萨玛也。满洲诸姓一年数卜，生育卜算、耕猎卜算、格斗卜算、远行卜算、立宅卜算、分居卜算、祭期卜算、病患卜算、婚丧卜算、兵匪卜算、求财求生卜算，卜算之虔之繁，耗资之巨，均为北民之冠。除此，瑷珲城邻近之鄂伦春、索伦、达虎里等族萨玛已虔信卜占。萨玛所戴神帽之珠坠，身肩之鹰镜等物和木人等神，都可随时取下蠹立一方，叩拜涂血问卜。余尚尝见鄂族有用狍骨、狍筋、鹿角、猪牙、虎牙为卜器者。北方诸族萨玛则严守族制，只为本姓祈神，然卜占之事诸族可互请，不单拘于本族本姓，其神算若天罡、诸葛者，早已越出一族之戒，而为周围山民，套车驱马百里相迎，不可拒也。达族、鄂族之卜尤神，卜问甚灵，盖言其卜器均属长寿之百年神骨焉。"又云："五家子北之坤河达呼里吴萨玛，供有山中红株草一束，草形若美人有四肢，甚奇，卜问最灵，虔问灾病福祸无不准，霍尔莫津等地族民均往求之。"另据《富察哈喇史传仪礼跳神录》中传述，祭神用之带环之哈玛刀，很早之前便是萨满卜用之神器，"哈玛刀为萨玛所用之祖传神器，卜占所用，后人有忘记其用者，盖其先人不教也。萨玛请神问卜必要横捧神刀，读神赞，摇晃刀环，以振环声韵中卜解祈愿"。哈玛刀为卜占神器一说，数年前笔者在吉林省九台县蟒长满族乡三家子村赵凤阁家老萨满中了解到，该姓祖传数十代，至今如前，仍在西炕上供奉哈玛刀，除背灯祭用外，用于占卜，遇异兆时刀环龛鸣有声，阖族诚信不疑，足见哈玛刀可为卜器之说在吉林地方亦有沿袭。已故九台县满族大萨满杨世昌生前卜问神事，亦于静夜执刀问卜。满族大萨满关云章老人问卜时也用哈玛刀，焚香振刀环、默问所念。又如，在《吴氏我射库祭谱》中还讲："凡事欲卜，皆由本姓萨玛恭祭行之。族中有事或祀祷众神佑护吉宁，或新教小萨玛，或为族内排解纷争、订婚姻、择丧祭茔地等，必在神龛前请下九面铜镜、九粒白螺、九块猪嘎拉哈、九尊鹿皮蟒尼（瞒爷），焚香叩拜，萨玛与家主问卜，然后得兆方定行止。"北方民族用蚌蛤、东珠、铜镜、骨骼等卜占者甚多。吉林省九台县胡家乡石姓满族则用镜与蚌粒占卜；黑龙江省宁安县渤海乡厉姓满族则用铜铃（幌铃）占卜；珲春市杨泡乡何姓满族除用哈玛刀外还用兽骨与野猪牙占卜。在北方满族诸姓中，用野猪牙、古代猛犸古牙化石块、古代出土之残碎瓷片、瓦当、人骨（头盖骨）、古箭矢、古铜币、各种神偶、萨满死后遗物为卜器者甚多，都认为这些卜物都内藏灵气神气，具有避邪问卜之功。

　　由上述诸例证综观之，萨满教活动与占卜术关系确实至为密切，不像有些人认为的占卜在萨满教中不十分明显、不十分重要，或认为不甚普遍。卜占未来确是萨满教中重要因素之一，可以认为，萨满教整个神事活动处处充满卜术与预言意识。萨满教无神不卜，无兆不卜，无事不卜。从这个意义上说，萨满教可说是一种很原始的卜教，这是因为萨满教为原始的拜物教，万物有灵观念为其思想基础。萨满本人便是宇宙间万物诸神的中介者和代表，验试其真伪有灵与无灵，最重要的外在表现特征就是是否能够做到萨满的自身灵魂出窍，而且将自己的魂暂作浮魂外游，又能将神祇引入自己体魄中，暂时左右己身，驱策萨满之体完成神意行动。这种抑己之魂，扬神之魂，精神由恍惚不定，近而疯狂若痴，甚而昏厥不省己之所为，便是萨满教所讲之"萨满昏迷术"，或俗称"神（外客）附入体内"的含义。萨满昏迷程度，是卜定与卜测是否有真神降临和附体的最根本依据。"无论在蒙昧的古代还是在当今时代，我们常发现一些人公开承认自己能通神灵，他们有的受神驱使，有的能指使神灵。……萨满都能控制辅助神灵，而不是成为一种工具，以期达到与亡灵、鬼魂和自然神灵相通的目的。"[1]所以这些神事任务的测验与完成，事先都要通过卜断证实神祇已附萨满人身、萨满的语言动态确为某神驱使着，才属为真神。有人认为神附体主要依靠观察萨满是否闭眼睛，证明下了神，这纯系表面观之。萨满神体真伪主要靠卜占，从神帽和神衣上的鸟翅铃声中可以测断，从萨满铜镜、腰铃中亦可听到不同震响，更主要是七星斗之烟亦显"暗示"、"暗语"，卜告某神临莅神堂。由此可见，萨满教的整个祭神过程，时时刻刻都充满卜告含义。而总揽与解释祭程中之卜意者为族中德高

---

[1] 〔美〕M.伊利亚德，《萨满教总论》，史昆译，吉林省民族研究所编，《萨满教文化研究（第2辑）》，天津古籍出版社1990年版。

望重的老萨满，而且各族中专有主要侍神人——"扎里"（栽力）能观测与解释卜语，这类萨满倍受阖族崇敬。

新萨满正式领神仪式，各族均有独特的测试方法与卜占法，证实其神试合格，可以成为名副其实的萨满。如达斡尔族人由布特哈地方移到海拉尔地区时未曾祭过达·巴尔肯神，是在几百年前有人在伊敏河洗澡，发现桦树皮小箱，里面有各种器物，并使人精神错乱，经过占卜，才把箱子捞上来开始祭祀，成为全族一些地区的重要神祇。可见，萨满教中供奉的神也是由占卜决定的。鄂伦春族、鄂温克族、满族、赫哲族等族凡族内有人突发癫狂、乱跑、不怕水火，多被视为死去的老萨满魂魄降世附在这个人身上，认为他们血液清洁、心灵聪慧、骨质洁白，被选定为新的领神萨满，数日腾闹不安，便由族中的萨满为之卜占，间通过某些显示神威的跳神仪式，如爬刀山、跳火池、潜冰窟、攀飞树梢、越涧堑、斗熊虎野猪、吞火吃刀等平凡人难以做到的超凡动作，便视为有神助异功，才可确定为新任氏族萨满。锡伯族萨满初学成前要喝羊血、攀爬高耸的数十把锋刃如水的铡刀，赤足上下平安无伤，便视为神佑而确认为萨满。所以占卜方法甚多，在萨满教整个仪式中，有平卜如用骨质等物卜，有险卜则以生命凶险卜认吉凶，占卜术也是确认萨满不可少的重要程式之一。

萨满对于占卜具有着传统的笃信和依赖性，可以说占卜在萨满教数千年来发展的宗教文化长河中始终是重要的精神力量，历来在诸族众萨满信仰中未曾淡漠过。只不过由于历史变迁，一些民族的萨满教活动由于社会变革和新老萨满交替，许多固有的萨满占卜祭程祭礼日趋遗忘和简化，卜占的项目日渐省略或仅遗留某些象征性的神祭动作而已。

追溯我国古史，很早就有占卜，其内容主要记载我国中原文化的卜术卜候。据《史记》《周易》《尚书》等古籍记载，在伏羲黄帝的传说时代，就有了占卜。原始的前兆迷信的起源，那就更早了。《古史考》云："庖牺氏作，始有筮，其后殷时，巫咸善筮。"禹穴碑曰："伏羲得神蓍，而定皇策。"《周礼·春官宗伯》曰："凡卜筮，君占体，大夫占色，史占墨，卜人占坼。"这些都说明占卜早始于伏羲时代，而当时的占卜内容已甚繁复，体显吉凶，色示善恶，墨分大小，拆有微明。不过当时的占卜，从文献中可知主要是依靠当时人为改造整理后的卜辞和《周易》，其中尤以殷周卜辞为代表。殷周卜辞从大量出土的甲骨文可知为龟卜。正如《说文解字》所说，"卜灼龟也，象兆之纵横也"。《礼记·曲礼上》云："龟为卜，蓍为筮。"《尚书》云："官占唯先，蔽志昆命于元龟。"从《周礼》与《史记》的记载看，卜辞经文人与巫师、筮人等整理修饰，已日趋玄奥。《史记·日者列传》云："卜者必法天地，象四时，顺于仁义，分策定卦，旋式正钅工，而后言天地利害，事之成败。昔先王之先定国家，必先龟策日月，而乃敢代；正时日，乃后入家；产子必先占吉凶，后乃有之。自伏羲作八卦，周文王演为三百八十四爻，而天下治，越王勾践放文王八卦以破敌国，霸天下。"这些叙述，可以看出是后人加工、创造而成的卦爻，离原始宗教的古代占卜已相距甚远。原始古卜最突出的特征是，不选择卜物，不分场合、时空关系，而是凡遇事或有所谓不平常的异兆，便要卜占，卜即卜问，占即占候，是很单纯的思维活动。正如《北户录》云："卜之流杂见书传，虎卜、紫姑卜、牛蹄卜、灼骨卜、鸟卜，虽不比于蓍龟，亦有可称者。"说明古代卜筮、不局限为蓍（一种草类）与龟骨，占卜形式甚多，有虎卜、鸡卜、鸟卜、兽骨卜、竹卜、筮占、星占、相风、望气、相地、梦占、相面，等等。北方萨满教便具有上述特点，可以证明萨满教中所保留的占卜要早于商周卜筮内容，对萨满教卜策予以整理，对于了解和认识北方诸民族卜候历史与信仰习俗等以及与中原卜筮文化的关系都具有重要的意义。

第二节　萨满的卜筮

一、原始占卜概貌

我们据《乡祀笔汇录》与《瑷珲祖风遗拾》以及对黑龙江、吉林等地满族等民族诸姓萨满访问的记录和诸姓萨满神谕的记述，归笼了我国北方古代崇信萨满教的诸民族中最原始、最古老的占卜情况。我们有充分的根据和理由证实，远在中国传说时代的伏羲造八卦和殷商卜用龟筮之前，在我国北方就已经普遍流传、沿用、保存着独有特点的占卜方法和占卜用物，其卜象与卜候虽不甚完备、科学、系统，带有许多偶然性和粗陋感，但是在人类历史上确可以承认是较早的预卜活动，对人类萌生思维意识和观念是有其研究价值的。

应该承认《乡祀笔汇录》与《瑷珲祖风遗拾》等，汇辑时间不甚久远，前册在1923年前后，后辑手抄件亦于1929年以前，当时崇信与祭奠活动频多，深有宗教造诣的老萨满在世者甚多，足可记叙大宗资料，为后世所难得，又因诸姓传世萨满神谕更有二三百年传袭历史，足对古代萨满教各种文化习俗卓有参证作用。

可以肯定地说，原始时代的最先占卜是发自安身立命与生存的需要，具有很强烈的原始朴素的唯物观念，占卜很少虚妄行动与欺骗行为。在原始人生活的严峻催逼下，一切为了谋生，进入原始氏族时期人们便在一些专人的导引下，对生存的自然界诸种变化、现象等加以可能的了解与适应和认识。占卜最初便是对自然界与自然力的适应性了解与认识，虽具有很大的盲目性和偶然性，但往往有其可行的实用性与谋生性。原始时代的占卜，实际是对某些生活现象的初步了解和适应，对客观的自然规律性的最低级的了解和掌握，是真正可靠的生产生活的初步经验。

有些学者以为，殷周卜辞，最初便是玄而神奥的卜卦，其实这都是后来经巫师或文人加工升华而形成的占卜，其最初也必定是很原始的适应客观生活需要的生产经验总结和总汇，何况卜辞已有文字。最原始的卜占活动，从北方萨满教可以证实，在未有文字之先原始人类凭着与自然抗争便在归纳、积累和传播着最低级、最朴素的卜占观念了，只不过那时的卜占还不能与后世的占卜相提并论，而仅仅是一些生产生活经验与规律的初步认识和总结。

据萨满教资料，最早的占卜是：

（一）异兆卜。异兆或异候、异象，都是最早最原始的观验性证候法。它主要凭借着人的视觉、嗅觉、触觉对某一客体的观察检验，依据平常的一般性特征来鉴别其偶发性的异态、异征、异候、异象，确定事物的反常和吉顺凶险。这种卜候法比较简便易行，在北方诸民族中传袭甚久。如，江河生泡沫卜为涨水；地穴生蛙为湿象，久居则生疠疫；地穴蛇蚁聚亡卜生有鬼气（沼气类），必速远徙；巢居无鸟，树叶卷萎为时疫候，三日不迁则染疠；鱼群浮水面有沼毒，不可饮，卜为凶地；穴屋无火而燥热，黄鼠、蛇、蜥、貉、鼬有穴不居，噘尾长驱远遁，十日内必有地动溢水，卜为凶兆；虎栖沃地，卜人宜居宜狩；深谷常雾，日阳无芒，卜为灾象，只可猎狩，不可安宅；鸟群飞噪，连日不宁，必生灾异，凶象可断；黄花生，卜鹿獐，芍药白，熊黑来；虎食人，洞中骨；豺食人，冈上骨；鸷蟒害，树上骨，白骨陈野卜刀兵；草如柴，叶焦落，虫蝶死，塔头热，地生烟，五日不过卜流火；头跳风，脖跳惊，乳跳痈，腋跳臂，乳下跳生，乳下静死，女腹跳子，男腹跳胀，虫泻可卜；猪鹿惊遁，必有水火；山窝炸雷，卜火卜亡；等等。

许多萨满源于师教，口若悬河，皆能背诵不差，平时告诫族人，或为特殊情况时应急的预防卜语和医治急症卜方。这些看来似乎不属于卜术，而是谣谚，其实这是比较早的卜辞，是源于生活，训育后人。

（二）物测卜。原始先民常对困境险地攫取某种物件与生物，测试险情险状，卜定吉凶，亦是很古就有的简便易行的占候法。如，水中投石木，以卜流急深浅；洞穴中放入蛙、鸟，然后取出以断穴中是否有毒气（沼气）或蟒蛇；往山洞中驱赶狍鹿，观其动静，测断深洞中是否有猛禽猛兽；夜间火烤兽、禽骨肉，依凭肉香招引山魈、熊罴、野民，以断卜存身栖居是否安宁；擒捕野猪崽、鹿、犴等，分别立桩缚于一处林中，次日查看是否尚存，断卜此地是否有狼、豺、猞猁、豹等动物，便可设阱、铗猎获。又如，萨满教满族富察氏神谕中还有阿布卡赫赫，"见獐鹿犴狍所食嫩草为无毒草，从中选野菜可人吃者九十九种，见虎豹熊獾貉獐狼狐貂鼠长毛御风雪，便叫众兽以皮为生民之衣共九百九十九种，见飞禽毛羽长翎可制女服，便叫众禽以羽为生民之饰共九千九百九十九种，见河鱼长游水中，便叫众鱼以肉皮为生民之衣食共计九万九千九百九十九种"。所以，北民均多用"渔猎"。这个应世神话中的故事，实际上就是原始人类对自然界的认识和利用被以神话的形式传承下来。对这些自然物的利用，原始人最初是不理解、不会的，这种征服与驾驭自然界的衣食能力的形成，便也是基于原始人在最初的测卜中逐渐认识到的规律和常识。

（三）先兆卜。原始初民有时还从长期的社会与自然界的某种变化，如日食、月食、风、雷、电、闪、地壳变迁、地震余威、江河湖海的潮涨涸涝、野火、瘟疫等难以预料的事件中，逐渐认识、掌握、积累一些生活常识和经验，传袭后代，因而对重复出现的陡然变迁便产生了抵御能力，从而归纳出卜断术，这便是先兆卜。在萨满教中至今仍保留许多属于先兆卜的实例。经对老萨满调查，猫头鹰白日落院鸣叫为不祥前兆，其道理是：猫头鹰属野鸟，白日休栖林梢，所以白日惊落鸣叫而入村寨，必有侵袭的敌人或遇瘟疫，鸣啼寻群觅偶，故此白日飞出，由此可初步卜定为有灾异。当然，任何事物都有其偶然性，卜占只是提出某种可能性，供人警觉和启示而已。

又如，久住山莽的部落认为，在淫雨连绵的雨夜，忽然听到山崖中呜呜轰响，蛇鼠逃窜，此为山啸前兆，卜为大凶，必须迅速转徙安全地带，否则便可能发生人畜村寨灭顶覆没之灾。

再如，满族等民族在祭祀时有祭"山达哈"女神的，即祭天花神，往昔天花瘟有全村灭绝之难，向为北方古人所惧。所以在祭祀神谕中传下许多有关天花的先兆，令后世警觉。卜者只要发现以下诸类先兆，便可认为有可能发生天花灾瘟。"山达哈"是满语，原音本是"沙延衣依尔哈"即"白的花"，屯寨中有人身上突发热，前身心生白红点，像花点，奇痒，重者不省人事，便是天花征兆。只要发现一个人，不论大人小孩，萨满便要求祈天花神，视为天花瘟病的先兆。病者高烧、喉疼痒、便秘、喜冰、妄臆语，亦视为天花先兆。一年四季，或常燥旱、燥温，或湿雨不止，或风啸尘天，萨满便视为瘟疫前兆，卜筮吉凶。春燕弃巢不归，檐雀坠死，萨满亦视为天花疫先兆。驱车过客，突然驽马喷鼻踏蹄不前，嘶叫不已，便视为有猛兽的前兆。

当然，异兆卜与物兆卜有不少产生的原因是古人对某些自然现象和异态的不可知与无法科学解释，而随着社会的前进与发展，人们认为不祥、不吉、大不利等的兆候，逐渐被融于民众日常生活常识中，在占卜中影响越来越小。

由萨满神谕中可知，先兆卜或预言卜越来越复杂，随着人类生活内容的丰富展开，人的思维活动也日趋细密多元化，生活所接触到的光怪陆离的事件愈多，对先兆的卜算也越发复杂。许多社会现象在人类当时的一定水平中不可理解，怪事滋生，又不可解疑，便逐渐产生先兆迷信观。古代怪异与社会现象结合而使先兆卜日益玄奥迷信，使原始朴素的唯物观念日益走向唯心主义的境地。如，牛生三足牛、狗生双头狗、牝鸡啼鸣，或在路上偶遇到龙卷风、风中降鱼虾，或路见双头蛇，或见到日食月食、双虹在天，或风拔巨树、雷击巨蟒和蜘蛛，或妇女生怪胎，或老妪生须等，都被视为怪异。许多自然界的变态在当时无法解释，便被与社会和人世某些现象联系起来，视为时代、社会、人间之不祥异兆或先兆。如，《尚书·牧誓》："古人有言，曰：牝鸡无晨，牝鸡之晨，惟家之索。"周代古人就迷信雌鸡变态报晨，是家境破败的前兆。《墨子·非攻》记载三苗大乱时，"龙生于庙，犬哭于市"，视为凶兆。《史记》曰："殷纣末年，大风飘牛马，坏屋拔树，飞扬数千里，周灭之"，将自然变化视为殷纣灭亡的先兆。可见，古人将先兆迷信作为对社会出现异端与国家更替的解释。在萨满祭中也有类似的先兆例：吉林省永吉县乌拉街满族镇严姓萨满就讲述，清代阎姓为打牲丁，专为皇贡看管鳇鱼圈差使，后鳇鱼中突染生龟穿洞病症，许多鳇鱼被小龟穿洞爬出鱼腹而死。阎姓全族大惧，视为本姓凶灾先兆，便举行萨满消灾大祭，当时该姓萨满卜为"鳇穿洞，人偿命"，也甚巧合，阎姓七世祖赛充阿时为六品打牲差，革职，同年病殁。[①] 此事，后传为故事。

二、占卜的种类

（一）骨卜。用骨类占卜在北方萨满教中十分普遍。采用骨类作卜器源于各种生物的骷骨，包括人、虎、豹、熊、狼、獾、猞猁、鹿、狍、野猪、犴、驯鹿、刺猬、山羊、穿山甲、大蜥蜴、狸、蝙蝠等，另外飞禽中鹭、鹰、雕、雉、鹃、雁、鹤类，野雀类和家养的牲畜牛、马、猪、羊、犬和鸡、鸭、鹅等，再者水中之鱼类，主要是超过二三斤以上的鱼为佳，除此两栖类的水獭、水蛇、龟类，陆上的巨蟒，虫类中还可用大马莲蝴蝶、大彩色牛蛾、大蚰蜒等百足虫、大蜘蛛、大蝼蛄、大蜻蜓、大蝗虫、萤类，等等。从《乡祀笔汇录》中可知，"百兽、百鸟、百虫无不可为卜者，因奇而卜，因猛而卜，因形而卜，因色而卜，因时而卜，因事而卜。凡作卜者，均选用某一物之某一特有骨骼、脏器、肢节也。且必生捕，死腐兽啮射杀病羸者不采也"。由此可以看出，卜用甚严，敷衍为卜，视为不灵无效。

采作骨卜者，各种生物所用部位，器官不同，兽类多用牙、掌跂骨、肋骨、胛骨、头骨、胫骨、尾骨、膝胫碎骨，除此还有百兽众畜之雄性生殖器（俗称"鞭"）；鸟禽类主要用全骨骼架，用线穿成的白骨完鸟，或胸丁字骨、足骼管骨以及新

[①] 1980年阎文宽萨满讲述记录资料辑。

鲜脏腑；虫类主要观其形状、声、色、动态，用全虫；鱼类主要用其喉牙两颗，大鱼鳃片、鳞片、脏腑等鲜骨物等；龟、蟒等用其骨，蟒还用其皮，但必须有纹彩者可作卜用。

从满族及其先世女真萨满古神谕中可知，在骨卜中有的姓氏还世代传袭着人骨，主要是本姓开始的远祖萨满的天灵盖骨，是最为虔诚崇奉的灵骨，非一般占卜不敢请用。①

（二）草木卜。萨满教采用植物为卜器者尤多，没有严格规定，不像中原商周以来必用筮蓍竹类或蓍类等的一种草作卜器。北方萨满教尚属原始性甚强的宗教信仰，"遇事遇险，随手拾草木为卜，亦甚灵效"。木类如松、柳、榆、槐、桦、杨、柞、黄柏、水冬瓜、楸、冬青、荆、藤、铁力木、老鸹眼木、钻心木、赤心木、空心木、山里红木、爬山虎、爬地松、水生木、倒生木，等等；草类为乌拉草、兰草、苦房草、塔头草、节骨草、车前草、野豆秧草、蜀蔡草、水萍、蒲草、藻草、芦苇、苔藓、蒿草、苜蓿、葛类草、茅草、白头翁、蒺藜，等等；花类如凤仙花、芍药花、百合及根、黄花、迎春红、刺敏果花、杏花、裳粒花、山梨花、灯笼花、黄瓜香花、紫铃花、山茶花、野菊花、金簪花、粉莲花、牵牛花、鸡冠花、婆婆丁花、野地小叶白花、冰了花、雪地杜鹃花；等等，都可以随时成为萨满的头饰、头环，并作卜神所用。草、木、花类必选自高山、水滨、空气清新而无畜粪污浊之地。采时必在日出前有露者为最佳，采活木、鲜花、鲜草有水珠者，凡采

---

① 引自《乡祀笔汇录》。

之木多用其枝其皮，草用其茎，花用其苞朵，经焙制而后卜用。萨满用花木草等占卜，主要卜丰稔、虫害、年景、疫疾等，茅草、树皮等断其丝纹，并卜凶吉诸事。除此，花草树木等披饰萨满神服之上，"意为百草灵魂掩护，使鬼魔辨识不清，可潜游于魔邪中寻觅被搜取的困扰着的人魂返回世间"①。

（三）星光卜。从北方诸民族萨满调查中可知，最初的萨满教星光卜，多属自然界的占候性质的占卜，占视风向年景、阴晴寒暖等，后来随社会的发展，原始的星象学随之产生，依据北方地域地理特点产生了冬令星图等，又受汉文化影响，十二宫及二十八宿等和五大行星运行、日月升降等在萨满教中亦有广泛传播，内容丰富突出者首推满族萨满教，其次为蒙古族萨满教。他们在星卜中多以三星、北斗等为主星测时辰和方向，除此，根据星斗的分布、颜色、光度、滑抖等变态，绘制了占卜星图。鄂伦春等民族也在长期生产生活中有自己的星图、星阵和星象解释与星象占候，除此北方诸民族还有保留各自特点的星象神话。

（四）金石卜。在萨满占卜中还选用五彩矿石作卜器，或打制石器，多为传年久远的各种形状石器，既可做神衣佩饰又可为占卜神器，除此，铜镜、瓦片、瓷片、琥珀、琉球、针、簪、元宝、元锞、古钱、古代剑矛、铜铃、鞍饰、蘷头桃形尖器、扁方、古笛、古口弦琴等，都可以作为卜器。但是，凡能从金石、古器中选作萨满珍藏的卜器者，多数都属于两种来

---

① 引自《瑷珲祖风遗拾》中"觅魂"条。

源：（1）祖先数代传承下来的生活遗物和萨满先人传宗下来的遗物，便视为珍宝，含有灵魂之气，秘为卜物；（2）由某一代萨满或本民族人所挖掘、征战得到的古墓中之遗物，年代多有数千年之久，便视为含有幽冥之灵气、神气、鬼气，便可秘传为卜物。古墓遗物，可以"占鬼"。

（五）梦卜。人体的特异活动如突然心跳、眼皮跳动、耳鸣、头发根发扎、恍惚中有人呼唤、自言自语、打喷嚏、手中物突然丢失或失而复得、做梦等，都被视为不可思议的某种灾喜出现前的先兆。在萨满教中上述种种人体出现的体态变化，都被萨满当作自身占卜或嘱当事者自卜的依据，其中尤以梦卜与圆梦最为突出。其实，这些体态突发性的变异卜象，极为普遍，不单在北方诸民族中存在，从大宗资料看，世界上不少民族都存在相类似的现象，而在我国一些古籍中亦有记载。如《汉书·艺文志》中便有《嚏耳鸣杂占》十六卷。《汉书·艺文志》中尤云："众占非一，而梦为大"，对梦卜与圆梦足见何等的重视。《周礼·春官宗伯》讲："占梦，掌其岁时，观天地之会，辨阴阳之气，以日月星辰占六梦之吉凶：一曰正梦，二曰恶梦，三曰思梦，四曰寤梦，五曰喜梦，六曰惧梦。"[①]我国关于梦卜的记载，早在殷墟卜辞中便有叙述。《诗经·小雅》中并有记述占梦卜的古歌："乃寝乃兴，乃占我梦。"所以，中原巫术与梦卜的书籍甚浩繁，影响甚深广，甚至在道教中并有圆

[①] 转引自朱天顺，《中国古代宗教初探》，上海人民出版社1982年版，第133—134页。

梦道学，形成独立系统的梦学唯心理论，对我国各民族都有着深远影响。而且梦卜与圆梦学又远远传播到我国的南北邻国，如越南、朝鲜、缅甸、蒙古、日本等国家，在世界上构成一股强大的迷信信仰力量。

北方萨满教诸民族的梦卜，虽有各自的流变特点，并且传播亦极普遍深远，仔细研究比较，其中与中原诸地梦卜与圆梦释析内容基本上大同小异，而且有许多已经无法考究其源，已经相糅融于一体了。梦卜，虽为萨满教卜术中影响颇大的一类。但纵观萨满教诸多的卜术卜法，梦卜尚不算北方诸民族最有代表性的原始卜术。我们可以从最有代表性的原始卜术中，探讨北方民族的原始文化及心理思维观念。梦卜虽然是各民族都曾有过和经历过的思维观念和迷信认识，但由于其所具有的广泛性和普遍性，很大程度上已经于很久以前便已融汇于亚洲文化和我们中华民族所形成的数千年来的巫教及梦卜文化范畴之内，个性与民族特点保留已不甚突出了。

（六）神偶和神器卜。神偶与神器占卜，在萨满教占卜中占有突出地位，且更具诸民族习俗和心理信仰特色。神偶分木神偶、骨神偶、石神偶、革神偶、布帛神偶，包括自然神祇、宇宙众神祇以及祖先神祇，有的神偶是人形，许多神偶为某种神祇的象征物。占卜观念本源于有神灵护降预言或预示未来的吉凶祸福，认为其是通过萨满占卜祈祷可以获得的。但是神偶则不同，神偶则视其非为"偶像"，而视为神，故而虔诚携带或者供奉于神龛和神匣、神篓内。诸神偶占卜，对萨满教信仰者来说，便非常虔敬地看成是在迎请某一位神祇亲临现场，为族人卜断疑难心情，尤比其他占卜法更具有对本族的神秘性。占卜时要焚香，要杀牲献血，要给神偶嘴上涂血，然后才能占卜。卜问情由，一般是跪看神偶是否有晃动感，或看盒中神偶脸朝上朝下，或在众神偶中用手摸出其中一位判定是何性质灾难（因神偶各有所司），或者晚上同梦卜结合判断，也可能与骨卜等相结合判断。总之，在占卜中礼序甚严甚多，非一般事则不敢扰动神偶占卜。而且许多形式占卜，非萨满在场，族人皆可自占，然请神偶卜多为由萨满代占，因为占卜中许多咒语、赞语以及占卜中神偶表示态势不可解，一般家庭便不擅用偶卜。

萨满所用的神器如镜、铃、刀、酒盅等，往往亦可用以占卜。这些占卜很可能是萨满自己传袭下来的卜器，为治病、问事、求财、解难等族中杂务时使用，这些也是专由萨满进行，非常人可以擅动的。此外，神偶与神器代作占卜使用时，也可能因为跳神祭祀，祈卜祭祀中事事顺利或者萨满患病、死丧、葬礼、寻魂、问卜等，满族、锡伯族、赫哲族、鄂伦春族等族中萨满有举行偶卜或神器卜的。据传，萨满神器无人而颤，无人而响或得梦兆，多有异因，萨满必杀牲大祭，祈求神悦人安，足见偶卜与神器卜禁忌甚繁，极为讲究。

三、占卜物的制取与存弃

一个个带有血丝的骨骼，可能还发散着腥膻味，一块块粗糙的石砾，并看不出有何珍贵的价值，一束束花草更似牲畜的饲料，然而，就是这些极其普通的兽骨、石块、草木等，在萨满教崇信者的眼里,被视为神圣的瑰宝,认为都是具有超人智慧的先知先觉者。而且尤不能对其轻视的是,所有这些器物都有一个不平凡的经历,不是轻而易举地便来到主人虔诚敬奉的氏族宗教神坛之上的!

(一)血取。凡所有动物的骨骼,只要是用作占卜使用的部位,绝不可以从任何死牲身上割下一块便可以随意替代的。萨满教属于产生于以原始渔猎生产经济为主体的诸原始民族所崇信的宗教,仍保留着极熟练的杀牲求骨的高超技艺。这不仅在鄂伦春族、鄂温克族、赫哲族等族萨满祭祀中有此种能手,而且在满族何姓"萨玛祭祀程序过程"中有明确记述:为了取卜骨,选山中两岁雄鹿,"鹿尚未发情,鞭精未泄者方可用陷阱生缚,用河心水净洗冲刷,不可有污泥粪便,蹄尾皆净,抬至院外神案前,洒水领牲后,由青壮萨满在鹿刚要跳站时便要刀断其喉嗓,血流如箭时便踢倒活鹿,这时可再来一名青壮萨满,一个踩鹿脖,一个踩鹿后腿,踩前脖颈的萨满要迅即用尖刀豁开肩胛骨解下来,再解另一侧肩胛骨,然后两个萨满各解下鹿四个足膝上的嘎拉哈,取完供于神案,叩头。鹿此时瘫在地上,血在流,奄奄喷气,鹿不死,杀完骨为吉顺。然后全族共食骨肉,其余骨瘰等投入河中或埋于山上"。这是珲春何姓的杀鹿取骨的过程,介绍颇细。萨满所用卜骨,多数都是血取,如《瑷珲祖风遗拾》中记载,瑷珲附近的达斡尔族、鄂伦春族往昔卜用骨,也是血取。在捕到虎、豹、熊、黄羊、犴、猞猁等在宰杀时便迅即取骨保存。有些小牲如刺猬、蜥蜴等主要用其皮为卜,也是活取。其至就连网得到的上百斤重的细鳞、草根、鲤鱼等，为取占卜用的鱼牙，也是在宰杀时裂喉活取双牙齿。血取兽骨之风很普遍。1980年在吉林省永吉县乌拉街镇调查阎振宽萨满，也说宰猪骨嘎拉哈，在猪不死前就要取出来。"这是技术，快刀几下就可划出来，猪血流尽了，刚刚断气。""祖上讲活取可以算卦，有灵验。"据满族民间史诗《乌布西奔妈妈》中，乌布西奔女大萨满在率部征讨七百噶珊时，杀活豹三只血取肋骨九根占卜，也是血取。满族民间说部《东海沉冤录》和《天宫大战》神话中还披露往昔先民在征战中，用人骨占卜，而且讲用"活人天灵盖骨卜占最验"。

从多数资料证实，占卜用兽骨的部位很多，绝不仅仅限于肩胛骨、嘎拉哈、肋骨等，不少血取卜骨经使用有灵验后，便世代传袭下来。但也有一些卜骨随萨满陪葬，或氏族建宅立基、争战亡灵葬地、祈祝江河不溢出河岸、山火蔓延进逼村寨时，萨满往往也分投卜骨，祈祝安宁。因此，卜骨的形状不一，有完整的肩胛骨，有劈成薄条的胫骨，有短方肋骨片，有趾骨，有脊骨片，有尾骨小块。有些人认为这些卜骨都要经过刮洗，萨满们说，除了要火灼骨片为少油烟、不易爆裂，要在灼处刮磨之外，一般血取后备用的卜骨，从兽体摘取后只要是完整无损，干后又无变形碎裂，便都妥善装入桦皮篓或楸木卜匣中，在火或太阳下焙晒风干，十数天后骨上的残筋残肉便会自然干缩脱落，或用手指摘除掉。骨上血迹也会消失，但往往为求鲜卜专门还要抹上鲜兽血或点些自己的指血，认为有血灵占卜极清晰准确。

其余如草类卜物，也切成半尺长（多以手为度），焙晒干燥后整洁地摆放长树皮卜匣内备用。鸟类鱼类卜物取法同兽类血取，其皮肉可食者食之，不可食者焚烧或送于河中与山上土葬，扬弃或被野兽、乌鸦等叼食，为不敬，而认为所取之卜物绝不灵，甚至怒而显凶象、不准和惑人。取任何有生命体之卜器，是极虔诚的请卜仪式，不可疏忽。制卜禁忌，诸民族萨满大同小异：采求和制卜物期间，采卜者必先净身，与妻子分房，住于寨外临时苫成的帐篷或小窝棚里面，要在棚内供上先世萨满传世神偶，燃香祈告，卜物获得后仍要净身，直至制定放入卜匣卜篓内，才算终止禁忌。卜物不可以给除萨满或卜者以外的人看，制出的卜物不能再经一般人手里摸过和玩耍，放于静室西墙高处，有些民族放于东墙或所住帐篷的东面和北面（挂于窝棚后面高枝上）。

（二）梦取。有些卜物如一块兽骨、一块奇形树根、一个九叉鹿角、一个花鼠尾、一块河心卵石，都是萨满或占卜者的重要卜具。这些卜物并不一定都是按前述办法血取或选择而得的，而是通过神奇的梦幻指引而觅得的。在萨满教观念中认为，梦是人的灵魂的视觉与感受，是灵魂在另一世界的历程的复现。人就是通过梦境进入另一个世界中去，在梦中可以见到、遇到、得到人世间无法获得的奇迹，可以进入许多千奇百怪的境域之内。所以这样，全仗一种游魂的功劳所致，也正因为如此，便将梦中所见到的奇异的卜物认为是另一世界中的游魂给人的恩赐。特别是随着占卜术的日益神秘化与被广泛信仰，迷信色彩达到神秘崇拜的登峰造极程度，人们感到占卜物平凡获得已是不可能或者不会轻易得到神秘灵物，只有依靠梦中受到启示与指引，才能真正寻觅到另一神秘世界的宝物——占卜物，带回人间才能具有神术和通神惊天的预见神力。萨满与占卜者出于这种迷信观念，便极力追求梦卜、梦兆、梦示，指引或赐给占卜的神器。梦卜多数出现在一般卜术认为不灵验或遇到突出重大的事件时，需要占卜，便用梦卜办法企图得到可以具有神验神效的卜物。当然，也有时萨满或求卜者偶然梦到某些异象，心甚奇之，按梦寻卜的情况也是有的。不论是属于何种缘因，求梦卜者睡前都要有一个净身与同妻室分房生活的阶段，也要独宿于幽静的深林荒野之中，不受市俗干扰，住茅帐、饮山泉，吃"天火肉"，犹如原始野居生活，不与亲朋接触，目的是使神志完全进入静息状态，相传只有这样才可得真梦，往往要在村寨外野居数日，神思恍惚，似醉若痴，如幻如迷，终日除入睡外便信步漫游、攀山、跳涧、爬古树、钻幽洞，尽量使思绪进入迷茫之中。据萨满和曾获梦卜者叙述，唯有如此辗转数日，倾心求卜，才有获得真正梦卜的可能，而且要求枕神偶睡，在铺鹰翎羽和刺猬皮制成的褥子上睡觉。因多日疲累，必然得梦，梦到何物醒来后就要按梦索物，在山野四处细心寻找，直到找到为止，带回家中焙制卜物，即可使用其占卜和预言未来。若久不得梦，或梦中物似清似迷，似是而非，或同时梦得双物或多类梦物，皆为不灵，要继续祈神求梦于野。所以，常听满族一些姓氏萨满讲，为求卜而遇蛇咬、兽伤，荆棘割肤，岩石伤脚，衣破如疯。梦取是求卜中最含辛茹苦的举动。也有的梦取中始终梦得面目恍惚的人或半人半兽形态的梦兆，在世上确是不能寻得，卜者或萨满可以绘制或刻制梦中所见的形象，作为占卜神偶。这种情况也不少，神偶有些是依照梦幻雕刻的，称梦卜神偶。

（三）神取。北方诸族各姓经过"血取"或"梦取"方法，在众多的自然界生物和金石草木中选定一二件本氏族、本穆昆或某一部落的占卜神器。随着氏族的分化，以家庭为单位的家长制越来越在社会上占到突出地位。在此情况下，以某一家庭成员承担或从事占卜事务并占有占卜物，他既为本家庭成员占卜，又常常为其他家庭成员占卜，并接受报酬和礼品，逐渐出现和形成了"卜者"，以占卜和预言、断事为主要职业者，在北方一些民族中也随之出现了。"血取"与"梦取"卜物，是制取占卜神物的主要手段。"神取"则不同，占卜物是完全由氏族萨满从祭祀中获得，都是萨满祖传的，由后代萨满代代相因，承袭使用。所以，"神取"的卜物，都最具有代表性，每个氏族姓氏各有自己的占卜物，成为本氏族的传世家珍和神圣的法器，被虔诚祭奠和精心供奉着。这类神传的卜物，每个穆昆可能就有一件或两件。萨满便是依凭这个至宝为本族卜断事物、灾异、讨求预言或为族人治病祛灾。仅以满族和鄂伦春族等族为例，满族富察哈喇占卜用古柳枝，满族曷合特里哈喇占卜用铜镜与蛤蜊，满族何舍里氏哈喇占卜用鱼牙，满族尼玛查哈喇占卜用树根形神偶，满族刁洛哈喇占卜用哈玛刀，满族伊尔觉罗厉姓哈喇占卜用幌铃，满族那姓哈喇（那木都都）占卜时用鹿嘎拉哈；等等。又如鄂伦春族、赫哲族、鄂温克族等族萨满占卜多用狍、狍、鹿的肩胛骨，而蒙古族萨满占卜用羊肩胛骨，锡伯族萨满也多用羊肩胛骨占卜，等等。当然，这些祖传数十年、数百年的占卜物，究其最先取得的方法仍然是遵循传统的"血取"或"梦取"方法获得的，然后，本氏族萨满又一代接一代地传袭下来，成为本氏族神圣不可侵犯的守护灵。

（四）意念取。意念是人类瞬忽闪现的思维形式，带有很大程度的突发性，也就是随着人对某种客观现象所产生的急骤闪念而形成的心理意识。这种心理状态很大程度适应了对某种神异、惊险、神秘的占卜活动的满足。因为亲人或心爱物突然失踪，至亲至爱的人突发重病，甚至生命垂危，或者个人某种朝夕渴念的夙愿未知结局，心理意识中便自然而然萌生出一种探求意愿，急切地想得知结局和能获得预言。这种意念便催使自己信意占卜，或者手摇铜钱，默念祈祝，察看是吉是凶，或者立筷于水碗中察看其是否可以站立，判断休咎利害等，这便是占卜术中的"意念取卜"。意念取卜形式灵活，因事而定，因情而定，没有固定的卜物，随机应变，不受一般占卜的约束。占卜所用神物，可随个人兴趣、愿望、心之所求，随时随地都可以指定某种物件作为临时占卜物。如用立筷、立鸡蛋、水上放硬币、硬币投入水缸中心点、箭射某中心点、往空中抛嘎拉哈看其反正、设签抽看、闭眼摸已写好的各种字测其含意等，内容形式非常丰富，不胜枚举。这方面的占卜，严格说来在北方诸民族群众生活中已被普遍采用，已经不属于原始萨满教的占卜术，其中已受现实巫术占卜术等广泛影响，因此形式亦属卜术一源，故录记之。

按照萨满教卜俗，卜物珍藏年代愈久远，卜占灵验愈神。故此，各族氏族萨满所传承之卜物，都代代珍藏，与萨满神器、神案同奉一处，非萨满外任何族人不敢动。因其有灵，外人乱动，触怒卜物，便会眼肿头痛，或罹遭灾害，族人均迷信其祟，倍崇之。对于一般的卜器，占卜完毕均不收藏，如卜年丰的禾草花卉，卜天涝的青蛙、蜥蜴，卜春日气温、气候的布谷鸟、小蛇等，占卜时察看其颜色、脏腑及胃中食物、瘦弱程度后，均不保存；又如，卜用的兽骨、龟骨、鱼骨等因已经过火灼，亦不留用；或者制取卜物，中途碎裂不能用于占卜者；上述这些卜物卜具，均不可随意扬弃，乱抛乱扔，而要精心整理，多数是架柴火化或送入江心深处或埋于清幽的山岗上，也可以放在高树丫上，对卜物像对待人一样予以火葬、土葬、水葬、风葬。萨满教观念就视卜器为有知觉、有灵验的守护神，绝不视为一般饰物。萨满教诸种卜物，还可以作为避秽镇邪物被族人们收藏着。但是，一般说来对另一族或另一姓的占卜物，都不愿保存，俗传可为原主充作耳目，秘事外泄，甚至在满族民间长篇说部《两世罕王传》以及鄂伦春族、达斡尔族的坤河民间故事中都有相关内容，如萨满用铜镜、卜牙、桦皮、鹿卜物将另一部落的萨满服饰映照无光而丧失神力，还将被妖魔夺走的葛仁兄妹领出森林带回瞎母的慈祥怀抱里，将迷路的马群从白骨成堆的黑雕洞里引出，像月亮一样照出道路，走回黑谷。在北方民族民间口碑文学中，有许多故事便是奇特而神秘的卜器的传说与神话，很像西方一些魔杖、魔毡的美丽故事，在各族中流传，足见卜术文化的广泛影响。

第三节　萨满近世卜术

一、火灼法

火灼，主要是用火灼烧各种兽类或牛、羊、猪的肩胛骨，然后看烘烧后的薄骨片部出现的裂纹、纵、横、斜、直、分叉等形态布象，用以释译、猜断其"示语"、"昭告"，以判断未来会发生的事。在我国东北的满族等几个少数民族使用骨片火灼卜法，经调查基本上大同小异，只不过由于生活环境、条件的变异，所选用的骨卜类质有所不同。鄂伦春族、鄂温克族等族所用的骨料多为鹿、犴、狍等野兽骨类，达斡尔族、赫哲族等族亦用狍鹿等骨料，满族先世女真诸部基本上也多用兽骨，后来定居远离山野，而逐渐取用一二岁的野猪或家猪的肩胛骨，蒙古族等骨料则为牛、羊居多，个别也用马骨、龟甲骨，主要是龟腹甲，使用者不多。北方寒地龟甚少，而多为河鳖，故不用。据《两世罕王传》中介绍，亦有从中原"尼堪人"（汉人）处"易购龟者，用于卜神"，当然，这是受汉文化影响比较深的富有之家，一般女真人是就地取材作占卜使用的。

现将吴氏《乡祀笔汇录》中"卜占"条陈述的内容抄录于下。这是该作者于1936年秋于黑龙江省孙吴县霍尔莫津亲见吴姓萨满的骨卜：

余去九叔家时，九叔在院中坐在狍皮凳上正在刳骨，眼前放有九块胛骨，三块发白，另外一堆显黑红色。询之，言白者为狍胛骨，另外为熊骨和野猪、家猪骨。详审之，熊骨与野猪胛骨却难分辨，红黑色是宰杀后血润、发霉所致，经过加工即可白若狍骨。卜骨，血取后，要晒，然后焙干，要刮尽上面的血污肉丝等物，成为轻而洁白的纯骨板。要常日晒，在骨质尚未干透时防虫、鼠损伤。灼卜，火用木炭或铁球、铁条火，炭火为佳。骨厚要凿、刮、磨，甚厚不易灼出裂纹，太薄则易烧毁而见裂纹，不厚不薄适中为度。灼卜，多问病事、丢物事、远行事、出猎出网事、求福求财事、婚丧嫁娶事、生儿育女事，九叔皆可卜也。邻里求之甚伙，九叔不要礼酬，只留白酒一小瓶耳。

又据《瑷珲祖风遗拾》中记大桦树林子满族白蒙古的"骨卜规条"如下：

横纹≡≡，出行，横纹—｜，早行，横纹｜—，晚行，横纹——要忌行。竖纹‖‖‖，吉事，竖纹‖‖，小吉，竖纹‖‖，有大客（兽）。竖纹｜｜，慎行，竖纹彡彡，多凶。鱼刺纹丫丫，平平，鱼刺纹丫丫，平上，鱼刺纹ᐸᐳ，大吉，鱼刺纹ᐸᐳ，不出门……

上述灼纹规条有百余条，主要用于出猎打狐狸、黄鼠狼，套狍子、撵貉子等出猎前自己使用的，他人用的骨为狍肩胛骨。据载,"灼骨前要祈祷,要焚香,要在祖先祖案前先供上卜骨若干块,叩首,说明卜意与问卜后,便在西炕地上灼骨,灼时肩胛骨小头向上,扇面在下摆在神案前,灼时可一点,即灼一孔,亦可三点,最多卜不灼过三点。如图:

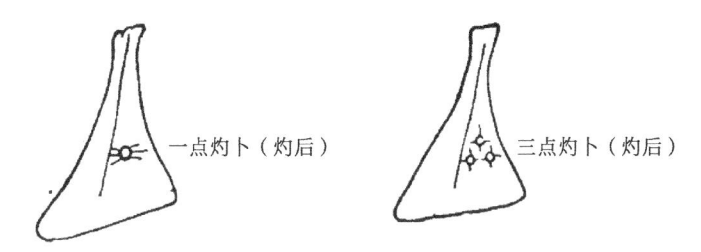

一点灼卜(灼后)　　三点灼卜(灼后)

上述两骨均为灼卜后骨,前图便为"横纹≡ ≡",后图则为"三元",是大吉卜兆,三点火灼后,均能非常不易地都同时出现"✦"四通兆。这是最难得的上上大吉兆候,寓意万事如意,事事亨通,能灼卜象兆可以看到纹条四方皆通,无处不通,所以是喜卜。在"骨卜规条"中还有两图如下:

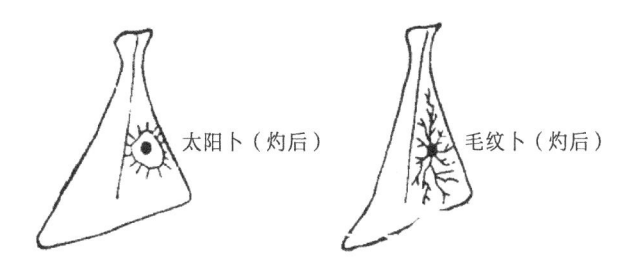

太阳卜(灼后)　　毛纹卜(灼后)

前图名曰"太阳卜",灼后出现灼点四周呈圆形烧灼,在图形后又如太阳光线似的向四处辐射,在骨中看出白骨上仿佛烧成一个太阳,这也是最吉祥的喜兆,即"安班乌勒滚"(大喜),很难出现的兆象。后图称曰"毛纹卜",灼后在灼点四周呈现不规则的如毛针似的爆裂纹,为凶兆,视为血光兆,多要爆发某件难以预测的凶事,猎人若得此兆,俗语多认为是"兽吃人"、"枪药炸伤人"等,绝忌出猎。

骨卜火灼,用凿、钻、磨等法占卜,多为猛兽肋巴扇骨和脊柱扇骨或为破开的颈骨骨片。如图:

| 肋骨 | 脊柱骨 | 原颈骨 | 劈开后备灼 |

凡用上述骨料,多用猛兽骨,越为猛兽,缚之甚难,占卜益艰,尤显求兆至诚。灼卜时,与其他灼法相同。

灼骨卜中往昔亦有用人骨的。在原始初民时期,氏族部落群之间长期争战。人与兽并未有根本的分野,人兽杂居,人兽不分。每一部落的人,在其他部落人眼里便是猎物与威胁者。而人的凶猛又要远高于其他猛兽,因此便产生用身边经常威胁人类的最凶恶猛兽以外的另一部落人的骨骼作卜料,以此为自己吉凶占卜就更视为具有神奇的预见性,所以用人骨占卜并不是奇怪的事,是正常的。我们从口碑文学与调查中,都找到了这方面的例证。在满族著名民间长篇说部《两世罕王传》中,对东海窝集部中的土叶姆里部落中便有这方面的记载。土叶姆里部是深居在东海海岛上的女人部落,常到海岸偷击飞优噶珊部的林寨,土叶姆里部女酋是萨满,偷袭常遭重大损失,故截走飞优噶珊男童数人,殉其身,用其肩胛骨做灼骨卜料,以占吉候。1981 年我们在吉林省永吉县乌拉街镇张老村调查白姓萨满祭祀情况，该姓萨满已逝，虽不成祭祀，但其后人却讲述许多白姓（巴雅喇哈喇）大萨满野神祭祀情况。该姓女大神虽已早逝，传讲从前该姓大萨满死后，抓本姓一个幼童为萨满，终日恍惚，聪慧如神能知诸事，测后甚灵。有一次，他突然说家屋后有已故的白大萨满天灵盖骨，他家在河边，族人按其指果然得一骨。白家祖坟在张老河边，离高屯甚远。村人不信，便往而察之，果然在白家坟地处，见到被水冲蚀的古柳、柳根须包裹一木棺。棺朽烂处见正是老萨满棺木，视其遗尸，果见头上少一骨，族人传为奇闻。后族人举认小孩为萨满，用天灵盖骨卜灵，不用火灼，问事见骨动为卜示，解放前伪满时小萨满病逝，卜骨已失。①

从上述的介绍，可见北方民族对骨卜火灼法及问卜法的虔诚和迷信。

二、梦卜法

梦卜是人人都可以进行的卜算，因为每人都有思维，夜晚睡眠后入梦是生理现象。所以，严格说来它不纯属于萨满教中的卜术，是很广泛很原始的寤梦后的心理解释。只是它的产生规律同人的特定生活、专业、爱好、环境及生活素质紧密相关。圆梦便是按照这个规律再结合特定问卜人的心境，加以解释，所以它带有极大的偶然性与唯心思想。在北方各族中都有

---

① 高屯老萨满高岐山先生讲述记录稿。1980 年 12 月 17 日记。

梦卜的事。比如，鄂温克族就认为梦有好梦和坏梦的区别，好梦如捕到鱼看到鱼第二天就能打到野兽；梦中哭、骑马、骑驯鹿、穿破旧的衣服、遇见瘦人、与别人角力胜利等都是好梦，尤其是梦中渡河为最好，能够在几年内全家平安。坏梦如梦中掉上牙认为要死青年人，掉下牙认为要死老人，剪发要死人或死驯鹿；梦中刮脸、梳发、洗澡、角力败给对方，梦中笑、高兴等都是坏事；梦中吃好的、穿好的一定得病；梦中看见两人打仗，驯鹿一定被狼吃；梦见打死熊家里一定有人死，等等。鄂伦春族人则认为鬼和神可以给人托梦，或是灵魂离开肉体在作怪。如，梦见穿绸缎衣服，是要给双亲戴孝；梦见穿好衣服或有钱，是要患重病；梦见悲哀或哭愁，是要发生高兴的事；梦中在屎尿里打滚或屎尿沾在身上，打猎运气好；梦见太阳要做官；梦见星辰、月亮或拾到短枪，要生男孩子；梦中大哭，要遇到哭的事；梦见找不到马或捉不到马，打猎不顺利，或打不到鹿、犴；梦中结婚，能打到狐狸或其他珍稀野兽；梦中喝酒，能打到肥胖的野兽；梦中用枪打中了人，能打到熊或野猪；梦中捉到好多鱼，预兆下雨或降雪；梦中捉到大鱼，是要下大雨或大雪；梦里游泳，是减轻病症的征兆；梦里起飞，是预兆要升官或当萨满；梦中理发，预兆要得重病或死亡；梦里向日落方向走或顺水行船，预兆灵魂在向阴间走去，是死的征兆；梦见脸而胖起来，是要患病；老年人梦见和死人接触或共进饮食，预兆离死不远了。鄂温克与鄂伦春两族因以狩猎为主要生产手段，所以梦中多以猎获为吉凶内容，经常生活于林莽间，也熟悉各种动物，所以梦见动物较为常事。其余也有不少梦，同满族、达斡尔族、赫哲族、锡伯族乃至汉族的梦卜及梦译大同小异。因为这些少数民族长期的生活交往、思想互渗，许多观念形态是相通的，互相影响，互相渗透，所以许多梦卜及圆梦解释与广大汉族已没什么区别。如梦卜中，梦中吃酒宴、好菜，各族都普遍认为不是吉兆，多数人解释为要得病，也有少数人解释为有倒霉的事；又如，梦见自己给人施舍大量钱财或者梦见自己丢失了财物，都被解释为吉兆，说明自己消灾消祸，相反的梦便被解释为灾兆，说明生病、生是非、有外灾。

从调查的大量资料证实，梦卜是一般的民俗范畴，不是萨满教特有的卜术，只是在求卜时萨满往往使用梦卜的方法寻觅卜物。梦卜所以不能成为萨满教中主要卜术，与萨满教对灵魂的几种形式有严格的划分的认识有直接关系，这将在下节中着重探讨。另外，值得说明的是，北方诸民族的梦卜习俗，也不一定是源于萨满教的特定的崇拜意识。梦卜正如前文讲过，它具有普遍性，人人都可以做梦，人梦中所见往往是意外的事，令人感到奥秘不解，久而久之，便将梦的猜测也当成了占卜。世界各国普遍流行梦卜，梦卜的内容与形式也十分繁杂。

三、抛物法

抛物卜在北方萨满教中流传广泛和古老。各族所用抛物不同，但观念大同小异。据满族一些老萨满讲，这种古老的实物占卜，最早源于星卜，是仿照天宇间流星的陨落卜占吉凶的观念而产生的。满族及其女真先世凡有迁徙等活动，选择另一个吉地，多数办法是部落游动到一个地区后，便用放逐活野雉的办法选定定居地址。在满族民间长篇说部《两世罕王传》中讲，努尔哈赤的起兵地赫图阿拉就是这样卜定的。《东海沉冤录》中亦有这方面的叙述。在满族诸姓火祭中，凡选定神树、火祭地点、部落分配住地等，都要用鱼牙、猪牙占卜，由萨满祈祷神灵后，将神圣的卜匣中的卜物拿出来，阖族跪地，萨满抛起鱼牙或猪牙等卜物，视其牙尖所指方向，便是择地而居的地点。甚至在萨满祭祀时，满族有的姓氏萨满跳神、卜问吉凶，也抛掷猪牙等占卜，然后才击鼓跳神。鄂温克族人习惯将鱼或兽的下颌骨向上扔抛，落地时如牙床向上，则好运；牙床向下，则坏运。他们在扔骨占卜时，嘴里还念"新昆都"，牙如向上时说"都普斯"同时用拳打，这样连续扔三次，如牙向上时，认为福气，能打到野兽，如牙向下时，认为不好，打不到野兽。打猎时，如遇见别人放在棚上的野兽额骨掉在地下时，要拿起来向上一扔，扔时要随便叫出一种野兽名，如鹿、犴、狍子等，他们认为说鹿时，牙向上的话，就能够打到鹿，牙向下时，认为打不到鹿，便找别的野兽。

用卜骨上抛观测其落稳后各面所指的方位，另一具有代表性的兽骨为"嘎拉哈"骨块。嘎拉哈落下后，有两个面是永远不会向上或朝下的，而其他四面则分别被称为珍、轮、豹、坑四方。测方位时只用一枚，然各萨满用珍、轮、豹、坑每代表的意义各有不同。如黑龙江省绥化县[*]满族伊尔根觉罗（赵氏）的萨满以不易出现的珍的一面为吉顺；吉林省汪清县满族钮祜禄哈喇（郎氏）萨满则选择了一个带眼的小蜗牛壳，抛落后，以小眼的方向

---

[*] 今为绥化市。——编者

为吉顺。处在吉林省九台、永吉、舒兰三县的满族尼玛察哈喇（杨氏）、石曷特里氏（石氏）占卜时，所用的白水鸟胸骨，也使用抛物法。另据土耳其阿布杜卡迪尔·伊南所著的《萨满教今昔》一书中，曾提及突厥游牧民族当中，也有用趾骨抛物法卜占吉凶的习惯，抛落后要看凹凸两面，哪一朝上或朝下，证明抛物卜法传播甚广。

四、神授卜法

在崇拜萨满教的各民族中，神授卜也有较大影响，即没有固定的卜物，因神授或意念指使，将某一物认作卜物进行占卜为神授卜。如鄂伦春族的筷卜，在满族、赫哲族、锡伯族等族中也存在，扶筷子三支，立于碗水中，卜者边问边立三筷，每一问题均由卜者自问自答，凡答准答对了，筷子便能立起，便算作占卜成功了。其他如照镜、指纹占卜，都属于这样占卜。满族有些姓氏用刺猬皮占卜，也属于神授卜。而且还有神话解释这种占卜的来源。在《天宫大战》神话中，相传阿布卡赫赫与耶鲁里争斗，耶鲁里聪慧狡诈，将阿布卡赫赫逗引很远很远的地方，双方斗了月落月升，日落日升，不知多长时间，将阿布卡赫赫引进四面茫茫的白云之中，分不清上下，分不清方向，阿布卡赫赫被云气迷醉，神魂恍惚。传说神的魂也必须附在一物之上，时间长了也要被白云卷走自消自散。在危机中阿布卡赫赫自白云中抓得到几个刺猬魂骨，抓在手里进入天宫刺猬中躲歇，才由刺猬魂帮助脱出云雾囚笼，耶鲁里又失败了。阿布卡赫赫甚赞刺猬骨针的神力，传告诸动物都要用骨针生存，牛、羊、鹿、狅等动物将骨针安于头上成了角，天马将骨刺安在前肢右腿里部，所以马能辨认方向。至今，可见到马内腿有一块白骨在外，上不生毛称"夜眼"。此外，鄂伦春族跳笊篱姑姑也是一种占卜：一般有三种跳法。一是由两个人手扶笊篱轻轻颤动，嘴中念诵着"罕见罕列"，然后向笊篱姑姑提出各种问题，如行者归期何时等，而笊篱向前后点几下头便是几天，若笊篱左右点头则是回不来；二是一人仰面躺卧，脚绑笊篱并轻轻抖动，释法同上；三是若某人在山中迷路，可将笊篱绑在有枝杈的树丫上，并以之穿戴上人的衣帽，然后颤动树干，如笊篱以树干中心线为起点向那个方向摇动的距离最大，那么此方向便是迷路人可走出迷境的方向。① 据讲这种卜法可能源自达斡尔族人。

神授卜或意念卜，往往以与猛兽搏斗的胜负占卜吉凶。据《两世罕王传》书中介绍，满族部落中的女真先民伏猪伏熊力士甚多，并窖捕成群"米哈仓"（野猪崽）在部落中驯养食肉，还常以智擒猪熊为卜戏。年轻的巴图鲁们，亲手杀取的野猪牙，披挂一身，倍受族人敬慕。东海窝集部女真屯寨中，有斗熊、斗野猪、斗蟒蛇习俗，其中斗野猪最为惊险，非遇重大族事必不办。部落达或萨满达以斗猪或斗熊卜岁，或借此驱避瘟邪，或氏族间因得失围场与水源的复仇，举行时由萨满或部落首领或选举出来的猎手承担与野兽拼斗，称谓"神验"，也即是宗教许愿形式。兽毙日吉，人伤日凶。大祭时，先请萨满请

---

① 引自张晓光，《鄂伦春萨满文化调查》，《民间文学论坛》1989 年第 3 期，第 80 页。

神,族众呐喊为斗者助阵。斗者赤胸赤脚,只攥一把石匕,立于木栅内,在神案前头焚香,萨满击鼓唱神歌迎神。忽而,一人突开窖笼,千斤野猪獠牙如刃,窜向斗者。斗者猛然从神案前跃进,跳上猪身,野猪惊吼,獠牙豁地成沟,斗者挥石匕刺瞎猪眼,野猪疼跳张口扑来,斗者早仰卧猪下刺向猪心窝,很快掏出猪心肺,猪死,击掉獠牙供于神案前,为大吉大顺。胜者视为神助,死兽看作是神把魂取走了,因此凶猪败亡,猪的双牙由萨满穿孔戴在斗者胸前。族人争抢猪的肋骨等,磨制各种佩饰,系于腰间,认为其是经过神验毙命的野兽灵骨,同类兽遇到或嗅到都要匿声逃遁。斗猪便是一种独特的惊险而又富有尚武精神的卜戏,反映民族心理和民族性格及北方地域风情特色。

第四节 萨满卜术的心灵观念

一、灵魂观与萨满卜术

灵魂观,在萨满教卜术中始终起着主导与核心作用。萨满教认为,灵魂是不死的、不灭的,只要有气化、气运、气流活动,生命的"浮魂"和"真魂"就可以永远活着,永远在施布着原动力。浮魂即梦魂、意念魂,人在睡眠后它便不拘于人体之中,而可以离开躯壳漫游到远与人类分离的任何空间、任何领域之中，可以不受人的支配参与、制造、指使出各种活动，也可以去完成人体在未安眠前正在进行中的任何未竟之事，甚至去到人未眠前想去参观、参战、相搏、慰安、提取、传报等本想正常进行的任何事业与设想中。梦魂甚至可以完成人未眠前本来未曾想过、未曾接触、未曾熟知的事业与举动。梦魂都可以不受人的自身指令而在迷梦中去玩味、经历与探索和尝试着。所以，这种看来怪诞而却实为世间人类所不约而同地共感的寝梦活动，便被一些人借用和利用来进行占卜。用寝梦的智慧和经验，用寝梦不可抑制的躯体离游的生理功能，为人类卜断未来和疑难奇事。占卜采用骨类等，也同样是出于灵魂神秘职能的心理表现，认为在灵魂中有浮魂可自由自在地离开人体周游，不受人为的管束。然而，意念魂更要超于浮魂。它是永远不死的，浮魂在活人和活的生命未死前不受躯体约束力，自由脱体游荡。它是有一定时限和条件的，生命体若不复存在或停止了生命正常延续活动的一切可能，浮魂也就随之逐渐减弱、消散或绝迹。而生命特有的意念魂则不然，它在某一生命正常生活期内在任意活动，是最活跃的灵魂体，给人以旺盛的精力和动力，亦可脱壳驰翔到任何地方或角落。它平时深藏在生命体内的骨窍中。即使生命体寿命完结，甚至其躯壳全已腐败，只要有其骨尚在，该生命体原来活着时的意念魂仍然完好存在，永远不会死去，只不过随着日月的飞逝，岁月越长，原来的意念观比原先要疏淡或淹没，但是只要经过呼唤和祭祀启迪，仍可逐渐复发如初，而且各种骨类之意念都独有自己特点，不会因为躯体消失而意念变换，仍然都各自保持自己的某种特性。而且，在灵魂论中认为，各种意念魂本来都富有神灵的神幻特质，但因生命体还活着的时候，主要是发挥真魂、浮魂的作用，意念魂受到了长期禁锢，它本身特有的幽冥神奇特性得不到使用，除有极少数有意念魂可在偶然一段时间内能发挥意念冥幽作用外，一般的人或其他生物都不能展用意念魂，因此都发现不了它的潜智、潜能。唯有人与其他生物生命完全休止后，意念魂才能够伸长其所能所为，发挥其与幽冥共通的特殊本能和技力。萨满教就是基于上述的魂魄留存、运动与潜展功能，而用于各种卜术与卜法上面，认为凡是施行某一种卜术卜法，都不是某种某面卜物的变幻，而是萨满与卜者施用或驱策或借请意念魂、浮魂的潜能，而进行占卜。基于这种观念，萨满与卜者在占卜中完全可以不受时间、环境、条件与其他如自然、人为的困难的干扰与影响，也可以对萨满与卜者不曾经历、不曾到过、见过的完全陌生的事态、地点、人物进行分辨与考察，进行卜占事由。又基于魂魄的自由漫逝的萨满教观念，许多萨满与卜者本身便可以使自己的魂魄在瞬忽间驰行数地，卜察问事，有运用和驱使浮魂和意念魂的能力，使卜占尤令乞卜者膜拜诚服，而且还有的萨满与卜者在自己力不能及时便又可以借用其他生物或某种客体的浮魂与意念魂为己所用，协助遍察卜事。在北方萨满教中萨满或卜者利用某些动物、禽鸟以及某种偶体为自己卜察、卜验、卜问事由的例证甚多。黑龙江爱辉县*老渔民赵瞎子，生前便可用一根渔竿钓一

---

* 现为黑龙江省黑河市爱辉区。——编者

个野鸟占卜（新打的、刚死、任何鸟皆可），面对江水便可卜问未来。据传，他曾被人妒嫉，借他双目失明，在他到江里捕鱼时将他沉放很长的铁线上面拴满渔钩，可钓鲤鱼等数斤重的大鱼。这种钓法，在北方黑龙江上非常普遍，但风险甚大。如果经验不足或稍有疏忽，在风浪中有被渔钩钓住、船翻人亡之险。赵老每每入江，都要进行卜问。那期间他测知有人要暗害他，便网得一鹊，在下江前做秘密地不让人知的意念卜，便见到江心中的粗铁线已被人卡断，只是轻轻扣在一起，如果有人不知，拉起铁线便一定有不堪设想的结局。赵老卜而获生，又经数卜知自己的妻子与本屯杨某合谋滋事。①

如达斡尔族也有一些萨满和卜者同满族、鄂伦春族、鄂温克族、锡伯族、赫哲族人一样，相传能与狐狸、野雉、黄鼬鼠、獾子、貉子、兔子、山狸、雕、蛇等动物互通浮魂与意念魂，能与之通语言和意念，成为这些动物的"额金"（主人）。他能借助这些动物的意念魂，给病人扎针、看病、占卜问事。这种人男女皆有，据传中年以上妇女尤多。在民间多讹传其为癔病，其实她甚清醒，能预知未来，能见到常人见不到的东西，能听到百里外人的说话和举止声音。这些浮魂与意念魂的卜术，在北方甚有影响，凡能如此占卜的人，均受到人们的敬畏。《清实录》中记载便有人因蛊惑妖邪而在旗民中滋事，被焚烧之。看来，其影响也具有历史性，流传甚久了。萨满教的灵魂观念，至今在各民族的心理中仍占有一定地位，而且也

---

① 引《瑷珲祖风遗拾》中"续集"。

有许多未知未解的问题,殷切期望后世能予以科学的鉴别和解释。本书只能作为心理、病理之谜或称一种民间文化现象和俗念,供以后学者研考。

据多数萨满与卜者叙述,灵魂卜与意念卜最早不是来自人,而是来自某些灵慧的动物,是由它们传给人、启发人、授教于人,人才发挥了这种潜能卜术。凡是意念卜神卜惊绝的动物,被认为多数是弱小而伶俐的动物。它们在自然界竞争生存中,始终处于非常怯懦无援的恐惧状态,偶一不防不慎,便成为其他动物与猛禽吞腹的佳肴。在长期的瑟缩畏葸的生活中养成一种时时事事运用意念魂卜占未来的习性。在萨满教观念中认为,它们能够用这种意念魂,来左右影响与它们相邻的任何动物,使之迷惘、癫狂,而不能侵害自己,或者影响其他生命为己服务,受己制约而感激怜护自己。因此,萨满教占卜中依靠小生物卜算占有很大比重。所谓的神,实际就是这些生物的意念魂,并非天上什么大神的助佑。所以,萨满教虔诚敬奉这些动物,虽然不像跳神祭神中如虎、豹等猛兽那样祭祀,但也从不侵扰得罪。在满族等北方诸民族中,民间诸神多数是这些小神。满族、达斡尔族、赫哲族等族住户的住宅附近,还有的家庭专立小祠奠祭这些神祇,其神堂并不同萨满教神龛放在一起,一个在室内,一个在屋外,各有所司,各有所祭。

二、古"神判"观念与萨满占卜术

"神判",或称"神验"、"神断",是萨满教中一项庄严的祭程。"神判"就是本氏族中所发生所遇到的任何重要事宜,要经过极其隆重庄严的祭祷仪式，祈神进行公正的裁决评判，而确定氏族部落中一时无法解决和认定的问题或事物。神判的祀祭手段，主要是通过神卜，尽管方法与形式各族各地各部落有许多不同，有通过卜筮占卜，有通过火、水、猛兽等，其目的只有一个，通过所谓的神帮助人来判断是非吉凶，从而确定行止。神判的举行，一般是由于这样几个原因：（1）氏族内发生重要的争执与械斗，氏族诸首领众说不一，难以统一，关系重大，要通过神判断明曲直；（2）几个分支部落分配不匀，争执不下，请神以神判方法予以财物分配，各支以神谕遵守办理；（3）氏族确定各分支的住地、猎获地址、水源分配，以神判方式固定下来；（4）氏族新推举的首领人数与任人不统一，或突然来客和入伙的外来人，不知其心迹真伪，举行神判决定后，族人信服而号令统一；等等。这些情况产生后，便要由穆昆主持，萨满祭神，举行神判，也有的小氏族由氏族担任专门卜筮的人进行神判，如前文介绍火祭中各分支族人的住址选择，用野鸡飞落办法神判营址，如全氏族迁徙一地后，以鸟飞翔办法确定在哪里安家落户好。又如，双方长期不睦、争战，用过火池的办法，各族人都要从烈火中穿过，用火的神判洗净身上的邪秽，烧除互不信任、互相攻讦的魔鬼心理，变成团结勇武的大部落。再如，东海窝集部的满族人钮祜禄氏（郎姓），往昔每年春雪融化后，便到石岩中捕捉巨蟒数条，拿回部落，与本姓中之年轻人进行斗蟒祭礼。据传春天的巨蟒，刚苏醒不久，急着想吞吃食物，性情暴烈，性喜厮斗，林中小兽类都十分惧怕。全族人经过祭祀、焚香、击鼓，年轻壮士突然抓住巨蟒，将其皮与肉分开，巨蟒死去，由此卜定全年是否风调雨顺。蟒弱易死视为年景不好、多有瘟情。若年轻壮士与蟒搏斗，蟒猛缠人身，束紧如铁环越缩越紧，而人力不能支，便有另外壮士冲上去，用米儿酒喷洒与用烟火烧烤掐着的蟒头，蟒便舒展长躯，放其生还荒野。凡这种形态便视为大吉，说明今年年景好、人畜无灾。这种蟒蛇卜便是神判，判定一年是否顺利。而与蟒蛇搏斗的年轻壮士，经神判后便被视为非常人，可选为首领，族人诚服。由此可以看出，占卜不一定都是为了求神降福、祈问未来，占卜在原始初民时期还起着重要的裁决和平衡势力的作用，是原始初民安抚部落的一种手段。在原始初民时期，氏族之间的维系主要依靠首领的组织力和生产力低下情况下的相互依赖。但在原始初民时期，也存在对某种生活资料的争夺问题，原始初民对氏族内部出现的矛盾，还没有更有效的解决和说服办法。在特定的历史条件下，氏族人与人之间的关系和思想意识还都非常简单低下，原始的宗教观念、灵魂观念、鬼神观念等，都一定程度占据着当时社会的主要的思想阵地，神可以抉择一切，于是便用神判的方法决定各方面的争执，以求得氏族间的稳定与和睦，神判便成了重要的任何方法不能替代的占卜法。用这样的占卜使全氏族各方面的人都相信，这是神祇给定下来的，是最合乎公理的，以此平息了内部的纷争，达到统一和安定。因此，可以说占卜术在古代之所以非常盛行，还有一个社会组织形式方面的需要心理，这也是不容忽视的。

毋庸置疑，近世萨满教一些祭祀中的占卜，很多是当时神判卜法的痕迹。在萨满教祭祀中，至今仍保留许多占卜或类似占卜的举动。如在祭祀中，将野猪牙、鱼牙放在鼓面上，然后通过祈祷再扔在地上，族人大声呼喊，辨其休咎利害等，实际上已经很少带有真正的神意，真正灵验的神灵助佑作用变成了简单的模式化的祭程过场，不一定具有真正的测卜意义，只是一种祭祀中的礼序罢了，这也就更进一步说明了神判占卜从其开始便是一种借神示的手段反映人意的行动。神判，实际是人判，因人的权威性与影响力、感召力不如神祇强大，故而借神意占卜。这在原始社会最初产生时，还能有一定的宗教作用和心理影响，后来便逐渐变成一种利用占卜方法而达到一定目的的形式了。

三、占卜术在民间

占卜确是在宗教意识上，最易推广、最易普遍使用的一套祈神问卜方法，简单易行，没有深奥的神词神赞，不必要有繁冗的祭程祭礼，不必择选任何场合和时间，不分长幼男女，人人都能以卜问事，都可以获得应得的答复。正因为如此，占卜术很古以前就具有广泛性，非常普遍、畅行，信徒甚众。北方民族的萨满教占卜对各族人民群众都有影响，也可以仿照来做，其卜法、卜器并不是为某些人专有，任何人随时随地都可以得到。从我们在东北地区的调查中发现，满族等北方诸民族，不论任何地方、任何人都能讲出和掌握一两种占卜方法，都会占卜。当然，只是在灵验与卜法纯熟方面有所异别。占卜为何受广众的欢迎而乐于使用？究其因除受萨满教灵魂观念等信仰影响外，人的本身心理便有一种好奇、求真、向往美好愿望的心理意识。人的意识是时常在活动着的，根据每个人的生活素质、经历、爱好、愿望、喜、怒、哀、乐、忧、恐、惊等情感，思维在运动着，在思想着，在不停顿地产生对客观世界千奇百怪现象的心理反映。一旦遇到疑难事物，就期盼去解释它、解决它。人类的大脑从来就是主动地生活运动着，而不是被动地适应。因此，便产生了求知心理，产生了要追索了解个水落石出的欲念。这便是最先萌芽的要求占卜的心理意念，而且特别是寻找一些奇特的东西如尖鸡蛋等，认为在不能办到的情况下办到一件事（如水中立筷子），便是有一种灵性在暗助自己，因而相信占卜可以帮助自己解决生活中遇到的难题。再者，人生活于复杂的社会生活世界中，错综复杂的生活时时刻刻在威逼着人的生活和生存，人们也希望能通过占卜企慕有好的人生运气。这种对美好的憧憬，也是求助于占卜术的原因之一。再次，某件占卜的偶然性，使自己的欲望得到一定满足。如占卜出猎，得到了猎物，占卜天气有雨，结果真下了雨，等等，便认为占卜是灵验的，是有神助的，因而也产生了对占卜的喜好。总之，占卜在北方诸民族中是有深远心理影响的。特别是汉文化巫术占卜，起源亦甚早，"卜以决疑，不疑何卜"[①]，古代"灼龟取兆"尤其甚早。后来，随着道教的发展，占卜、卦爻术尤为盛行，而且从方法到内容已日趋理论化。《易经》与爻辞已成为我们中华民族极丰富而深奥的文化遗产，为国内

---

① 见《左传·桓公十一年》。

外重视。北方萨满教占卜文化在发展过程中，辽金元以来又大量吸收了卦爻的内容，占卜已日趋繁杂，星卜内容尤有代表性，远远超出了原来原始宗教星祭星占的内容。研究萨满教的占卜术，已经不能孤立地研究其源流，而必须与中原巫术与道释中的卜爻比较研究，才能较科学地弄清楚其源流，将萨满教的占卜术中的个性找出来，予以总结，才是非常迫切与必要的。

近世，萨满教卜术与道释等卜术杂糅现象，是比较突出的。要完成上述所提分析个性与共性的源流变迁情况，就要对近世许多占卜现象加以分析研究，才可能得出正确的结论。如，颇有影响的北京西便门外的白云观，始建于金代，为道教圣地。这里崇御诸星神，有祭星仪式十分隆重，而且直至现在，不少游人香客到白云观中查看星命、祭星神、卜占吉顺安宁。白云观中的祭星与星卜，有不少内容与萨满教中的星祭、星卜非常相似。有史可考，北京在古代称为蓟燕古地，是金代重要的王都中心，白云观相传便是金熙宗时筑建的。原始萨满教的崇天祭星观念，不能不对该地后世的崇星礼俗产生一定影响，可以说白云观便是萨满教与道教、佛教等思想相结合的产物。但是，随着社会的发展，这里萨满教的影响已经早已淡薄而被世人遗忘了，却成为布宣道教的宝刹，占卜术的内容也日益丰满，由于各方面的文化影响和作用，占卜更具有了民间巫术色彩。

第五章 中国北方古神话的丰富载体

人类古代的神话，是原始时代的精神产物，具有永久的艺术魅力与文化人类学、宗教学、社会学、民族学等多门人文学科的研究价值，历来为各国人民所珍视。所以如此，是因为上古先民以其特有的生产和生活环境及其所能达到的思维能力，传述下来"流行于民间的故事，所叙述者，是超乎人类能力以上的神们的行事"[1]，反映了原始先民对人类起源、自然现象及社会生活的原始理解。神话虽带有很浓厚的幼稚性、荒诞性，并借助想像与幻想将自然力予以拟人化，但其价值正在这里，它是原始人类的思维与"现实"，是人类童贞期心理活动的集中表现，是先民在生产力和智力水平都相对低下的情况与境域中，"用一种不自觉的艺术方式折光地陈述历史、反映现实、寄托理想，进行认识和掌握世界的思维活动的特殊产物"[2]，是人类思想的朴素的和自发的形式之一。普列汉诺夫在其著名的论证中就讲过："希腊语'Миф'（神话）就是故事的意思。人们对某种现象——不论真实的或虚幻的现象——感到惊异，就力求弄清楚这种现象是如何发生的。这样就产生神话。"[3] 神话既是古代先民的观念形态，又反映了原始人的心理素质与理想愿望。人类的后世子孙们，都期盼着从神话这个精神途径中追索、理解、认识远古先民们早已逝去而又难以想象的生活历史和文化程度，进而理解人类的思维是怎样发展过来的，人类

---

[1] 茅盾，《神话研究》，百花文艺出版社1981年版，第3页。
[2] 引自李子贤、郑启耀先生著《神话思维试论》一文。
[3] 〔俄〕普列汉诺夫，《普列汉诺夫哲学著作选集（第三卷）》，汝信等译，生活·读书·新知三联书店1962年版，第363页。

的童年又是什么样子。基于这种愿望和责任，世界各国都非常重视对人类古代神话的征集、探索与研究。希腊的古代神话就对欧洲文学发生过重大作用。我国的华夏神话多数保存在《山海经》《淮南子》等代表文献之中，极大地丰富了中国文化，始终影响着我国历史、文学史、民俗学史以及民族学史等人文科学的发展与研究，在世界文化宝库中中国神话亦占有一定的位置。

　　黑格尔说过："历史对于一个民族永远是非常重要的；因为他们靠了历史，才能够意识到他们自己的'精神'，表现在'法律'、'礼节'、'风俗'和'事功'上的发展行程。'法律'所表现的风格和设备，在本质上是民族生存的永久的东西，然而'历史'给予一个民族以他们自己的形象。"[1] 北方诸民族萨满教中所保留、弘扬、发展、传播的丰富和浩阔的诸种神话，是古代北方先民征服自然、创造生活、憧憬未来的最神奇、最富有生活理念的文化遗产和财富，是我国乃至西伯利亚和远东一带原始人类不屈不挠地与自然力抗争而创造的广阔生动的社会历史画卷。长期以来，我国自新文化运动和五四运动之后随之兴起的神话学研究，多拘泥于散见于汉文典籍中的零星、片段、残缺的佚文资料，主要围绕《山海经》等典籍，探索我国神话之源流。除此，又如郑振铎先生、茅盾先生等也相继从国外将希腊神话、北欧神话、古埃及和印度等国家的神话大量地介绍到国内。多年来的神话学研究基本上已形成一种传统的概

---

[1] 〔德〕黑格尔，《历史哲学》，王造时译，商务印书馆1963年版，第206页。

念和内涵，似乎是在我国国内无复再有什么神话存在的载体与可能性。固然，这些年来，对我国南方兄弟少数民族神话的研究有长足进展，对于不断丰富和了解我国神话发展的源流和传播区域，都是具有重要贡献的。

对北方诸民族神话内涵与存在的研究，还是近些年随着北方诸民族文学史的撰写与萨满文化研究兴起之后，获得的又一新的成果和领地。经过近些年的艰苦调查与采风搜集，特别是对我国东北满族、蒙古族、达斡尔族、鄂伦春族、鄂温克族、赫哲族、锡伯族以及西北地区的柯尔克孜族、裕固族等萨满神谕的征集、挖掘、翻译、整理，得到了极丰富的北方神话资料，远比《山海经》中神话记载要丰富、细腻，不少神话并未完全在北方诸族中成为古先民的遗存，有不少神话至今流传和活在民族心里，传诵不绝。许多神话中的神仍在被世代诚祭。因而，北方诸神话更具有古文典籍载汇神话不可比拟的生动性、感染性和浓郁的气息。过去，不少人认为神话只是远古人类原始思维的产物，这是片面的。神话的传播与存在，与所处的地域条件，民族自身的文化素质、生活习俗、信仰以及文明生产进化程度等，有着极密切的关系，我们在衡定神话形态时是不容忽略的。神话在特定条件和环境里，还有可能复苏或仍具有生命力，甚至有可能在一定文化氛围中仍可衍生神话，并有多种不同的传播形式。所以，神话也和社会其他精神现象一样，是一种复杂而顽强的思维形式与现象。

众所周知，民族属于历史范畴。它是人类历史发展到一定阶段才形成的。在北方考古发掘中已经证实，早在北方诸民族形成前，人类已有几百万年的历史。而原始宗教意识与神话意识都远远产生于民族形成之前。正因如此，研究与探讨北方萨满教中的神话遗存更有弘扬原始先民文化的意义，在一定意义上讲，北方萨满教古代神话是北方先民的精神沃土与摇篮，创造了北方民族和灿烂的民族生活与文化。从这个意义上讲，我们今日掘挖、整理、抢救与研究被人们遗忘并濒临失散的北方萨满教文化，是何等重要而有意义啊！

第一节　北方古神话成因与特征

一、萨满教是北方古神话的胚基

长期以来，在神话学研究中，总对宗教与神话的因缘关系既感兴趣，又争论不休。一些学者多在谁先谁后诞生于人世间的问题上各抒己见，这确是非常复杂而又棘手的问题。因为"原始时代从它的序幕开始，到阶级社会的产生，占有人类历史的最长的时间。但由于那时没有文字，不像后来的历史诸阶段都有遗留下来的文献材料可资参考，所以原始时代的史料有它自己的特殊性。这个时代的史料，主要是非文字的"[①]。研究原始先民时期神话最初产生问题，也同样遇到困难，没有直接

---

① 林耀华主编，《原始社会史》，中华书局1984年版，第15页。

资料可以证明。但可以肯定，原始宗教与原始神话是人类社会发展过程中的产物。原始宗教产生的前提是人类原始意识的形成。人类有了可以进行思维与互相交流的思想工具——语言，才可以产生与传讲神话。马克思在《摩尔根〈古代社会〉一书摘要》中指出，野蛮期低级阶段（考古学称新石器时代）文字语言有了发展，出现了图画文字或表意符号。*原始人开始能够以某种实物符号表示一定的概念，表达其喜、怒、哀、乐等不同情感，如遇到猛兽有惊惧的表示，丧失同伴也会发生忧伤的哀号，对自然物有了亲疏之情。正如维柯（G.B.Vico）提出的，原始人对茫然莫解的自然现象感到恐惧，把自然现象想象为巨人活动，这便产生了神话。列宁也讲过"恐惧产生了神"。产生这种情感变化的思维活动，人类约处在旧石器晚期五万年到一万年左右。而原始宗教的宗教意识萌芽要产生得很早。据杨堃先生认为，旧石器时代晚期便有了宗教的萌芽，萨满教的起源是在母系氏族社会后期。这时氏族语言已经发展，有了原始宗教与神话。我们从对萨满教许多神谕的分析和研究中认为，早期萨满教崇拜的众神以女神为中心。许多神祇多为女性，而女性生殖图像、女性雕刻、女性塑像、半女性半兽体塑像甚多。可以证明，萨满教产生期并不像一些学者认为的，萨满教是在原始社会末期或更晚的时期才产生的。笔者认为，萨满教作为原始社会的原始宗教意识，产生于母系氏族社会的

---

* 参见马克思，《摩尔根〈古代社会〉一书摘要》，中国科学院历史研究所翻译组译，人民出版社 1965 年版，第 51—52 页。——编者

初期，繁荣于母系氏族社会的中期至晚期，并一直延续到父系氏族社会，母系氏族社会的宗教影响依然突出。它伴随着人类的漫长历史，一直到封建社会末期，才逐渐走向没落与衰亡，而个别地区的萨满教直到新中国成立后才逐渐衰落下来。萨满教产生期应在母系氏族社会的初期，即旧石器晚期，那时已经产生了萨满教神话。为什么？萨满教中有许多是女性大神。天空中达其布离星神，就是一位女神，她身上有男女两个生育器官，可变男变女，而且可与萨满交媾，是人类智化大神，后来变成天上女星神。这位萨满教崇拜的原始女神，反映了原始群婚时期的意识。或许有人可以认为，这位神祇可能是母系与父系交替时代产生的神祇，其实则不然，达其布离女神交媾所生的人都是女性。所以在萨满祭祀时，求孕妇女不能总拜这位大神，怕总生女孩。而且，她有多生能力，反映了原始群婚时期的婚媾观念。萨满教观念中唯灵论非常突出，"最初把人引导到对各种看不见的精灵力量发生信仰，从而产生了当时的物灵崇拜"[1]。这种物灵崇拜便容易把自然界的个别现象和力量加以人格化，便容易产生神话。"神话是一种科学研究的富于想象力的先驱；是原始人寻求对自然现象的一种解释。"[2]

萨满教中包含着众多的神话，既有创世神话，又有对自然解释的神话以及其他对于动物、植物、矿物等的神话。其中有

---

[1] 〔英〕达尔文，《人类的由来》，潘光旦等译，商务印书馆1983年版，第141页。
[2] 《美国大百科全书》。

些神话有浓郁图腾意味。这些神话由萨满讲唱传播，而萨满往往就是这些神话人物的使者与替身，如痴如醉，疯狂热烈，反映了萨满教中的神话都与宗教仪式密切相关，带有极神圣的气氛。萨满教与萨满教神话可以说同时萌生于原始社会母系氏族社会的初期，是当时原始人类心灵中两朵并蒂花。原始宗教意识靠着原始的神话观念，予以润泽、培育，而原始的神话观念的反复宣扬与传播，便更加深了对原始宗教信仰的膜拜。人们对原始唯灵观念的依赖，进而便由一般的宗教萌芽意识逐渐发展成为明晰的自然崇拜，滋生出灵魂与灵魂信仰，并使人们逐渐创设了氏族宗教祠堂神位。所以，神话与原始宗教是孪生兄妹，互为胚基，互相依存，互相补充，相荣相长。神话是萨满教的宗教心理和观念的形象表达，是原始宗教的思想核心，而萨满祭礼又是神话观念的集中表现形式。神话促进宗教发展和延续，强化其炽热的宗教崇拜情感；反过来，萨满教又在不断丰富、弘扬神话内容，使其感召力与感染性和艺术魅力更不断得以提高，成为人类艺术的永存性珍品。因此，萨满教是北方古神话的主要载体。

二、"通古斯"语族及其神话内涵

"通古斯"一词，在我国古籍中始见于清代何秋涛所著《朔方备乘》一书中，曾讲"索伦"或"喀木尼堪"，"一作通古斯，亦曰喀木尼堪，即索伦部也，其俗使鹿"。很明显，"通古斯"一词，原指索伦人（鄂温克族）。西方及日人学者也用"通古斯"一词，概念则不尽相同。据凌纯声先生讲："我们读1936年出版的法国人杜阿德所著《中华帝国全志》一书，其中"鞑靼史概说"的一章里有住在贝加尔湖周围的土人，莫斯科人称之为通古斯（Toangouse），鞑靼人称之为鄂伦春（Ozotchn）。"而西方和日本的一些学者，则把操"通古斯"满语的所有民族泛指为通古斯人，"通古斯"一词，逐渐在国内外学术界中变成了语言学领域的代表。凡属同一语言范畴的诸民族及地区便被划为通古斯语支的所属民族。根据目前学术界语言领域的观点，在中国属于通古斯语族的民族有满族、锡伯族、赫哲族、鄂温克族、鄂伦春族以及历史上的满族先世女真人，在苏联境内的有埃文基人、涅吉达尔人、那乃人（即中国境内的赫哲族）、乌里奇人、奥罗奇人、乌德盖人等。在国际学术界中普遍认为，关于通古斯族的称谓、含义、用法等是亚洲民族中一个极其混乱而又复杂的争议问题。本书不对"通古斯"一词的含义进行论述，只是借用这一词语，说明通古斯语族中的诸民族在地缘与古文化创造与发展方面，有着不可分割的联系与贡献，探讨与研究北方神话学的特定领域、形成、发展以及流变中的相互影响、相互补充的文化历史意义和渊源关系。众所周知，语言是神话产生与流传的重要条件与前提，人们的共同语言和思维发展，才为原始人创造并传播神话提供了可能性。在民族尚未形成和出现之前，语言的交流是很早就在发生着作用的。因此可以说，在研究北方古代神话时，对满-通古斯语支的诸民族传流下来的神话，便可以相互比较，予以科学地鉴别与分析。因为它们现在尽管分别成为许多具有独立生活习俗、语言、性格、生产职能的不同的民族，但在遥远的古代其祖先互相有过共同生活、共同交流思维的古文化史，其神话的源流应该认为是同出一源的。尽管在历史发展过程中存在民族迁徙及与其他民族（非同一语支民族）的密切联系，其神话发展的基本因素和特点是可以辨析的。

从考古发现和古代典籍中，我们可以认为通古斯语族诸群团从新石器时代即分布于松花江和黑龙江流域，而且通古斯族中历史最悠久的满族及其先世，居住地域更广。苏联学者 П.П. 施密特首次提出，"早在公元初，所有西伯利亚地区和黑龙江流域都居住着古亚细亚人。所以，通古斯满族的故乡不可能是现今的满洲。""他指出：满语中很少有古汉语词汇，从汉语借用的语汇一般都属于公元 500—1000 年间的词汇。满语中的朝鲜语成份也很少。这说明，早在公元初满族人并不居住在满洲，也不与汉人为邻。"①施密特还进一步论证说："我发现，古代的突厥-蒙古-通古斯语民族的故乡大约是在阿尔泰地区以南，而通古斯满语部落的故乡可能是色楞格河流域。因为，在这里我们发现了许多通古斯语地名。从这里又分化出若干部落。他们的后代就是现今的鄂温克人、鄂伦春人、马涅格尔人、拉穆特人、萨马基尔人和涅吉达耳人。另一些部落沿黑龙江而下，进而占据了现今的满洲。在那里，形成了满语部落，即后来的满族人、赫哲人、奥罗奇人、奥罗克人、乌德盖人等。一些汉语词汇后来又渗透进通古斯语。通古斯人很

---

① 林树山，《苏联学者论通古斯满语民族起源》，《黑龙江文物丛刊》1984年第 3 期，第 21 页。

可能融合了一部分古亚细亚人，同时吸收了他们的一些语言成份。……另外，女真人只是满族人的祖先，绝不是所有满语部落的祖先，无论如何也不可能是原始的通古斯满语民族。"[1]从满族及其先世女真，再上溯到黑水靺鞨、勿吉、挹娄到肃慎，部落群团分布在松花江以东的广大地区以及黑龙江南北两岸，有数千年文化渊源历史。汉魏时，挹娄"东滨大海，北不知所极"。唐代的黑水靺鞨，分十六部，以黑龙江南北为栅。赫哲人大约分布在松花江下游和自伯力以下的黑龙江下游南岸，有剃发与不剃发之分。明代赫哲人都包括在野人女真之中。元代，所谓兀者野人，居于黑龙江下游。金代居黑龙江下游的兀的改，也是女真语"野人"的意思。鄂温克人在明代时也无这个族称，《全辽志》载"北山野人，乞列迷之别称"，即为后来的鄂温克人。总之，所有这些民族都源于通古斯语族，正如日本考古学家鸟居龙藏曾讲过，"肃慎、挹娄、勿吉、靺鞨、女真等都不是东胡人，而是通古斯人。他们的语言、风俗、传说、考古学和民族学资料，一言以蔽之，一切都可以证明这一点"[2]。

通古斯语族的诸民族，不论是生活在黑龙江北岸和黑龙江下游的苏联境内的民族，还是生活在黑龙江南岸以及松花江以东乌苏里江流域乃至东滨大海的诸民族、诸古代部落，其主要

---

[1] 林树山，《苏联学者论通古斯满语民族起源》，《黑龙江文物丛刊》1984年第3期，第21页。
[2] 〔苏〕杰列维扬科，《靺鞨、室韦及其文化》，林树山译，《黑龙江文物丛刊》1982年第3期，第119页。

信仰崇敬的宗教就是萨满教。在萨满教中保留着丰富的神话，原始观念和思维意识都是非常相通、相近或相似的。本书便是对萨满教诸神话的分析和研究，北方神话的整体便是北方通古斯语族古神话的总汇。

近些年，在北方诸民族神话研究中，只是独立地论述各民族的神话故事，似乎互不相关，其实整个通古斯语族各民族的神话传说是通古斯古神话体系中不可分割的组成部分。实际情况正是如此，对北方许多神话内容、情节，崇拜神祇略加比较，就可以看出它们之间非常相似。因此，我们在考察与分析北方古代神话的演变和特点时，就不仅要着眼于一个民族的神话特征，更要了解这些神话与相邻民族中所传颂的神话的异同点，从中了解北方古代神话的形成条件以及在民族形成发展过程中、在口头流传过程中的具体变异。只有这样，才能够既了解北方各民族神话的不同特点，又能从历史发展的轨迹中找到其共同的源头，能够比较科学地总结出北方古神话的特征和规律，为我国和世界神话学中再开拓出一个崭新的北寒带萨满教文化圈中又一个人类古神话的文化领域。它将以全新的内容、独特的气魄和奇丽的精神景况丰富和光照世界神话学的宝库。

三、满族族称及其神话

满族，在我国多民族的大家庭中，是一个有着悠久历史渊源和文化的少数民族，在保留与发展北方通古斯语族的文化、习俗和神话方面超过其他北方民族，有丰富灿烂的古文化遗存，这在近些年的萨满教文化的挖掘、整理、抢救、征集工作中都得到充分证明。所以如此，是因为满族与东北地区其他诸兄弟民族相比历史悠久，又是当地土著民族。有史可考，满族先祖自古以来就生息、劳动、繁衍在祖国黑龙江、乌苏里江、牡丹江、松花江流域的广大地区，素称白山黑水为满族故乡。其部落虽有很大变迁与流徙，但与其他兄弟民族相比，在文化传承上有着相对的一贯性和稳定性。特别是满族先民又属于中华民族中古老的成员，有史可查有三千余年历史，早就与中原王朝建立了密切联系。近年来，在黑龙江省宁安县牡丹江流域镜泊湖畔的莺歌岭和在吉林省松花江两岸西团山、猴石山、长蛇山等地，发掘出来大量满族先世肃慎人开发这块沃土的文化遗址。可见满族历史古远、文化启蒙较早。金代，满族先世女真人中的一支又建立了强大的金王朝，将北方民族文化推上了新的高峰。故此，满族从辽金以至清代，文人辈出。民族的崛起，使民族宗教与文化得以保护与发展。

满族许多姓氏的穆昆和萨满，本身便是本民族文化的弘扬者和传承人。萨满往往是最有才华最孚众望的民族口碑文学的讲述家、歌手、民间史诗的唱讲人，人才济济，遗产浩瀚，致使在满族诸姓中至今保留下来的神话极其丰富多彩。其中有些神话与相邻某些民族依然相似，有些则产生变异，还有许多神话内容相差甚远，已无法辨识其源了。但是，我们从多年调查和研究工作的实践中，可以得出一个结论，探索和研究我国乃至东北亚的古文化和神话内涵，满族及其先世文化遗产是重要的线索和突破口。要掌握满族先世原始神话的矿藏，就要从满族诸姓萨满文化中按图索骥，钩沉探微，便可以窥见北方古人类生活与观念发展、演变的历史进程，进而闯入一个古朴幽远的人类童年期的洪荒天地。

满族神话概念，严格来讲是不很确切的，按史学观点看，使用"满洲"一词作族称的年代较晚。"满洲"的名称是在明代末期崇祯八年（1635年）才出现的。当时，满洲建州部首领努尔哈赤建立了"大金"政权，史称后金，借以与前代金王朝（1115—1234年）相区别。后来，努尔哈赤第八子皇太极继位后，便于1635年（清天聪九年）下令禁用"诸申"（即女真旧号）称呼族号，而使用"满洲"为族号。从此，女真诸部便改称"满洲"。清亡后，统称为满族，直到现今。努尔哈赤和皇太极时代，满族先世女真诸部主体已经从奴隶制和农奴制社会跨入封建帝国的门槛，社会文明急遽飞速发展，萌生和形成人类史前神话的历史条件已经不复存在。但是，满族是由其历史上先世族称肃慎、靺鞨、女真（诸申、曼殊、曼殊什利）等族称沿袭而来，一脉相承。满族神话的源流恰恰应该追溯到满族先世——女真祖先所创造和流传下来的神话遗产，满族神话正是满族先世神话的承继与延续。

我们目前所从事研究与整理的大量满族萨满教文化遗产，其中包括大量满族先世的创世神话、族源神话等宝贵遗产，在满族诸姓中流传十数代之久，有近二百余年的传承历史。最近去世的吉林省永吉县乌拉街镇韩屯村满族赵姓总穆昆、大萨满赵兴亚老人，八十余岁，他背诵的萨满神谕已传十九代。他们所崇拜的神是"代敏、扎不占、楚松阔"，即鹰、蟒、男祖，是该氏族父系时代的神书，并保留"楚松阔神话"。黑龙江省阿城马亚川先生保留祖传的《女真谱评》，大量记录和保存了辽太祖耶律阿保机、金代完颜阿骨打等开国神话与传说。珲春、东宁等地满族家族萨满，保留了东海女真诸部落的创世神话与东海鱼神、岛神、日月神神话。黑龙江省宁安县满族故事家傅英仁先生掌握祖传的东海萨满教神话，内容有些可追溯到年代无可考证的母系氏族社会。这些珍贵遗产多以"谱牒"、"萨满神谕"、"族规圣训"、"祭祀礼规"、"族源遗拾"等不同类型的各种手抄资料本传世。它们凝集着民族的传统和心理，因此往往世代秘传，保存完好，其中对祖源发轫、本氏族神话故事，均有载述。此外，还有大量的口碑传承文学，广藏于诸姓萨满、穆昆、故事讲述家和传承人之口。在往昔黑龙江、吉林等地的满族世家望族中，逢年节仍保持按辈序讲述族史和神话传说以为余兴的讲古风俗，使某些珍贵的北方民族文化遗产得以广泛地传播于民间各地，并且保留至今，还没有完全泯灭净尽。

满族神话一词，从词义学角度讲虽然不甚准确，但人们已经叫熟，便约定俗成了。只不过我们在研究北方古神话时必须记住满族神话的广义内涵，系指女真时期流传下来的北方民族神话。而且其具体含义则应是包括了北方诸民族在内的通古斯语族所延续、传承、保留下来的诸神神话。因而可以说，满族神话其外延是很广阔的，包容了北方神话的源流与演化。故此，研究北方神话或称满族先世神话，是相当复杂而困难的学术工作。对满族古神话的研究，是多方位多元性的学科研究，包括了历史学、民族学、文化学、原始宗教学、考古学、神话学等诸多方面的学科的综合性分析与研究，工程是浩大的。笔者积多年来的考察，深感完成北方神话学和对满族神话的科学鉴定，剖离清楚每个神话的来龙去脉，分清其源流，而且又能清晰说明其最先产生于哪个部落，在历史与民族变革和新民族产生、新民族共同体形成中又归于哪一个民族的神话，又是在何时何种情况下汇入现今满族手抄资料中而成为满族神话的，需要做一番相当艰难的调查、比较、分析、研究工作。笔者从1981年以来为解决上述诸方面问题，曾走访了黑龙江、辽宁、内蒙古、吉林以及京郊等满族聚居区和相邻的蒙古族、赫哲族、锡伯族、鄂伦春族、鄂温克族等民族，做了大量调查和核证，但仍有一些问题至今还是悬案，很难作出最终结论。北方神话学研究，实际上还处于拓荒阶段，我们作为开掘者，像在沃野上踏出最初的足迹，开拓平坦的北方民族神话学之路，容当后来同仁们去探秘。本书旨在比较鉴别的基础上，将获得的资料分类浅析而已。

四、鄂伦春族、鄂温克族、赫哲族等族神话

近些年，黑龙江、吉林、内蒙古等省区民间文学工作者，积极进行民族民间文学的抢救，使北方神话学的研究出现了令人喜悦的活跃局面。北方神话学的内容正在不断丰富与充实，更进一步互相补充与印证着在我国北方确实存在着一个具有独自特点的北方地缘神话群团，使中国神话的内容更加丰富，展现了北方人类开拓自然界的壮丽序幕和气壮山河的战斗精神，表现出勇往直前的民族性格，回荡着积极向上和富有北方生活气息的古旋律，而且女神神话占据重要地位，显示出古神话历

史的悠久。往昔，那种认为中国神话"贫穷"的论调已经破灭。中国的北方民族古神话，是对世界文化宝库的重要贡献。

黑龙江省逊克县新鄂村的鄂伦春族著名歌手孟淑珍，四年来坚持进行了以诸民族古老史诗形体"摩苏昆"为重点的科学采集活动，填补了我国北方少数民族史诗领域的空白，其中杂糅着大量的神话、传说、祝辞、颂歌、咒语、谣谚等。如最有代表性的"摩苏昆"《英雄格帕欠》中所述及的诸神，就有迪尔恰布坎（太阳神）、别雅布坎（太阴神即月神）、鄂欧勒恩布坎（北斗星神）、托窝布坎（火神）、波窝布坎（掌管山林之神的总主）、艾约勒布坎（爱之神）直至风、雪、冰雹、麋鹿、虎豹之王等称呼和幻化万变的描述，既表现了史诗的宏大规模，也反映了鄂伦春族古代神话的丰富性。其余如《波尔卡内莫日根》《布提哈莫日根》等已具有英雄史诗的典型特征，都寓含着一定的古神话成分。

这些年，孟淑珍同志在马名超教授帮助下，还对本族萨满教文化的遗产进行了搜集、整理与探新，确切地指出"萨满者除充当引人信奉的神的使者外，往往又是那一带较出名的歌手和故事家"，"人们过去称道的'乌拉林萨满'，就是以神通广大居首，歌艺过人而引人注目"，而且详细调查与记录了鄂伦春族毕拉尔路人纪念性的萨满祭神与娱乐性的敬神赛神活动，将满族先世女真诸部往昔所讲的"窝车萨满马辛必"的祭祀活动整理出来。尤见北方诸民族过去在信仰活动上有相当的一致性。萨满赛神赛歌便是讲唱请神的竞赛，比赛中许多动人的神话滔滔而出，同时还以各种动人心魄的特技表演神话中诸神神力神威。实际上,这是一种庄严热烈、奇妙的原始神话剧,这仅是在口碑文学中仍保留的远古神话故事。

20世纪80年代初期,马名超教授等诸先生考察并搜集了松花江下游的赫哲族"伊玛堪"史诗,也是对北方民族民间文学的莫大贡献。赫哲族祖先长期生息于江河之滨,以鱼为食。赫哲族老艺人都是极富创造才能的民间文艺的继承者、传播者和发扬光大者。赫哲族英雄史诗表现了赫哲人先祖的勇武业绩,并予以神圣化。《莫日根射太阳》是赞颂征服自然界的英雄人物的古老传说,带有鲜明的神话色彩。在"伊玛堪"中多有"阔里"神鹰的情节。这是萨满教自然崇拜、图腾观念的反映,是母系氏族社会宗教神话观念的余韵,为民族学、历史学、社会学、宗教学、神话学、语言学家提供了广阔的学术研究空间,对北方民族研究作出了重要贡献。

鄂温克族民间文化的调查成果亦甚喜人。自1979年以来,黑龙江省民间文学工作者在鄂温克自治旗等地进行调查,34天中搜集了民族历史、神话与故事、传说等达十余万字之多,搜集与整理了鄂温克族人古神话《人类是从哪里来的》《风神》《鄂温克人的根子在撮罗子里》等著名神话,丰富了北方民族古神话的文化宝库。

近年,达斡尔族的乌春——"达斡尔乌钦"也得到重视与整理,许多优美的长诗得以发掘。

孟慧英在黑龙江省拜访了著名满语专家穆晔骏教授,记录并整理了穆先生祖传下来的恰喀拉人民间神话。恰喀拉人是原居住在张广才岭一带的女真林中人,以捕猎采蜂蜜生活。萨满教信仰尤为诚笃。神话充满了山林野趣，丰富了女真古神话。

上述这些民族的史诗和神话的发掘，与满族近些年所陆续披露的史诗与神话珠联璧合，构成了璀璨多彩的中国北方古神话体系，与华夏中原神话和我国南方诸兄弟民族古神话相辉映，生动地说明了伟大的中华民族是具有悠久的历史文化的古老民族群团。中华故地是人类文化的摇篮，而北方古神话的整理与披露，犹如北京猿人的发掘一样为世界所敬仰，必将在世界文化史上产生深远的影响。

第二节　宗教信仰和讲古习俗与北方神话

一、萨满神道观念对神话复存的影响

原始宗教萨满教与其他宗教所最根本不同的观念是，世界上不论有生物或无生物，人身以外的所有客体都有灵魂或神气，甚至人本身死去后的灵魄仍然不死不灭，存在于世间或宇宙中的任何所在。萨满教不承认世界与宇宙以外还有什么来生来世，而认为人神同生、人神同在、人神杂糅，不是去祈求人死后的来生幸福或转生幸福，而是追求现实生活中的一切吉祥如意、事事如愿、无病无殃，谋求生存过程中的人遂心愿，人在严峻的自然界数不尽的灾难威逼之下能够生存下去，能够繁衍后代，能有生息与立足之地。这些观念，是与原始宗教的朴

素生活和生存观念相通的。在生产力相当低下的境况下，人对客观世界的抵御能力和适应能力都是相对微弱、可怜的。在原始社会的洪荒时期，人的生存适应性甚至不如鸟兽蝼蚁，世间一切庞然大物或渺小的虫类，在原始人类的眼里都是神奇的、恐惧莫测的。所以，在萨满教观念中便萌生出一种奇幻神态——能适应世上任何有害于人类的精灵、能同任何奇怪凶险的神灵传递信息，表达人类祈求不要加害自己、护佑自己的渴望，能够有神奇的能力解释周围的自然变幻和生活现象，能够为本部族的人寻觅生路和解脱危险。这种神奇的使者，在生活中并不存在。先民只能以自己的虚影和虚构在本部落中产生，这便是原始宗教萨满产生的思想条件与基因。按照萨满教的观念，萨满本身不是任何人可以随欲而成，必须有萨满的"法阳阿"（满语：魂），就是说要真正具备萨满的"魂魄"、"骨风"。据说，萨满的魂魄与骨骼不同于常人，是由神气吹熏过的，是在自己灵魂中寄居了一般人所没有的某一种神灵的浮魂，而且在其体骼的某部分有外神神气可以栖居之所。所谓神附体、神降临，便是外在神气与浮魂，进入躯体而支配萨满的意志和行动所致。各族部落中的德高望重的老萨满和穆昆达们，凭着传统的经验与规矩，便可以慧视这种神异举动而举奉其为本部族的萨满，承继本民族的神职神业，乃至代代承替，永无终止。于是，萨满在原始初民社会以至在奴隶社会、封建社会里，都被族人视为奇异人，是神的代表，是大智大勇大谋者，有着通天地晓鬼神的智谋，有着金子一样的善说善辩的嘴，有着通晓古今和未来的卜算神术。因此，萨满往昔的地位与威望最显赫、最有权威性。从《两世罕王传》《东海沉冤录》中都可以看到，北方女真等民族原始部落中，都有最高贵、最有权威的老萨满，称为"萨满安班玛法"、"萨满玛法"、"萨满安班妈妈恩都里"等，不单辈分高，而且甚至超过罕或部落酋领之权，一切听萨满卜占与神训之命而遵之。某些民族、部落的首领往往兼萨满。据《金史》载，完颜希尹是金代女真文字的创始者，著名武相。他本人便是金太祖完颜阿骨打时代的大萨满。《乌布西奔妈妈》史诗中的乌布西奔大萨满，是东海窝集部七百噶珊的神罕王。她生下来"像跟山雀说话一样聋哑，像跟海鲤鼠出世一样呆傻，可雪融消三次后，她就能下海抓蟹，她就能上树吃鸟蛋。黑云来了她说海啸；黑潮来了她说飓风；卡丹花冒出土了她说瘟灾；吉伦草发香了她说客来；她是东海女神奥姆妈妈的娇女；她是天神塔其布离星辰的小妹。举奉她为阿济格女萨满啊，三岁的乌布西奔，便如吉星叱咤风云……"[1]

东海窝集与黑水女真人，古代萨满死要风葬。风化后捧拾神骨为室中神灵，存放专缝的小桦篓内，挂在北墙，外迁必携带。人死也有将神骨先放椁中，可使子嗣不绝。[2]

萨满，数千余年来成为北方诸民族精神世界中无可争辩的神权领袖，数以百计的宇宙众神的人间代表，而且又始终是荒蛮世界中人类部落集群中思想开化的蒙师和先导。所以，先民

---

[1] 引自满族长篇民间史诗《乌布西奔妈妈》。
[2] 引自《瑷珲祖风遗拾》。

们自然而然地公认萨满——唯有萨满,才可以对宇宙,对各种自然变化,对人生和人的起源、繁衍、氏族部落的延续以及未来等,最具备富有真理性的令人信服的解释能力。萨满就是这样被创造出来,并且不断加以神化,加以丰富发展和传承百代的。费尔巴哈在其著名的《宗教本质讲演录》中对古代人类的朴素信念和接受程度,有着很精湛的理解。他说:"宗教起源于人类的幼年时代,也只在这个时代中才有其真正的地位和意义,但是幼年时代也就是无知、无经验和无文化的时代。""宗教只是发生于无知、灾难、无助和野蛮的黑夜里,只是发生于这个状况中,那时幻想力支配了其他的一切的力量,那时人在荒唐的观念和热烈的感情中过生活;但宗教也是由于人对光明、对文化或至少对文化目的的需要而产生的;宗教不是别的,正是人类生活上最初的然而还粗鄙和庸俗的文化形式;所以,人类文化史上每个时代,每个重要阶段,都是伴同宗教而开始的。"萨满教中萨满所讲述的任何神的世界的事情,都不是娱乐性地讲解故事,随意编造,而是极其真诚和庄重地向本氏族的传教与宣扬,认为是神界中实实在在存在或有过的事情,是不容怀疑的。在当时人类思维发展水平上,人们并不像我们今天一样觉得神话幼稚可笑,或者不屑一听,而是非常郑重其事地讲述、倾听、祭祀与奉行着神话。"观念是宗教的神话因素。"[1]"原始人的神话是他们的圣经和历史书,是他们礼

---

[1] 〔俄〕普列汉诺夫,《普列汉诺夫哲学著作选集(第三卷)》,汝信等译,生活・读书・新知三联书店 1962 年版,第 363 页。

仪的法典，是他们充满古代智慧的百宝箱和详细的心理学；最后的而不是无关紧要的，还是他们的笑料和智囊。这些神话都不是虚构的，不是异想天开的（像我们听时认为的神话）；它们对讲述者和听者来说，都是确实的真事。"[1]神话便深刻地印在先民信仰之中。

萨满教神话被创造出来以后，萨满在历代承袭过程中不断丰富、润改、传讲。萨满依凭自己的智慧、才华和从事神职经验的深广，竭力增饰萨满教各方面的神祇神话，以媚诸神，以教族人，以此来强化其神道的宣扬而备受尊崇。故此萨满"多于神祀时唱有关天地开辟、万物形成及人类起源的神话古歌，以娱人乐神，崇德极远。"[2]

萨满教中保留的神话内容，集中记录在萨满神辞神赞中，其传承形式主要是老萨满向新萨满口传心授。在氏族部落时代，还有类似以结绳记事的方式，将某一神语依附在某一有象征意义的神偶、神器等实物上。为使萨满日后便于复习、提示，逐渐产生了内容简略的萨满神谕手抄本[3]，其形式不一。如，据《乌布西奔妈妈》中记载，乌布西奔大萨满有小女萨满九九八十一人，分到九九八十一个部落。乌布西奔教唱神词，众萨满背记，怕时间长遗忘，"达尔古妈妈记在树叶子上，达

---

[1] 〔德〕利普斯，《事物的起源》，汪宁生译，四川民族出版社1982年版，第353页。
[2] 引自《瑷珲十里长江俗记》中吴宝财萨满1937年冬口述材料。
[3] 请参见富育光、孟慧英，《满洲萨满神谕浅析》，《北方民族》1989年第2期。

尔里妈妈记在树皮里面,达尔布妈妈记在草秸上,画虫画鸟画飞鱼,都有各自秘语"。满族神谕式样很多,从我们搜集到的看,有用新旧满文写的,也有用蒙文与汉字标音满语的。有意思的是,我们近些年的调查中,有的满族老萨满能在其世传的桦皮神匣上刻印的花纹中,破译出萨满创世神话神词,"大地和水与人是柳叶(女阴)生出来的"。萨满凭自己纯熟的唱技和演技,看图生情,便可回忆起由前辈萨满口传下来的语句顺序,按着刻纹"一沟一凸,一行一行的花纹线,便可讲出全族的部落起源发脉来"[①]。这种"起源发脉"说,便是一个氏族的族源神话。

神谕神赞中的神话内容,主要分以下几类:地球和宇宙形成神话,人类起源神话,本族本支发祥神话,自然现象的变幻解释神话,人以外的各种灵魂、神气变化神话,动植物的自身神话,人和其他生命孕生神话,本氏族萨满与祖先成神的英雄神话,除此还有冥界神话、魔鬼凶煞神话、人体部位或某种器件成为精灵气候的神话,神名甚多,不胜枚举。萨满教的造神运动,从其产生宗教意识与观念开始,便始终未停止过,"利用人们对自然现象的不可思议,把这种看不见的力量以及这些力量和人的关系撰写成了一部'完整的、冗长的故事'——神学"[②]。

---

① 引自《瑷珲十里长江俗记》中吴宝财萨满口述于1937年冬。
② 〔德〕斯蒂勒编,《马克思主义以前的德国唯物主义史论丛》,郭官义、李黎译,商务印书馆1980年版,第226页。

萨满教教义便寓含于神谕中，而其核心意识便集中体现在神谕记载的众多神话里。萨满教神话构成了萨满教神学的主要内容。历代萨满便世代依据这些神话神学，朴素地回答周围世界上发生的许多"为什么和怎么样两个问题的故事。神话是人对现象之间的因果联系的意识的最初表现"①，是自然而正常的。在当时，完全是真诚的，并没有任何欺骗成分。祝祭中因神而制，依据神的性格、性质、禀赋、善恶、喜好等，对某些神祇予以供祭献牲，某些予以防范抵御，某些则要制其神威。萨满依照神话中的故事判断善恶，对待诸神采取截然不同的祭奠方法和战胜害神与恶神的手段。当时这是关系民族或部落生死存亡、昌兴衰落的大事。所以萨满和族人都极其虔诚，极其认真，使北方古神话在萨满教中得到保留及发展。

有些人以为，可能只是萨满教初期有造神现象，似乎人类迈入文明门槛以后，造神运动已不复存在了。其实，宗教存在，神话便存在着。宗教与神话相依而生，相依而存。故此，宗教信仰与宗教观念和祭礼都存在着，凝结其核心的神话便要存在下去。直到近世，仍未改变。萨满教神话正在流传、敬颂与发展着。1982年笔者在访问九台县蟒卡满族乡东哈村时，该地满族石姓家族便畅谈本族萨满神话，滔滔不绝，如数家珍，脍炙人口。满族诸姓族人，至今谈本族众多萨满神话，仍是肃然起敬，诚信不疑，而其中谈论神话者有些年仅四十余岁，基本是新中国成立以后成长起来的新一代，足见神话的艺

---

① 〔英〕泰勒，《原始文化》(*Primitive Culture*)，第二卷，1897年版。

术魅力。

萨满教神话得以保存、发扬光大、传播四海的再一个重要因素，是萨满教特有的氏族与氏族、部落与部落之间，或在本姓氏族萨满群体中往昔经常举行的赛歌赛神仪式。仪式一般多在春秋举行，也有在教授新萨满届满领神时举行。这种萨满弘扬其神学神话神术的活动，十分隆重，颇为阖族重视和崇仰。据金亡后流传下来的《忠烈罕王实录》记载，完颜兀术时代便有萨满间的竞神比赛，内容分为讲述神谕，即博讲萨满教神学、神话。萨满博古通今，口若悬河，能将本族数百个部落的来龙去脉讲得有条有理，有根有据，得到众族中耆老颐首称赞；若论神道，则能一口气讲出数百位神名而不哑口，并能讲述自己最拿手最精彩的神话，如《天宫大战》或"洪宇初开"等神界大战与神界秘事、趣闻、故事，讲述得有头有尾、条理清晰，绘声绘形，生动感人，以弘扬萨满教神学。甚至某些萨满能从早至晚讲述不停，故事越长越迷人，而被视为神道高超者。除此，还常要比赛请神，以显示其神技神术的高超。萨满用各自特有的神功神技，请降某神，神附体后可以表现各种奇难动作，如潜水过半日、爬树林之梢如猿越涧、钻冰眼数个、熊神拔树，等等。有时，在比赛中萨满全身披挂神服神器达百余斤之重，且要击鼓作舞，唱神词，常常是从早唱到夜，从夜再到清晨，有时竟"唱三宵而喉声宏亮，神词不乱，亦有后学者，不够一宵则已爬于地上，喘吁待毙"[①]。满族过去称这个活

[①] 《两世罕王传》中的萨满竞赛介绍句。

动叫"萨满乌春玛克辛必",即"萨满歌舞"。

据满族民间长篇说部《两世罕王传》介绍,相当多的女真诸部,常以"萨满竞歌为娱兴,为各部一盛举"。萨满比歌比讲唱比跳神的活动,不仅仅是为了娱乐,而是对萨满教的弘扬与传播,也是各部之间本能地自觉地促进萨满们的神职技能,使其更好地为本氏族服务。这种活动,在客观上也培养了一批批神话的讲述者和播颂者,推动了神话故事深入北方诸民族各个角落,使妇孺老幼皆能讲述萨满神话。

关于萨满比赛的例证,笔者很有幸前不久了解到鄂伦春族的萨满比赛,鄂伦春族毕拉尔路人纪念性的祭神和娱乐性的敬神赛神活动,颇有特点。鄂伦春族人将这种活动叫作"萨满布坎乌姆那特思"。据文载:"关于萨满与萨满之间的正式比赛活动,大约三年举行一次,有时与上述活动同时进行,萨满与萨满之间,比唱、比跳、比神通、比技艺。萨满多数通天文地理、人间习俗,会表演当时的山里人并不明白的魔术艺术(如:放出去的弹头重现于手心,剪断的皮筋握于手中便自动接上,丢在地上的狍毛只要经手便会飘飞而去等),以竞争、比高明夺取最高声誉。""青少年的游戏中也往往包括了上述内容,学跳神、追神、比神,学唱神歌和表演、追逐、笑闹,以此为乐。"宁安县满族著名故事家傅英仁整理出版的《满族神话故事》(1982年版)其中多数是他在幼年期听当地著名老萨满讲述的。他于1982年9月在撰写《满族神话传说选集》一书时,在前言中介绍:"讲述这些神话传说的老前辈已经先后去世了。其中有宁古塔著名的三位大萨满。他们不但对宁古塔满族祭祀了如指掌,还到过吉林乌拉做过传经讲学。有'百神通'的老三爷傅永利公,和满汉齐通的寿老爷,以及我的外祖父、祖母、姨外祖母、母亲等都是带徒弟的老萨玛。这些老一辈,是萨满教的忠实信徒……对神的传说、神的来源,知道得非常多。"傅老上述介绍,确实朴素无华,非常确切。萨满教中的神话,确实是靠无数位萨满世代传播下来的。又如据先父富希陆先生撰写的《富察哈喇史传礼序跳神录》和纪贤先生撰写的《吴氏我射库祭谱》中所提到的毓秀萨满、德顺大萨满、全大萨满、英萨满等许多位20年代、30年代的满族大萨满,都曾经到过卜魁、乌拉、盛京讲过萨满神道,在瑷珲城、大五家子、吴家堡、四季屯等地进行过萨满比神法、比歌唱、比讲神学。据传,当时住在坤河的达斡尔大萨满德萨满、鄂伦春萨满莫萨满、索伦萨满齐萨满以及由同江乘船而上的赫哲萨满,都来献技参赛,满族毓秀大萨满名列前茅,神技表演被赫哲萨满、索伦萨满、鄂伦春萨满夺标。这种比赛庄严生动,深受民众欢迎。萨满教这类传布神道神术的活动,使萨满教的神话影响至今不衰。

二、北方诸族讲古赛歌对神话传播的影响

北方诸民族都是以能歌善舞为传统的民族,至今许多民族仍保留这种文化传统。满族先世往昔在民间也同样有自己的"乌春赫赫"、"乌春哈哈"(男女歌手)和"莽式乌春"。北方的竞歌赛舞颇具特色。在"神树祭"、"火祭"、"柳祭"、"海祭"及婚、丧、结拜、合盟、凯旋、庆猎、渔丰、选猎达(狩猎头领）等仪式上，都有不同的歌，不同的舞。这在《东海沉冤录》《两世罕王传》《萨大人传》中都有多处细腻记载，而且均是扮装扮相的歌舞，即要扮装成某几个神话故事中男女英雄、宇宙神祇临降，或扮成半人半兽、兽身禽羽人面、鱼身人面等诸神，各神有各神的歌舞，宛如进入一个奇特神国。北方诸民族数千年来，在萨满教文化的熏陶哺育之下，民族性格中充满豪放、洪阔、剽悍、热烈的情怀，特别是北方的高寒风雪塑造了其自强不息的英雄禀赋。萨满教中的神歌与所祀诸神，都是自然力的化身和代表，惩恶扬善，去邪扶正，施惠于群。在萨满教神语中就有"像蚁群宁死保洞穴，像黄蜂爱巢尸不全"的诫语，养成"三人顶一虎"的勇猛精神。萨满教中许多神话、神歌便是育人奋发的教科书。萨满教传播百世的讲述族源、古训、以激奋后腾飞的意识，对各民族影响甚深。满族、鄂伦春族、鄂温克族、赫哲族、锡伯族、达斡尔族、蒙古族等族，都有讲唱的古俗，以讲唱抒发胸臆，以讲唱诫世，以讲唱立世育人。

北方诸民族讲唱风习盛行，也不单纯因为北方季节是冬长夏短，冬夜漫长无事而以讲唱消磨闲闷。其实北方诸族及其萨满教诸神话中，以冬季为表现其悍勇和智慧的黄金季节，多数祭礼与民族体育竞赛，如爬山、滑冰、猎雪豹、赛网冰渔、滑雪、摔跤、寻踪捕兽、骑麋鹿、斗犴、斗熊等，都在冬季竞比，其中斗犴、斗洞熊尤惊险引人。而讲唱活动多在夏日举行。因夏日在古代人们看来，对猎获更为麻烦，林草竞生，正是百兽得以隐匿的季节，而且百牲育仔，蛇蟒等有毒于人的动物出没的危险区又无法测准，又因夏季蚊虻袭人畜不利出猎等，所以夏季多举行讲唱比赛。北方民族喜迎冬日，雪原冬猎正是旺季。过冬节必杀牲洒血祭神，以迎冬穰。

讲古，就是一族族长、萨满、德高望重的老人们讲述族源传说、民族神话以及民俗故事，等等。北方各兄弟民族都有这个习惯，冬夏均有举行，成为最喜闻乐见的北方民族余兴。族人男女老少或在室内、窝棚和撮罗子内，或在野外，团团偎依篝火和火坛、火盆，听族人长辈和老人依辈序讲述故事。讲述者有老有少，有男有女，可长可短，故事内容可讲述传统故事，也可以即兴作文，形式非常活泼、热烈、奔放、有趣。由于长期受讲古习俗感染，培育出不少民族的歌手、故事家。

达斡尔族民间故事讲述家萨吉拉乎老人，过去没上过学，八岁时跟别人学过一年满文，后自学能读满、汉、蒙三种文字的书，能讲远古神话、风物传说以及各种有一定哲理、给人以教益的民间故事。老人怎么能知这么多故事呢？他讲最重要的原因是"小时候村里讲故事的人很多，也有人讲口译满文历史故事。每当讲故事时，他总是挤在人群中悉心听讲，并把故事原原本本地记在心里"。如今他已经72岁了，仍然能逻辑清晰、绘声绘色地讲述那些故事。① 又如曾受到毛主席接见的著名达斡尔族民间歌手何德志老人，能唱粗犷、奔放的达斡尔"扎恩达勒"，也是"在孩童时，何德志就喜欢学歌，听别人

---

① 鄂乐文，《留下民族的一份瑰宝》，《达斡尔人》，1989年3月30日，第四版。

唱几遍就能学会"。"达斡尔人的生活情调给了他音乐天赋"。

赫哲族人热爱"胡力"（民间故事），热爱"特伦固"（民间歌手），更热爱本民族的故事家和"伊玛堪"（民间说唱）歌手。当年三江口莫勒洪阔渔村的莫特额老人和哈鱼的郭托力老人，都是30年代至40年代著名的赫哲族故事讲述者和伊玛堪歌手。著名赫哲族歌手和故事口述者吴连贵老人大部分都是向莫特额老人学来的。

鄂伦春族如今仍是能歌善舞的民族，讲古习俗在全族中早有悠久的历史。鄂伦春族著名的民间史诗"摩苏昆"，据学者研究，便是"与满语'莽斯'发声近似，原有'跳舞'的意思。本地满洲族人昔日有著名的'莽斯舞'，其合成词称'莽斯昆比'，即含有诗歌与舞蹈相结合的意义"[1]。鄂伦春族民间故事家李水花就讲"摩苏昆的来源"也是"天一擦黑，猎人们便凑一块儿，说呀唱呀，一直到深夜，几乎天天如此。要不，鄂伦春族怎么能称为能歌善舞的民族呢？"[2]

鄂温克族人的讲唱习俗，也同鄂伦春族相似，许多歌手和故事家都是在讲唱习俗中熏陶和哺育而成的。

满族及蒙古族也是如此，蒙古族的"好来宝"与"马头琴"更是为各族钦敬。满族讲述故事叫"乌尔奔"也是很出名的。已有介绍，本书不多赘述。

---

[1] 马名超，《古老语言艺术的"活化石"》一文，见《黑龙江民间文学（17集）》，中国民间文艺研究会黑龙江分会，1986年，第5页。
[2] 孟淑珍整理，《"摩苏昆"的由来》，同前书，第115页。

满族先世女真部落中的东海窝集人的赛歌活动，可能尚鲜为人知，值得赞誉一番。据《东海沉冤录》中介绍，东海窝集部中的诸部落，向有春秋两潮出海前后的赛歌活动，规模隆重。各部要遴选族中男女名歌手和舞蹈专长者，组成歌舞班，叫"乌春朱子"，专以萨满教神话和民间神话中的情节，扮演神话中的人物，有歌有舞，竞相比赛。赛时，各部落族人骑鹿和马、牛等或赶大轮车，携家带口赶赴盛会。边烤肉边饮酒，边欣赏一个部落又一个部落的歌舞，亦可兴起，独自一人，自唱自演。甚至长途跋涉到海滨筑筏，燃起十数堆篝火赛歌舞，以至招来海岛百里之外的"野夷呀呀手舞助兴"。所演唱的神话有东海女神奥姆妈妈带着众鱼神，送光明与幸福给族人。东海神美丽柔媚，"舞姿多习于百鸟翩姿、神鱼戏水、獐鹿憨态，迷离可爱"，有时几个部落在海上以筏为舟，合演阿布卡赫赫与勒鲁里厮战的创世神话。可以设想其气势与场景必为今人惊叹。我国学者只知南方不少兄弟民族有赛歌、"歌圩"之习，实则北方女真先民们古代也有类似的"歌圩"，是在海上，更有一番壮举了。

可以得出结论，北方神话的丰富与传承的历史连续性，是有着充分的历史文化渊源、广泛的民众信仰与雄厚的群众基础的。

除此，值得特别提及的是，强大的汉文化及汉族神话在民间的渗入与传播，使北方诸民族神话得以丰富、学习、发展。众所周知，大量考古发现已经充分证实，在东北地区可以发掘到秦汉时代的墓葬。吉林省、黑龙江省的汉代墓葬也很突出。

这说明东北地区不单纯是北方少数民族的故乡，在遥远的古代，广大的汉族同胞已经不断迁徙到辽东诸地，生息繁衍，与北方诸民族同呼吸、共命运，开拓着北方沃土。渤海时期以来汉文化的影响，便有史籍可考。渤海时期的渤海国是以汉唐文化为楷模而建立起来的"海东盛国"。辽金均学习汉制，佛教被广泛普及。金世宗强调要保持女真风俗，也证明汉文化影响力的强大。

文化现象包括文学艺术，本来就是非常复杂而又多元性的意识形态，各族之间文学艺术的渗透与影响，是相当正常和自然的。汉族古文化渗入北土，汉文的古籍典章成为女真等北方民族贵族的必读古籍，金熙宗便是著名汉学家与古韵律诗人。汉族与华夏的神话与传说同汉代各种文学巨著一样，必然在女真族及其他兄弟民族中产生广泛深刻的影响。如，在满族先世女真族、达斡尔族、赫哲族、锡伯族等族中，都有关于关羽的民间神话与故事，满族民间神话《关玛法的传说》《草龙出世》《关玛法显灵救诸申》等故事，家喻户晓、脍炙人口。在北方民族中的关羽形象，已不再是地道的汉族关西人士了，而是富有北方民族性格和气息的少数民族的"关羽"。关羽的神话最先传自于汉族的《三国演义》，在北方民族讲古过程中，经世代传颂而演变成一位护庇北方少数民族的重要英雄神祇，甚至在某些萨满教祭祀中，在民间诸神祭奠中，都要虔诚奠祭关玛法，在清代清宫堂子祭祀中，更能列为与如来、观音同位之尊神，被奉为萨满祭祀的朝祭大神。

又如冥界神话，最初在北方诸民族中不甚普遍。因为萨满教观念中未有"来世说",认为灵魂不死,不是成为幽鬼,没有阎罗和地狱的概念。但受汉文化和佛、道的观念影响,也在神话传说中出现了幽冥神话,融入了阎罗王和五帝阎君、判官、勾魂鬼等形象。如《音姜萨满》(《尼山萨满》)为满族及北方诸民族中广有影响的满文民间史诗,其中便有了关于阎罗王的详细叙述,其情节与汉族和道教的阎王故事情节大致相同,其源来自汉族文化思想。随着汉文化影响的增大,在北方少数民族中冥府神话和说神讲鬼的故事日益增加。在 20 与 30 年代,在瑷珲大五家子满族民间,有位德五爷,就专门用满语讲聊斋故事和神鬼故事,从正月到春耕前,能连续数十日为族人唱讲,有唱有讲,听众不单为本族族人,相邻六七十里外的满族、达斡尔族、索伦族、鄂伦春族人都骑马套车来听其演讲。德五爷死时入葬的书便是满文聊斋[①],可见汉文化的强大影响。

再如,为北方诸民族广泛熟知和传讲的《秃尾巴老李》的神话故事,追其源是汉族山东一带移民创造出来的神话传说,目前学者尚有争论,不过至少看出这是汉文化影响在北方神话传说中的代表篇章。据我们多年调查,不论在满族中或者在达斡尔、赫哲等民族中,对华夏神话中的女娲补天、大禹治水、杨二郎担山赶太阳等神话,皆家喻户晓,并且由此派生出一些相似的民族神话,如《唐王征东》的历史传说,流传甚广。在与萨满教因缘关系甚密切的汉军旗香祭祀中,被列为祭祀内

---

① 引《瑷珲祖风遗拾》。

容，世代传播着。

综上所述，北方民族神话具有多元性的文化特征。许多神话及观念有待于进一步分析、比较、鉴别，才能科学地认识其源流和流变规律与特征。神话故事的讲述与流传也存在许多错综复杂的现象。汉族也讲少数民族神话，少数民族也讲过另一兄弟民族神话或汉族华夏神话。区域与区域之间，神话内容也有交叉流传。北方民间神话，因北亚、东北亚包括我国东北地区的古民族部落甚多甚杂，以及民族间频仍的交融、流徙，大部分受到相邻民族历史文化的洗礼与润改，发生了许多变异。那种认为中国北方神话具有纯民族性的概念是不确切的，互渗影响不容忽视。许多问题尚待不断地探讨。

第三节　北方神话

一、萨满教创世神话

满族等北方诸族古老的萨满教神谕中，不论是最早的世代口传神谕，或者是由部落（氏族）族人用文字记录下来的神谕，都有开篇前的"创世神话"，作为神谕的楔子，或称"神头"。满语和女真语都叫成"富陈乌朱"，意思是"祝祭之首"，汉语或叫"祭神开头"。祭神必要先颂赞神歌，以表示慎终追远、报祖崇源的虔诚心意。

萨满教神谕中有关天地起源、发端、造天造地神话，俗话都叫"发根""根子"，几个民族都是这个意思。唱神唱人都要唱"根子"，即与南方诸民族所讲的"创世纪"相同。从我们多年来调查的资料来看，北方诸民族中，有代表性的唱根子——"创世纪"神话是：《天宫大战》《吴氏我射库祭谱》和《富察哈喇史传仪序跳神录》等，是颇有研究价值的珍贵资料。

《吴氏我射库祭谱》是1934年由吴纪贤先生记录其父萨满吴勒仲阿老人的口述整理而成。吴大萨满在族中讲古时用汉语唱讲，其中糅杂一些满语饰音，至今无法完全知其真意。现摘录其神头唱的"富陈乌朱"：

玛依耶，玛依耶，呼鲁顿扎布吴扎拉哩——尼耶拉木我事林，索林德，乌朱吉，恩都嘎哈恶娜耶——

吴纪贤先生认为，"玛依耶，玛依耶"是唤神母的名字，具体何神不详。笔者与其他一些神词相对照，认为"玛依耶"即"满尼"、"瞒尼"、"瞒爷"的同音词，"瞒爷"为各种职司的祖先英雄神，在这里是呼唤古代专门负责讲唱本氏族古神话的最早的第一代萨满神魂，请其降临，为后代传唱创世神歌。后面诸满语的含意是，"住在我们这带沟道里的吴扎拉氏族人等啊，在虔敬的神前请最古远的大神鸟飞降下来"。唱祖神、唱"根子"、唱创世纪神歌首先要请来神鸟由它讲唱，在萨满教古神话中鸟的徽号是非常显赫的。

神翅遮盖苍穹的安班哈啊,

叫鸣之声里传告着雷鸣闪电

最起根发蔓的藤子呵,

是金蛇的栖身翠枝;

最遥远的根子歌啊

九万九千个生日的嘎哈

学自于葛鲁顿妈妈。

在早在早以前最古最古之初,

世界上不见冰雪,

不见江河,不见山莽,

到处是白雾迷茫,

水珠浮荡,雾罩白气盖满苍穹,

千年不见生息,

万年无有生迹。

玛依耶——玛依耶——

不知过了多少时光,

不知是在何年何月,

一股耀如白昼的葛鲁顿妈妈降生了,

九头八臂,

九头上九双眼睛照穿了白雾,

九头上九个口吹散了白雾

八臂上的手拿着火把,

是石头的火,

是白石头的火,

是黑石头的火，
是红石头的火，
是蓝石头的火，
是绿石头的火，
是亮石头的火，
是硬石头的火，
是柔石头的火，
八样石头的火烧热了雾水，
玛依耶，玛依耶，
轻轻飘上天，
沉沉落入地，
轻者成云，沉者成山。
九头八臂的葛鲁顿妈妈，
眼睛一照山成土，
口一吹土上生了林草，
才有了大地和苍天。
葛鲁顿妈妈，
是神嘎哈之女，
由东海而来。
玛依耶——，玛依耶——呼
鲁顿扎布吴扎拉哩——
葛鲁顿妈妈耶，
苹罕扎鲁奔，
楚芬扎鲁奔，

山音山音我车库，

玛依耶——，玛依耶——，玛——依——耶——。

创世神话歌颂了母神葛鲁顿妈妈。葛鲁顿，笔者从许多神词中发现，与其音近的是"乌鲁顿"，是阳光、晨光之意，在此即为太阳母神。在北方萨满教岩画中将它的八臂画成太阳的光芒，有些神偶将它做成的图形，颇像花瓣形，悬于屋室西方或正东方，象征光明与生命之神，也有些民族将其做成九个头的女性大神供奉。下边的金黄色彩条象征其多臂和光芒。相传它长命不死，"苹罕扎鲁奔、楚芬扎鲁奔"就是千寿万寿之意。这则创世神话，颇与我国古神话《三五历记》中之"天地混沌如鸡子，盘古生其中"，而且也讲其"万八千岁"。在萨满教神话中天地混沌如鸡子，而更具体讲是白雾，在《天宫大战》神话中，也讲天地初开时"天像水一样流溢不定"。华夏神话中的开辟神盘古没讲是男是女，而萨满教神话中的葛鲁顿妈妈是女性创世神，可见其对女性的崇拜，神话的成形期当在母系氏族社会。当然这则创世神话也有历代丰富的痕迹，神话中石头的颜色与质地，能分辨如此细腻，绝不是原始初民便有的思维能力，系后世

萨满在颂神祝赞过程中修润而成。

无独有偶,在富希陆先生记录的 1936 年在黑龙江省孙吴县四季屯富姓中大萨满富七爷讲述的《富察哈喇史传仪序跳神录》中,对葛鲁顿创世神话,有另一个传诵"神头":

> 喀勒奔噜耶——喀勒奔噜耶
> ——噜耶噜——,噜耶噜,
> 浦察喇喇恩都林朱可腾沙,
> 乌朱安班巴那雅,
> 安班嘎哈乌尊哇西卡——,天地初开最起根啊,
> 九头的妈妈奥雅尊,
> 乌云乌朱奥雅尊,
> 清浊分天地,
> 九色的神石照云气,
> 才使昏浊的白雾现光明。
> 奥雅尊的九块石头,
> 打碎后变成了无数星星,
> 头发变成了彩虹,
> 汗珠变成了雨水江岔,
> 九个手变成了无数山岭,
> 绵延无边。
> 噜耶噜——,噜耶噜——,
> 山岭上才长出榆柳,
> 虫鸟随风而生,

遍地鸣唱,

噜耶噜——。

富察氏萨满祭礼的"神头"中之女性大神叫奥雅尊,实际上同吴扎拉氏神话"神头"中的伟大女神葛鲁顿是同一位尊神,都是萨满教远始神话中的创世母神,也是生得九头九臂(手),也使用神石,是光明神、太阳神,连她使用的石头都是星辰,而且有了万物母神后,才衍生出天地、山川,才有了大地。奥雅尊或称葛鲁顿,是宇宙间的造物女神,是造物主。

"奥雅尊"或"葛鲁顿"母神,在黑龙江省瑷珲县坤河达斡尔老萨满吴德根的神词中,唱成"哝母呀,哝牙,/腾格日毛雅那拉妈妈哝——,/降世光明千代"①。"腾格日"是天,"那拉"是日、太阳,"毛雅"一词,我认为很可能是从"奥雅尊"与"葛鲁顿"等女真语中借用而来的,达斡尔族也称这位女性大神是太阳天神,是光明之神,所以在"毛雅"(奥雅)之后标明是太阳妈妈,是一位光明女神;在鄂伦春萨满神词中也有这位伟大的女神,不过她被称为"奥伦妈妈",管仓库的女神,后传说是一位妇女逃进了月宫而成神的,实际上是月神,仍为光明之神。

在有些满族及其先世女真诸部神话中,将奥雅尊或葛鲁顿称为"敖鲁效玛法"或"敖效玛法",如满族那姓。徐姓光绪十三年萨满神本的神头,也颂其创世之功。其中的神雀歌颂敖

---

① 摘自《瑷珲祖风遗拾》。

效玛法将浑浊的白雾照进光明，用石火分出天地，上下宇宙，生出山川云水，才有了大地。但不是女神，说明在满族萨满教创世纪神话中，也不单纯都是女性本位的女性大神。而且，在有些姓氏神本中女性神演变成了伟大的男性大神。这充分说明这些姓氏的萨满创世纪神话，是后来更改的，可以说是在父系祖先崇拜观念在萨满祭祀神话中占非常重要地位时，才出现的神性性质的变化。这些姓氏神话是吴扎拉姓与浦察氏萨满古创世神话的发展与衍化。

在1980年，我们在珲春发现的那木都鲁哈拉萨满神谕中，排神"神头"中的前几句却不同，其中有"额依耶——，额依耶——，那木都鲁哈拉额林德，奥鲁温妈妈恩都里沙所林必"的神谕，词意是恭请奥鲁温神母降临神堂，这是背灯时恭请的光明之神。"奥鲁温"也是标音上的问题，实际上仍是"葛鲁顿"妈妈，或叫奥雅尊妈妈，是女真诸部共同敬奉的创世大神。可见神谕中的神话随着该部族（姓氏）的生活进化在发生着不同的变异，越在边僻的山乡中的满族及其先祖，其世传神谕的古老面目越易保持下来。由此亦可说明，奥雅尊大神虽有个别姓氏称其为男性大神，但多数姓氏仍尊崇其为伟大的赐予人类光明与生命的女性创世大神。

随着社会的进化，不少满族姓氏如石姓、罗关姓、杨姓、郎姓、祁姓、赵姓、何姓、阎姓、高姓、韩姓等诸家萨满神谕中的开篇创世神话，已经非常简单。有些姓氏创世神话久已失传，萨满已有数代无能敬咏者，甚至问其情况竟不知有"创世神头"之说。也有些姓氏崇敬创世主女神，但"神头"也只有

"开天辟地,有浑有素","天地初分,清浊两开,星月在天,山河在地"(译文大意)等,神话被简略了。

以上,便是萨满教著名的远古"女神创世说"。

"女神创世说",最远还是产生在距今数万年前的母系氏族社会时代,氏族宗教意识趋于繁荣的时期。地球的地壳变迁在其形成过程中发生多次变化,地球的冰缘期、洪水期都是具有代表性的,特别是地球的洪水期,对地球上的生命是极大的罹难,对地球也是巨大的破坏。从北欧神话到希腊神话乃至我国华夏神话都有著名的"洪水神话"。北方萨满教也不例外,在它所有的神话中,洪水后生命复生神话十分丰富,且成为独具特色的另一类创世神话。其中,最有代表性的神话,便是"动物创世说",颇有影响,流传广泛。

(一)动物创世神话

动物创世神话,在满族萨满教神谕中一般尊称"夫克金申哥"(即创世神灵),颇有影响,最为各部族老幼传诵,并且有神偶祭奉。

清光绪十六年库伦七姓萨满神册中便有"佛喝申哥"神话,即小海豹神的神话。引下段满语创世神词一小节:

> 诺诺德,诺诺克,穆克芬得穆克芬得,穆克芬得阿布卡巴亚,呼分克利莫德利,沙布苏拖里斐,额勒恩得,布丹阿基查呼胡,热克得,阿基拉米,哈哈合合抄拉木必林德毋必,拖毛必阿库,拖里木必衣拖里木必,阿根突阿七佛喝申哥,阿衣毋斐得敦顿毋库,沙门图得米,巴那夫克

甚，额嫩耶阿金毕。

前引满文的大意是：

> 从前啊从前，地上是水，天上是水，到处像一片大海，水浪像拖里（神镜）飞闪，就在这灾难里啊，什么生命也难活。男男女女挣扎灭绝，漂流啊无处栖身。远处来一位保佑人的海豹神灵，把男女驮到身上，这是天上萨满助佑的，到岛上洞里生育后嗣。

在萨满文化中确实保留许多颇有文采的萨满神谕，既是难得的北方创世神话史料，也是难得的口碑传说。

在满族聚居的黑龙江沿岸一带，过去流传着著名的神话故事《白云格格》，这是神鹊救世的神话。神话大意是：

> 传说，天地初开的时候，天连水，水连天，天是黄的，地是白的。渐渐，渐渐，世上才有了人呀，鸟呀，鱼呀，兽呀，虫呀，后来发生了洪水，像从天上灌下来，一连三千三百三十六个日夜，遍地汪洋，白浪滔天。人呀，鸟兽呀，混在一块漂流，谁也顾不得伤害谁，都在黑浪里嚎叫，挣扎……慈祥的一群花脖喜鹊，向青天哀叫，请天神阿布卡的小女儿白云格格拯救生灵，白云格格背着严威的父亲天神阿布卡恩都里，往大地上扔些小木枝，于是大水里出现千根、万根巨树。人呵，用漂在水上的绿树，

凿成威呼（小舟）逃命；鸟啊，从此总是叼小细枝，在高树上絮窝；虫啊，兽啊，爬到木头上，漂呵，漂到远处藏身。剩下的枝杈，在浅滩扎根，慢慢，慢慢变成了兴安岭松林窝集……

这则神话，显然经过了时代的润改，阿布卡已变为帝王统治者的形象，但仍可看到北方古洪水神话的基本影子。

在北方创世神话中，动物成为神话的主人公，与北方诸民族古代长期以渔猎经济为主有关。他们崇祀的动物神祇很多，产生了许多很富想象力和饶有兴味的创世神话，如北方诸民族对刺猬特别敬重。刺猬是十几万年前就已生存在大地上的古老动物。在神话中，认为在天地初开时，是刺猬用身上的背刺扎来果实，养活了洪水期海豹救出来的一男一女，才绵延了人类。神鹰哺育了人类第一个女萨满，在神鹰妈妈不在时，是一群刺猬遮盖住了她，不使她受到毒虫和猛兽的伤害。刺猬是天神近日女神宁额妈妈变成的，是巡察大地动颤的使者——她回到天上便是刺猬星，仍为大地俯瞰守宅，冬雪的北方是她引导日神顺格格临现寒空，照暖大地。

从考古学方面出土的大批文物可知，我国北方是旧石器时代以前的原始动物如猛犸、披毛犀等动物群生栖活动之地。1963年来在安图县石门山采石场中就发现"安图洞穴出土的猛犸象、披毛犀化石"[①]，而且考古学者证实，"该动物群几乎

---

① 引姜鹏：《吉林安图人化石的研究》。

遍布吉林省境内乃至东北地区"。因此，在萨满教创世神话中，满族等北方诸民族在祭祀中出现一些奇特的动物神，有的神巨大无比、力量无穷，有的神能开沟掘水、拔树苔草。萨满降神昏迷后表演这些神的奇异神力，有的民族称其为恶神，或称魔鬼。满族佟姓、胡姓等有力神玛法，大力瞒尼，其神形便是有人的慈善心灵和智慧，但其灵魂是一种顶天立地的怪兽。蒙古族称"蟒盖"，达斡尔族称"莽古斯"，鄂伦春族、鄂温克族都称为"满盖"、"莽倪"，满族称"玛虎斯""玛虎"等，赫哲族也称"玛琥"，实际便是同一恶神。其力大无比，残食人畜，这是远古时期人类对某些巨兽的恐惧心理而萌生的宗教观念的残存。

在满族及鄂伦春族、鄂温克族等民族中，也有关于怪兽创世的神话。在萨满神词中也有关于怪兽开天创地的神话。徐姓神词中有"安班德德瞒爷"，"头生单角，创地开沟，堆石为山，山高石下，安班德德瞒爷死于石害，埋入土中，土日日长，地日日沉，出现了高山，沉在地下化为白石，族人吃山住石棚，传嗣百代"[①]。在鄂伦春族神话中，讲述土地在冰水时期，是"玛尼神"钻到水下，用长角巨牙掘土造地，翻起沙砾，地上才有山谷，生长狍鹿。大地最初是"玛尼神"创造的。[②] 玛尼神，很可能就是古代的猛犸一类的原始巨兽。

在满族亢阿塔氏萨满祭祀与曷奚里氏萨满祭祀中，都有一

---

① 引自《瑷珲祖风遗拾》。
② 满族伊尔根氏神词译文摘引。

些白水鸟神,其鸟虽小可有千斤担力。萨满迎请该神降临,便用嘴咬住扁担,能担起千斤石土,疾步如飞,更奇者能攀援高树,称其为大力神鸟。在萨满神话中,白水鸟也是创世纪时有功神鸟,大地洪涛不落,白水鸟从远地衔石堆山,有了一块平地,蟒尼神和扎布占神(蟒神)将土越堆越多,越积越高,才有了人生存之地。鹰神妈妈哺育的第一个女萨满,刺猬照护、白水鸟为之遮雨挡风,小女孩才长成人类第一位大萨满。白水鸟也是为萨满施恩的生母之一,所以在某些姓氏的萨满神服以及两肩上的小鸟,不是鹰,而是白水鸟。鸟服萨满披饰,在满族有些姓氏如东海窝集部诸姓、恰喀拉人、黑水女真人以及鄂伦春族、鄂温克族、达斡尔族人萨满神服上,便可见到,头上鹰鸟或鹿角、两肩白水鸟,神威非凡。

(二)人类起源神话

关于人类是怎么产生的问题,在北方民族古神话中,占有很大比重。原始初民对宇宙各种现象的奥秘期望能够得到解释。北方诸民族所特有的生活环境和思维形式,孕育了很多饶有情趣的人类起源神话。

鄂伦春族[1]:传说人最远古的时候,和动物区别不大,全身是毛,只有两条腿,没有膝盖,和野兽同样奔跑在荒野里。当时居住洞穴,不知用火,没有衣服,靠生吃蘑菇过生活,也

---

[1] 参考书:《鄂伦春族简史》《鄂伦春族社会历史调查》《黑河地区民间文学集成》《鄂伦春人的原始社会形态》《北方民族原始社会形态研究》《黑龙江民间文学》。

吸吮桦树皮中流出的甜汁。全身是毛的人，就是最初的鄂伦春人。

还有的人传说：人是由恩得利神用泥做的，地球上凡是能呼吸的动物，最早也是恩得利神创造出来的。恩得利神做人时，头一次是把肉和泥拌在一起，做出人以后，人能呼吸了，但不能走路，于是在肉和泥里加入了骨头，这才使人既能呼吸，又能走路了。又传说：几万年前，由于火山爆发和洪水把所有的人类都烧死、淹死；只剩下一男一女；有的说只剩一个男人和一只猫，后来猫变成了女人，才有了后代。有的传说还讲：早年深山密林中只有一个老太婆。有一天有个善良的神仙化身为猴子，来到老太婆居住的山洞。他们同居以后，生下一男一女。现在的鄂伦春人就由这一男一女——兄妹二人繁衍而来。

瑷珲县新生乡鄂伦春族莫庆云、车景珍等老人还讲：很早很早的时候，恩都利看到地上没有人，光是野兽，就用老榆树皮扎成一帮人，让他们拎着棒子，拿着石头打野兽，打死的就吃肉了，没打着的也都吓跑了。从打这时起，人就一天比一天多起来，野兽也就一天比一天少啦。那么，男人和女人怎样分出来的呢？传说恩都利是用野兽和鸟的肉和毛扎成十个男人，还想扎十个女人，肉和毛用光了，就用泥做了十个女人，用土捏成的女人软，一点劲没有，啥活都不能干。恩都利就摘来水果子，给每个女人嘴里都塞一颗，女人就变水灵了，身板也灵份了，力气也大多了。干啥活男人都不是女人的个。男人不服气，向恩都利告状。恩都利就赏给每个男人一支弓箭，让他们专门打野兽。

鄂温克族[①]：在太阳出来的地方，有个白发老太太，她有个很大很大的乳房。老太太是个抚育万物的萨满，人间的幼儿幼女，都是由她来赐予的。传说人是天上的北斗星赐给的灵魂，由南斗星给寿数（年岁）。正是因为这种缘由，在鄂温克人早年风俗中，才留下了宰杀牲畜祭祀北斗七星的仪礼。

还传说：很早很早以前，隔不多长时间，就闹一回天塌地陷，定不可移，总也没有消停过。每回塌陷过后，都是生灵遭难，世上只剩下一男一女。后来的人类，就全靠他俩才传留下来的。还传说，在地球的边沿上有一个老太太，手里拿个很大的簸箕。她端起大簸箕一扇忽，大地就刮起风来。还传说，很久很久以前，有个叫保鲁根巴格西的天神，她用地面上的泥土，捏成一个一个的人形和世界上的万物，从此，就开始有了人类的繁衍和世间那些为人所用的物件。可是，捏来捏去，把眼前的泥全用光了，再也捏不成别的东西了。保鲁根巴格西知道泥土被压在一个名叫阿尔膝雨雅尔的大龟身子底下。多亏英雄的尼桑萨满，箭射神龟，大神得到泥土，又日夜不息地造人和造万物了。从那时起，人渐渐多起来，世间的万物种类也越来越多，神龟的四只脚，渐渐变成四根粗大的柱子，支撑着茫茫无边的苍天。这样，天和地也就慢慢分清了界限。只是，因那神龟四只脚擎举苍天时间太久了，也支得太劳累，因而，总要松动一下身子。每当欠动身躯时，总要引起天地摇晃，有时还要溢出滔天洪水。这样，就出现了人间的"地动"。此外，

[①] 引自《鄂温克族社会历史调查》《黑龙江民间文学》。

在人类起源传说中还传讲，在遥远的过去，在一条大河边，住着个猎人。一天，来个狐狸和他做伴，以后常来给猎人扫地做饭。后来，狐狸变成了一个漂亮姑娘，他们结了婚，生了十个孩子。十个孩子各有特长，和气地居住在一起，说着同一种话。有一天神在天空中巡视，变成了一根大柱杆子，人们便争先恐后地向上爬去，快到顶时都掉下来四散了。从此，他们之间的话也就不同了。

达斡尔族[①]：很古很古时候，人没有膝盖骨，力气也大，朝前朝后进退都能跑，跑得比风还快，打猎不用弓箭刀枪。什么狍子、鹿、野兔等走兽，硬撑也能抓住它们；虎、豹、猪等猛兽，用石块、木棒就能打死它们。后来，野兽到恩都利那里哭告：说人把地上野兽都要抓完了。再不制止野兽要断子绝孙了。恩都利就从天上往人的膝部扔下一块又扁又圆的骨头。从那以后，那块骨头就长在人的腿上，成了膝盖骨。有膝盖骨碍事，人就跑不了从前那么快了，并且只能朝前跑。再不能退着往后跑了。还传说，当初，恩都利把这种文字分别装在松、桦、柳、杏和金、银、铁、锡、铜箱子里，送往人间。途中渡海时起了狂风巨浪，翻了船。木箱轻，漂到海岸，为人们所得。可是，装了达斡尔文字的铁箱，由于沉重，沉在海底了。这样达斡尔族就失掉了自己的文字。

满族[②]：传说，女神奥雅尊创造了大地山川，便用黄泥捏

[①] 白杉同志整理资料中引用；引《达斡尔族简史》。
[②] 引自《天宫大战》中资料汇集、《黑龙江民间文学》。

人，在太阳底下晒干，忽然，下了一场大雨，女神往屋里急着捡泥人，一使劲，有的碰坏了胳膊和腿。所以，世上的人有好人还有瘸子和瞎子。还传说，鹰神格格抚养了世上第一个女萨满，夜里鹰神守护，白天刺猬看护，白水鸟给啄来果实，女萨满越长越高，阿布卡恩都里便教她神技，想到世上还没有人呢，便叫白水鸟到东海去采小青芽柳枝，给小萨满吃。白水鸟飞呀飞，千里迢迢，又遇风雨狂涛，万分疲累，到了东海岸，便急匆匆地啄了一枝柳叶，就扇开了大翅膀飞了回来，正巧鹰神格格到阿布卡赫赫那里谈天，等想到白水鸟该返回来了，就返回小萨满住处，一问，白水鸟已让小萨满吃下肚里去了。小萨满也因为长柳叶又青嫩又芬香，爱不释手，便放到嘴里吃下肚中。鹰神格格忙从小萨满手中抓过一片仔细一看，大吃一惊。原来不是小青芽柳叶，而是大黄芽柳叶。吃了这种柳叶，萨满生下的后代，便不都是心地慈祥的白萨满，也有心地险恶的黑萨满。所以，世上后来的萨满有为氏族服务的萨满，也有以鬼怪妖邪蛊人的巫师。

满族先世女真人的一支乌迪赫人，留在我国东北的族人叫恰喀拉。在他们的神话中还传说，远古的时候，大地上生有很多树林、花草，什么动物都有。有一个老妈妈，自己在林子里生活，一个人感到很寂寞，闲着没事，就用石片刀刻几个木头人，把它们拿到太阳底下晒，一晒这些人就活了。这么一来，世上就有了人，有男有女，有老有少。

满族萨满教中的人类起源的神话，多数与本氏族族源神话相混杂在一起。关于人类起源的神话在各民族中还有许多传讲。

(三)《天宫大战》创世神话——神魔争世创世神话

1.《天宫大战》创世神话的产生与传承

在北方诸崇奉萨满教的民族中均有以自然宇宙鏖战为内容的《天宫大战》创世神话。世界和地球、宇宙是怎么创造出来的？造天造神运动是如何产生的？《天宫大战》都作了详尽而生动的解答。这是北方先民又一重要的创世说，在北方神话学与民间口碑文学中，有着广泛的影响。《天宫大战》讲述了创世之初善与恶、光明与黑暗、生命与死亡、存在与毁灭两种势力的激烈抗衡。萨满教观念认为，人类创世之初，必有一番两种针锋相对的殊死搏斗，最终以善、真、美、光明获胜，万物才真正获得了生存的权利与可能，人创造了人类世界。这种思想旋律是健康的、向上的，是人类在艰苦崎岖的生存竞争中产生并积蓄了的开拓精神，任何懦怯、畏葸、苟让都是毫无生命意义的。正是这种勇武高尚的生存意识和观念成为北方诸民族不惧自然界各种自然力的精神营养，深为各族人民代代传颂，喜闻乐道。

在萨满教创世神话数千年来的发展过程中，其对立的恶势力便是"耶鲁里"，或称"勒鲁里"，其源很可能来自于突厥语。因为，除了通古斯语族的诸民族称恶魔为勒鲁里外，在突厥语诸民族甚至北欧有些民族也称恶魔代表名叫耶鲁里。[①] 耶鲁里，是自然界强大而无法抗拒的诸种自然力的象征。在荒蛮的史前时代，人类刚刚从动物群中分野出来，抗御与应付千变

---

① 引自《满洲宗教志》。

万化的自然界的威胁，是相对软弱无力的。另一方面，人们对于自然界所发生的各种自然现象，包括地壳变迁、火山爆发、洪水泛滥以及陡然出现的造山裂谷运动，就会感到恐慌，产生灾险莫测的心理，便把这种异己的、神秘的、超越一切的自然现象人格化，从狭窄的主观想象作出解释，认为："一切自然物体和自然力量，由于一种精神的或一种生命的元气从中起着作用，才显得活泼而有生机"[①]。于是便产生了相互抗争的两种人格化的神，并且人们按照现实生活中人的实际关系，创造了阿布卡赫赫与耶鲁里两种力量的代表。以阿布卡赫赫为代表的善神，还有卡拉依罕，即哈拉罕，或称姓长、氏族长以及各类为民生计所必需的动植物神灵。阿布卡赫赫是女神，是整个自然势力的化身和代表，包罗万象，神威无敌；而以耶鲁里为一方的恶神，还有各种疠疫、疥疮、厄难、罹祸，以及自然界骤生的地陷山颓、风电海啸的职司恶神。

耶鲁里，在北方诸民族中，因长期的口碑流传和本民族语音发声不同而叫法迥别，如：耶鲁里、勒鲁里、耶勒斯、莽斯、莽古斯、莽倪、莽里、莽盖里、莽盖斯、莽盖倪、莽盖、莽虎、玛琥、玛琥里、玛琥兹，等等。"耶鲁里"一词的标准音，是太阳神话恶神神名的基本音。如前所述，"耶鲁里"一词属于阿尔泰语系通古斯语族中的突厥语音，而且与北欧萨满教神话中的译音非常相近，可见相互影响之深。"耶鲁里"一词的词音已随时代的发展、民族的变迁、地域方言方音的

---

① 〔英〕达尔文，《人类的由来》，潘光旦等译，商务印书馆1983年版，第140页。

局限，而于近世呼其为"耶鲁里"。笔者认为这个推断是可能的。但无论如何，可以肯定"耶鲁里"一词，不论各萨满教文化区都有何种称呼，其所代表和象征的神话概念是一致的，是异音同义的，都是指邪恶与魔鬼而言。

在通古斯古语中，称"天宫大战"故事叫"乌车姑乌勒本"。"乌车姑"实际为"神位"、"神板"、"神龛"之意。"乌车姑乌勒本"即"神龛上的故事"，也就是萨满教原始神话。这里所讲神语含义和后世把神话作为一种口碑文学的样式有某种性质上的差异。它完全是作为神的谕训弘布族众，故带有十分庄严敬膜的宗教意义。往昔，北方各民族对于这样神圣崇高的"神们的事情"不是任何人都可以传讲的。对于乌车姑乌勒本的原章原节，字字句句，唯一族中最高神职执掌者，即德高望重的安班萨满玛法（大萨满），才有口授故事和解释故事的资格。在老萨满指导下，往往族权执掌者——罕或达，或穆昆也有神授的讲述才能。当然，也有例外，如据瑷珲县大五家子富察哈喇家族耆老回忆，民国初年，富德才老人曾于病中梦到黑龙江边钓到九条"黑色七星鱼"，醒来疯癫地满屋找"七星鱼"，全家大惊，结果果真在屋外木盆里有九条活着的"七星鱼"。北方民俗，七星鱼又称"鳇鱼舅舅"，见到此鱼渔民视为不祥，渔产不丰。德才便痴言七星鱼引他见江中一白发婆，口授《乌车姑乌勒本》九段，从此便能疯讲《天宫大战》，其细节竟超过萨满本传内容，使萨满敬佩崇拜之。[1] 类似这样传

---

[1] 《瑷珲祖风遗拾》引摘。

奇性的神授梦传故事，在鄂伦春、索伦人中过去也有流传。

《乌车姑乌勒本》，被尊视为神训神书。瑷珲县和孙吴县萨满传诵的满族《乌车姑乌勒本》，系由吴纪贤和富希陆先生于伪满康德六年在四季屯白蒙古萨满口中记录的。白蒙古，满族，原名不详，因其擅套狍子，又好饮酒，故名"白蒙古"，赞其猎技。白蒙古后嗜大烟成癖，纪贤公等为之烧烟，使之兴起而畅讲，几番周折，才得以袒露真句。吴公攀问，富公援笔，终将古话得以传世。然因存放不慎，雨润霉染，有部分无法辨识，解放时又逢黑河匪患，散佚数节，实为憾惜之事。余部由富希陆先生慎藏，便是现今引用的《天宫大战》神话。当前，黑河一带满族人多用汉语，吴富二公通晓古汉文，喜好汉书，称呼"乌车姑乌勒本"总觉不顺，便据其意而称之为"天宫大战"。"天宫大战"一词，也不单单源出吴富二公，在其他萨满中也有类似叫法，特别是萨满弘讲后传于族众之中，人们按其故事内容称谓"神魔大战"、"天神会战勒鲁里"、"博额德音姆故事"，等等。宁安县民间故事集成中便收录了流传在宁安县地区的满族《天宫大战》神话故事。据介绍，宁安地方的《天宫大战》故事，是"由满族付、关、赵、吴四姓老萨玛口传下来……流传于四姓萨满中"[①]。

另外，在《布里亚特蒙古民间故事集》中，也保留了《天宫大战》型的斗魔故事，如充满神奇幻想色彩的"多头恶魔"

---

① 引自黑龙江省宁安县民间文学集成编委会1987年10月3日汇集而成的《宁安民间故事集成》第一辑。

（蟒古斯）型故事（即民间俗称的《降伏蟒古斯的故事》或《平妖传》）。"在这个奇丽的幻想世界里，我们可以看到善良智慧的布里亚特人民，当年所期望过的坐毯上天、潜水入海、登上星球、起死回生，随意来往于太阳、月亮之间，自由与各种动物交流心声，以及隐匿身形、变幻莫测等美好奇异的幻想，是怎样通过在现实世界与大自然和社会的多种形式的斗争去实现、反映的。"① 布里亚特蒙古民间流传的斗魔故事，也是《天宫大战》的内容。

散在民间的《天宫大战》神话，在鄂伦春、鄂温克等民族中，多数将斗魔故事充分传播和渲染出去，实际上它们仍是源于萨满教《乌车姑乌勒本》神话，即《天宫大战》创世神话中的某一部分，或者依据其中的基本情节，在民间又丰富和衍化而成的新斗魔故事。这些故事的突出特征是，它们已经脱胎于原始宗教色彩浓重的《天宫大战》氛围，而更多地与现实生活中人间的恶势力相结合，更具有人民性和现实性。

2.《天宫大战》创世神话选录

《天宫大战》神话故事，是原黑水女真人中流传的故事。相传最早在清康熙年间八旗兵戍边，屯兵于萨哈连水（黑龙江）江右，几经雅克萨等战役，时有当地土著女萨满叫博额德音姆萨满，是骑一头九叉白驯鹿的走屯萨满，能急流渡江，常见其为江左江右族民医症，甚有神效，又能吹一束白鹿毛看

---

① 引自《布里亚特蒙古民间故事集》，郝苏民等译，中国民间文艺出版社1984年版，"前言"部分第4页。

卜，用九块鳇鱼大骨做"恰拉器"（响板），行走携带，能歌善舞，说唱故事三日三宵不绝，《乌车姑乌勒本》相传出自她口。

在满族民间流传的长篇英雄传说《萨大人传》——黑龙江将军萨布素镇边的传奇故事中，有位宝德音大萨满，是一子身老妪，骑鹿神游于黑龙江上下两岸诸部落间，白发不知其岁，暮年不知其所终，能数夜说唱乌勒本，手击鱼骨踏舞蹦跶，尊称疯妈妈。

在伪满时期民间还有老人能讲疯妈妈的许多神医神占、为民救难扶贫的故事。前文介绍的白蒙古，便是其中一位能讲唱她传述下来的神话故事的。据记录者当时索问，称源于师教，问其萨满色夫学于谁时，亦称梦授于白发婆。故事中有不少卜释秘语和类似偈语一类的谶言，足见近世北方萨满教受到佛、道宗教文化的影响。

其内容选录如下：

头腓凌[①]：

从萨哈连下游的东方，走来骑九叉神鹿的博额德音姆萨玛——

天上彩霞闪光的时候，萨哈林水跳着浪花的时候，天上刮下来金翅鲤鱼，树窟里爬出来四腿的银蛇，不知是几辈奶奶管家的年头，从萨哈连大下游的东头，走来了骑着九叉神鹿的博额德音姆萨玛，百余岁了，还红颜满面，白

---

① "腓凌"，系满语，意为"回"或"次序"。

发满头还年富力强,是神鹰给她的精力,是鱼神给她的水性,是阿布卡给她的神寿,是百鸟给她的歌喉,是百兽给她的坐骥,百技除邪,百事通神,百难卜知,恰拉器传谕着神示,厚爱众族的情深呵犹如东方的太阳神(光)照彻大地……

这便是唱词的开头,本用满语讲诵,但由于当时记录者声韵铿锵,舒缓有效,情感深沉,致使用汉意记录。据说用满语讲唱,全座迷醉,如聆听家珍。而且,因讲述者亦即兴回忆,即兴咏吟,不十分连贯,并未有故事细节。记录者便是零散咏述地记录,故称其为北方古神话集锦。博额德音姆萨满,据纪贤、伯严等先生向通晓土语的满族老人询问,都解释为"家里已经走了(去了)的萨玛",意思就是已经死去的本氏族萨满,也就是萨满的魂魄传讲的神龛上的故事。博额德音姆萨满,本身就是一位才艺卓绝的歌舞神,又是记忆神,对她的神话传说就很多。相传,她附体于萨满身之后,便要歌唱、舞蹈,通宵连唱,歌喉婉转,从不知疲累,喜动不喜静,能用木石敲击出各种节拍的动听音节,能张口学各种野山雀的啼啭,同雀啭无异。能站在猪身上做舞,猪惊跑不掉。更惊奇者是,她魂附萨满体后,若问萨满本部族某支某人某代逸事,她能滔滔而诉,时间、数字不错。所以,往昔萨满祭祀时,若要查访失落方向与地址的祖坟址、原祖居地河口、祖谱远代宗嗣接续不清或生疑窦,便要迎请白发女神博额德音姆萨满,降临神堂,指点迷津,故此其备受满族诸姓萨满崇仰。

贰肺凌：

世上最先有的是什么？最古最古的时候是什么样？世上最古最古时候是不分天不分地的水泡泡，天像水、水像天，天水相连，像水一样流溢不定，水泡渐渐长，水泡渐渐多，水泡里生出阿布卡赫赫。她像水泡那么小，可她越长越大，有水的地方，有水泡的地方，都有阿布卡赫赫。她小小的像水珠，她长长的高过寰宇，她大得变成天穹。她身轻能飘浮空宇，她身重能深入水底。无处不在，无处不有，无处不生。她的体魄谁也看不清，只有在小水珠里才能看清她是七彩神光，白亮湛蓝。她能气生万物，光生万物，身生万物，空宇中万物愈多，便分出清浊，清清上升，浊浊下降，光亮上升，雾气下降，上清下浊。于是，阿布卡赫赫下身又裂生出巴那姆赫赫（地神）女神。这样，清光成天，浊雾成地，才有了天地姊妹尊神。清清为气，白光为亮，气浮于天，光游于光，气静光燥，气止光行，气光相搏，气光骤离，气不束光，于是，阿布卡赫赫上身才裂生出卧勒多赫赫女神（希里女神），好动不止，周行天地，司掌明亮。阿布卡赫赫、巴那姆赫赫、卧勒多赫赫，同身同根，同现同显，同存同在，同生同孕。阿布卡气生云雷，巴那姆肤生谷泉，卧勒多用阿布卡赫赫的眼发布生出顺、毕牙、那丹那拉呼（日、月、小七星）。三神永生永育，育有大千。

叁腓凌：

　　世上怎么有了男有了女？有了虫兽？有了禀赋呢？阿布卡赫赫性慈，巴那姆赫赫性憨，卧勒多赫赫性烈。原来三神生物相约合力，巴那姆赫赫嗜睡不醒，阿布卡赫赫和卧勒多赫赫两神造人，最先生出来的全是女人。所以女人心慈性烈。等巴那姆赫赫醒来想起造人事，姐妹已走，情急催生，因无光而生，生出了天禽、地兽、土虫，都是白天喜睡，夜出活动。因无阿布卡赫赫的慈性、相残相食，暴殄肆虐，还有虫类小兽惧光怕亮，癖好穴行。那么又怎么有了男人呢？阿布卡赫赫见世上光生女人，就从身上揪块肉做个敖钦女神，生九个头，这样就可以有的头睡觉，有的头不睡觉，还从卧勒多女神身上要的肉，给她做了八个臂，有的手累了歇息，有的手不累辛勤劳碌，让她侍守在巴那姆赫赫身旁，使巴那姆赫赫总被推摇，酣不成眠。阿布卡赫赫、卧勒多赫赫这回同巴那姆赫赫造男人。巴那姆赫赫身边有捣乱的敖钦女神不得酣睡，姐妹又在催促快造男人，她忙三选四不耐烦地顺手抓下一把肩胛骨和腋毛，和姐妹的慈肉、烈肉，搓成了一个男人，所以男人性烈、心慈，还比女人身强力壮，因是骨头做的。不过是肩骨和腋毛合成的，所以男人身上比女人须发髻毛多。肩胛骨常让巴那姆赫赫躺卧压在身下，肩胛骨有泥，所以男人比女人浊泥多，心术比女人巨测。阿布卡赫赫说，这还不算男人啊，男人女人不同在哪啊？卧勒多赫赫也不知男人啥样？巴那姆赫赫便想到学天禽、地兽、土虫的模样造男人。男人多一个"索索"①,她抓身上一块肉闭着眼睛一下子摁在山雉乌勒胡玛身上,所以山鸡屁股上多个鸡尖和一个小肉桩;姐妹说摁错了,她又抓下一块肉摁进了水鸭肚子里,所以水鸭类的"索索"(雄性生殖器)长在肚腔里;姐妹又埋怨摁错了,她抓下一块细骨棒摁到了身边的母鹿肚底下,母鹿变成了公鹿。从此凡是獐鹿狍狂类雄性的"索索"像利针,常在发情时刺毙母鹿,锋利无比。姐妹俩又生气说给安错了,巴那姆赫赫这时才苏醒过来了,慌慌忙忙从身边的野熊胯下要了个"索索",给她们合做成的男人型体的胯下安上了。所以,男人的"索索",跟熊罴的"索索"长短模样相似,是跟熊身上借来的。所以,兽族百禽比人来到世上早。

肆腓凌:

世上最早的恶魔怎么生的?最凶的魔鬼是谁?敖钦女神九个头颅,想的事超过百禽百兽,眼睛时时有睁着的,耳朵时时有听着的,鼻子时时有闻着的,嘴时时有吃东西的。所以,她把百禽百兽的智慧和能耐都学通了;她的手时时推摇巴那姆赫赫,练得力撼山岳,猛劲无穷。她总看守巴那姆赫赫,也甚觉没趣儿,有时就发怒吼闹。因她身子来自阿布卡赫赫和卧勒多赫赫,吐出的云气和烈火更伤害巴那姆赫赫的宁静。巴那姆赫赫本来就烦恶敖钦女

---

① "索索",满语,女真土语,指男性生殖器。

神，一气之下用身上的两大块山碴子打过去，一块山尖变成了敖钦女神头上的一只角，直插天穹；另一块大山尖压在敖钦女神肚下，变成了"索索"。敖钦女神被两块山尖一打，马上变了神形，是一角九头八臂的两性怪神。她自己有"索索"，能自生自育，又有阿布卡赫赫、卧勒多赫赫、巴那姆赫赫身上的骨肉魂魄，又有九头学到百能百技，有利角可刺破天穹大地，刺伤了巴那姆赫赫，钻进巴那姆赫赫肚子里。她自生自育，生出无数跟她一样的怪神。这就是九头恶魔神——无往不胜的耶鲁里大神。它性淫暴烈，能化气升天，它能化光入日，它能凭角入地，对三女神毫不惧畏，反而欺凌女神们。巴那姆赫赫再不能宁静酣眠了，耶鲁里大神闹得她地动山摇，肌残肤破，地水横溢，闹得风雷四震，日月无光，飞星（流星）满天，万物惨亡。

伍胇凌：

世上最早的鏖战是什么？世上最惨的拼争是什么？九头敖钦女神变成了一角、九头、自生自育的恶魔耶鲁里，凌辱三女神，自恃穹宇无敌。她知道卧勒多赫赫有个布星桦皮口袋，能骗得到手就可以独揽星阵，可吃住、藏身，同阿布卡赫赫抗衡无阻。于是，她把九个头变成九个亮星，像太阳一样，天上像有了十个太阳。阿布卡赫赫和卧勒多赫赫大吃一惊。卧勒多赫赫忙用桦皮兜去装九个亮星，亮星装进去了，刚要背走，哪知连卧勒多赫赫也给带入地下。原来兜套在耶鲁里九个脑袋上，耶鲁里力大无比，卧勒多赫赫成了俘虏。卧勒多赫赫乃周行天地的光明神，与巴那姆赫赫为同根姊妹。耶鲁里把她囚入地下，她的光芒照得耶鲁里九个头上的眼睛失明，头晕地旋，慌忙将抓在手上的桦皮布星神兜抛出来，正巧是从东往西抛出的，布星女神卧勒多赫赫便从东往西追赶，得到了布星袋。从此，星星总是从东方升起，向西方移动，万万年如此，就是让耶鲁里给抛出来的星移路线。

凶暴的耶鲁里，扰得天昏地暗，日月星辰，黑暗无光亮。耶鲁里打败了卧勒多赫赫，便想征服阿布卡赫赫，便去找阿布卡赫赫打赌，狡猾的耶鲁里凭着有九个头上的神眼和九个头的智谋，向阿布卡赫赫提出看谁最有能耐寻找到光明，看谁最先分辨出天是什么颜色，地是什么颜色。耶鲁里凭着恶魔的眼力，在暗夜的冰块上找到了白冰，而且理直气壮地说：我敢打赌天与地都是白色的。说着，它让自生自育的无数耶鲁里，到遥远的白海把冰山搬来，阿布卡赫赫苦无良策，处处是白森森的、凉瓦瓦的、白茫茫的，危急时刻巴那姆赫赫派去了身边的九色花翅大嘴巨鸭，它翅宽蔽海，鸣如儿啼，把阿布卡赫赫从被囚困的冰天中背上蓝天，躲过了灾难。可是，冰海盖住了天穹，蔽盖了大地，大嘴巨鸭口喷烈火，把冰天给啄个洞，又啄个洞，一连气儿啄了千千万万个洞，从此才又出现了日月星光，才有了光明温暖。耶鲁里搬来的冰雪老也化不完。大嘴巨鸭的嘴，在早也是又尖又宽又厚又长的，像钻镐，就因为援救阿布卡赫赫、凿冰不息，大地有了光明，可鸭嘴却从此以后让冰凌巨块给挤压成又扁又圆的了，双爪也给挤压成三片叶形了。

陆胼凌：

世上谁是长生不死的神？谁是不可抗争的神圣大神？九头恶魔耶鲁里率领自生自育的成千恶魔，吐噬万物，称霸苍穹，浊雾弥天，禽兽丧亡。可是，耶鲁里九头八臂都能裂生恶魔，眼睛生恶魔，耳朵生恶魔，汗毛孔里都钻出小小的耶鲁里模样的恶魔，像蟒蚁、像蜂群齐向阿布卡赫赫围击。阿布卡赫赫杀死一群又一群，耶鲁里连生不灭。恶魔反倒比以前更凶更多。在分不清天分不清地的时候，有个多喀霍神。这位女神就是以石为屋，常住在巴那姆赫赫肤体的石头里。她能帮助众神获得生命和力量，并有自育自生能力。她听说九头恶魔耶鲁里在天穹里大显神威，阿布卡赫赫、巴那姆赫赫也无可奈何，天昏地暗。巴那姆肤体被触角豁伤，伤痕累累；阿布卡肤体也被触角扰得飞星落地、白云不生。七彩神光被九头遮盖只能见到红色和黑色。见到世上恶魔逞凶，她便和阿布卡赫赫身边的西斯林女神商量，让西斯林女神施展风威，用飞沙走石驱赶魔迹。西斯林女神是阿布卡赫赫的爱女，生下来就神威无比，而且是穹宇中的力神，是卧勒多赫赫的两只大脚。阿布卡赫赫就是从卧勒多赫赫身上要的脚上的肉，和她的慈肉，合成了敖钦女神的，所以敖钦女神能巡行大地，不知疲累。敖钦神一下子变成了九头恶魔耶鲁里后，耶鲁里因身上有卧勒多赫赫脚的肉，因此也具有摇撼世界的风力，力大无穷，疾行如闪。但耶鲁里终究比不上西斯林女神威武有力，因她统管天宇的风气，能小则小，能大则大，所以能背得动装满星云的桦皮口袋。西斯林女神见到阿布卡赫赫被困，便同意多喀霍女神的所求，搬运巴那姆赫赫肤体上的巨石，追打魔群耶鲁里。耶鲁里在得意志满时，突然遭到飞来的满天巨石击打，无处躲身，便仓惶逃回到地下，暂躲起来，天穹才又现出光明。耶鲁里不甘心，又去找阿布卡赫赫说，你若是敢跟我比试飞速，若是超过我，追过我，我就服输，再不捣乱苍穹，情愿做你顺从的侍卫。阿布卡赫赫心想你怎么飞跳，也跳不出我的肤体之外，又有两个妹妹女神辅佐，必能服你。便同意跟耶鲁里比试高低。聪明伶俐的九头恶魔耶鲁里，有九个头的智慧，九双眼睛的目光，又有三个女神的神力，听了非常自信高兴，暗想阿布卡赫赫上了当。两人约好，开始比试飞力。耶鲁里化光而逝，阿布卡赫赫凭着七彩神火照射，早看得清楚，便追了下去。耶鲁里生性能够自生自育，化成无数个耶鲁里。阿布卡赫赫认不出哪一个是耶鲁里正身，遥望前头有个又高又粗的九头耶鲁里超过其他九头耶鲁里模样，心想这回可算盯住了，绝不能再让耶鲁里藏身，追呵追，九头耶鲁里一下钻进白雾里，阿布卡赫赫刚要抓住耶鲁里一个头，便觉周身寒冷沉重，一座座大雪山压到阿布卡赫赫身上，耶鲁里把阿布卡赫赫骗进了北天雪海里逃走了。雪海里雪山堆比天还高,压得阿布卡赫赫冻饿难忍,这里雪山底下的石堆,里边住着多喀霍女神,温暖着阿布卡赫赫的身体。阿布卡赫赫饿得没有办法,又无法脱身,在雪山底下只好啃着巨石充饥。把山岩里的巨石都吞进了阿布卡赫赫的腹内,阿布卡赫赫顿觉周身发热,因为多喀霍女神是光明和火的化身,热力烧得阿布卡赫赫坐立不宁,浑身充满了巨力,烤化了雪山,一下山又重新撞开层层雪海雪山,冲上穹宇。可是热火烧得阿布卡赫赫肢身熔解,眼睛变成了日、月,头发变成了森林,汗水变成了溪河……所以,后世讲,地上的森林树海、河流,不少是从天上掉下来的。不单是山林、溪流,阿布卡赫赫与耶鲁里拼斗,扰得天空不宁,也把不少生物从天上挤下来。蛇就是光神化身,是从天上掉下来的,虫类也是从天上掉下来的。所以它们在有火和光的春夏才能出洞生活,在无火无光的暗夜和严冬便就入眠了。

柒腓凌:

世上为啥留下竿上天灯?世上为何留传下来爱鲜花的风俗?卧勒多赫赫被九头耶鲁里打败后,神光被夺走了大半,变成非常温顺的天上女神,除了背着桦皮星袋蹒跚西行,默哑无言。阿布卡赫赫就让巴那姆赫赫妹妹照料她,陪她玩耍,怕她安静寂寞,一天命三鸟在天呼唱,天穹才有生气:夜里沙乌沙(猫头鹰)号叫,清晨嘎喽(雁)号叫,傍晚嘎哈(乌鸦)号叫,从此这三种鸟总是轮流呼唱。巴那姆赫赫还将长在自己心上的突姆火神，派到天上卧勒多赫赫身边，用她的光毛火发帮助赫赫照路。天上常常见到的早闪，便是突姆火神的影子。天上常常掉下些天落石，便是突姆火神脚上的泥。九头恶魔耶鲁里闯出地窟，又到天穹逞凶，它要吃掉阿布卡赫赫和众善神。耶鲁里喷出的恶风黑雾，蔽住了天穹，暗黑无光，黑龙似的顶天立地的黑风卷起了天上的星辰和彩云，卷走了巴那姆赫赫身上的百兽百禽，突姆火神临危不惧，用自己身上的光毛火发，抛到黑空里化成依兰乌西哈（三星）、那丹乌西哈（七星）、明安乌西哈（千星）、图门乌西哈（万星），帮助了卧勒多赫赫布星。然而，突姆火神却全身精光，变成光秃秃、赤裸裸的白石头，吊在依兰乌西哈星星上，从东到西悠来悠去。白石头上还发着微光，照彻大地和万物，用生命的最后火光，为生灵造福。南天上三星下边的一颗闪闪晃晃、忽明忽暗的小星，就是突姆女神仅有的微火在闪照，像天灯照亮穹宇。后世人把它叫作"车库妈妈"，即秋千女神，从此后世才有了高高的秋千杆架子、吊着绳子，人头顶鱼油灯荡秋千，就是纪念和敬祀慈祥而献身的伟大女神突姆。后世部落城寨上和狍獐皮苫成的"撮罗子"前，立有白桦高竿，或在山顶、高树上用兽头骨里盛满獾、野猪油，点燃照天灯，岁岁点冰灯，升篝火照耀黑夜，就是为了驱吓独角九头恶魔耶鲁里，也是为了缅念和祭祷突姆女神。卧勒多赫赫星袋里的那丹女神，知道突姆女神光灭星殒，便也钻出了大星袋，化成数百个小星星，像个星星火球，在九头恶魔耶鲁里扰黑的穹宇中，照射光芒。恶风吹得星球忽而变缩成圆形，忽而被恶风吹扯成长形，不少星光也失去了光明，后来变成了一窝长勺形的小星团。这便是七星那丹那拉呼，变成现在的模样，也是耶鲁里的恶风吹成的，一直到现在由东到西缓缓慢行，成为星阵的领星星神。

在东方天空有个蓝色的草地，有天禽和百树，生长繁茂，住着依尔哈女神，她香气四溢，是阿布卡赫赫身上的香肉变成的，她日夜勤劳，为苍穹制造香云。所以天的颜色总是清澄无尘，而且空气总是清新沁人。她主要是依靠西斯林女神的风翅扇摇，才使她永远清新美丽。耶鲁里在天上看这块秀美的所在，还见西斯林女神用风翅抚盖着天上草地，里面阳光明媚，百禽鸣唱。在黑风恶雾里到处天昏地暗，唯有这里却是另一个世界，耶鲁里大声吼怒，知道这必是阿布卡赫赫在天上栖居的地方。它暗暗高兴，乔装成一个赶鹅的老太太，拄着个木杖吆吆喝喝地走来，天鹅不怕天风，将翅一合钻进草香莺啼的小溪里。老太太用斗篷把头一裹，躲过暴风，也随鹅走到小溪旁。鹅，乍开起只是三只，忽然鹅生鹅、鹅变鹅，越变越多，不大功夫遍野全是白花花、嘎嘎怪叫的大鹅。老太太的拄杖一下子变成开沟镐，把百树、百草、花坛都给豁成了山谷深洞。阿布卡赫赫正安静睡觉，忽然觉得全身被白网拴着，越拴越紧，白鹅原来变成了拴阿布卡赫赫的白筋绳子，木拐杖原来正是九头恶魔耶鲁里的又凶又大的顶天触角，刺扎得阿布卡赫赫遍体鳞伤。这块天上秀美的草地正是阿布卡赫赫变成的,想躲过耶鲁里的九头魔眼,结果被它识破了。守护赫赫的西斯林女神当时贪恋睡觉,只张开着风翅保护着赫赫,没用飓风扇动天魔,被耶鲁里轻易地破了风阵,抓住了阿布卡赫赫。阿布卡赫赫被抓,天要塌陷了,天摇地晃,日月马上暗淡无光。天上的神禽,地上的神兽相继死亡,阿布卡赫赫的两个妹妹吓得手足无措。三姊妹同根同存,一个若是被杀死,两个妹妹也就随着窒息。大难眼看临头,耶鲁里要执掌穹宇,众魔手舞足蹈,争霸天地间的星房地窟。正在这大难临头的千钧一发之时,在白鹅筋绳拴绑的阿布卡赫赫泪眼溪流旁,住着者固鲁女神们,她们是赫赫的护眼女神,守护日月,使其日夜光照宇宙,送暖大地。所以她们身上都有光衫慈魂,其外形虽然瘦小,但神威远远高过三位女神身边的众位保护女神。她们在溪河旁知道赫赫被绑,天地难维,便化做了一朵芳香四散、洁白美丽的芍丹乌西哈(芍药花星星),光芒四射。九头恶魔耶鲁里一见这朵奇妙的神花,爱不释手。恶魔们争抢着摘白花,谁知白花突然变成千条万条光箭,射向耶鲁里的眼睛,疼得耶鲁里闭目打滚,吼叫震天,捂着九头逃回地穴之中。阿布卡赫赫被拯救了,天地被拯救了。阿布卡赫赫、巴那姆赫赫、卧勒多赫赫齐感谢者固鲁女神的功勋。者固鲁,原来是天上的刺猬神,它身披满身能藏魂魄的光针,帮助阿布卡三姊妹生育万物,付给灵魂。她身上的光衫,就全是日月光芒织成的,锋利无比,可使万物万魔双目失明，黯然失色。西斯林女神因为贪睡惹出大祸，被三女神驱逐出天地之外，夺去了她的女性神牌。西斯林从此改变了神形，后来成了耶鲁里麾下的男性野神，放荡无羁，驰号天地之间，撼山摇月，成为万物一害。后世人们头上总喜戴花或头髻插花，认为便可惊退魔鬼。戴花、插花、贴窗花、雕冰花，都喜欢是白芍药花。雪花，也是白色的，恰是阿布卡赫赫剪成的，可以驱魔洁世，代代吉祥。

捌腓凌：

世上为何崇爱白鹊白鸟？世上为何敬颂刺猬、地鼠的功劳？千寿万寿的彩石呵，是祖先的爱物，朝夕难分难离。石头是火，石中有火，是热火、力火、生命火。自从西斯林女神曾搬石御敌，追打九头耶鲁里，北方堆石成了山岳，石山石砬石洞最多，就是那时候留下来的。石岩凝固成蛇脉，石岩凝结成高山。平川河谷就缺少了火石。所以天下暴雪，寒酷非常，百兽百物藏洞求生。阿布卡赫赫一心打败狠毒的九头恶魔耶鲁里，就要强壮筋骨，突姆神告诉赫赫要多据有石火，吃石补身，便天天派侍女白腹号鸟、白脖厚嘴号鸟，飞往东海采衔九纹石。吃彩石就能壮力生骨，吃彩石可以身长坚甲，热照天地。白腹号鸟、白脖厚嘴号鸟勤快辛劳，日夜不停衔回彩石，累了便在归程时总要在东天九叉神树上歇脚，察望耶鲁里的恶魔动静。千年松、万年桦，开天时的古树是榆柳。长叶柳树能说人语、道人性，能育人运、水润虫蛙，通天通地称为天树。

天树通天桥,通天桥路分九股,九天九股住着宇宙神,都是耶鲁里从地上赶上来的。九路分住着三十妈妈神,一九雷雪三十位,二九溪涧三十位,三九鱼鳖三十位,四九天鸟长翼神,五九地鸟短翼神,六九水鸟肥脚神,七九蛇猬迫日神,八九百兽金洞神,九九柳芍银花神,统御寰天二百七,三位赫赫位高尊。征战恶魔用兵器,阿布卡赫赫命巴那姆赫赫出主意,鸟生爪、鱼生翅、龟鳖生骨罩、蛇脱皮草上飞,百兽牙爪破坚石。野猪最早无锋牙,那是恶魔给安的。耶鲁里的长角最无敌。赫赫搓下身上的泥做了无数米亚卡小神,能伸能缩,钻进地下,钻进了耶鲁里的九头独角里面。耶鲁里又痒痒又头痛,冲到天上,独角让米亚卡神给钻了一半,再不像过去那样又长又尖了。耶鲁里的角掉在地上,正巧赶上野猪拱地成沟,要咬耶鲁里,结果那个掉下的角一下子扎在野猪的嘴上,从此野猪长出了又长又灵的獠牙,比百兽都厉害。耶鲁里头上滴的血滴到了树林和岩石、土层里。所以,不少树木的木质变成了红色,有不少石头和土也永远是红色的了。耶鲁里疼得在天上打滚,见到三百女神向它扑来,便随着黑风逃到了一条大河河底下,化成个小曲蛇(蚯蚓)藏进了泥水里,三九天上的鱼母神,就追进水里,变成个机灵敏捷的小鲤拐子,找到了耶鲁里,从泥里咬住了耶鲁里化形的小蚯蚓尾巴,蚯蚓身子一缩掀起大浪泥沙,扰浑了清水,鱼母神松口,耶鲁里化成一阵恶风又逃之夭夭。西离妈妈女神因找到耶鲁里有功,便成为宇宙中的鱼星辰——鲤鱼拐子星，日夜还在天海边追寻着恶魔耶鲁里。从此，世上的鲤鱼类总喜欢生活在深水水底，啃泥和水草根茎为食。耶鲁里凭借西斯林的风威，将光明吞进肚里，天宇又变成黑漆无光。恶风呼啸，尘沙弥漫，企图把天上三百女神吹昏头脑，追踪不到它的身迹。阿布卡赫赫便让一九云母神变作一个永世计时星，嘱她一定要永世侧身而行，不要让耶鲁里认出来，因为耶鲁里有西斯林的飓风，刮起来云母神便不能久停。云母神便化作卧勒多赫赫布星神属下的一位伟大而忠于职守的塔其妈妈星神，昼夜为众神计时，再狂的恶风黑夜也骗不了众神的眼睛。可是耶鲁里总也抓不住她，也认不出来，所以耶鲁里永远不能辨时辨方向，总是不如阿布卡赫赫畅行自如。阿布卡赫赫又从身上搓落出泥，生出兴克里女神，能在黑暗里钻行，迎接和引导太阳的光芒照进暗夜，这便是永世迎日的鼠星神祇。鼠星是迎日早临的女神，离黎明时分还有若干时辰。阿布卡赫赫担心黎明前黑夜里耶鲁里仍偷袭捣乱，就把身边的三耳陆眼灵兽派了出去，永远地横卧在苍天之中，头北尾南，横跨中天，总是极目远望高天，寻找耶鲁里的踪影，一直到太阳的光芒照彻寰宇，星光隐灭，辛勤而忠于职守的迎日灵兽才从中天中消逝。所以，他是朝朝不知懒惰地爱日神兽，满语古语尊称他为乌西哈布鲁古大神。者固鲁女神总是披着刺眼的光衫，这是阿布卡赫赫赋予她的万神神威，万神的能耐和品德都汇集到了她的身上，能攻能守，能进能退，能隐能显，能扩能缩，能滚能行，威勇无敌。九头恶魔屡战屡败，恼羞万分，便找西斯林风魔神送去口信，要一对一地比试高低。双方都不要带帮手，谁胜了谁就是执掌寰天的额真达爷。万物都要由他领辖，由他创造，由他衍生更替。阿布卡赫赫便同卧勒多赫赫商议对策，卧勒多女神说于大姊，我虽不能去直接助阵，可我可以暗中帮助姐姐额云获胜。我用布星的神工将星群列成战阵，连成一片，供你争战时累了可以在星辰上藏身歇脚，凭我身上的银光长翅可以为你打闪照路，我能把星海堆成山峦沟谷川壑，阻挡耶鲁里的逃遁和施展淫威。阿布卡赫赫听了十分高兴，便与耶鲁里争杀在一起，地动星移，星撞星雷鸣电闪，耶鲁里喷着黑风恶水，天地昏黑，石雨雷雹，万物陨灭，只有榆柳长寿齐天延续至今。百兽从此变得细小，藏匿于岩林沃雪之中。硕兽巨鸟，因畏惧西斯林的飓风，传下瘦小敏捷的后代，能在林荫草莽中栖生。耶鲁里被星光围困，被光耀照晃，被者固鲁女神光衫刺射，虽然与阿布卡赫赫一对一地厮斗，终神力难支，便学阿布卡赫赫也想站在星星上歇口气，谁知耶鲁里想歇脚的星斗并不是星体，而是卧勒多赫赫很早就派去查看双方厮打战情的德登女神的头部。德登女神是阿布卡赫赫的一只脚，身姿秀美修长，与天地同长，与天地同高，性喜终日追逐风云，无论多么高多么遥远的云天，都可攀涉低于其肩，可洞测寰宇些微动息，餐风啖星度日。德登女神妈妈正在瞭看战况，忽见九头恶魔耶鲁里仓皇降下，便故意将自己的尖尖长发布散成一望无边的空中星地，骗住耶鲁里以为是一颗天星，等耶鲁里双脚刚一踏上，德登神将头身猛倾，耶鲁里踩空，头朝下一下子就堕落进了德登女神脚踩着的地心里。正巧，地心正是巴那吉额姆身上的肚脐眼。这里住着一位女神，是巴那吉额姆最宠爱的女儿福特锦力神。她是生得四头六臂八足的大力神，与德登女神同样是身高齐天，只不过她不守视天穹，而是护视九层天穹的下三层。四头分视四方，眼睛能观察到鸟虫也飞不到的地方，能看穿岩土峦岳。她的六臂能够托天摇地，拔山撼树，能缚捉住千里之外的飞鸟奔兔，闭眼伸手就能采摘野果，辨百草，她长着人脚、兽腿、鸟爪、百虫的足，跑起来连风也追不到。她的身姿与姊妹神德登女神正相反，粗矮雄阔，像一座横亘千里的峰岩。耶鲁里掉进肚脐洞，正被福特锦力神捉住，紧紧掐住耶鲁里的九头，耶鲁里因有气光神功，惊慌逃窜，因为是化成光气跑走的，在福特锦女神身上从此留下许多气孔，至今石岩中常见到像蜂窝似的气室，就是当年耶鲁里逃窜化气时留下来的。耶鲁里逃跑后，被放散的魔气化成了山岚恶瘴、疫病，从此留到了世间，贻害无穷。耶鲁里被福特锦女神掼住，抓下了片片黑色的骨甲，骨甲变成了龟蛤蛛神，爬进河谷和草间。龟蛤蛛丝均可入卜，因其本为耶鲁里的灵气残骨，寓有灵气，空际星阵为卧勒多赫赫聚星而成，从此穹宇间日月相分，不在一天，相互追映。空际有了天河星海，白亮亮光闪闪绵亘东西像一条顶天立地不可逾越的星山，便是为拦截耶鲁里而筑成的。

玖腓凌：

天上的争杀怎么平静的？世上的生涯是怎么传下的？耶鲁里恶魔被福特锦力神缚捉，掐破肤甲，轧露光气，耶鲁里从此恶风骤减，九个头上有四个头的眼睛只能洞测黑夜，惧慑太阳火光，但是恶念凶欲不死，企望挟天为主，便于日月降落后的黑夜里，悄悄冲向青空，口喷黑风恶水，淹没了穹宇大地，阿布卡赫赫刚升到天上，得到德登女神的报告，可耶鲁里已经将兴恶里鼠星女神捉住，放走了神鹰，并把迎面冲来的阿布卡赫赫身上的九座石山九座柳林九座溪流九座兽骨编成的战裙扯了下来。这是阿布卡赫赫的护身战裙。阿布卡赫赫丢掉了护身战裙便只好逃了出来，在众星神的保护下，逃回九层天上，疲惫不堪，昏倒在滚动着金光的太阳河旁。太阳河边有一棵高大的神树，神树上住着一位名叫昆哲勒的九彩神鸟，它扯下自己身上的毛羽，为阿布卡赫赫擦着腰脊上的伤口，用九彩神光编织护腰战裙，又衔来金色的太阳河水，给阿布卡赫赫冲洗着伤口，使阿布卡赫赫很快伤愈如初。阿布卡赫赫身穿九彩神羽战裙，从太阳河水中慢慢苏醒过来。巴那姆赫赫将自己身上生息的虎、豹、熊、鹿、蟒、蛇、狼、野猪、蜥蜴、鹰、雕、江海牛鱼、百虫等魂魄摄来，让每一个兽禽神魂献出一招神技帮助阿布卡赫赫，又让它们都从自己身上献出一块魂骨，由昆哲勒神鸟在太阳河边用彩羽重新又为阿布卡赫赫编织了护腰战裙，从此天才真正变成了现在这个颜色。阿布卡赫赫也真正有了无敌于寰的神威，姊妹三人在众神禽神兽的辅佐之下打败了九头恶魔耶鲁里，使它变成了一个只会夜间怪号的九头恶鸟，埋在巴那姆赫赫身下的最底层，不能再扰害天穹。可是，巴那姆赫赫身边还生活着许多喜欢穿穴而居的生命，如蝼蚁、穿山甲、地鼠等等，耶鲁里的败魂还时常出世脱化满尼、满盖，残害人世。然而由于阿布卡赫赫打败耶鲁里时，将它九个头中其余五个头的双眼取下，使他变成了瞎子，最怕光明和篝火，只要燃放篝火，点起冰灯，照亮暗隅，九头鸟便不敢危害世间了。从此，才在世间留下夜点冰灯、拜祭篝火的古习。阿布卡赫赫从此才成为一位永远不死、不可战胜的穹宇母神，维佑天地，传袭百世。阿布卡赫赫又派神鹰哺育了女婴，使她成为世上第一个大萨满，神鹰哺育的奶水便是昆哲勒衔来的太阳河生命与智慧的神羹。空际的大鹰星本由卧勒多赫赫用绳索系住左脚，命它协佐德登女神守护穹宇。因为耶鲁里扯断了鹰的神索，鹰星在天空中变幻最大，其星羽忽闪忽现。阿布卡赫赫便命她哺育了世上第一个通晓神界、兽界、灵界、魂界的智者——大萨满，神鹰受命后便用昆哲勒神鸟衔来的太阳河中的生命与智慧的神羹喂育萨满，用卧勒多赫赫的神光启迪萨满。使她通晓星卜天时，用巴那姆赫赫的肤肉丰润萨满，使她运筹神技，用耶鲁里自生自育的奇功诱导萨满，使她有传播男女媾育的医术。女大萨满才成为世间百聪百伶百慧百巧的万能神者，抚安世界，传替百代……

天荒日老，星云更世，不知又过了多少亿万斯年，北天冰海南流，洪涛冰山盖野。地上是水，天上也是水，大地上只有代敏大鹰和一个女人留世，生下了人类。这便是洪涛后的女大萨满，成为人类始母神，是阿布卡赫赫把太阳光和昆哲勒神派到水中，从此冰水才有了温暖，才生育出水虫、水草，重新有鱼虾、水蛇、水獭、水狸，又在东海有人身鱼神，受太阳之光不少水虫变为人首鱼身的河湖沼海之神，因其是应阳光而育、应阳光而生，故常罩七彩光衫，称为"德立格"女神。为使世间能分辨方向，阿布卡赫赫让自己身边的四个方向女神下来给人类指点方向，西方洼勒格女神是一步三蹦地先走到了人世，随后到的是东方德勒格女神和北方阿玛勒格女神以及南方朱勒格女神，中位为都伦巴女神，由五位女神执掌方位。大地上残留汪洋，阿布卡赫赫拔下身上的腋毛，化成了无数条水龙——木克木都力，朝朝暮暮地吞水，从此又在大地上出现了无数条又粗又宽又长又弯的道口江河和沟岔，有像毕拉一样的河、像乌拉一样的江、像岔儿汉一样的小支流，养育着阿布卡赫赫的子孙——人类。

不知又经过多少万年，洪荒远古，阿布卡赫赫人称阿布卡恩都里大神，高卧九层云天之上，呵气为霞，喷火为星，山河宁静，阿布卡恩都里也学巴那吉额姆一样懒惰散漫，性喜酣睡。所以，北地朔野寒天，冰河覆地，雪海无垠，万物不生。巴那吉额姆教人穴居地下，筑室洞窟，故北人大家深室九梯，刺猬、蝙蝠均为安全守神。耶鲁里常潜出施毒烟害人，疮疖、天花灭室穴生命。天生雅格哈女神擅视百草，索活（甜酱菜）、它卡（野芥菜）、佛库它拉（蕨菜）、省哲（蘑菇）、山茶（木耳）为人所食，百花为人送香气，百树为人衣其皮，百兽为人食其肉，年期香为人祛疮除秽敬祖神。阿布卡恩都里送给人间瞒尼神九十二位，战神、箭神、石神、痘神、瘫神、头疼神、噬血神、大力神、猎狩神、穴居神、飞洞神、舟筏神、育婴神、产孕神、媾交神、断事神、卜算神、驭火神、唤水神、山雪神、乌春神（歌神）、玛克辛神（舞神）、说古神，等等。瞒爷神，传播古史子嗣故事。最古，先人用火是拖亚拉哈大神所赐：阿布卡恩都里未给人以火之前，人茹血生食，常室于地下，同蝼鼠无异。雪消出洞，落雪入地，人蛇同穴，人蝠同眠，十有一生。阿布卡恩都里额上突生红瘤"其其旦"，化为美女，脚踏火烧云，身披红霞星光衫，嫁与雷神西思林为妻。雷神西思林也同风神西斯林女神一样，原来同是阿布卡恩都里的爱子爱女。雷神西思林是阿布卡恩都力的鼾声化形而成的巨神，火发白身长手，喜驰游寰宇，声啸裂地劈天，勇不可挡，而风神西斯林早生于西思林雷神，是阿布卡恩都里的两双巨脚所化生，风驰电掣，不负于雷神的肆虐，乘其外游盗走其其旦女神，欲与女神媾孕子孙，播送大地，使人类得以绵续。可是其其旦女神见大地冰厚齐天，无法育子，便私盗阿布卡恩都里的心中神火临凡，怕神火熄灭，她便把神火吞进肚里，嫌两脚行走太慢，便以手为足助驰。天长日久，她终于运火中被神火烧成虎目、虎耳、豹头、豹颈、獾身、鹰爪、猞猁尾的一只怪兽，变成拖亚拉哈大神，她四爪踏火云，巨口喷烈焰，驱冰雪，逐寒霜，驰如电闪，光照群山，为大地和人类送来了火种，招来了春天。天上所以要打雷，就是禀赋暴烈的雷神弟弟向风神哥哥在索要爱妻呢！

3.《天宫大战》创世神话的重要意义与影响

《天宫大战》创世神话，以其特有的北方地域民习民风、民族气息和特点，传诵与记录下来了传奇色彩极其浓厚的远古创世神话。神话的产生，便具有很大的传奇性，充满了北方原始信仰的宗教气氛，深刻地反映并证明《天宫大战》创世神话与萨满教的发生发展有着极密切的因缘关系。在一定意义上讲，《天宫大战》便是满族萨满教创世神话的重要部分，是萨满教宇宙观念的集中反映。虽然宗教色彩十分浓烈，然而也不失为颇具北方特色的民族创世神话，它较全面地保留了生息于我国北方地域的远古人类开拓与战胜自然、创造与建设生活的思想轨迹，反映了人类童年时代的理想与愿望，表现了他们的宇宙观和生存观，是北方民族文化的渊源，极大地丰富了我国光辉灿烂的古神话宝库，对世界文化亦是颇有意义的贡献。

从先父富希陆先生所追述并记录下来的《天宫大战》创世神话的许多段落可以明显看到，因当时的客观文化条件等因素，凭着眼观、耳听、口记的方式，将讲述人的口述故事加以记录，记录中有不少处字与字、句与句之间存在明显的不连贯，肯定中间有遗漏的话语和内容，有不少词是文人用词和带有斧凿痕迹，而且讲述者是用满语唱吟的，汉译过程中肯定有一些变动。因此在一定意义上讲，《天宫大战》神话已经失去了许多原始光彩，令人憾惜。尽管这样，《天宫大战》神话是北方古代女真人萨满传承下来的神话，有着广泛的影响性和传播力，仍记忆在许多少数民族老人的祝祭礼仪与口碑传述之中。神话中对北方的天象、地理和客观自然力乃至生命起源、生物生存哲理等都作出了朴素而稚气的解释，反映了北方古先民的心理观念，有着很强的生命力，是以使其永葆古老神话的人文学与神话学的艺术魅力。

首先，它在北方满族等民族心理中占有神圣地位，被广泛信仰和流传，成为人们崇高信仰的生活依范。从先父搜集中可知，《天宫大战》神话在北方有多元传播，它不是一部一姓（氏族）的自传神话，而有其信仰的广泛性。1936年春，先父在黑龙江省四季屯满族阎铁文之父处仍搜集到《天宫大战》残本故事，而且其中瞒爷神祇神话比其他流传本中占有更多的篇页，丰富了《天宫大战》创世神话的内容。如，加尊玛音大神是"陆腓凌"中的内容，在白蒙古讲述中是没有的。内容是：

勒鲁里（耶鲁里）喷吐黑风恶水，阿布卡赫赫派身边的霍洛浑和霍洛昆两个女神详查动静。她俩只见寰宇动晃，天石颓塌，地陷涌泉，回去报告赫赫已经来不及了，便放开喉咙大声唱乌春（歌）。两女神边唱边携手舞蹈，在颓石浪尖上唱，在恶风凄雨中跳，歌舞迷住了耶鲁里，它竟忘了施展雄威，闭目睡了过去，等他突然猛醒时，阿布卡赫赫已经率百兽百禽围袭而来。耶鲁里双手一摁竟将两个女神碾成血粉，后来血粉干润在树草之上，小小的粉粒化成万千鸣虫，体小而其声悠亢，声震数里可闻。而且声调有嬉戏、忧思、欢庆、报警、探询等不同味韵，显露其死亡被害前仍不服耶鲁里的欺凌，代代年年叽叽鸣唱，为人世警世诵歌。萨满祝祭时常以加尊玛音大神临降，擅歌舞百虫鸣唱。

又如，在该传本"玖腓凌"中，还有一位美丽多姿、身着云纱的曼君乌延女神，在北方诸民族中也颇有影响：

在萨哈连（黑龙江）之北，有神山名曼君乌延哈达。其峰尖在云际，山中终年存雪，唯夏间融雪挂溪，湍流声啸数十里。射猎、罟渔、捕貉鹰之属皆以曼君乌延之雪，度卜天年。天穹初开时，阿布卡赫赫与耶鲁里争雄，此山为卧勒多女神布星阵中之巨星，称寒星，或称雪星，住有曼君女神，又称曼君额云，曼君实为尼莽吉，即为雪也，即雪神所居之神星。在阿布卡赫赫与耶鲁里搏拼时，阿布卡赫赫猛力一踩，因为身子被耶鲁里恶魔压住，喘不过气来，猛力一挣，只听轰隆隆一声，将雪星踏裂，天上留下一半，掉到地上一半。从此后雪神分两地居住，在天上居住时，北方无雪，春暖花开；在地上居住时北方沃雪连年、洁白连天如银界。掉到地上这一半星星，便是北方的曼君乌延哈达。因为雪神一年两居，凡雪神居到天上时，此地便为春天开始；雪神返回地上时，此地便是冬天开始。故此，此山又名宁摄里神山，以此神山确定北方季节。曼君乌延女神，又是季节神，又是北方雪神，年年致祭不衰。

再如，孙吴县关锁元之父所讲述之《天宫大战》故事，亦是先父记录于1936年前后，在满族瓜尔佳氏祖传萨满口述本中，还讲述了穆丹阿林神的故事，亦属《天宫大战》创世神话内容：

> 阿布卡赫赫第三个身边侍女叫奥朵西，意为小姑娘，掌握七彩云兽，是放云马的神女，天河中的各色云兽都是奥朵西的意愿奔行，有的像虎，有的像豹，有的像鹿，有的像兔，有的像马，有的像猪，变幻无穷。阿布卡赫赫追赶耶鲁里，总是追不上。奥朵西便想出一个巧妙的招法，用藤草编成白色的马借给耶鲁里，耶鲁里很高兴，哪知骑上白马便被藤草缠住，耶鲁里才被阿布卡赫赫捉住，服输。可是，耶鲁里说了软话，阿布卡赫赫心慈手软，放了他。不料，他马上就变心了，还照样伤害生灵。耶鲁里看见阿布卡赫赫身披九彩云光衫，姿貌秀美，便想嬉戏她，并想得到她。阿布卡赫赫格外恼火，一见到耶鲁里就头发胀，看不清楚耶鲁里的全身，只能见到它的九头脑袋，便头晕目眩，忙让众侍女轰走它。大侍女喜鹊用叫声赶走他，耶鲁里用几座山塞住了耳朵，二侍女用刺猬针上太阳

光刺他九头双眼，耶鲁里用白雾作眼帘，三侍女奥朵西便将七彩云马赶进了耶鲁里的眼睛里，耶鲁里疼得共一十八只眼睛都变成了黑雾虫噬，被赶跑了。可是耶鲁里眼睛里被裹走了许多天马，天的颜色才从此不再是九个颜色，而变成七色了。阿布卡赫赫非常生气，将奥朵西赶走，不准她再作牧兽女神。可是，奥朵西走后，天上又少了百兽的蹄声、叫声，天空只是一片云光，阿布卡赫赫深觉寂寞，便又把小奥朵西召到身边，重作牧神。奥朵西是智慧的战神。所以各族敬放奥朵西为牧神和侍家女神，庇佑宅室女红顺遂。神偶供于堂屋正北方。

又如，黑龙江以北，有穆丹阿林产神谕：

在萨哈连极北地方，是一片千年松林和古岩幽洞，有一连七座山头，并峙入天，称穆丹阿林，四周群山围拥，白云护庇，百兽繁居，鸣唱如神界。其山多异禽异兽，生九彩斑纹鸟，其声如女儿语，又有双头七彩花节蛇，有此蛇处可得七星翡翠，为玉宝。北人多跋涉千里，采玉易货于南明。相传，天命初宫妃多赐用穆丹玉。穆丹阿林在阿布卡赫赫驱赶恶魔勒鲁里（耶鲁里）时，是她从头上摘下的玉坠，打向勒鲁里，勒鲁里的头被打掉一颗，掉在此地，那块玉坠也被打碎落在勒鲁里掉下来的头上，便成了一座玉石山，包围住了那颗魔头，可是勒鲁里神技无敌，马上把掉下头那个地方，一连凸出六个同样的大山，阿布卡赫赫和巴那姆赫赫们来找那颗魔头，已经难以觅寻，一共七个大山和周围的小山丘，无法再找到勒鲁里的头，勒鲁里从地下又偷偷把那颗头找到，安到了自己的头上。从此，这里出现了七个大山，而且山中多奇玉，都是阿布卡赫赫头上的玉坠化成的。山中多幽洞，是阿布卡赫赫派诸神抓拿魔头，给钻拱出来的，幽洞甚深长，有冰瀑、潜流、多蟒、豹猛兽，穆丹阿林与宁摄力神山，同为北方诸族致祭的名山。长途献牺祝祭者从春走到冬，由冬走到春，骑马、步行赶着勒勒车向北虔诚进发，逶迤不绝。清初叶仍不绝于道。

又如，黑龙江以北、穆丹阿林以东的著名的玛呼山，也是黑龙江一带满族、鄂伦春族、鄂温克族、达斡尔族人常敬祭的神山，传其为"天宫大战"时，阿布卡赫赫率领众动植物大神打败了九头恶魔耶鲁里，将他烧化成一个九头的小鸟，打入地心之中，永不能残害寰宇。神火烧燔耶鲁里的魔骨，都从天上掉到了这里，变成一条绵延的白骨、乌骨、红骨、绿骨、黄骨堆成的石山，其山中石木皆为此骨诸种颜色，并有灵气，萨满千里北上采集灵石灵佩，均要攀登玛呼山，即瞒盖山、魔骨山。在我们搜集的文物中，有的萨满神裙、神帽、神鞭、神碗中便有玛虎石磨制成的器物，萨满用此石块、石板、石盅、石柱、石针占卜医病，成为重要的萨满灵物。

除此，有关《天宫大战》创世神话的传说故事中，还有阿布卡赫赫打败耶鲁里过程中一些被惩罚的神和耶鲁里恶魔神系的神话，也是值得注意的。如，白蒙古讲述本中的"叁腓凌"和"柒腓凌"中均有这样的综述："阿布卡赫赫所造的敖钦女神，是为了守侍巴那姆赫赫使她不能安眠昏睡。阿布卡赫赫又觉得只让敖钦女神守护，还不放心，敖钦女神九头八臂、神力盖世，一旦逃跑，就会变成无敌于世的宇内大神，便又派管门的都凯女神，常记住要时时关好天门，让敖钦女神只能在神域之内活动，不能随意出走。敖钦女神有九个头，敏慧无匹，便把憨厚的都凯女神骗来，同她嬉耍，共同筑建地穴住室。敖钦女神把头上的触角借都凯女神用来钻地穴行，都凯甚觉好玩，敖钦女神才冲出天门，成为神威齐天的耶鲁里。阿布卡赫赫大怒，把都凯女神赶出天系。巴那姆赫赫怜悯她便将都凯收留，都凯平时变成蚯蚓，总是穿行地穴，决意要寻见耶鲁里，以雪渎职之恨，从此也无颜见天上太阳，太阳一照便会死去"。北方诸民族，萨满服饰上常画有蛇状虫，有些并不是蛇也并不是有些学者所讲的龙，而正是蚯蚓。传说它有耶鲁里的独角，可穿行于地下，能够辅助与导引萨满探查地下的府洞与魂魄，畅行无阻。

在白蒙古讲述的"柒腓凌"中讲述"都凯女神变成地下蚯蚓，永远不能生活于地上，但她常常帮助阿布卡赫赫的护眼女神。护眼女神的神火能透穿大地，润育沃野，可以孳生万物。都凯女神为了能回到阿布卡赫赫身边去，便竭力帮助护眼女神们，把深深的地层钻出洞眼，使暖光透进，使她能够随时幻化成各种香花异草。护眼女神后来能变成芍丹乌西哈，使耶鲁里上当，救了阿布卡赫赫也有都凯女神的功劳。阿布卡赫赫为了感谢都凯女神,允许她可以自生自育,不论冬夏她永远不死,常存于地下。"蚯蚓神又称小蟒神,可助萨满治世宁人。

在孙吴县四季屯富姓满族老萨满富七太爷所讲的《天宫大战》神话中,被划分到耶鲁里恶神神系中的神祇有:

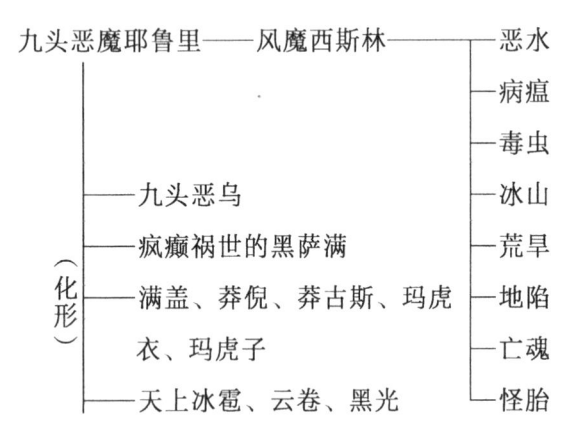

```
九头恶魔耶鲁里──风魔西斯林──恶水
                          ├病瘟
                          ├毒虫
           ┌九头恶乌        ├冰山
           ├疯癫祸世的黑萨满  ├荒旱
       (化形)├满盖、莽倪、莽古斯、玛虎├地陷
           │ 衣、玛虎子      ├亡魂
           └天上冰雹、云卷、黑光─怪胎
```

从我们上述的比较与分析中可以判定,《天宫大战》——《乌车姑乌勒本》神话故事,在我国北方诸民族古文化信仰中影响甚为深广悠久,而且以其神话故事为核心衍生出许多同一母题之下的子故事,甚至有些是非宗教渠道传承下来的附会故事。如在北方民族中流传的神话中有人兽争战、禽兽争战、猛犸与披犀争战等属于《天宫大战》创世神话的派生神话。某些猛犸、古蟒、神鸭开凿生地,为人类栖息而争战的神话故事,实际上是《天宫大战》创世神话的另一类型,其中的创世神被有关民族、部落世代敬奉。

《天宫大战》创世神话,并不是某一地域某一氏族(姓氏)专一传述下来的创世神话,从其内容之丰富、神名的广泛、情节之离奇，可以肯定是流传甚悠久甚广泛的北方诸氏族部落古创世神话的集锦。《天宫大战》创世神话在长期的社会文化历史发展进程中，在原始氏族社会的解体与发展以及氏族胞族、部落、部族、民族的漫长形成过程中，不断地得到交汇与丰富，最终形成了洋洋大观的北方古神话集锦。《天宫大战》创世故事，在其形成过程中必然经过了北方诸民族部落中一些本氏族的智者——德高望重的萨满们的搜集、归纳与整理、丰富，然后又通过萨满们诵讲传诵下来，布散族人而日渐成熟与固定下来。

满族先世女真诸部在北方诸民族中有着悠久的历史与文化，对北方诸民族的历史文化产生过巨大影响。因此，满族先世女真诸部必然在《天宫大战》创世神话中占有重要影响地位，成为《天宫大战》创世神话得以保留、传播的重要群体。此外，北方其他一些少数民族因《天宫大战》创世神话的文化影响深广，也必然受其影响，而有所保存与传播。20世纪30年代，保留和传诵下来的"玖腓凌"为主体的《天宫大战》创世神话，估计是经过崇信萨满教的北方诸民族中，有"金子一样嘴"的萨满们的历世渲染创造，而逐渐形成了目前仅存的"玖腓凌"的基本结构，后来经历世萨满传诵和整理，已变成萨满教祭祀中的神谕、神赞。腓凌，系女真土语，即为几次、几番、几遍的意思，表示敬祭神灵祝祷的程式次数。"玖腓凌"的说法，也不十分固定，有些姓氏只是由老萨满讲述教法时讲述次序与段落。而且，略加比较可知，各姓氏"玖腓凌"的具体内容也不完全一致，内容有多有少，有的相当简略，有的详尽而绘声绘色。这也足以证明《天宫大战》创世神话，最初是传诵在萨满口中，口耳相授。但是，无论满族或北方其他民族，都将《天宫大战》神话作为北方民族的创世神话，而给予虔诚信仰与崇拜。

在《天宫大战》创世神话中，包容了自然神话、天体星象神话、动植物神话以及祖先神话。神祇中既有人格化的自然物神祇，又有半人半兽半禽神祇，而且人神中多数为女神，如果大小神职一一排列，能有三百余位女神，可以说是威严的女神圣殿和神谱。神话中的众多女神，北方习俗称为妈妈神，是慈祥育世、佑庇八方的女神。从这些神祇性质可以判析，《天宫大战》创世神话产生时期是相当遥远的，多数神当产生在母系氏族社会的繁荣时期。神话中女神为核心的观念是母系氏族社会时期女性社会地位与社会作用的客观反映，表现了母系时代女子在社会各个领域中的崇高地位、作用、影响和声誉。她们是当时社会的支配者与主宰者。《天宫大战》创世神话正是这样的社会观念在神界和天上的反映。正如马克思在《摩尔根〈古代社会〉一书摘要》中所讲的深刻话语："过去的现实又反映在荒诞的神话形式中"。

《天宫大战》创世神话是一曲原始先民与自然力搏力、开拓人类生存与生活的壮歌，反映了母系时代人类生与死的抗争。耶鲁里在一定意义上便是强大的异己的自然力的化身和代表。《天宫大战》故事内容的历史跨度是相当大的，反映若干世纪内人类社会的变化。从最简单的人类生存活动，到火的使用，从母系到父系社会，从简单思维到复杂思维与数字的产生等，几乎在《天宫大战》中都有所反映。它确实是北方民族远史和传说时代、史前文化最重要的遗迹，是世界神话宝库中不可多得的瑰宝，它完全可以同世界诸民族的古神话相辉映、相媲美。

巴霍芬（J.J.Bachofen）曾讲过一句名言："宗教是整个文明的杠杆，人类社会的每一升降过程无不从这一敏感部分先反映出来。"[1]《天宫大战》创世神话，其产生与传播都与原始宗教萨满教祭祝有紧密关系。《天宫大战》的诸神祇，多数早已进入萨满教崇拜的神系之列，成为满族诸姓以及其他一些少数民族萨满祭祀的神堂神位和许多祭祝活动意义之所由。《天宫大战》创世神话，是研究与认识原始萨满教的一把开山钥匙，因为它本身便是萨满教崇拜观念的依据与基础，神话观念意识丰富、深化以及影响和规范着萨满教的原始宗教仪式，是其原始宗教思想的精髓。许多萨满教中的祭祝习俗，历代各族萨满均以《天宫大战》为其范本，予以解释诵颂。由此进一步证明神话与宗教密不可分的相辅相成的补充与促进关系。巴霍芬在《托纳蔡神话》（Die Sage von Tanaquil）一文中论述了宗教与神话的关系，他说："原始宗教概念是一切宗教思想的基础。不管古代社会也好，现代的社会也好，总之一切社会的宗教都体现出人类行为的同一内在结构。而原始宗教不但反映出神话思想，而且本身也是神话。反过来，神话的主要概念也就是宗教思想。宗教观念也是作为德行的一种无形标准，因为神

---

[1] 〔瑞士〕J.J.巴霍芬，《母权论》（Das Mutterrecht,1861）。

话的仪式中体现的人物和事件往往作为信徒们在日常生活中的行为准则。此外，宗教观念也是信徒们作为自我克制的一种特殊方法。"在一定意义上讲，《天宫大战》创世神话的产生便是原始宗教萨满教万灵崇拜观念的产物，是其宗教经典，在形象生动的神话故事中包含着严肃的教义。国内外学者多数以为萨满教只是简单的祝祭活动，实际上它有着深奥古朴的宗法与教义。这也是原始萨满教所以在社会更替变革中依然兴旺复存，有众多虔诚膜拜者世代承祀的最根本秘密所在。

二、族源传世神话

（一）族源神话产生与流传的条件

北方各民族间保存与流传着相当丰富的族源神话。过去，在一些史籍中和一些学者论述中，似乎认为北方各族保留族源神话不甚丰富，例证不多。其实，族源神话是人类社会发展到原始氏族时期伟大进化与转折中的重要思想观念表现形态。氏族是民族共同体形成前由同一血缘关系成员组成的基本社会经济单位。这是人类社会发展中的重要阶段。它最初由母系氏族制传递到父系氏族制，而且随着社会经济的发展，又出现几个血缘氏族组成的氏族联盟及氏族部落。在这个文化发展过程中，必然要产生和流传着众多的反映氏族萌生、发展、迁徙、征战、衰败等内容的神话传说，对客观现实予以神话和神话性的幻想与解释，并以神话寄予神圣的宗教膜拜，借以表示本部族的社会标帜和不凡于众的独特宗嗣与特殊地位。因而，各民族在氏族初期历史进程中，都有不同一般的族源神话和传说。

族源神话的发展与流传,反过来又推动了氏族制的巩固与发展,推动了社会的前进。如果说,人类创世神话是人类萌生初期的思想轨迹,那么,族源神话便是人类进入氏族社会发展历史阶段的重要的富有特征的文化显示,对族源神话的探讨与研究,对于了解与认识人类史前社会的思维发展进程,有着相当重要的意义。

在汉文古籍中,记载了北方古民族中的某些族源神话,其中最著名的是古突厥语族有关苍狼传世后代的神话。《周书》卷五十《突厥传》便载:"突厥者……姓阿史那氏……(其祖)与狼合,遂有孕焉……生十男,十男长大,外托妻孕,其后各为一姓,阿史那即一也。"还载:"旗纛之上施金狼头。侍卫之士谓之'附离',夏言亦狼也。盖本狼生,志不忘旧。"《新唐书》卷二一五《突厥传》上亦云:"牙门树金狼头纛,坐常东向。"所谓狼纛,系为往昔突厥、回鹘诸族的军旗。这种以"狼纛"为旗的观念,便是来自狼传后代的族源神话,也显示了原始氏族社会的图腾观念。狼图腾,既是氏族标帜,又是氏族祖先和氏族的守护神,或称氏族神。

又如,高句丽原是北方的一个重要古民族,它最早出现在我国东北地区。关于高句丽的族源神话,久为世人所知。《魏书·高句丽传》载:"高句丽者,出于夫余,自言先祖朱蒙……夫余之臣又谋杀之……朱蒙乃与鸟引、鸟违二人弃夫余,东南走,中道遇一大水,欲济无梁。夫余人追之甚急,朱蒙告水曰:'我是日子,河伯外孙。今日逃走,追兵垂及,如何得济',于是鱼鳖并浮,为之成桥,朱蒙得渡……朱蒙遂至普述水，遇见三人，其一人著麻衣，一人著纳衣，一人水藻衣，与朱蒙至纥升骨城，遂居焉，号曰高丽国，固以为氏焉。"关于这方面的神话传说在《三国史记》及《三国遗事》中也有类似记载。

蒙古族起源传说也很有特色。在拉施德·哀丁《史集》（俄文本）第一卷四章一节中有蒙古族"化铁熔山"的神话传说："古代被称为蒙古的部落与其他突厥部落发生了内讧，彼此厮杀。蒙古部落战败，遭到其他部落的残酷杀戮，以致蒙古部落中间仅存下两男两女，两家被迫逃到额尔古涅坤的地方，意思是'险峻之岭'，生息繁衍，后裔越来越多。他们的每一个分系也以一定的姓氏和名称逐渐地著称于世，并形成单独的世系。这些世系（斡字黑）又分成许多分支，现今的蒙古诸部落就是这样逐渐形成起来的。凡是出生在这些分系的人，多半互为亲属。因生齿日繁，住地越拥挤，于是大家共议要设法迁出严寒的山谷和狭窄的山冈。他们终于找到一个老铁矿，一块炼过铁的地方。他们聚集一起，从森林中准备了整驮整驮的柴和炭，宰了七十头壮牛和马匹，剩下整张的皮革，制造了风箱。接着，在那山麓下堆起柴炭，用七十个大风箱，同时鼓起火烟，一直鼓到山麓熔解。这样不仅获得了无以数计的铁，同时也打通了通道。他们迁出狭窄的山谷，到了辽阔的草原。"这篇祖先族源发端神话，记述了蒙古族祖先披荆斩棘、艰苦奋斗的英雄业绩，他们以惊人的智慧和毅力打开了蒙古族生存之路，进驻到广阔的大草原，反映了蒙古族原始公社时期的生活图景。

又如，在内蒙古东部神话中还有另一种蒙古族起源的神话：当太阳还是小火球的时候，就有姐妹二人来到了神州。姐姐嫁到南方，南方山清水秀，妹妹嫁到北方，北方牧草流油。姐姐生个孩子，手中握个土块，叫海特斯，这就是汉人；妹妹生个孩子，手中握紧马鬃，叫蒙高乐，这就是蒙古人。[1]这个神话传说，至今仍流传于内蒙古东部一带蒙古族中。族源神话，都是关于本族发轫、发源的传说故事，具有浓烈的传奇色彩，具有一定的虚幻性。然而，其幻想与传闻总是与其先祖最初生活环境的某些特征和条件分不开的。族源神话的产生是以一定生活与地域条件为依据的。如突厥族关于苍狼的神话，是与草原生活紧密相关的，狼图腾表现了突厥人与生活抗争的顽强性格和民族精神。又如《辽东志》中关于契丹始祖诞生的木叶山族源神话，也颇有代表性。《辽东志·地理志》云："城东三十里，上建契丹始祖庙，奇首可汗在南面，可敦在北庙，绘塑二像并八子像。相传，有神人乘白马，自马盂山浮土河而东，有天女驾青牛车，由平地松林，泛黄河而下，至木叶山，二水合流，相遇为配偶，生八子，其后族属渐盛，分八部，每行军及时祭，必用青牛白马云。"这是广为人知的契丹族源发轫神话，既说明了辽代契丹祖先的不凡，系为神人后裔，又说明其远祖发端于辽阳附近之木叶山西拉木伦河附近。这对于研究我国民族史和民族族源史都是非常重要的参证资料。

---

[1] 引自王迅、苏赫巴鲁著《东蒙风俗》（吉林省白城地区蒙古文学学会，1986年）中之神话传说。

我国北方民族的源流问题，历来是我国北方民族史界长期争议的重要问题，众说纷纭。要弄清我国北方民族发展史、关系史，就必须弄清楚各民族的发展源流，才能够真正弄清楚各原始部落、民族的相互联系，相互融合以及在此基础上又逐渐形成的新的民族共同体，从而研究现代民族的分布、变迁以及语言、习俗和社会生产生活的格局与演变。东北地区民族繁多，特别是明季之前，"扈伦成百，达爷成千"，民族间争战、"迁徙和互相融合特别频繁，其源流非常复杂。再加上，东北地区大部分民族没有本民族的文字历史，他们仅有的一些历史是中原汉族史学工作者的一些片断记载"[①]。因此，对于广泛征集仍保留在民间的各民族宗谱、族记、族训以及本族族源传说等文字与口碑资料，相当重要，过去被一些学者所忽视，近些年已经引起诸方学界的兴趣，其对于研究和撰写我国东北地区古民族文化史、民族关系史，都是非常重要的参证，能填补史学上的许多重要空白。本书介绍满族诸姓所传承下来的族源神话，旨在丰富与填补史料之匮缺，为史学界、民族学界、文化文学界提供近些年来的民族神话调查资料，更重要的是为创立我们崭新的中国民族学、中国文化史学、中国神话学作出自己的贡献。

(二) 族源神话的传袭类型

1. 灵物化生型族源神话

满族徐姓崇拜石灵神话：在该姓萨满神谕中讲述本氏族

---

① 转引自孙进己，《东北民族源流》，黑龙江人民出版社1987年版，第2页。

"祖居于萨哈连支流安班刷迎毕拉（大黄河）石洞沟地方，远古栖古洞幽居，受日阳而生人，周身皆毛，衍繁为洞穴毛人，随年月日久而人齿日盛，便是黄河古洞人，后成部落，太祖北伐萨哈连部达率族人归服，随征战萨哈连，移居朝阳、苏登、古沟等地方，姓奚克特哈喇，汉音为徐姓，隶正红旗虎可舒牛录统辖"[①]，这便是徐姓满族的族源神话。大黄河：今为黑龙江省北侧支流，苏联称结雅河，徐氏系为野人女真后裔，祖先最早便居住于结雅河中下游的石洞沟，满语"委赫霍道"。至今，徐姓家族萨满祭祀时多兴野祭，南迁后仍旧祭石洞，并在其祖先神匣内曾经恭放三珠白卵石，传言为远世萨满南迁时由石洞带来，奉为石主，又称石祖，世代传替，已逾三百余年。至今在本姓萨满与遗老中，保留许多有关石祖的神话，而萨满神谕中有神石赞词，颂石主为"妈妈的祖石，母亲的祖石，光明的祖石，生命的祖石，万代开基的母石神祖"[②]，带有石图腾崇拜的遗迹。

黑龙江省宁古塔富察哈喇家祭时，神板上供有柳枝，是祭前撷选空气清幽、水流清澈的河岸翠柳，其上要有九枝绿叶，祭后将柳枝请入神匣，次年家祭时要采新柳，旧枝则送河中流走。所以如此虔诚祀柳，因在宗族家传萨满神谕中有这样的传诵：在古老又古老的年月，我们富察哈喇祖宗们居住的虎尔罕毕拉突然变成了虎尔罕海，白亮亮的大水淹没了万物生灵。阿

---

① 均摘自满洲金克特哈喇萨满神谕。
② 同上。

布卡恩都里用身上搓落的泥做成的人只剩下了一个。他在大水中随波漂流,眼看就要被淹死了,忽然水面漂来一根柳枝,他一把抓住柳枝,才免于淹死。后来,柳枝载着他漂进了一个半淹在水里的石洞,化作一个美丽的女人,和他媾合,生下了后代。这里的柳,是女始祖,也带有柳图腾崇拜的意味。灵物化生型神话中的灵物,往往带有图腾崇拜的观念。

2. 族别成因型族源神话

在内蒙古额尔古纳旗鄂温克族人中流传着本族族源神话:很早以前,有一大河,河旁有一所房子,住着一人。有一天进来一只狐狸卧在门旁,她来后,每天把房子给打扫得整齐还把饭做好,他很奇怪。有一天,狐狸变成了一个漂亮的姑娘,他们结婚了。生了十个孩子,都各有所长。有的会种地,有的是木匠,有的识字会算……以后,这兄弟十人都分散开了,其中的木匠是鄂温克人的祖先,种地的是汉人的祖先。还传说,过去人类都用一样的语言。有一天神在天空中巡视,一会儿变成了一根大柱子,这时,人们都争先的向上爬去,快到顶时,都掉了下来,而四散了,从此以后,话也就不同了。又传说,很早以前,有过两口子,住在地洞里,生了八个孩子,是七男一女。这七男变成以后的七个民族,即鄂温克族、蒙古族……内蒙古阿荣旗鄂温克族的神话还讲,在很早以前,有很多人住在黑龙江发源地附近,一个叫"来墨尔根"的人是这群人的酋长。开始靠吃"藓苔"度日,不久"来墨尔根"开始使用弓箭。当时没有锅,烤肉吃。黑龙江附近的野兽没有了,"来墨尔根"就骑枣红马过黑龙江北岸去。他在山上发现一匹巨马,马上坐着一个巨人。马和人都是一个眼睛,"来墨尔根"的马惊跑起来,方向是往回跑,那个巨人就追他,过了江,来到南岸,"来墨尔根"对巨人说:"你有能力来比一比",那人没过来。来墨尔根领着人便在这边打猎,还说谁愿意跟我走,睡觉时头朝西南。第二天他领着部分人,往黑龙江西南方向来了。从此,在大河边上住下来的是鄂温克人,留在山上的人就是鄂伦春人。

在满族族源神话中,也有类似的族别成因的神话:如,瑷珲县大五家子屯满族张石头,是著名的满族民俗通,他能用满语讲述神话故事[1]。他曾讲过著名的"恩都乌勒胡玛"神话:相传很古很古的时候,天神恩都里从笼子里放出心爱的五只彩色斑斓的乌勒胡玛(野雉)。这五只彩雉,从天上降下来便变成了世上的人类,从此世上头一次有的人却都是女人,一共五个美女。可是,她们谁也不愿意待在地上过活,都想回到阿布卡恩都里那里过舒适日子,便都想办法找高地方幻想重登天庭。正巧,她们瞧见山下河边有一棵顶天立地的粗枯木干枝丫繁多,插入云霄。五个美女见了非常高兴,便都争着抱住粗枯木干,抢着攀枝上爬,她们爬呀,爬呀爬,爬,突然枯木干咔吧一声折断倾倒,把五个美女甩向四方,都从云中掉了下来。有的掉到河边,遇到了鱼群;有的掉到高山石砬子底下,遇到虎豹群;有的掉到白杨树林子里,遇到了犴鹿群;有的掉到一片花香的平川地,遇到了猪群;有的让风刮走,遇到了牛羊群。五女出嫁才有了赫哲人、索伦人、鄂伦春人、满洲人、蒙

---

[1] 引《瑷珲祖风遗拾》。

古人……

意味深长的是，这些神话不仅讲到本民族不凡的起源、来历，而且讲到相邻的兄弟民族，都是同出一源的兄弟姊妹，反映了古代中国各民族之间密切的交往、融汇。可以说，中华民族的内聚力在古代就深刻地烙印在各民族的神话之中了。

3. 神女诞育型族源神话

蒙古族杜尔伯特祖先的古老神话——《天女之惠》[①]，便是最有代表性的神女诞育型神话。传说，在杜尔伯特人游牧的地方，有一座高耸入云的纳德山。山顶终年积雪，云雾弥漫，清澈的泉水形成山湖，湖水如镜。人们都说，这里是天神隐居的地方。一位年轻的猎人在追逐猎物时，偶然爬上了山巅。在山湖岸边，他忽然发现了一群在水中嬉戏的天女。天女们动人的身姿使猎人惊羡不已，他立刻跑下山去，拿来了一副套马用的皮套索。这时天女们依然在水中追逐玩耍，没有看到正在林边窥视的猎人。突然，飞来的皮套索紧紧地套住了她们中的一个，其他人都惊慌地躲到云端里去了。年轻的猎人开始向天女求爱，没有被拒绝。但是他们的欢聚是暂时的，由于天上人间的悬殊，两人当天就分手了。后来天女怀孕了，重又回到她与猎人相遇的山湖旁边，生下一个男孩。但是她不能在人间常住，只得编一只小小的摇篮把孩子挂在树上，又加派一只黄色小鸟为孩子昼夜唱歌，然后悲痛地回到天上去了。这时杜尔伯特的祖先们还没有自己的酋长，他们急切盼望找到一个首领。

[①] 摘自齐木道吉等编，《蒙古族文学简史》，内蒙古人民出版社 1981 年版。

在一位先知的指引下,他们登上了纳德山,并顺着鸟鸣传来的方向,在山湖旁边的树梢上找到了这个孩子。杜尔伯特的祖先们异常高兴,欢天喜地地把孩子抱回部落里。后来,孩子很快长成一名身材魁梧的伟丈夫,创立了伟业,并成为绰罗斯家族的祖先。

满族《长白山三天女》神话是满族爱新觉罗氏族源神话,在清代典籍中均有不少记载。最有权威的神话记载,是在《清太祖武皇帝实录》中的清太祖努尔哈赤祖先神话传说:"高皇帝姓爱新觉罗氏讳努尔哈赤,先世发祥于长白山,是山,高二百余里,绵亘千余里,树峻极之雄观,萃扶舆之灵气。山之上,有潭曰闼门,周八十里,源深流广,鸭绿、混同、爱滹三江之水出焉。鸭绿江自山南西流入辽东之南海,混同江自山北流入北海,爱滹江东流入东海,三江孕奇毓异,所产珠玑珍贝为世宝重。其山风劲气寒,奇木灵药应候挺生,每夏日环山之兽毕栖息其中。山之东有布库里山,山下有池曰布尔湖里,相传有天女三,曰恩古伦,次正古伦,次佛库伦,浴于池,浴毕,有神鹊衔朱果置季女衣,季女爱之不忍置诸地,含口中,甫被衣,忽已入腹,遂有身,告二姊曰:'吾身重不能飞升,奈何?'二姊曰:'吾等列仙籍无他虞也。此天授尔娠。俟免身来未晚'。言已,别去。佛库伦生产一男,生而能言,体貌奇异,及长,母告以吞朱果有身之故。因命之曰:'汝以爱新觉罗为姓,名布库里雍顺。天生汝以定乱国,其往治之。汝顺流而往,即其地也。'与小船乘之,母遂凌空去。子乘船顺流下,至河步登岸,折柳枝及蒿为座具,端坐其上。是时,其地有三姓争为雄长。日构兵相仇杀,乱靡由定。有取水河步者,见而异之,归语众曰:'汝等勿争,吾取水河步,见一男子,察其貌非常人也。天必不虚生此人。'众往观之,皆以为异。因诘所由来,答曰:'我天女佛库伦所生,姓爱新觉罗氏,名布库里雍顺。天生我以定汝等之乱者。'众惊曰:'此天生圣人也。不可使之徒行,遂交乡为异,迎至家。'三姓者议曰:'我等盍息争,推此人为国主。'以女百里妻之,遂定议。妻以百里,奉为贝勒,其乱乃定。于是,布库里雍顺,居长白山东,俄漠惠之野,俄朵里城,国号满洲,是为满洲开基之始也。"

古扶余国的朱蒙国王神话,也属于天女生神童型的族源神话:相传,古代一女子因受日光照耀,身怀有孕,左腋下有一肉蛋,大如五升左右。国王以为人生鸟蛋,是不吉之兆,便打发人将肉蛋取出扔到马群里,想让马乱蹄踩死。说来也怪,马并不践踏这一肉蛋。于是又将肉蛋扔到深山里,山中鸟兽都保护它。阴天的时候,太阳被乌云遮住了,可是肉蛋却能发出太阳一样的光辉。国王心中叹奇,派人把肉蛋取回,交给女人收养。不久,肉蛋开了,里面有男孩。男孩从肉蛋出来时,啼哭声非同一般,异常洪亮,长相也较常人英俊奇特。不到一个月,他已经会说话了,很快长大成人,很有本领,名为朱蒙。他经常和金娃太子的七个儿子外出打猎。一天,王子带了四十多人只打着一只鹿,可是朱蒙一个人却打了很多鹿。金娃太子很奇怪,便告诉国王说:"朱蒙是神勇之士,不早点除掉必为后患。"于是,国王让朱蒙去放马,朱蒙心里非常生气,决意要到南边去建立一个国家。朱蒙便偷偷选匹好马逃出扶余国。

前面突然横拦一条大河，欲渡无舟，后退无路，又害怕大兵追来。朱蒙说："我是天帝子孙，河伯的外甥。今天避难到此，快快给我架一座桥或给一条小船吧。"说罢，只见河里的鱼鳖纷纷浮到水面，架成一座小桥，朱蒙等刚刚过河，后面的追兵就赶到了。有些追兵走到桥面，顿时沉入水底，上桥的兵马淹死了。朱蒙于是逃到一个山清水秀的地方，建立了高句丽国。

4. 英雄拯世型族源传说

位于内蒙古鄂伦春自治旗阿里河西北边，有一座很高的山叫嘎仙高格德，在山半腰，有个黑乎乎的能容纳一千多人的天然大岩石洞，猎人给它起个名叫"嘎仙洞"。在古代史研究中，它被确定为北方古代鲜卑族的重要发源地，关于它的神话很多。在鄂伦春族中便有许多英雄斗败恶魔发展部落氏族的神话："传说从前，长着九个脑袋的满盖妖怪霸占了嘎仙洞，因为它脑袋多，眼睛和耳朵自然也多，所以再小的东西也逃不过它的眼睛，再细的声音它也能听得到，害得猎人们成天提心吊胆过日子。鄂伦春英雄毛格铁汗发誓要征服满盖，想来想去，终于想出了一个办法用智慧战胜它。毛格铁汗想什么事情都很周到细致，他抓住满盖因为长有九个头，意志不一，行动各异，射箭不准等弱点去争战恶魔。满盖张牙舞爪地喊道：'喂，你是哪儿的小鸟，竟敢闯到我这里来？'毛格铁汗大声说：'我是鄂伦春部落首领，兴安岭主人毛格铁汗，前来与你较量！'满盖哈哈大笑，说：'你张着小口说大话，你有几个脑袋，敢在我面前胡闹？'于是两人比试起来。毛格铁汗提出一连串难题：山岭有多少笔直的山峰？甸子上有多少弯曲的河流？满盖全答错了，满盖叫小恶魔满盖来算也算错了。于是又比箭，恶魔败北，只好羞惭认输。它垂头丧气地让出了嘎仙高格德山。从那以后，鄂伦春人做了兴安岭的主人，毛格铁汗做了鄂伦春的首领。"神话歌颂了鄂伦春首领毛格铁汗智斗恶魔的勇敢精神，反映了鄂伦春自黑龙江北南迁到兴安岭后的民族生活。

在黑龙江省逊克县新鄂村鄂伦春英雄神话中有另一篇族源传说。据莫普加布说，在很早以前，有个五国时期，那时还没有鄂伦春民族。五国中有个小国，小国里有一家兄弟五人，兄弟四人都很勤劳，独老五懒惰，不爱干活。老爹一气就把老五撵出去了。老五只好带着老婆到山上，天天靠采摘李子野果为生。突然来个老头帮他想办法，找来了刀，找来了木头，给他做弓箭射飞龙，老头终于教会老五用弓箭了，冬天老头教他打狍子，还教老五用狍筋做了弦，教他用狍皮做狍皮衣和狍皮被，狍皮衣、狍皮帽和"其哈密"（狍皮靴子）做成后，穿戴起来很暖和，也很好看。天下雪后，老五又按老头教的办法去撵貂，抓貂，一天能抓几只貂。老头告诉他，皇上要貂皮，皇上召见老五，称他是英雄，又送他许多银子，他的四个哥哥见老五生活越来越好，吃的全是肉，跟他一起学打猎，老头也回来了，兄弟五人天天打猎，打的尽是狍子和貂，从此，就有了鄂伦春人。

(三) 族源神话与史学的关系

在史学研究与引证中，历来对一个民族或部族的族源神话十分重视，所以在典型史册中多引证为历史分析的重要依据。对于古代史，特别是北方氏族的史前史，当时的社会形态、思想状况以及社会风俗、观念、文化现象等，后世人是无法真正洞测与捕捉的，特别是民谭，更是无法设想的。因此，保留下来的族源神话以及其他一些文化遗存，是今人可以鉴别分析的宝贵材料。对民族的特征、文化习俗等，也只有依靠民族自身世代传述的族源神话，才能辨析出诸民族史前文化的内涵。所以，在研究东北诸民族历史沿革时，要很好地掌握该民族的族源神话。因此，可以说民族族源神话与历史学有极其密切的关系，在某种意义上讲，族源神话本身便是可靠的历史资料，是研究和分析某段历史的重要依据，这是不容置疑的。本文前述北方民族中众多的族源神话，按其性质可基本归为四种类型，因为这四种类型都很普遍，而且有代表性。不过，神女诞育型族源神话同英雄拯世型族源神话两种类型，大体上密不可分。神女诞育神童，神童成人后即为一个民族或部族之主，二者似乎可以划归一类，更为简略。本书所以分为两种类型，是考虑英雄拯世型族源神话中有些英雄，不一定为神女所生，而本身便是人，是一个部落中的普通英雄人物，因逐敌建勋，或因驱魔逐害而被民族举奉为英雄祖先。在北方诸民族族源神话中这样的神话传说，并不乏见。本书仅举有代表性的神话作一说明，许多民间流传神话，因篇幅所限未能一一收录。

然而，在承认强调族源神话与历史学研究的密切关系的同时，我们还应注意民族族源神话所具有的民族观念局限性与渲染性，还不能完全将其作为"信史"。比如，满族族源神话——长白山三天女佛库伦吞朱果，生布库里雍顺，为满洲之主的神话，有清以来广为传播，被视为满洲的重要神话，而且历代学者对其褒贬不一。有些文章将其视为因袭殷商"天命玄鸟，降而生商"的故事的仿学，或者视为仿学高句丽始祖朱蒙降世传说的编创，也有些学者认为"天女固在多年前已列于萨满之奉祀神位也"，"不是完全无据的"，等等。笔者认为后者论断是对的，神话出于本民族民俗习俗，传自民间，不是仿学或臆造的神话故事。有些人的文章是欠说服力和欠妥当的。众所周知，各族历史先民都要经历社会历史的初级阶段，都要经过只知有母而不知有父的社会历史阶段，即母系氏族社会，不孕或神孕而生的神话故事，在国内外诸民族中均不乏其例。识别与鉴定一个民族神话的真伪，最重要的依据是其神话的内涵与文化内容，是否符合该民族的基本文化特质和诸民族的社会历史发展实况，这是最为重要的，其次，还要验证该神话在该民族中传承与传播的历史真实和实际状况，进而证实其从属性与可靠性。《长白山三天女》神话，完全符合这一考验。我们近些年对满族文化的考察，充分证实了在我国北方满族及其先世女真族中，乃至北方其他兄弟民族中都熟知此神话传说。神话广为播布，妇幼皆知，是得到满族等北方诸民族承认的。从我们搜集到的满族著名英雄传奇说部《两世罕王传》一书可知，清太宗皇太极是一位有文韬武略的马上皇帝，与其父清太祖努尔哈赤一样，精通女真语、汉语、蒙古语及索伦（鄂温克）语、打虎儿（达斡尔）语等民族语言与习俗。他继皇位前，与众兄弟曾化装或戎装到过牡丹江、嫩江、松花江以及内蒙古草原诸地，足见他极谙熟当时女真诸部包括东海野人女真人的民俗风情，熟知女真人丰富多彩的口碑文学。皇太极本人不仅擅讲《三国演义》《水浒传》等许多传说故事,他称帝后承袭父志,用兵辽东,为争取、团结和号令女真诸部,稳定既成的女真各部的统一局面,把久在女真妇孺中流传的"女神育世"神话,附会于自己祖先爱新觉罗氏家族远祖身上,炫耀不凡,这是明显可辨的。三女神神话,早在北方诸民族中与萨满祭祀中均被奉祀,只不过名字与内容有些改变而已。近些年我们还征收到珍藏数百年的三女神神偶是此神话的物证。应该说,这则神话既不是抄袭体神话,也不是随心所欲地臆造,而是沿用了女真人素有的崇祀天穹女神的宗教意识和崇爱灵禽的民俗心理,以天穹女神神话为胚基而产生的爱新觉罗氏家族族源神话。满族是在强大的部落纷争情况下,由多种繁杂的部落成分相凝聚而成的民族共同体,其文化素质、信仰、习俗内涵是极其丰富和复杂的。满族名称虽有了,但整个满族的族源神话是不存在的。有清以来,在满族诸姓中,除保存"长白山三天女"神话为官方法定的氏族神话外,在不少姓氏的族祭中仍在传诵与保持着本哈喇(姓氏)的氏族发轫神话。今日,在研究与撰写北方民族族源神话之际,上述问题应予以说明和澄清。

三、祖先英雄神话——"玛音"神神话

(一) 祖先聪慧的文化积存是神话产生的沃土

神话是人类初民共有的精神财富,是生产的歌颂,是经验的总汇,是哲理的概括,是情感的升华,是艺术的再现。它的文化积存使它的所有佳作,都染上了它自己所特有的历史色彩。我们在探索人类进化到祖先崇拜时期的北方原始神话时,就不能不首先想到和面对着浩阔的庄严的曾叱咤风云的众部落英雄祖先的豪迈足迹与伟业。这便是萌生神话与崇拜观念的本源和沃壤。在北方信仰萨满教诸民族所属的广阔文化带中，祖先英雄崇拜的文化遗迹，是相当普遍和丰富多彩的。在北方所发掘到的旧石器和新石器时代的艺术中所发现的动物素描和人物绘画、狩猎素写以及尚难完全辨明其内在根本含意的一些人兽、人虫相似的图记，不能不使人们认为：它们——北方诸民族的文化祖先们的自然主义特色，是极其超绝而令人称羡不已的。有些学者包括西方一些人类文化学派学者，多认为原始人群都极端愚昧和野蛮，而从多年的调查与研究中，我们不能苟同，我们认为：原始人类即或紧紧地受到社会发展与文明进化方面落后的禁锢，其视野与思维天地狭小空幻，知识涉猎比现代人类低稚贫困，然而就其所生活与谋生的周围环境和力所能及的社会活动面来说，原始人仍然极富有应付自如的经验和技艺，其生活的敏感力、对付突发事件的应变力、呼唤同伙协力应敌和避闪自然力的突如其来的厄祸的能力，并不低于现代人，而且因为长期生活苦难与艰险的磨炼，在某种意义上来说，还可能要远远超过某些现代人的应付能力。从古神话调查中可以证实，人类进入祖先崇拜的观念意识阶段中，古神话所遗存保留与传播的内容要远远超过父系氏族社会。当然，父系氏族社会与今天的联系更加密切，远比原始群和母系氏族社会更容易流传和保存下来一些人类生活的影子和文化遗迹，因而北方萨满教中祖先英雄神话内容，是极其斑斓多彩而又独具特色的。这一时期遗留的出土文物、墓葬挖掘以及收藏与祭奉在各族姓氏家中之实物器皿、祭物、神偶以及手抄神谕、神规、族牒、影像、金石饰品等文化遗产,完全可以创建成数座古民族文化陈列馆。不仅如此,直至目前,在北方满族等许多少数民族中仍有不少健在的萨满和萨满承袭人,他们知识渊博,晓古通今,能够口若悬河般地诵唱英雄祖先神谕,而且祭祀至今未绝。这更是神话得以弘扬和扩布的现实活力。

按照萨满教的观念,萨满所供祭的寰宇间各类众神灵,都是有专一性和实体性的,即或是某种宇宙现象,萨满教则仍以其特质拟制其声其形以替代。所以萨满教不同于佛、道等宗教追求虚幻真空的观念,而最讲求自然主义、实用主义和功利作用。将世界万物均视为有灵感的活动灵体,既有活动灵性,便会有超人灵力,就应诚祭礼拜,随之而来的便要有祭规祭礼祭器,并应为之设偶像,附之以神话。萨满教神话,实际就是萨满教所宗祀诸神的活动故事。对萨满教来说,对祖先的祭祀一直是北方崇信萨满教诸民族的几乎所有部落、姓氏所具有的最普遍最基本最鲜明的特征之一。这种祭典最集中的表现便是对自己远世祖先和英雄人物的崇拜与缅怀,对其死后生命的追寻和信仰。在萨满教观念中,萨满不仅仅是人与神的中介和代表,而且萨满本身还是人与"死后成神",或者是"新亡人浮游魂魄"之间的交往者和中间互通的神圣使者。有些学者论及萨满为人神中介的代表论述甚多,对于萨满为人魂中介的代表论述还甚少。要研究原始宗教萨满教的宗教观念,灵魂与魂魄崇拜及其神话,是不容忽视的一个方面。而且,要说清楚祖先英雄神话,首先也必须从萨满教灵魂崇拜祭法与神谕论述,才可解决症结之谜。祖先英雄神话也同原始创世神话一样，也是出于一种恐惧和无能为力而对客观自然界所表现的神秘感和诚惶诚恐意识的反映，只不过它不是敬天畏神的神话，而是对血缘关系相当密切的远世祖先众神众魂的恐惧与敬羡，是当时人们为讨好求崇于它们，祈作自己的守护神，而创造出来的具有特色的生动迷人的赞神神话。

（二）北方古葬俗及招魂神赞与"玛音"神话故事

史前古葬俗研究，是原始宗教及其神话观念的又一重要部分与实证内容。它是祖先崇拜的产物，体现着原始初民的灵魂解释与灵魂信仰，俗称"葬礼为魂气所归"[①]便是这个意思。"魂气所归"，便是原始社会意识形态的遗存。依其所"归"，因而构成不同形式的葬俗、葬仪与神话或冥话。

北方诸族"魂气所归"的古葬俗，独具特点，深刻地反映着北方古先民的原始宗教与魂灵不死的观念。有史可考，北方诸族古葬均为裸土葬，这大概是最原始时代的原始初民葬式。《晋书》"肃慎氏条"中载"死者其日即葬之于野，交木作小椁，杀猪积其上，以为死者之粮"。死后葬于野，尸体并不有棺椁，而只是"交木作小椁"，即在尸上掩以木类，再祭奠牲物。这种葬法一直保留很久，一些著名的老萨满或总部穆昆达，死后便"裸体埋于深坑，头东脚西，牲血洒土埋葬"[②]，意在散其魂气，不被束锢，早成族神。头东脚西，是站立者的形

---

① 引自《瑷珲祖风遗拾》。
② 同上。

象,头总是向着太阳出升的方向。东为上,表示人死仍是和活着的人一样站着生活,表示灵魂不死的意念。最早北方民族的土葬,不是棺椁葬而是裸葬的记载,还可见于《新唐书》"黑水靺鞨条"中载:"死者埋之,无棺椁,杀所乘马以祭。"此外,在《旧唐书》"靺鞨条"中载记尤为清楚,明确记载为"死者穿地埋之,以身衬土,无棺殓之具,杀所乘马于尸前设祭"。这种原始葬俗,至金代亦然。《大金国志》卷三十九"初兴风土"中载:"死者埋之而无棺椁。"在考古发掘中,东北地区的原始社会时期墓葬遗址甚多,仅举延吉德新金谷古墓葬为例,就很有代表性:金谷古墓群顺山排列,均东西向,按其结构大致分为三种:(1)石棺墓,即尸体四周有石板围护;(2)土坑墓均为竖穴土坑,其一端或墓坑边仅放若干小石块或石板;(3)介于二者之间的土石葬,"一般在一个墓坑里埋有三四个至七八个个体,最多的达十一个个体。其中,有一次葬骨骼,也有二次迁葬骨骼,多为仰身直肢,头部有的向东,有的向西。人骨架一般分两行并列,作二至三层叠压。从性别上看,男女均有,从年龄上看,有老年、中年,有的墓中还有青少年或儿童"[①]。这种葬俗完全证明了原始氏族社会以血缘关系为纽带而形成的氏族共同墓地。在萨满教观念中认为,人死后的魂气凝聚为团雾,可以升沉,可以浮游,喜暗不喜亮,喜湿不喜光热,最宜固守于黄黏土之洞穴里。所以,挖墓要掘见黄

---

① 引延边朝鲜族自治州博物馆,《延吉德新金谷古墓葬清理简报》,《东北考古与历史(丛刊)》1982年第1辑,第193页。

黏土。黄黏土是潮湿性的土质，阴凉洁净，为地母巴那吉额姆的心中土。萨满教神系观念还认为：人活着要靠着本氏族的相互维系和资助得以生存；人死后依然要靠本族同血缘的灵魂相助，在灵魂世界中仍然组成本氏族群体和灵魂部落，这便被视为"阴祇"，或氏族的"根基"。本部族的兴衰就要依凭这些"阴祇"魂魄的庇护，得以永世安宁，就像大地上的沃土一样，果实和枝叶坠落地上，朽变沃壤，再从土里孳生新芽，旺盛昌繁，循环不已，这就是祖先崇拜意识的真正内涵。

随着氏族的发展、壮大，氏族群体逐渐分化，迁移新地，另择新居，葬俗观念也便随之发生变化。随之而来的古葬礼中便产生了火葬、树葬、天葬（鸟啄食、兽吞食、鱼群蚕食）等形式。辽金时期北方火葬在满族先世中比较盛行。火葬墓的葬具有石棺、木棺、瓮棺三种，其特点为形制较小，只装火化后的骨灰，不盛尸体。不论用何种葬具盛殓骨灰，均留有灵魂孔，即在墓具的陶罐、瓷罐、石罐、木匣、桦篓上面或底部要打孔，为亡者灵魂与气魄游通之路。火葬的产生是宗教与神话观念深化发展的产物。在原始初民时期灵魂观念还很简单朴素，后来逐渐产生邪恶与善良等观念，便认为宇宙中存在魔怪，尤其是氏族中突然有染疫而死的人，或幼年暴卒，便认为是恶魂与外邪作祟，导致氏族灾难，为祛灾异和厉鬼，便用火祭进行葬礼。火被视为最圣洁的吉祥物，经过火化尸体化为骨灰，便于氏族迁移携带运走，或永远与本氏族族众在一起，又经过火的洗礼除秽驱邪，骨灰中的灵魂才是纯正的氏族祖先魂魄，才能萌庇本氏族族人安宁。火化是喜葬，所以全族人都要会聚墓地，要有萨满致祭火化，"异棺于郊野，置柴上，请师举火"①，将骨灰收入净匣里，火葬很讲究柴火适宜，必烧至肉净骨白而碎为佳，选牙齿、掌骨、肋胸骨数粒收藏。

除火葬外，北方也有些民族因生活条件和地域有别，亦有树葬形式，如鄂伦春族"用桦皮将尸体裹起，择日异出，架于树上，待皮肉腐烂，骨坠下，然后拾起埋之土中也"②。

内蒙古自治区额尔古纳旗和阿荣旗等地的一些鄂温克族人中，多以桦树皮、苇子或席子裹尸，在树杈上架以横木，将死者头北脚南放于其上树葬，亦称风葬、悬空葬。

松花江下游的赫哲族人外出行猎而死于山中者，则取大树干一段刳制为独木棺，将死者放于棺内，然后用有树杈之树四棵，上架两横木，再铺以树枝，置棺其上，两三年后尸体腐烂，死者亲属再将遗骨取回葬入土内。③在黑龙江一带生活的满族中，亦有幼年夭亡风葬的古习。

葬俗形式与原始信仰有关。葬式的目的意在招魂、慰魂和安魂。为死者招魂，中国上古时期最初称为"复"，即通过一定的葬祭与仪式，使死者灵魂复返故土，不至于浮游天宇间无栖无依。《礼记·檀弓下》云："复，尽爱之道也。"《楚辞》中便有《招魂》篇，《礼》则云："冀精气反复于身形"。招魂，当然也包括为重病膏肓的生者招魂，或称"叫魂"、"求魂"，

---

① 引胡朴安，《中华全国风俗志》下编，河北人民出版社1986年版，第138页。
② 同上书，第146页。
③ 夏之乾，《风葬略说》，《内蒙古社会科学》1982年第4期。

是认为魂游于身外，引其归位的一种萨满神术。在萨满祝祭活动中招魂祝辞占有重要内容，实际上是属于一种咒语式的短而情深的神赞，也是一种诵颂式的"佛波蜜"（诵念词）。萨满教认为，人死后魂不守舍，魂气浮荡于空宇间，必须要经过萨满诵讼招魂"佛波蜜"，才能将游魂引领到一定的地点，使之凝聚不动。这种不动的形态被认为是像有一层薄质包围着的内部流动的气雾状体，唯萨满可以看见。但它不能长期静止不动，会消散和游走难寻，萨满咒语的约束力亦是有一定时限的，为此必须有一定的附着物，作为浮魂所托，使之久凝其上，像人的肉体依然如活着一样魂有所归。这便是葬俗中的引魂物：满族及其先民所用的坟上"佛朵"和招魂幡，其形为一长竿上扯满丝条纸帛，便是人死后的魂魄皈依附体。鄂伦春族出殡时，要请萨满扎一草人，上系很多条线，死者子女们每人拉一条线，后将线弄断，便意味着灵魂远离，而草人便是亡者魂魄的附体。鄂温克族在坟墓四周，埋上四根木桩，木桩上拉上线缠，也是表示引导灵魂复归的依附物。后来，逐渐发展，将死者牙齿、骨骼或者装殓骨骼的罐、瓮、匣、篓等都看成祖先灵魂的依附物，甚至视为祖先英灵的替身和化形，进而又出现许多偶形祖先替身，这便是人形神偶产生的最根本原因。恩格斯对灵魂不死观念有过著名的论断："在远古时代，人们还完全不知道自己身体的构造，并且受梦中景象的影响，于是就产生一种观念：他们的思维和感觉不是他们身体的活动，而是一种独特的、寓于这个身体之中而在人死亡时就离开身体的灵魂的活动。从这个时候起，人们不得不思考这种灵魂对外部世界的关系。如果灵魂在人死时离开肉体而继续活着，那就没有理由去设想它本身还会死亡；这样就产生了灵魂不死的观念。"① 在这种灵魂不死的观念的支配与影响下，在北方诸民族宗教祭祀与祖先崇拜活动中，创造了不胜枚举的偶像神群，形体大小不一，男女老少不等，采用各种质料雕制、缝制、编制、绘制、磨制许多种类的神偶，即瞒尼神群，其中绝大部分是祖先崇拜观念之下的灵魂代表。当然，因时间与历史的疾速推进，许多有一定代表性的灵魂神偶被整体崇拜意识所代替，只成为某一方面的祖先神偶了。这些神偶不仅神力大，而且享有威严，不单外姓外族众人不敢冒渎，就是本氏族的族众也敬畏十分。神偶们常通过本氏族萨满，对子孙们提出各种要求，如稍有怠惰，便要受到灾病折磨。如神偶提出住的地方不好，便要重新修饰神匣神娄；神偶认为身冷不适，便要给神偶制作各式革服皮履；神偶要吃兽血，便要按神偶示意宰杀牲禽，为神偶嘴上涂血，表示享用新鲜野味。所以要这样祀奉，就是表示是本氏族的祖先灵魂仍活动在偶体之内，像平时生活在世上一样，与族人同享天伦之乐和儿孙们的殷勤侍候。

在萨满招魂神话中，有许多祖魂返世、祖魂传谕、祖魂梦授契机的神话故事。在萨满教观念中，不认为这是人鬼之间的接触，而视为祖神庇佑的吉兆。族中人等亦可通过萨满和萨满祭祷活动，向祖魂请示族中大事、征询天象变幻、灾变结局、

---

① 《路德维希·费尔巴哈和德国古典哲学的终结》，《马克思恩格斯选集》，第四卷，人民出版社1972年版，第219—220页。

族权人选等秘事。

值得说明的是，本节并非论述神偶的繁杂内涵，这将在另节专述，本节旨在说明祖先崇拜的物质对象是祖先的造像——偶像的替代物。各族部落均将这种神圣的祖先替代物，看作是他们碌碌生存着的众亲属族众的最亲密的庇护者和保卫者。属于这方面的神偶形式可分四类：（1）远祖灵魂偶像；（2）氏族首领灵魂偶像；（3）氏族诸英雄人物，具有超群技艺者；（4）世袭传世萨满神像；等等，均属于祖先崇拜神偶范畴，为族人世代供奉。《鸡林旧闻录》载：黑斤"无医药，有疾惟跳神祈禳。刻木作圭形，置炕头以祀祖、父"。1979年在吉林省和龙县德化乡群众修筑公路时发现一个人面石人，女性，有乳房，丰身像以石刻成，发向后背，据考证为新石器时期花岗岩女性祖先崇拜石偶（见图）。①

又据中国民族学研究会编印的《民族学通讯》第二期中徐立群先生撰文介绍：曾在1980年7月18日在黑龙江省爱辉县新生公社，意外发现一位鄂伦春族老太太家收藏一套神偶，分别装在五个桦皮做的神盒中，有神像17张，木制神偶39个。神像大多绘画着穿戴清官服的男女，除此还有山林、犬、蛇等，嘴处抹有血迹，系祭神时喂狍血的遗迹。②《宁安

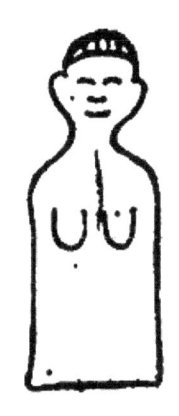

---

① 吉林省文物普查分队第二分队参加者尹郁山同志介绍资料。
② 徐立群，《意外的发现》，《民族学通讯》1980年12月5日。

县志》亦载,满族"每年两次举行家祭,祭时于上屋西炕排列木人或各色绫条,用以代表祖先(非个人之祖先,乃满族公祀之始祖神,故虽曰家祭,其实国祭)"。《吉林汇征》云:"恰喀拉部散处于珲春沿东海,男女俱于鼻旁穿环,缀寸许银铜人为饰。"如此等等,尚有许多类似记载,本书不一一列举。所有这些偶像,都是祖先灵魂的化身。死亡被认为是肉体存在的终结,但是灵魂是永存的。它被视为生命之外的物质因素。灵魂转移于后人所创造出来的各种形态附体之上——即神偶,使灵魂得以延续,认为可以永生地长命于人世。因而,北方诸民族对此常祀不衰,极为普遍。

近些年,我们在实地考察中,几乎在满族萨满祭祀中都有不同形态的神偶实物,只是多寡不等,而且有些神偶附有神话,完全证明偶像是在神话基础上产生的。同时,神话又是一定的神偶的灵魂和精神依托。如,在满族尼玛查哈喇、奚合特里哈喇、呼什哈哩哈喇等姓氏中均供奉祖先神偶多阔罗瞒尼神,便是这些姓氏的原始祖先中的英雄神,专门诊治高寒山区的腰腿疼病症。相传他本人便是伤残者而以野药医治,死后成神,为氏族辛勤服务着(如图)。

又如在上述诸姓中保留下来的又一对夫妻神偶,是该远祖氏族部落进入对偶婚后产生的祖先崇拜神偶。它们的作用在于庇佑本氏族的子孙繁衍,夫妻和睦,特别是荫庇青年男女的情爱与婚姻美满,吉祥如意,或者男女双方择偶顺遂满意。从其服饰可知,系

多阔罗瞒尼神

渔猎时期的古服饰。关于这两个神偶神话与传说很多。她（他）们常能降临人世，或通过梦幻，给寻偶的青年男女指点寻求爱情的绿洲或从背囊袋中取出鸟羽，为年轻男女选订可心的情侣。

夫妻神偶

祖先崇拜的瞒尼神，有些并不一定是赫赫有名的本氏族头领或英雄，而是一般的族人死后被认为是掌管某一方面的神灵的。达斡尔族中著名的祖神霍卓尔·巴尔肯，便是由一个普通的女孩成神的。传说在很早以前，敖拉莫昆有一女，小时许给扎尔塔拉莫昆为妻。女孩从小常闹病，16岁时萨满看了说她要成萨满，祈祷后病好了。但父亲不同意她当萨满，她便乘父亲去甘珠尔庙拉脚不在家之机，请一萨满为师，请神附体学萨满。不久父亲回来，一气之余将神线割断，女儿随之死去。三日后老父也死去，接着，扎尔塔拉的人大量死亡，人们无奈，便供该女孩为霍卓尔·巴尔肯神，成为"九个支族的母性祖神，都博浅族的祭娘，是十个家族的管辖者，是二十个家族的根本……"[①] 又如鄂伦春族虔诚供奉的敖仑神是位女性大神，司掌仓房，她原来是一个普通的猎户女子，逃到天庭月宫中，后来成了一位尊神，为氏族造福；鄂伦春族供奉司管天花、麻

---

① 引自内蒙古自治区编辑组，《达斡尔族社会历史调查》，内蒙古人民出版社1985年版，第249—250页。

疹、伤寒发热病的三位女性大神额古都娘娘、尼其昆娘娘、额胡娘娘，原来是三位心地善良的仙女，和猎人结婚，死后灵魂在人间变成驱疫除邪的娘娘神[①]。

（三）祖先神话对后世萨满文化的影响

萨满教在漫长的历史发展中，其文化内涵与文化积累，主要是祖先祭祀与祖先神话神事记载，北方诸民族基本如此。萨满教的原始性质在逐渐淡化，远古传说及祭礼除还保留在一部分萨满神谕中或个别满族姓氏之中，一般民族的神职萨满已无从所知，一些神祇的来历、掌故在神话中逐渐淡忘或只留神名、不解神源。然而，本氏族的祖先神祇——包括众多瞒尼神祇与神偶，日益增加和不断丰富，有些姓氏在祝祭时仅祖先瞒尼神祇神像，排满神案，竟有百余位之多。原属东海窝集部的赫哲族和满族诸姓祭祀时，瞒尼神偶更为繁多无比，有悬挂神偶，有摆放神偶，还有在水槽中的鱼形驮人神偶，样式不一，成双成对，还有木刻的鬼、鸟、鹰、鳖等偶像，用线连在一起，也都成双。在满族等北方少数民族萨满祭祀中，又将祖先创世故事与英雄业绩，彩绘成大幅图谱，每逢祭祀与年节祭拜，必悬挂于堂上，供族众瞻仰叩拜。

在萨满祭祀的祖神崇拜中，形成三大特征：

1. 全民族的远世祖神与英雄神，逐渐升华，形成共同祭奉的祖先大神，为全族各姓氏（哈喇）所共祭。这种特征，从清

[①] 引自《民族问题五种丛书》内蒙古自治区编委会，《鄂伦春族社会历史调查（第一集）》，内蒙古人民出版社1985年版，第162页。

王朝建立后尤显突出，满族共祭的祖神有：

　　长白山神　　　拜满章京

　　超哈占音　　　阿珲年锡

　　穆哩穆哩哈　　纳丹威瑚哩

　　安春阿雅喇　　恩都蒙鄂乐

　　纳丹岱珲　　　喀屯诺延

　　纳尔珲轩初

　　恩都哩僧固

上述诸神，所司神职和统辖区域不同，都是满族先世女真诸部的祖先神，其中有些神就是久居黑龙江以北的原始英雄神，都有动人的优美神话故事，在数千年的宗教传播中神话故事被渐渐遗忘，而神祇名讳却永远成为满族萨满家祭的重要内容，一直沿袭下来。

2. 因祖先崇拜与祖先神话的发展与重视，北方各民族中祖先神话故事都得到了保存与发展，出现众多祖神神话，脍炙人口，经久不衰。如，内蒙古赛音吉日嘎拉和沙日勒岱合著的《成吉思汗祭奠》一书，是鄂尔多斯蒙古族对蒙古族伟大的政治家、军事家成吉思汗的祭奠神词，神祭充满了感人肺腑的文学性与艺术性，保留了来自民众中的对本民族英雄的讴歌与膜拜，祭礼森严，祭程内容十分丰富，极大地丰富了蒙古族萨满文化的宝库。由黑龙江省宁安县满族著名故事家傅英仁先生整理的《满族神话故事》一书中，保留了许多萨满祭祀中的英雄神祇，都是整理者据宁古塔（今宁安县）著名的满族三位大萨满口中传讲，记录下来的。其中具有代表性的大神和神话有：

他拉伊罕妈妈、多龙格格、阿达木恩都哩、鄂多哩玛发、卓碌瞒尼、突忽烈玛发、恩图色阿、沙克沙恩都哩、朱拉贝子、乌龙贝子、托阿恩都力、绥芬别拉，等等，这些英雄神话都各具性格与特色。又如，《七彩神火》中整理的阿尔达巴图鲁、穆真巴图鲁、威呼王巴布等，都来自萨满之口，都是满族诸姓祭祷诚敬的民族英雄大神。内蒙古呼伦贝尔盟*莫力达瓦达斡尔族自治旗苏勇同志，近年来整理了《达斡尔族民间故事》，其中不少故事与传说是来自达斡尔族萨满神话故事，足见萨满家祭在达斡尔族中影响深远。如，他整理的《萨满的神》是六十四岁敖成梅老太太讲述的神话，叙述了达斡尔萨满的装饰、能耐以及他们所崇拜的各种神祇。《白那查》《恩都日的传说》等，也都是萨满祝祭与崇拜的神话。

各民族萨满英雄神话的丰富，又促进了各族萨满的家祭仪式，不仅使萨满教得以延续不衰地世代沿袭至今，而且使族祭得以丰富发展。满族及北方诸民族的族系崇拜成为萨满祭祀的一项内容，各姓都有修谱续谱规程礼法，并列入家祭范围之中，各姓谱书都明确记载阖族的祭礼祭规，遵时致祭，并且详载本氏族的族源神话、传说及名人典故等，在族中逢时传讲。由此，可以进一步看到萨满祭祀中的祖先崇拜内容与祖先崇拜神话影响重大，是推动与保持萨满教持久不衰的最主要的群众思想基础。随着萨满教家祭的丰富与发展，各族萨满祭祀过程中往昔的野祭（郊祭）等已经消逝，而变为纯崇拜祖先的家祭

---

* 即今呼伦贝尔市。——编者

仪式，而且随着农业生产的发展，家祭内容已多为祈求祖先神祇为本民族人等诊治疾症、除邪祛秽、祈禳丰年。萨满祭祀内容由此发生了巨变。

3. 由于祖先崇拜的发展，在萨满教信仰与神话中逐渐产生了冥话或称幽冥神话。萨满教原始观念中，并未有来生与来世的概念，因而本来并未有鬼魂概念，但是随着社会的发展，以及佛、道及汉文化的幽冥观念影响，在萨满教中也出现了众多幽冥神话。而且许多耶鲁里形的魔怪神话也染上了冥鬼观念，灵魂观念中也有了鬼的神话。萨满们将某些死者的灵魂驱赶和禁锢在冥府之中，使它们不能再返回人世变成伤害族人的邪害势力。所以，在满族及北方民族家祭中，为给病人治病，便有了看房宅、看脸相的巫术，驱赶外鬼外邪，或者剪成纸人纸马作为替身焚烧，为病人身体除邪秽之气，甚至还有的萨满为治邪祟，掘坟迁尸、焚尸，目的也是为了使家主平安，驱鬼镇邪。在北方民族神话中，斗鬼、治鬼、伏鬼的神话故事甚多，鄂温克族、鄂伦春族等民族中都有民族力士和智者战胜魔鬼的故事，满族民间史诗《音姜萨满》与达斡尔族《尼桑萨满》实际也有部分属于幽冥神话。流传在北京门头沟一带的满族鬼的传说《傻爷色楞阿》[①]也很有代表性，歌颂了人类战胜厉鬼的传说。在其他民族中，也流传不少有关鬼魂的神话与祖先显魂驱邪的冥话故事。又如，达斡尔民间传说故事中，有《人鬼兄

---

① 引自富育光收集整理的《七彩神火：满族民间传说故事》中《傻爷色楞阿》故事，吉林人民出版社1984年版。

弟》《人鬼之交》《光棍汉烧鬼》《恰阿油格》《寻父》《阿日塔莫日根》[①]等,都是人鬼故事,反映鬼魂的人性和人情,尤有代表性。

四、萨满神话故事

在北方神话中,萨满治世神话占有一定的地位。当然,严格说来,其中有许多神话可以划入传说故事之列,但就其数量和影响来说确实应该单归一项,给予应有的重视。

萨满治世神话,在北方诸民族中普遍流传,内容之丰富,数量之广,是其他民族口碑神话不可比拟的。萨满治世神话,按其分类亦可算作祖先英雄神话的范畴,但是其内容和特点有相对的独立性,它颇近似佛经中的关于佛本身的神话。萨满治世神话是传述萨满自身的神话,内容包括萨满得神气成为名萨满的神话、萨满以神术除魔治邪的神话、萨满死后灵魂转世为族人谋福的神话、萨满之间互相斗智斗勇斗神法的神话、萨满与自然界其他禽兽植物灵魂互生互换互补的神话,等等,都是对萨满高尚品德与无敌神威的赞美与歌颂,充满了冀盼升平世界与幸福生活的憧憬与愿望。因而它尤为北方诸民族所喜爱,妇孺传述,家喻户晓,有口皆碑。

萨满治世神话故事,因其属于各氏族萨满,所以每个氏族姓氏都有自己的萨满,也都有自己的萨满英雄谱、英雄史,因而都有许多关于本氏族历世萨满的神话与传说。对北方诸民族

---

① 引自《达斡尔族民间故事》,《呼伦贝尔文学》1988年5月。

来说，萨满治世降魔故事犹如林涛湖海一样壮阔与雄浑，而且又极熟悉而普遍。近些年，各民族都在陆续搜集整理，其中最有代表性的萨满神话故事，有以下一些名篇。

《乌布西奔妈妈》，是满族先世女真时期传流下来的著名萨满史诗，原流传于乌苏里江流域的东海女真人中间。乌布西奔大萨满相传就是当时女真部落中一位名传遐迩的女萨满，神威无敌，圣名盖世，后来成为东海喀珊诸部（俗称七百噶珊）的女罕。史诗流传地域在黑龙江省乌苏里江流域一带。民国间，东宁的关姓、赵姓等满族中亦有传讲。东安满族有些老人讲述中的史诗较为通畅连贯，而以鲁老先生为最。他生于清宣统初年，祖上为世袭拨什库，曾在依兰副都统衙门内任贡差，后任门军武卫。鲁老初通满语，传为幼时旗塾所授业，多年不用，可背诵旧句不能书写，半满语半汉文杂糅留存。史诗系老人唱诵追忆而成。余记于1972年孟春，鲁老于1976年春节后染疾与世长辞。鲁老还能讲述满族民俗风情和口碑故事，尤谙熟古窝集文化，是满族重要的文化传承人。

现择节选几段。

乌布西奔妈妈的部落，属于金代白号姓乌布逊哈喇或称乌布逊噶珊，明季很有名气：

> 乌木林毕拉是天女的玉带，
> 飘摇延伸到白云和红霞的天际。
> 貂帐像河岸边的千朵梅花，
> 狍帐像林莽里的百朵银花，

德顿骏马的蹄声盖过江涛，
刷延骏马的长鬃赛过云海。
福禄绵长的乌布逊噶珊，
太阳的娇子，苍天的恩赐。
无忧无虑地住着七百部落，
东有珠鲁罕部落，
西有彻沐肯罕部落，
南有辉罕部落，
北有无敌天下的乌布逊部落，
擅使石箭，百兽难逃。
统御八方，神谕四海。
英明罕是乌木西奔萨玛，
平定了都姆肯兄妹霸主，
扫平了安查干古寨水盗，
收降了内海巴特恩图女魔，
荡服了外海三百石岛敌窟。
东海的太阳光照着
　　没有征杀的山岩草地。
东海的明月抚慰着
　　没有哭泣的千里帐包。
鱼骨雕成的银盅，
蛤壳粘成的银篓，
装满山珍美味、渔产佳肴。
喜笑颜开，

吞咽香甜，
品尝肥美的甘露，
都是女罕的恩赏。
居住在太阳升起的东海，
乌木林毕拉是母亲的地方。
以天上的白雪为花裳，
以珍贵的鱼皮为革履，
以精美的鹅羽为绵衾，
以芳香的鱼米（即干鱼籽）为口粮，
天下无敌的乌布逊噶珊，
萨玛百神在庇佑无疆。

《乌布西奔妈妈》中的乌布西奔，因神授而成为神威盖世的大萨满。叙述十分奇妙：

瘦羸的乌木林毕拉往昔像患有灾症，
部落间争吵不休
　　像天天吵嘴的白脖喜鹊。
瘟疫漫染
　　葬尸抛满溪流。
古德老罕王手足无措，
阿布卡惩戒不知是何缘由？
突然，东海清晨出现两个太阳，
红光照彻了一个河边的豹皮帐，

东山来了一个赤脚哑女。
招手能唤来白鹰成千，
招手能唤来鲟鱼跃岸，
萨玛的神鼓
　　　乘坐能追逐飞鸟，
滚荡的激流
　　　脚踩如履平地。
用手语告谕罕王族众，
她自称是东海太阳之女。
选中了炖鱼皮的哑女，
身领东海七百噶珊萨玛神位。
便可使乌布逊永世安宁，
会像旭日东升，祥光永照，
平定盗寇，四海升平。
如果不准领受萨满神主，
乌布逊老幼必遭罪咎！
古德老罕王虽摇头难信，
只好照谕令架盖神楼，
噶珊萨玛齐聚楼下侍候。
次晨，螺号齐鸣，
倾族众人山人海。
古德老罕王跪请哑女，
身边陪拜还有众萨玛与臣仆。
女奴成千，彩衫如海。

群山百鹿,

苍松翠柳,

红雁白鹤,

都翘盼天女萨玛出世。

洪乌(铃铛)响了,

腰铃响了,

神鼓响了,

众萨玛焚香叩拜东海,

只见从江心水上走来了

　　一鸣惊人的哑女。

她用海豕皮做了一面椭圆鸭蛋鼓,

敲起疾点像万马奔驰。

哑女突然开口诵唱神语,

她把白鼠皮披挂全身,

她把灰鼠皮披挂全身,

她把银狐皮披挂全身,

她把黑獭皮披挂全身,

她用彩石做头饰,

她用鸟骨做头饰,

她用鱼骨做头饰,

她用獐牙做头饰,

她用豹尾做围腰,

她用虎尾做围腰,

她用熊爪做围腰,

她用猞尾做围腰,
全身披挂百斤重,
坐在鱼皮鸭蛋神鼓上,
一声吆喝,
神鼓轻轻飘起,
像鹅毛飞上天际。
在众族人头上盘旋一周,
忽悠悠落在乌木林毕拉河面之上。
一群水鸟飞游四周,
鱼群蹿出水面。
乌木林毕拉的众头领个个目睁口呆,
乌木林毕拉的盗首个个抱头鼠窜,
乌木林毕拉的毒瘟顿时烟消云收,
乌木林毕拉的天空立刻阳光闪耀。
众萨玛跪在女萨玛跟前,
古德老罕王手捧金印叩拜神女。
女萨玛扶起众人,紧握老罕王手,
"我为乌布逊部落安宁而来人世,
你们就叫我乌布西奔萨玛吧!"
从此,东海响彻新的征号,
　——乌布西奔萨玛大名百世传流。
东海茫茫,
日月辉辉,
乌布西奔萨玛功高盖世,

便齐称乌布西奔妈妈……

《乌布西奔妈妈》中保留北方创世神话，并记载了许多当时东海人的古生活习惯，颇有研究价值：

> 身姿修细秀美的乌布西奔女罕，
> 终日朝朝，勉于政事，长夜不寐，
> 思虑操劳，苦度三十个柳绿冰消，
> 鬓生白发，两眼角老纹横垂。
> 她有过三个爱男侍奉，
> 都未能入身而长逝，孑身一生。
> 她悲惜神体难奉庶人，
> 夜梦鼓声晓知寿命已尽。
> 便召来两名心爱女徒——
> 名叫特尔沁、特尔滨。
> 她们都是盖世萨玛，
> 乌布西奔妈妈心腹佐臣。
> 见女罕卧榻喘息，闭目不语，
> 她俩膝前叩拜，热泪沉沉。
> "我梦里听到师祖召我，
> 你们和睦友爱，要携手相亲。
> 我离去后，你俩同掌乌布逊，
> 要学乌鸦格格，为难而死，为难而生。
> 勿贪勿妒，勿惰勿骄，

部落兴旺,百业昌盛。"
特尔沁不解乌鸦故事,
乌布西奔仰靠虎榻,闭目讲诵:
天地初开的时候,
恶魔耶鲁里猖獗寰宇。
风暴、冰河、恶浪弥天,
万物不能活命。
阿布卡赫赫是宇宙万物之母,
将太阳带到大地,
将月光送到宇内,
让身边的众神女捏泥造万物,
让身边的众神女用露气造谷物,
让身边的众神女用岩粉造山川,
让身边的众神女用云气造溪河,
才有了宇宙和世界。
耶鲁里不甘失败,
喷吐冰雪覆盖宇宙,
万物冻僵,遍地冰河流淌,
阿布卡额姆的忠实侍女古尔苔,
受命取太阳火坠落冰山,
千辛万苦钻出冰山,
取回神火温暖了大地。
宇宙复苏,万物生机,
古尔苔神女因在冰山中饥饿难耐,

> 误吃耶鲁里吐的乌草穗，
> 含恨死去，化作黑乌，
> 周身变成没有太阳的颜色，
> 黑爪、壮嘴，号叫不息，
> 奋飞世间山寨，巡夜传警，
> 千年不惰，万年忠职……
> 我死后——长睡不醒时，
> 把我停放在乌木林毕拉岸边岗巅，
> 萨玛灵魂骨骼不得埋葬，
> 身下铺满鹿骨鱼血猪牙，
> 身上盖满神铃珠饰，
> 头下枕着鱼皮神鼓，
> 脚下垫着腰铃猬皮。
> 让晨光、天风、夜星照腐我的躯体，
> 骨骼自落在乌布逊土地上，
> 时过百年，山河依样，
> 乌布逊土地上必生新女。
> 这是我重返人寰，
> 萨满神鼓更加激越、高亢……

《乌布西奔妈妈》内容丰富，记述满族先世女真部落的生活习俗与历史故事，它不仅是有价值的萨满故事，也是满族目前仅有的珍贵的古文化史诗。

《音姜萨满》又称《尼山萨满》，是满族著名史诗，原在黑龙江流域的满族中广为流传，18世纪为俄人在瑷珲搜集到一种版本，带回俄国，翻译后现已传到世界许多国家。近些年，又陆续在北方诸民族中发现一些流传异文。其主要情节是，明代，有个罗洛村，村里有个富人叫巴勒杜巴颜，有两个儿子（也有传诵为独生子的），到山中打猎，突然死去，员外夫妇很是悲伤，于是便请尼山（音姜）萨满帮助救活他们的爱子，音姜萨满便跳神到阴间阎王处寻得了员外爱子的魂魄，便用神力将魂魄带回阳世，救活了爱子，并使其长寿，阖家团聚，故事圆满结局。整个故事歌颂了音姜萨满的仗义助人和她的高超神技。全故事洋溢着浓厚的萨满救世观念和神话，受到国内外学术界的珍视。目前，在北方其他一些少数民族中，均有《音姜萨满》的流讲异文。达斡尔族民间传讲的《尼桑萨满》、锡伯族民间传讲的《尼山萨满》、赫哲族民间流传的《一新萨满》、鄂温克族中流传的《尼桑萨满》等，内容基本一致，可见都是由满族民间史诗《音姜萨满》传流过去的，足见其影响深广。

《西林安班玛法》和《黑斤叉玛和乌林叉玛比武》两个萨满故事，都属于歌颂与介绍萨满神威神术的神话故事。《西林安班玛法》，是来自满族西林觉罗哈喇本氏族的萨满故事，又称《西林大萨满》，颂扬他祛邪扶正，为民驱魔，成为本民族心目中尊敬的守护神。他虽是一个普通的萨满，但在神话故事中赋予他神格化。相传他有飞天本领，他跳神经过昏迷术，自己的灵魂可以出窍，凭借神力可以在寰宇间寻找善神或恶神，为族人赢得吉祥和幸福。一次，他为了拯救一个女人的灵魂，他的魂魄飞天达十日行程，到东海女神乌里色里居住的金楼祈请神助。相传乌里色里就是专司魂魄的女神，在她的各种"魂荷包"中装着各种魂魄，是东海太阳神的小妹妹。但因她住地相当遥远，一般神祇都难飞渡其洞。所以，世上的魂魄极为珍贵。而西林色夫萨满竟有比一般神祇更高的神威，足见其神威无双。西林色夫在同元朝喇嘛斗法时，也是靠其魂游术神高一筹，使三十喇嘛懊丧败北的。《黑斤叉玛和乌林叉玛比武》的故事，是在黑龙江宁古塔一带的著名萨满故事。故事叙述住在宁古塔的乌林部萨满与住在三姓的黑斤部萨满因部落争执而互相比武比神技，双方比试下火池、上刀山、钻冰眼等神法，通过比武两个部落重新和睦友好，从此在两个部落中每年祭祀都是家神带野神，留下了耍飞叉、跑火池子、上刀山的规矩。①

又如鄂温克族著名萨满故事《萨满鼓的来历》，也显示萨满的神威。相传，人类出现以前，原来世上有个地球，后来又造出一个地球。头个地球，是腾格日（天）造的，起初，它挺小挺小的，山也矮，河也又窄又细，水也稀稀拉拉。后来，第二个地球造出来了，河也宽，水也滚滚长流。事后，又不知过了多少年，世上开始有了这样那样的教门，萨满也能坐在一面大鼓上，腾云驾雾地降除邪魔，给人类造福。原来萨满乘坐的神鼓，两面都包着皮子，是整个的大皮鼓。世上自从出现了喇

---

① 注引《黑斤叉玛和乌林叉玛比武》，《黑龙江民间文学》1985年第14期，第42页。

嘛教，便跟萨满两下里打起仗来。先是萨满占上风，把喇嘛战败退下去。隔不多时候，喇嘛又缓过劲来，反把萨满打败，夺了上风，连着鏖战，萨满使尽神威，怎么也不肯服输认败。有一回，又酣战一起去了。喇嘛祭起敖叟拉（一种法器）投过去，正好打在萨满坐着的皮鼓上，把原来本是整个的神鼓，一下给打成两半，从那以后，萨满就有了单面包皮的萨满鼓。这个皮鼓，比雷还响，敲起来惊天动地，神威也更大了。从此，便制服了喇嘛。

"萨满布坎乌姆那特恩"，是鄂伦春萨满特有的每逢三年前后举行的一次萨满与萨满之间的比赛活动，赛神歌、赛跳神、比神通、比技艺。这种萨满间的互赛，在满族先世女真族与其他崇信萨满教的少数民族中，都不同程度、不同形式地存在和沿袭过。因为只有通过这样的友好比赛，才可以使神技神力相互竞长，取长补短，发展和扩散氏族萨满教的影响。而且在竞比过程中，比治病——即用地方草药和手法功力治病，传授技艺与经验，因而使萨满教更不断打破已有影响和水平，扩大在本氏族中的景仰性与信任威望。这又是萨满教得以保存与延续、发展的又一重要原因。黑龙江省黑河地区鄂伦春族孟淑珍同志搜集的资料，是从数位本族老人中调查获得的。萨满间互相还竞比魔术艺术，如，放出去的弹头重现于手心、剪断的皮筋握于手中便自动接上、丢在地上的狍毛只要经手会飘飞而去，等等。又能竞比神技，技艺最高超者赢得最高声誉。

达斡尔族中的萨满神话故事，在北方诸民族中也很突出，流传广泛。《萨满的神》的故事介绍萨满的服饰和达斡尔萨满所侍奉的动物神祇有白兔和黄鼠狼。[①]《苏克歹萨满和一个喇嘛》故事中讲述：嘎胡洽曾有过两个灵验的铜镜，是由库伦（当时的外蒙古）带来的。一个大的叫阿尔坎托里（背上的铜镜），一个小的叫"聂刻尔托里"（护心镜），嘎胡洽死后，护心镜落在苏克歹萨满手里。他出门总是携带着，每次赶牛拉脚，护心镜总是先回到家里。家里人看见它滚回来，预料苏克歹就要到家了。兴安岭有个小庙，庙里有个喇嘛，法术很高，听说护心镜觉得太邪气了，竟拿一个银元宝从苏萨满手里买下这块铜镜。为了驱邪，他把铜镜装在三层布袋里，坐着念起经来。过两天两夜，喇嘛很疲乏，摸摸袋子，铜镜还在里边，晚上枕着袋子睡着了。醒来一看，铜镜早已无影无踪。原来，铜镜早滚出来又撵上主人了。苏萨满到齐齐哈尔，用喇嘛给的银子，买了很多东西。回来路过兴安岭时，碰见那个喇嘛，他拿出小铜镜给他看，喇嘛只好认输，不得不佩服苏克歹萨满。《托庆嘎萨满的传说》的大意是，从前，有个叫托庆嘎的很有能耐的萨满，他通过智慧和神力战胜了另一位大萨满的斗神力的故事。

萨满神话与故事所以能够广泛传播，主要有以下几个原因：

1. 萨满教的影响，在北方少数民族中根深蒂固。由于对萨满教的虔诚崇拜，人们在口碑文学中不断创造出许多脍炙人口

---

① 引自达斡尔族故事《萨满的神》，《呼伦贝尔文学》1988 年 8 月，第 7 页。

的关于萨满的神话,从辽、金以来就极为丰富,并世代传诵。上述萨满神话故事,基调都是歌颂萨满的神威、智慧、勇于助人的崇高品德。实际上,它是萨满教教义教规(虽然它还没有明确抽象出来,使之条理化)的形象体现。

2. 氏族萨满是本氏族难得的文化奇才。他们在医理、天文、生产技艺、生活经验、文化水平、艺术技巧等方面均为族中之出类拔萃者。因而人们崇敬萨满,视其为文化之师、道德之师、信仰之师、生活与追求之师。故此,在萨满故事中都极力歌颂其无敌的神威神力、高尚的品格、为氏族奋不顾身的战斗精神。实际上,萨满是氏族精神的化身,是氏族文化的标志,对萨满的歌颂,是氏族内聚力和自豪感的具体表现。所以,萨满故事比一般故事更能吸引人,为群众口传心授。另一个重要原因就是在各种传奇斗法斗勇斗智中,潜移默化地传播和学会、领略到各种生活生产经验,受到启迪与教益。

3. 历史原因。清初以来,藏传佛教以空前的规模东侵,对相安百代的古代的萨满教是一次最致命的打击和冲击。藏传佛教由于其教义内容的变通性和当时清王朝的有力支持,一度使萨满教在北方一些民族民众中,丧失了许多信仰阵地和众多崇仰者,几乎使某些地区的萨满教濒于溃散的地步。但由于萨满教在北方民族中有着世代的姻缘联系,扎根于民众的心灵深处。终于使萨满教在一些民族中,未遭到禁锢和取缔。在相当一批史诗性的故事中反映了这场宗教斗争。而且故事中极力抨击藏传佛教的东侵,支持和讴歌萨满教的强大威力,反映北方民族传统的信仰心理,是研究北方宗教史的重要资料。

重视与研究萨满神话与故事，可以直接加深对北方原始宗教萨满教的认识和理解。萨满故事的产生主要是源于萨满之口。如《乌布西奔妈妈》便是从后世萨满口中传诵丰富而成的。其中包含了许多生动、细致的萨满教内情。萨满教属于原始宗教，并未有成章的教义教法，其许多具体的神规神谕，都是通过萨满世代丰富补充、修润而逐渐约定俗成的。如果单凭已收集的一些神谕和手抄资料要深入研究萨满教是远远不够的。这些文字资料往往在祭祀中起提示作用，内容也多是提纲挈领式的，没有萨满故事描述得绘声绘形、生动逼真，如临其境。因此，要把握萨满教的全貌，要洞测其中奥妙，要梳理、归纳其教规教义，要理解其真谛，研究萨满神话故事是必不可少的一环。如萨满史诗《乌布西奔妈妈》中详细追述了乌布西奔萨满的神事活动以及祭奠中的诸种禁忌、习俗、用牲规矩等，研究乌布西奔萨满的上述活动，便可以洞测与了解东海女真人当时的具有代表性的信仰习俗与观念。又如，从《西林安班玛法》等带有斗法斗勇性质的萨满神话故事中，便可以具体地了解萨满所进行的各种富有特点、生动、惊险的神术技艺。这些独特的神术技艺包含了许多内涵丰富的象征意义，是萨满教神学观念的重要组成部分。在萨满教已经开始消逝与绝迹的今天，读过萨满故事便会增加实感，从而增加对萨满文化现象的理性认识。

五、中原渗入型神话

在北方神话采风中，可以听到许多以汉族为主的中原神话的流传和变异形式。这种现象的出现说明中华民族大家庭中各兄弟民族间密切交往、血肉相连的关系。强大的汉文化很早就对北方萨满教及其神话产生了重大的影响和渗入。如，在东北许多地方能够搜集到几种与中原神话相近似的创世神话：1. 地动说，认为大地是由一只大象或巨鱼托举着，象或鱼有时疲累一动便要发生地震现象。这种古老的神话学说源于印度古神话，后传入中国，在中原广为流传。北方萨满教创世神话则不同，它将地震、山崩、海啸等自然界运动现象归属为耶鲁里的余威和其在地心被禁锢摇曳而形成的反响。也有的神话则认为是巴那吉额姆的侍女兴恶里神鼠玩耍所致，也有认为是波洛浑姊妹所致。现在东北各族中流传的麒麟送子等神话，可明显地看出是从汉族中传入的。2. 日升日落说，在北方诸民族中还流传着"杨二郎担山赶太阳"的神话。这则神话本来是源于汉神话。因数百年来汉族的北上，诸民族同居同存，便将这类神话也带到松漠地方。但也有变化，太阳的数字在满族及达斡尔、鄂伦春等民族中数字不一，有的竟认为是"九日同生"，实际是《天宫大战》神话与《杨二郎》神话的合型异变。3. 在北方诸民族中还大量存在人类起源神话的变异型神话，南方及中原神话中存在大量兄妹婚神话——即中国著名的葫芦文化说，兄妹成婚，由葫芦而生，在北方流传，"葫芦型"变异为"磨盘型"、"窝瓜型"等内容，兄妹经过在磨盘中考验而生育后代。这显然属于北方神话与中原、南方神话的互渗形式。北方兄妹婚的神话，也有多种形式，其内容多为"半人半兽型"、"猛兽考验型"、"箭赛箭射型"、"水验型"等形式，即兄妹成婚前一方是个化型动物，经过考验或磨炼而成婚。实际上最古老的神话中还没有兄妹婚的观念，认为双方都是阿布卡赫赫的侍女。在北方最初的原始神话中，认为同性可育，认为两个以上的人便可生育，像两个生物一重叠，便可产生新生命。这是在原始时代生育知识相当无知的情况下而产生的观念。后随人类进化，有了血缘关系认识，婚姻关系发展为族外婚，这时的神话便产生同一血缘的兄弟姊妹禁婚禁忌。兄妹同婚便要受到天的考验与准允，不是按中原神话要经过葫芦考验，而是通过遇见虎豹毒蛇，看它们是否允许，它们不动，便是天神准允了。要张口吃人便是不同意兄妹结合。此外，还有神话是要兄妹二人经过走箭道、过水洞等几个艰险关口考验，方有兄妹婚而育后代。这些兄妹婚神话的实质和中原、南方同类神话相近，但表现形式带有鲜明的北国风情。

在北方诸民族神话中，还可大量搜集到大禹治水、女娲补天及神农尝百草一类的中原神话。当然，其内容也都稍有变异。

关玛法神话是多民族神话相互浸染、杂糅而形成的最有典型性的神话。关羽本为汉人，关于关羽的传说，汉魏以来，越来越成为中华民族理想化与神格化的正义浩天的典型人物。可以说，这在辽金之前便随着汉文化输入到东夷诸族，关羽形象也成为东北地区诸民族的理想人物和神格化人物。明末清初，《三国演义》成为满族先世女真族重要的历史教科书和军事书，关羽尤被敬崇，清代二百余年倍加诰封。关羽在满族等北方诸民族中不仅予以神化，而且成为口碑文学中的重要神话形象。

于是，在满族及其先世女真诸部中，产生了独具一格的具有北方民族浓厚意识观念的关玛法神话，不但传流于民间，而且正式被满族奉入肃穆的萨满教祭堂之中，列为重要奉祀对象。关羽被亲切地恭称"关玛法"，在满族长篇说部中，"关玛法传奇"占有重要一席。用满语讲述，边讲边唱，唱念相合，颇能吸引本民族老幼，喜闻乐见。在满族中讲述的"关玛法故事"内容丰富，而且人物已被北方民族化，包括关玛法出世于东海、盗耶鲁里神马、与超哈占爷比武，吃穿用具及礼节等均被女真生活化。全故事不讲其"桃园结义"等段落，集中讲其出世、习武、拯世等情节，颇具北方民族的个性。关玛法，已经是满汉相糅、民族融合型的神话人物。

在北方神话中，还流传着目莲救母等佛经故事与上下八仙等道家神话。北方确实是中华民族神话传留的一个不可忽视的宝地。

综上所述，在研究北方宗教与神话时，我们必须看到其文化的重叠性、复杂性、多样性。北方诸民族宗教与神话，绝非单纯的孤立存在形式，像树木、石砾一样互不影响，而是相互杂糅、互渗的多层次的原始与现实文化的结合体。我们研究北方神话，不仅要审视中原神话与北方诸民族神话的异同，找出其各自规律，还要认真分析北方诸民族神话的相互杂糅情况。北方各民族之间神话互相影响、互相渗透也是相当久远与复杂的，这些都有待神话学的深入研究。

第六章
神偶——萨满灵魂世界的幻象形体

第一节　神偶探索概述

在本书前面章节中,均涉及萨满教中复杂纷繁而又异常神秘、禁忌甚多的原始偶体崇拜现象。神偶,即是原始宗教崇拜中的被神格化了的某种灵物或偶像,认为在其身上具有某种超人的神力依托其上或其内,能作用于人类或能影响与庇佑于人类的生命,进而予以奉承、供养和崇拜。偶像崇拜或灵物崇拜,不但在我国汉族等诸民族中广泛存在,在国外许多民族中都有着人类文化初期的偶像崇拜历史,甚至至今偶像崇拜的祭俗,在国内外许多民族中仍未能消失,而世代沿袭着。灵物或偶像,可能是以人形为主的偶体崇拜,亦有以某一物质或动物体奉为神秘的灵物予以虔诚崇拜。《史记》云:"为偶人,谓之天神"。《汉书》云:"以土木或金属所制神佛之像也"。据记载,霍去病过焉耆山,得休屠王祭天金人,此中国偶像之最古者。* 可见,对于偶像崇拜早在汉代已经有所载记。《汉书·公孙贺传》还有生动的记载,武帝太初二年(公元前103年),太仆公孙贺,以卫皇后的姊夫身份拜为丞相,被诬告曾使人巫祭祠诅咒皇上,在去北山甘泉宫的驰道上,埋了木偶人,武帝信以为真,灭公孙贺一家。又据《汉书》中《戾太子

---

*　参见《汉书·匈奴传上》。——编者

传》《江充传》记载，有人在太子宫中埋桐木人，加害于太子被刑，等等，都是叙述神偶的故事。但是，这些典籍的记载仅仅是汉代宫廷中的巫术行为，而且记载比较单纯、简略，至于有关神偶的产生、制作、性质、作用、特征、影响等都仍然未能清楚回答。真正能揭示神偶性质与秘密的资料，仍应归属于北方诸民族的萨满教传统信仰中的神偶和灵物崇拜观念与祭拜内容。西伯利亚以及我国东北诸少数民族中存在一个斑驳陆离、奇异多彩的神偶群体世界，长期以来还未有更多学者予以足够重视和进行深入的研究。可以肯定地认为，神偶形体崇拜，是北方萨满教又一独具特点的重要宗教内容和宗教信仰现象。

北方诸民族神偶崇拜内容丰富，传播区域广泛。《宁安县志》载满族"每年两次举行家祭，祭时于上房西炕排列木人或各色绫条，用以代表祖先"。甚至进山的人，"初入林口，行人各取身旁山物悬树，以敬神"[①]。《吉林汇征》中载："恰喀拉部散处于珲春沿东海，男女俱于鼻傍穿环，缀寸许银铜人为饰。"《元史》记载蒙古"元兴朔漠……有拜天之礼"。《多桑蒙古史》上册就介绍，旅行家鲁布鲁克在蒙古地方亲眼看到萨满居住在皇帝帐幕前不远处，守护车中神偶，"人有事必谘询之，凡宫廷的用物和贡物，必经此辈以大净之"。除此，在我国东北地区生活的鄂伦春族、达斡尔族、鄂温克族、赫哲族、锡伯族等族乃至西伯利亚境内诸民族都有神偶崇拜。对北

---

① 《圣武记》卷1，第12页。

方诸民族崇信神偶的介绍，当推凌纯声先生对赫哲人往昔信仰神偶的习俗介绍，其是比较翔实细腻的。除此，俄国人马克于 1855 年在黑龙江下游一带的考察，详述了玛涅格尔人（即鄂温克人）等的神偶崇拜，俄国人 л·什姆凯维奇于 1895—1896 年冬天三次在哈巴罗夫斯克下游的通吉斯卡河一带的调查，对果尔特人等民族的神偶介绍，都有比较翔实的记录，并搜集和绘制了众多的神偶形态。此外，日人石桥且雄于 1933 年成书的《北平的萨满教》中也有"萨满教的神偶"的专题介绍。日人秋叶隆先生于 1935 年对我国大兴安岭鄂伦春族的实地考察，也绘制了许多神偶形体。①这些著述等，对于北方诸民族神偶信仰的研究，提供了极难得的珍贵材料。我国往昔的古籍如曹廷杰著《西伯利亚东偏纪要》、魏声和撰《鸡林旧闻录》以及《宁安县志》《吉林通志》《黑龙江外纪》等著述中，亦均有关于神偶崇拜的零散记载。《东北亚洲搜访记》也是介绍索伦人（鄂温克人）等族神偶崇拜的古史参考书籍。新中国成立后，随着北方民族学、民俗学的深入研究，满族等北方诸民族的神偶信仰更得到进一步的挖掘与征集，不仅从考古、民俗、史料、文物征集方面汇总了大量北方民族神偶崇拜实证，而且国内学者也注意翻译与介绍国外研究北方民族神偶状况的书籍，如郭燕顺、孙运来二先生合编的《民族译文集》，以及其他一些书刊中亦有许多介绍。这些调查与研究进展，对于北方民族神偶研究都有莫大的促进。特别是近年来，我们重点对

---

① 请见〔日〕赤松智城、秋叶隆合著《满蒙の民族ヒ宗教》（日文版）。

满族等东北地区少数民族的萨满教神偶,进行了广泛的征集与调查工作,获得了满族诸姓萨满神偶达数十件。赫哲族、鄂伦春族等民族的萨满神偶也征得到若干件,使我们大开眼界,丰富了对萨满教多神崇拜的理解,进一步认识到,萨满教神偶崇拜是北方萨满教信仰中不可忽视的重要内容和重要组成部分。对萨满教神偶崇拜的认识与理解,绝不可简单地拘泥于某一地域、某一民族,甚至有些神偶形体亦不可简单地划归某一个民族所崇信的神祇。神偶崇拜是萨满教信仰的共有现象,是萨满教发展到一定阶段上的神道观念的形体产物,不研究萨满教纷繁复杂的神偶形体便不可能真正认识萨满教多神崇拜性质,也就无法区分与其他宗教信仰的不同。近些年来,随着对满族萨满教文化的广泛深入调查,并大量征集到了淹没多年、鲜为人知的满族诸姓氏神偶形体,实际上是扩大了俄国人乃至凌纯声先生的对北方神偶的调查范围,这对于了解和研究北方萨满教文化与人类发展文明史,具有非常重要的意义。

第二节　神偶的产生因素及诸种形态

神偶的产生因素是什么?这历来是世界上人文学者感兴趣的研究课题。而北方萨满教神偶的产生条件与因素,长期以来实际上还是个谜,远未被人们完全揭示。一般学者研究神偶崇拜,多认为其产生时间甚晚,有的学者认为新石器时代可能有偶像崇拜痕迹。这缘于在考古发掘的某些器皿花纹及殉葬与陪葬物件中似乎带有某种宗教色彩。也有的学者，可以说是多数学者，认为偶像崇拜发生在祖先崇拜以后甚至到文明社会时期，方为神偶崇拜的盛时。神偶崇拜和神偶形体究竟发生在人类文化发展的哪个阶段？马克思曾讲过，"处于最低阶段的部落，连偶像崇拜的痕迹也没有"[①]。这表明马克思认为，在原始的初级部落里，原始人的信仰只能是多神的物灵崇拜，或对某一具体的自然物予以膜拜，在思维发展中还未上升和发展概括成具有综合性和代表性的偶像概念。偶像是人类思维发展到一定阶段上，而逐渐形成的赋有代表性的神祇替身形体，见到它就等于见到了某一位神和某一种超自然力。这种认识是正确的，合乎人类思维发展的规律。恩格斯也有相类似的名言，证实神偶崇拜是产生在人类思维发展到一定进化了的阶段上。恩格斯就美洲印第安人的思维发展情况说过，"他们把自己的宗教观念——一切种类的精灵——业已体现在人的肖像上，但是他们所处的野蛮下期，还不知道有所谓偶像。这是还处在向多神教发展路程中的对自然与元素底崇拜"[②]。恩格斯在论证宗教的性质时，还有一句名言："事实很清楚，自发的宗教，如黑人对偶像的膜拜或雅利安人[③]共有的原始宗教，在它产生的时候，并没有欺骗的成分，但在以后的发展中，很快地免不了有

---

① 《马克思恩格斯全集》第 45 卷，人民出版社 1985 年版，第 667 页。
② 恩格斯，《家族、私有财产及国家的起源》，张仲实译，生活·读书·新知三联书店 1950 年版，第 98 页。
③ 指印欧语系各民族，伊朗、印度等等民族。

僧侣的欺诈。"[①]从革命导师论述中可以看出,马克思和恩格斯均认为神偶的产生不是在"最低阶段的部落","野蛮下期",实际上是指原始社会中期和后期,即母系社会时期有了神偶崇拜。按社会发展世纪分析,便应是在旧石器晚期到新石器初期至中期,才产生了原始宗教的偶像崇拜观念。所以,由此可以得出结论,神偶最早应产生在原始社会,是原始社会的宗教信仰观念。从北方萨满教资料中分析,马克思和恩格斯所指的"最低阶段的部落"即是指北方原始先民的原始部落,当时所崇拜的神祇是原始初民自身以外的一切自然存在物质。原始人在对自然界诸种现象无法解释和幻求得以庇佑的心理状态下,便会自发地产生神圣崇拜的宗教意识,祈求荫护和赐降神力。《吴氏我射库祭谱》中追述本哈喇所祀"九满爷"(即九位瞒爷神,瞒爷,女真语,即指萨满神偶崇拜的先祖神和自然界神祇)神偶时说得很透彻:"吴扎拉哈喇祖居萨哈连北丘温里哈达南,奉祀祖传瞒爷玖位:白羽鹰鸟叁位、桦皮三角头长足臂神壹位、红石椎柱神壹位、蛇猬椴木柱神壹位、大鲤鱼牙骨神壹位、熊肋骨人神贰位,前柒位祖传遐远,不纪其岁,熊人神传为咸丰拾壹年本族衣崇阿大萨满迷山十日,水食不进,梦得神引生回,忆其形面设熊肋骨人神瞒爷,遂世代承祭焉。"满族吴扎拉氏所奉之祖先神偶,其中大多数是某一种自然物,如鸟羽、桦皮、红石、蛇和刺猬皮、椴木、鱼牙等,视作偶体作

---

① 恩格斯,《布鲁诺·鲍威尔和早期基督教》,见《马克思恩格斯全集》第19卷,人民出版社1963年版,第327页。

为崇拜物,这实际是很原始的灵物崇拜。当时原始初民还未形成同物体明确区分开来的神灵观念,所以仅把羽毛、骨、木、石岩等视为有神性的崇拜物,认为是有意志和能力的灵物予以崇拜,以求避邪、消灾、祈福,随身佩饰、携带,以增加抗御能力。除此,满族吴扎拉氏家族神偶崇祀还有一位熊肋骨人神瞒爷神偶,从传述故事可知系在清咸丰十一年增设神偶,意在报本谢神而立神祇。清咸丰十一年(1861年)时间甚晚,与该姓灵物崇拜神偶的祭祀年代是不能比拟的。所言"前七位祖传邈远,不纪其岁",尤证实萨满教神偶崇拜最古老最先出现的崇拜形式是实物形体崇拜。在漫长的一段人类历史发展进程中还未有形成人形偶像崇拜,从国外人文学发展例证亦可证实,最原始的时代,如西北土著民族常将装有豹爪或豹毛的蜗牛壳、鹿角尖佩戴在身,认为有壮胆之用;北极地区的爱斯基摩人崇信萨满教,他们竟将幼儿干尸作为帮助狩猎的物神。生活在我国东北的赫哲族以及生活在苏联境内的那乃人和果尔特人,都曾崇信萨满教,他们的最初神偶也多为虎形、鱼形、鸟形、刺猬形、熊形等神偶,甚至鱼、蛙、蜥、虫类等都是某一种帮助萨满施行神术的灵物。《东北亚洲搜访记》记载,居住在我国东北海拉尔河上流巴尔喀蒙古中的索伦人(即鄂温克族)家"悬一小毡毛,纳山羊毛于其中而缝之,此即索伦男女之神,家家信仰,萨满为之祭祀,亦为之祈祷"。又如达斡尔族人崇信"霍列力"神,共包括17种神,它们是由58种生物和物件组成的。"那吉勒巴尔汗"是新娘从娘家带来的神;"华味巴尔罕"是用桦树皮或其木制的日、月、虫、蛇等物组成。鄂伦春族有木刻鱼、鸟、鹰、鳖等偶像，用线连在一起，随时祭供。满族东海窝集部那木都鲁等七姓满族萨满跳神所穿的神衣神裙之外，披挂着七彩石坠，灰鼠和香鼠、貂、貉等毛尾，桦皮和藤条、黄柏、蒲苇、冻青等雕饰成的各种形态怪物，鱼皮和兽牙兽骨，禽羽禽爪，黄羊蹄角等物，披饰全身有数百件之多，代表了宇宙间的各种生命与物质，萨满借用来为自己在神事活动中自如驱策，也可以赏赐给部落族人作护宅神或守护神。

神偶最原始为某种部件灵物，从我们掌握的大批实物资料证明，它是属于原始初民时期低级的简单而朴素的具有宗教萌芽观念性质的雏形祭物，最早产生的年代应在原始宗教观念形成的数万年前。当时产生的条件与因素是因为原始初民对自然界赋予衣食的崇仰，或因遇灾异得以解脱时正恰有某种动物或有某种物质从自己身边走过，便以为是对自己的庇佑和帮助，"凡所藏瞒尼木皮神祇，均为先祖有功，实为报本勿忘之意"①。总之，在原始初民初级阶段，人类生命意识与思维发展意识尚十分低下，思维观念也就必然纯朴简单，只有直观性和直感性的心理意念，所谓直观性便是依靠主观肉体直接看到的周围世界的现实映像，反映到人的头脑中长久以后便留下了记忆，逐渐熟悉并认识了这种社会物质映像，便对其渐而发生情感与分辨力，产生了好恶、凶善、利害等思维意念。原始先民最原始的心理活动主要靠直观性品评与鉴别自己的亲疏意识，好者、善者、助己者便亲近之，相反，便疏远之。所谓直感性

---

① 引自《吴氏我射库祭谱》。

便是依靠主观肉体直接触及到的周围世界的现实物质，反映到人的头脑中长久以后便逐渐凝生与刻记下了对客观物质形态、性质、特征、变幻的意念，从而产生了应付进而驾驭其特性的心理意识。同样，直观性作用也产生了好善、凶善、利害等思维意念，产生直感性效用，趋利避害。这些原始心理观念便是决定原始初民生活的唯一准则，灵物崇拜的原始意识，便是由于原始人长期的社会生产生活，与周围世界发生了直观与直感关系后，而形成的宗教意识。这些观念和认识，只能属于人类初级阶段最简朴的心理意念。那时的万物有灵观念还非常简单，正因如此，原始初民的灵物崇拜物可以说枚不胜举，几乎世上的所有物质与人类之外的客体，都被他们选认作某一类精灵的代表和化身，只不过世界上各民族、各部落的原始先民，因生活环境、生活条件、心理素质的迥异而认定的灵物不完全趋于一致而已。

人偶崇拜，才是真正名副其实的偶形崇拜。它突出的特征则是采用诸种物质，绘画、彩绣、编织、镂刻、雕塑、缝纫、模拟等手法制成的各式人形神偶，作为神祇的代表加以奉祀。神偶最初较远古类型的，多采用木或石刻制、泥土烧塑者居多，随着人类社会的发展进化，又出现用毛革等缝制的神偶，后来随着人类制造颜料和彩绘手艺的发展，神偶又改为用天然颜色而彩绘艳丽的色调，并有精细的绘画，尤使神偶更加惟妙惟肖，栩栩若生。

人形神偶的类型：1. 人形偶分裸体偶、整身偶、半身偶、肢体偶（为突出某一部位而单制的头、目、耳、口、齿、手、足、脏器神偶）。2. 半人形偶分为人兽合体神偶、人禽合体神偶、人鱼合体神偶、人蛇与人龟合体神偶。萨满教中出现的羽人、蛇人、鱼人、虎人偶都很突出。3. 望柱形偶为城寨部落以及郊祀所用的大型人形偶，采用树干、石柱或烧冶泥土为柱而矗立地上，小则咫尺，大则有人高或城楼高竿上雕刻神偶头像，也有斫石、削石而成人头形。望柱偶特点为立柱上之偶头形，有人头形，有魔头形，有兽头形，有鸟头形，亦有怪兽怪鸟形，亦有双头人或双头多头兽望柱，意在象征卫士或守护神。4. 面具型神偶，为萨满祭或祛邪所用面具偶。偶面具上彩画人面、兽面、魔面、鸟面或虫蛇等。在北方萨满教祭祀中，偶面神具尚不多见。但有些东海窝集人萨满祭中仍有保留面具偶的记载与传说。《两世罕王传》《萨大人传》中，都有关于祭礼中用偶人面具的记载，并且用于"乌春"、"莽式"之中，并传讲其源盖来自"古昔猎狩"，"捕息兽或鸟群，头遮草伞、渐近捉得矣"。达斡尔族人在隆重的萨满斡密纳祭祀中，要在两棵桦树上（达斡尔语称"格日依，托若"即为家柱）挂"霍卓日，阿彦"（娘家神）和"阿巴嘎日岱"。阿巴嘎日岱即为红铜制成的面孔狰狞、以黑熊毛贴为胡须的面具神偶。[①]

考人偶神祇崇拜，则为人类发展到一定文明程度后产生的，即"偶像崇拜的大规模发展，始于文化社会初期"[②]。有些学者认为，偶像崇拜的产生最早源自祖先崇拜观念，是有道理

[①] 莫日根迪，《达斡尔族之宗教信仰》，《内蒙古社会科学》1981 年第 3 期。
[②] 任继愈编，《宗教词典》，上海辞书出版社 1981 年版，第 958 页。

的。人类原始初民社会的部落群体,发展到氏族制社会,产生氏族酋长或族长,在部落中逐渐树立其司掌部落的最高权威,其死后便为本氏族敬仰、缅怀、追思,渐而渐之,便产生了祖先崇拜观念。但这种祖先崇拜观念,并不一定是到父系制社会时才产生的。笔者认为在母系氏族社会的晚期便已经有了祖先崇拜意识。不过,当时的崇拜观念是女首领、女酋长而已。不论是女酋长或男酋长,均为后世族众所敬奉祭祀。族人为了怀缅和求祈其祖先护佑族人,便制作简单拙朴的神偶,作为祖先的替身和象征。其中,图腾崇拜的意味很重,所以产生了某些半人半兽、半人半禽以及人首兽身或兽首人体的多种神偶,这是由物灵崇拜向祖先崇拜的过渡形式。在当时生产发展的程度下,已经产生了相当繁荣的原始艺术,如当时已经出现了构图比较复杂的岩画,写实与写意,现实生活与神话世界熔于一炉。有些原始人由最初的简单的素描性绘画,而发展成为工艺复杂、造型优美的雕刻等多种技法,音乐舞蹈也向表意深沉而含蓄方面发展。口碑文学,如神话传说,则发展到了繁荣阶段。从考古中,我们发现新石器以后彩陶、雕塑都有突出的发展,各式纹饰图案已经相当复杂精细。在此基础上,人的主题被强化突出。古人便将祖先人像绘制成简拙粗糙的人形偶,尊其谓神祖,予以虔诚祀拜。从我们已经掌握的大量萨满祭祀规程和众多神偶形态中可以分析,祖先崇拜的人形神偶,随着时代的发展,人类文明的进步,人形神偶的制作已由粗陋而日趋精美细致。人偶的形态、内容、种类、大小已日益追求细腻逼真。偶像的脸态表情,由简单的表意性"▼"刻法,发展为精刻眉眼耳鼻。衣饰也着意显示生活化、形象化，并且外罩皮制衣衫、毛皮靴，尤近似真人形态。明清以后，北方萨满教祖先崇拜神偶，由木刻而发展为彩画影像。近世所发掘古墓与征集到的偶像，多为彩画偶像，除祖先影像外并插画日月、鹰鸟、虎熊、蟒蛇等图案，亦有单画祖先影像和日月骏马、聚宝盆等图案，显示年代更为晚近了。影像的传布，其思想观念主要是因祖先崇拜意识日益强烈，并受汉文化孝道观念影响，认为"远神制偶，祖神绘像"是恭亲敬神的表示。

在我们搜集的人形神中，最晚是在民国年间制作的。按照萨满教观念，神偶经历的代数越多，越悠远，才越有灵验。新偶则不显神性。故此，北方诸民族竭力收藏世代珍藏的古老神偶，经过先辈人之手制成的神偶才被视为有神。而且按照萨满教观念，神偶的形态灵性是神赐的，不求形似，敬其神似。即神偶必是萨满经过一定宗教过程而使神偶富有神韵。因此，北方萨满教的人形神偶，不论其制作的体态大小、所用质料的贱贵，也不论制作时间晚近，技工如何拙巧，主要视其是否源出萨满之手，而且必须经过萨满的祈祷、焚香、求偶等神祭程序，才被敬奉为神偶，否则，即使金制玉雕，亦不被奉为神品。正因如此，萨满教的神偶，绝不同于其他如佛、道、基督等教派，随意制作，随意传赠，甚至作为市井中的古玩标签叫卖。佛、道、基督等的神像与十字架等，均有布道传教的意旨，并将此举视为功德。而萨满教神偶绝忌公开面世，更忌讳作礼物或馈赠转让非本族人保存或佩戴，甚至本族无关人亦不可触摸，更不可售卖。萨满教神偶，属于原始氏族宗教的产物，其神只是本氏族后裔的守护神和吉祥物，只为本氏族某事某人的安宁尽职尽责，有极严格的单一性、承袭性和秘传性。这正说明萨满教仍处于原始、低级、狭窄的宗教意识阶段，还未发展成为佛教"普渡众生"、"佛光普照"的高级人为宗教的思想程度。萨满教神偶，严格说是氏族家藏偶像，平时不外宣外露，深藏匣篓之内。只在萨满祭祀或拜谱、庆寿、盛节、许愿、祛病、除秽等仪式时，由萨满或穆昆（亦有时由家主）请于堂案上，族中任何男女老幼绝忌染指，或说不洁不净的话和嬉戏打闹。

满族及其先世女真人、锡伯族与赫哲族，均尊称供奉祖先神偶、神谱、神案、影像、神谕、神器之所为"恩都力包"。"包"即帐篷、家舍之意，现通译为"神堂"。所以称曰神堂，追其先，盖因往昔满族先世各姓氏家中都有栖神偶等神器之所，即"堂子"，里面摆满了祖先神偶。据《两世罕王传》传讲，仅王杲的堂子就有建州右卫的祖先神偶，千姿百态达千位之多；哈达部万罕的"堂子"中祖先神亦有"千员之广"。满族各姓的祖先神偶在逐年增加、年年累积，不敢扬弃不诚，故祖先神偶数量都是相当惊人的。称"恩都力包"，实际上就是"祖先神的家"，是族人生活的现在世界之外的另一座神的世界、神的居所。清后期，特别是民国以降，萨满教信仰日渐衰弱，又加之战争离乱，北方诸民族所崇奉的人形神偶日渐稀少，除个别姓氏仍珍藏供奉外，大部分已经失散了。

第三节　神偶与灵魂

我们前节所述神偶的产生因素及其诸种形态，仅仅是论述神偶产生的外在形式与社会条件。翻阅国内外学者的论述，在论证神偶产生的原因时，也多是从祭祀需要方面简单论述。似乎神偶产生原因就是原始人因对自然力的无能为力而寄希望于神偶，能够得其庇佑而已。至于再深入探求其因，如：神偶为何能够世代受族人虔诚敬崇？神偶为何不同于一般的庶人缝制的偶人而具超凡神力？神偶内在的超凡因素与伟力的观念依据又是什么？便不得而知。我们研究神偶，必须回答上述诸项宗教观念方面的重要问题，必须解开为何北方民族世世代代虔诚礼拜神偶，视其为真神，不视其为一般偶像的核心秘密是什么。

萨满教所崇奉的诸种神偶，其实质成因是萨满教灵魂观念的产物。神偶就是萨满教灵魂树上孕生的灵魂精神体的对象化，也就是萨满灵魂世界幻象形体的具体表现。达尔文说过："野蛮人倾向于想象地认为，一切自然物体和自然力量，由于一种精神的或一种生命的元气从中起着作用，才显得活泼而有生机。"[1] 达尔文在这里所讲的原始人类想象中的一种"精神的或一种生命的元气"是什么呢？按照达尔文本意，即指原始宗

---

[1] 〔英〕达尔文，《人类的由来》上册，潘光旦、胡寿文译，商务印书馆1983年版，第139页。

教意识中的超自然力。然而，这种精神的或一种生命的元气，在萨满教观念中相当重要，这就是一种同人的生命并行的一种元气和精神——即灵魂。在萨满教理学观念中，灵魂观念占重要地位。灵魂，被萨满教原始宗教意识认为存在于人的躯体之内——亦可泛指有生物与无生物的躯体之内——而又能支配与主宰躯体的一种精神体。同时，在一定条件下，它又可以游离在躯体之外，与神灵世界交往，它的形态便是一种气态物质，是游动性非常强烈而且活跃无比并具有生机的气体。它存在的时间远远超过某种所依附的躯体的存在时间，躯体可以死亡、朽坏或消失，然灵魂则能在很长时间里不会陨灭。在原始人心目中，周围一切都是有生命的物质，都是活跃而有知觉的客体，而且比人本身更有无限而强大的奇幻能力，而人却被错觉成为最微贱、最软弱、最渺小的生命了。这种观念在现代人眼里似乎是不可思议的，然而，在原始人的观念意识中却视为非常正常的心理意识和现象。萨满教观念就认为，萨满所以不同于一般庶人，就因为萨满能获得外宇的"神"和"气"并入萨满身，得"神"得"气"而又能驭使"神"与"气"，才能够交往神灵，除邪祛病。萨满被认为是得宇宙间精神与元气之先之能者，故而受到族众的敬羡和崇仰。

萨满观念中外在的活跃元气，绝不是宇宙间浮游着的云霭风雾，而认为是众客体的魂灵浮游在天字间，它们在原依托物毙朽后而离开依托体之外浮游不定，有时暂栖于草叶、露珠、丘峦之间，无有定址，魂魄浮荡喜行止在寒暗湿荫之地。这种观念的产生，很可能是原始人从肉体在某种场合易于腐败的生活经验中长期归结而来的。因此，寒冷、阴暗、水湿都可以有一定的机体保腐性质，使自己祖先的遗体能够长期保存下来，能与活着的子孙们多处几时，多见几面，所以在这种观念中便认为死后的灵魂也喜欢阴暗湿润之所，不要见到太阳。避光是灵魂长栖与游动的最重要条件，在北方诸崇信萨满教的民族祭祀中，都是避光祭礼，实际便是后来的背灯祭礼。如若纯是人魂，萨满教观念则认为其浮游区域多是他生前最熟悉的宅宇、用具以及其未竟之举，也常浮游于他生前最爱怜的儿孙宅所。在北方诸崇信萨满教民族民俗中，便有"魂萦故里"之说。人死后北方诸民族都习惯将其妻妾殉葬，其所用之马、狗、鸟等生命以及一应用器全要入葬——俗称"烧饭"，进行火葬，最早已有水葬、土葬、风葬等形式，全要随死者送走，其最早的观念就是因为其灵魂最亲昵、最熟悉、最依恋的东西，必须随死亡同归，意在慰魂与安魂，使其不要再返回人世寻觅这些器物，使儿孙不得安宁。另外，人死起"殃"时，达斡尔族与满族令送葬人要从火上走过，要漱口、洗手，都是为了怕人死后的魂气再依附于人身而带回家舍，使宅舍不宁。"殃"气亦是指魂气而言，按萨满解释，人初死之游离气为"殃"，时间长而游离不移曰"魂"。魂发生作用于人于物而生异兆曰灵魂或魂灵，魂变魂灵，还要经过若干一段时间，魂浮游、延续时间越长越古久，其魂灵的灵气、神气越多，越不可匹敌。故萨满教中又有"初魂易伏，久魂为神"[①]的习俗观念。由此可知，

---

① 引《瑷珲祖风遗拾》。

在萨满教观念中魂、气、神三者是互为联系、密而不分的,是萨满教对宇宙间存在的某种精神、元气的神道解释。在萨满观念中灵魂或魂魄观念,截然不同于汉族民间巫术或道教中鬼魂解释,绝不是一提到灵魂,就要与鬼魂联系在一起,似乎鬼即魂,魂即鬼,将其视为鬼怪。萨满教则将魂加以分析,分成为人或其他物质衰亡后游离出来的不灭的气质,物质不死不灭,不过是一种形态的另一形式转化物质。人死后,其气不灭,其魂永存,常留人间,只不过平常人不得识不会识不易见而已。魂,并不是什么妖孽、鬼怪,只不过是宇宙间的气化、气运、气行、气凝、气聚形态,不是胁迫伤害人的祟物,通过一定的宗教程式——萨满祭祀——将其收摄起来可为部落谋福祺。所以,在北方萨满教中都认为"鬼惧萨满,萨满不惧鬼"。鬼并不是萨满崇祀的对象,萨满只承认宇内存在超自然的元气主神,而不承认有鬼魅能御控宇宙的能力。当然这样讲,不等于说在萨满教观念中没有魔鬼概念。魔鬼作为恶势力的代表,在萨满教中占有很突出地位,它是黑暗、邪恶、残暴、瘟疫、祸患等的集中化的形象化身。它不单单是源自魂魄的变化,具体说不单纯是指灵魂的幻化,而且是危害了整个自然界中各种恶、丑、坏势力的综合代表。所以,萨满教中的魔鬼观念,不与道教或汉族等民族民间巫教中的魔鬼概念相同。

前文所述"收摄起来可为部落谋福祺"的灵魂,是指民族部落内的人众死后,其魂魄由本氏族萨满收取,使其不至于无休止地浮游尘世,而不知所终,得不到本氏族的奉祀。众所周知,萨满教属于原始氏族宗教,其宗旨是为本氏族服务,本氏族人死后经过一定的宗教葬礼，其魂魄便由氏族萨满收入宗祠，予以奉祭。外族萨满不管本氏族的灵魂，本氏族萨满也不管外氏族的游魂。但是，魂魄属于气化、气运行为，必然要有互侵互犯现象，特别是有些氏族之间长期交往、有瓜葛、联络，其各氏族的魂魄也像人世之间一样互有联系和姻缘关系。如果两个氏族之间是友邻相亲的部落，其魂灵如果误入和擅入另个友善氏族的部落时，萨满便和善地供祭后恭送出去；如果氏族间是有血缘复仇的宿怨以及相互仇雠的历史，一氏族的灵魂侵扰另一氏族的生活时，便视为恶魔、魔鬼，通过萨满神术予以挞逐。也只有在这种情况下，在萨满教观念中才会出现"鬼"或"魔鬼"的称呼。正因如此，萨满教灵魂观念是很复杂的宗教心理观念。"宗教的虔诚是高度复杂的一种感情，中间包含有爱、有对一个崇高而神秘的超级的东西的无条件的顺从，有一种强烈的托庇之感，有畏惧、有虔敬、有感激，有对未来的希望，可能还有其他的成分。"① 这就是萨满教灵魂观念中始终存在和交织着的复杂情绪。

萨满教在长期发展进程中，为了慰藉氏族死去的亡魂，最初只是用简单的殉葬等方式予以祭祷，或届时大量杀牲与献牲，告慰亡灵。或者用死者的某件器物，作为灵魂归来的依附物，供奉膜拜，起到代替或影射作用。这些便是某种灵物崇拜。满族等北方诸民族最原始的简易的桦皮篓、皮布神堂等，

---

① 〔英〕达尔文，《人类的由来》上册，潘光旦、胡寿文译，商务印书馆1983年版，第140页。

最先也是作为本氏族的亡魂归来的栖身之所，后来，各氏族又建设了共同的墓地和祠舍，也是本氏族死去的魂魄归来时的栖息之地。在出土文物及运送尸骨的石棺、瓦罐、圆木筒上，常有灵魂洞，都是本部族亡魂栖息和随时出入活动之所。随着氏族的不断扩大，氏族支脉日繁、族系庞大、族丁日众，本族人因生活区域无法容纳，便要从族中不断分支分居，离开祖居地而分投八方，祖先人的原始器皿不能每个支系都能得到一件，供奉祭祷，而先人的坟址亦不能随各系各支远迁。为了解决这些既实际又崇高的灵魂崇拜的复杂情绪，便产生了更形象化的偶像崇拜活动，神偶便因此而成为世世代代氏族祖先灵魂崇拜的神品，在北方崇信萨满教的诸民族中产生、发展并不断扩散开来。神偶的出现由少到多、由小到大、由简到繁，初用泥、石、木、革制造，塑造刻制都很简陋，而且多求神似，不求形似，后来随生产的发展，又有用绢布制偶，或用铜、铁、银、金、铅等金属铸成或雕镂而成的人形神偶，技法也日益讲究，除此，也有用骨、牙类雕成的人形神偶。但不论用何种料质，萨满教神偶还不同于佛教等大型偶像。它以便于携带、实用为主，形体已不是单一型，千姿百态。人形神偶便是死后灵魂的替身和灵魂的依托体，它本身既是神又是神居人世的代表。萨满与族人便不能将其随意扬弃，而必须经过一定的宗教仪式按时祭祀，便完全赋有了某一祖先灵魂重生的同等效力和作用，这样就像祖先仍活在族人中，与阖族同乐。正因为有祖先神祇偶像永驻身边，阖族似乎在受到祖先神威的荫庇，从心理观念上产生慰藉和安然无畏的谋生精神。人们在这一心理需要上，便出现了各类神偶崇拜,除祖先神偶外,凡只要有所企冀的事都创造出一种偶神,为自己服务。

第四节　神偶与神性

　　萨满教观念认为,不是任何种类的偶像都是有灵验的灵体。神偶不是随意而制的,也不是谁都可以制成的,神偶的灵体要经过许多宗教程式,才可能被视为神偶。我们翻查史料发现世界上诸民族中均有过偶像崇拜,然而就偶像的形态、内容、宗教禁忌等方面而言,北方萨满教所崇拜与信仰的神偶,不论其形态、内容、种类等,都是世界其他民族所无法比拟的。就我们所查阅的资料以及征集到的北方萨满教神偶而论,形态千奇百怪,不下数百种之多,而且信仰的人也是非常广泛、普遍的,是一个部落和一个民族共同世代信仰的宗教内容之一。正如前述,神偶在原始萨满教神祇中产生较早。灵物崇拜意识在宗教意识出现后便萌芽了,也即是最原始最早期的多神的物灵崇拜。本节要着重论证的是祖先崇拜观念产生后的偶像崇拜,更具体地讲,即人形神偶或以人形作为神偶的形体是何时产生,并怎样制成的?因为,偶像崇拜在萨满教中最突出最集中的形体便是人形神偶崇拜。在北方民族中称"玛音神",即"瞒尼"、"莽尼"、"瞒爷"等称呼。有些民族亦称谓"布如坎"、"毛尔汉"、"玛鲁"、"搜温"、"搜翁"等,叫法与名称甚多，但实际上多为北方古通古斯语音相转，因时间推移而音称逐渐产生了差异。

那么，神偶——众多的玛音神是如何产生并又具有所谓的超凡神性呢？

一、神偶孕生的宗教程式——"玛音诸神入世"的奥秘

萨满教的诸形态神偶，都是极庄重而珍贵的传世神物，非寻常人可以染指。北方诸民族各部落及各姓氏，所创制及传承下来的经世神偶，其来源与出处不尽一致，制法、质料、出处也不统一，各有独自的传承规律和禁忌事宜。而且玛音诸神入世的宗教礼法与程序，千变万化，非可划一。本书仅能依据后世老萨满们所追述的神偶（玛音）降世有代表性的几种程式概述如下。

（一）梦幻梦

梦幻梦在原始人思维与心理意识上占有非常重要的地位。我们在前节讲过，原始人类的灵魂观念，就认为灵魂是浮游的气质物，它浮游在人外，便是浮魂、游魂、无依托梦；如果它浮游于人体，便是人通过梦幻与其交往，俗称做梦。所以，做梦有两层含意，一是人本身的浮魂外游；二是人自身浮魂与宇内浮魂交往，两者结果都能产生梦幻，即做梦的梦境。萨满教认为，一般人做梦，只是人的浮魂外游，也可能产生某些奇幻，但都是平常低级的梦境，而且梦游的时间和深邃程度都很浅薄，看不到神迹魂影；而萨满尤其是神道卓精的老萨满通过一定的宗教祈神程式后做梦，便传言会发生

奇幻的梦境。其浮魂外游，凭借着"迷溜"、"星桥"，浮魂可以穿云破雾，攀登数层昊天，在幻觉中可行程数十日，搜访寰天，吸引和召请浮游或寄居在某层天中的灵魂和神祇。这些灵魂或神祇，可能是本氏族和萨满数代以前的祖先神魂，也可能是依附于他们的诸动植物神魂，也可能是谢世不久、生前就相互熟悉的人、知己、亲友甚至是生前相互仇雠乃至互不相识的灵魂，在梦中相见，相交谈、相议事，原为仇雠者与之解说、抚慰，使之消怨为友，浮魂不再来本氏族住地启衅生非；若是祖先魂或诸善神浮魂则要费尽口舌，引其降世为氏族护佑康宁；若是本氏族新魂，也引其归葬，享本族祭祀。所以，在萨满教观念中灵魂与梦是紧密不可分的。萨满祀神的昏迷术，实际就是被看成萨满魂魄出窍升天的特异能力，出魂后的萨满身体形成了闭眼安眠的入梦情态。所以，梦在原始宗教中被解释成浮魂的外游，它与灵魂观念同是宗教的基础，可以讲是萨满教神道观念的孪生姊妹。正如萨满教所言："魂无依则浮，魂有依则静。魂浮通天，魂静通人。""浮魂依梦，静魂依形。梦中得数，梦中悉形，梦中感意，故成六序，曰：梦神、会神、面神、识神、悦神、引神，方谓窅得神体，制材藏魂，神魂寓焉，神悟蕴焉，居尔家室，阔清氛围。"[①] 这些昔人总结，其意便是申明偶体的形成源于梦，不是萨满任意可为的，而是梦中见偶形，梦中引偶降世，然后依魂中所得幻体，遵其形谨制偶体，不得疏漏简率，只

---

① 引《瑷珲祖风遗拾》。

有这样才能将梦幻偶形变成现实中实际奉祀的神偶。萨满教中绝大多数神偶都是这样形成的。

梦幻中得神偶，是由萨满进行，而且必须是主祭大萨满承担，一般采取两种方法：

一种方法是：阖族要请神偶，即请玛音众神，永远祭典。主祭大萨满便要首先净身，全身沐浴、更衣，而且必须到河里去洗清流净水澡，严戒房事。萨满要在族内堂子祭拜诸神后，便携带神鼓、腰铃，穿上神裙到东方或北方的高山林莽之中，如附近没有高山，亦选高丘清幽之处，搭好草帐或皮帐。萨满忌食原族中或家舍的饭菜，在山里帐篷门口立石架柴，吃烤牺牲肉，鸟肉、兽肉、鱼肉皆可，吃山中野菜，饮山中清泉或河水，不与常人来往。每日焚香击鼓，拜日神、星神。开始三夜不准萨满入睡，而由众侍神小萨满守护，鼓声总在耳边不断响。第三宿黑夜星星出满天之前，由总祀萨满亲自选来榆、柳木架床，上铺干草、桦树皮、兽皮，凡萨满原有的神偶全要摆在帐篷里，兽牙、兽骨等也要与野花一起撒满萨满睡觉的神床。一切安排就绪后，主祭大萨满才向临时陈设的神堂磕头跪拜，默诵乞求夜里应该梦得的神祇，要按族中辈分默念到远祖、近祖的名讳以及历代本氏族的萨满传袭名讳，杀野牲祭祀，牲血除要祭天外，其余牲血全要围帐篷洒遍。在萨满教观念中，神祇及灵魂都喜享食血汁，俗称"以血代水"、"以血代酒"。祭毕，时近午夜，萨满才入帐穿神裙、神衣、神帽、神袜而睡，只将腰铃摆放在枕的两边和双脚的两边，共四副腰铃，要立放。传这夜的腰铃，总是嘤嘤有声，如天宇间神风飘荡。如果众侍神人听不到有微微震颤的响声，便说明萨满还未能沉沉入睡，梦魂守舍，未升九天。便要跪地焚香、磕头，但绝禁帐外有声响。此刻林中野鸟都要赶走，其实连着三天两夜的击鼓，山中一切动物飞鸟早已惊退，所以帐内帐外是极其静谧清幽，万籁俱寂。总祀萨满睡在床上，身上为防寒冷可以盖上皮被等物。据许多老萨满追忆，都认为"取神影的梦最难得，常一连要三宿，无眠无困，硬要睡也睡不着觉"①，"萨满折腾得像在闹场大病，不食，不喝，头晕昏迷，不知不觉就像吃了神草，飘悠悠身子上了天，才能见到有欢乐的、跳莽式的，人很多，来接自己，就能见到许多神书上的神祇幻象和萨满先人们"②，只有这时才能在梦中出现一个个幻形神像，清晨萨满如醒不过来，众侍神萨满还要跪地用鼓招魂，迎请萨满魂魄返回人间。萨满求神形的梦，只准在三宿之内，不准超过三宿。如三宿均无梦，就绝忌再求神形，只能待下一年再设祭求梦。萨满醒来后，便击鼓跳神，向神堂叩拜，口述神谕，众侍神萨满与总祀穆昆跪地听谕言，萨满便讲述，是否得到神梦，是什么样的神祇降临，叫什么名，什么形状，用什么质料制神影，此神司管何事，此神有何禀赋和特长、喜欢什么、憎恶什么，此神临降要安放什么地方，旁边必须有什么和不准有什么，喜欢吃什么，是本族祖先神中多少代，有过什么建树和英迹，祭祀时此神怎么摆放顺序，是否可见族人，可放族众家里还是由

---

① 均摘引自《吴氏我射库祭谱》。
② 同上。

萨满供守，临降多长时日，何日返回九天神楼，返界时要有什么祭礼、送山上还是河里抑或是火化或土葬，萨满死或族人名望者殁逝可否随魂入土，等等。萨满讲得非常细致，这便是萨满祭祀中传留下来的诸位瞒尼神谕，其中保留众多的萨满神学观念和神话故事以及本民族的民俗禁忌等，是一个民族往昔民俗生活的最高总结与经典。萨满所以能世代传承讲述本族诸神传说，便都是由此梦后发端而来。然而，随着时代的变迁、社会的动荡、世代的更替，许多最原始的诸瞒尼神话传说日益淡化，因而有不少萨满神谕已记载草略，甚而对有不少本族敬祭的瞒尼神，只知供奉而不解其由来，这是甚为憾惜的事！

这种梦取玛音神影，均属本族首次请神影的祭礼活动。当然，萨满教在最原始之初，据许多老萨满回忆和听先代人讲，只住山野数日，潜居山林之树上为篷，或山岗架皮帐，渴饮山泉，饥餐兽肉，如野人生活，何时梦得神影何日返回村寨，与众萨满制神影。常有为此而死于猛兽或坠落山涧不得归者。萨满如果早殁，便按序由第二位总祀萨满接替，一直到梦得神影，方得休止。也有些姓氏求神影要两个萨满同梦一神，二人讲法基本一致时，方谓得影，否则继梦不停。萨满虔诚之心，艰辛备至，故在萨满教中有句话"神鼓、神衣可得，神影难寻"，必要经过梦幻，而要在奇梦中识辨神影。神影得后还要经过艰险多难的过程，方可制成神影，即玛音神形，亦即我们所讲的学术名词——神偶。

第二种方法是：在正常情况下，萨满因某种事件（灾异、病瘟、敌侵、内斗、问卜、结盟、出兵、释俘）而获奇特的偶梦，梦中有神影佑助，醒后果有灵验者，必重祭而按其梦中影体，制成新的一位玛音神形，与众瞒音神形共祭。这是属于新增神形，这种情况在历代萨满中都可能出现。因此，各姓氏所供奉的神偶——玛音神形，不是世代承袭不变，不增不减，而是时有增添。玛音神影，随着萨满教的发展，在每个氏族中也是不断增添扩大的，形成浩大而威严的神影神群。而且，每有增添，并不是局限一个，而是依照萨满梦中所得神影而定。因此，许多姓氏神偶甚多便是这个缘故。此外，因战乱、火灾、水患、离移，萨满或本部族名人贵人逝去，玛音神形有丢失或者因陪葬而减少，经过一段时间，萨满偶然获梦，同梦甚至常常连得数次，梦幻中的神影才可确认为应该补制的神偶。新补得的神偶，虽然其神名可能不变，然而其影态可能按新梦所获影像制成，与前存神偶不一定一致。在萨满教观念中认为这是正常的，视为神形千变万化，有时同一神名神形一样，不知经过若干年其神形又幻化为另种神形，可能又经过若干年，其神形又复归数十年或百余年前所熟悉的神形。因此，神祇的名称、职司不变，然其形态是多变的。神偶的形态变幻繁复，只有造诣高深的老萨满方可辨认出来，它最原始是什么形态，变幻过几种形态。因此，复制玛音神影——神偶是否准确，要经过老萨满确认后方可补制，才被正式列入神堂。

通过梦幻所请降的玛音神形或者是通过梦幻补增的玛音神形，要经过许多周折才能够最后完成神祇形体的制作工作。据老萨满们追述，大体要经过这些过程：

1. 定形体。梦中所得神影，形态十分模糊复杂，有时像人形，有时是半人体形，有时又似是人体某个肢节部位，甚至有时就是畸体形态，或者就是不似人又似物态的异状神形，等等，千姿百态。萨满们要首先辨认形体，确定形体后，便要按梦中神形敬制做成神体，便成为正式奉祀的神偶。定形体，是梦得神影中最重要一环。在主祀萨满亲自率领下，朝朝暮暮献牲、焚香、磕头。萨满要根据梦中所见神形体态，只能选用细嫩洁白的白桦里皮为纸帛，亦有逢夏秋日时用洁白的芍药花瓣为纸帛，亦有用獐、狍、鹿、兔等经过熟制成的方形柔软洁白的皮为纸帛，用祭神升火中捡来的黑炭为笔，据梦中形态由求梦萨满主述，由第二位大萨满（统称扎里、二神）执炭绘形，总祀萨满可以改动，直至众萨满都认为准确无误才是定形体程序圆满完毕。定形体，萨满们非常虔诚不苟，常常为觅得真确神祇形体，竟要彻夜达旦跪地不起，忘食忘寝，其情如在赤心谒迎崇仰的众守护神祇，在迎神迎祖，不敢怠惰。所定形体，举例如下：

（数字不等）

整体梦得形

半体形

注：第三位神表示梦得模糊，不能辨出面目、身形。

肢体形

畸体形

幻体形

梦幻，本是大脑睡眠活动中的生理反应。因此，梦幻是幻映物，是非常活跃和光怪陆离的。萨满在求梦中的幻象，由上述数例中可以分析，心理的宗教观念与思维的活动的形式是极其复杂而活跃的。所以，梦幻中的所有形态是瞬息万变、繁杂多样的。梦幻中尤以梦幻体形与畸形梦幻为多。原始人类在无法予以科学解释的情况下，便视为宇宙中另一世界的灵魂幻体，进入萨满的寤寐之中来了，便惊视为神祇，按梦索骥，制成偶像，加以膜拜。

2. 寻梦谕。在萨满求梦中，也常出现另外一种情况，萨满在反复得梦中，不见神影，只得到某些冥示，即有神告诉萨满或萨满自觉地领悟某些启迪，告示萨满到什么地方去便能得到玛音神形。这种梦幻也是很常有的，萨满凡遇到梦谕的情况，便要当众萨满宣讲谕言，主祀萨满便要率领众萨满按梦谕去寻觅神形，要经过艰难的历程，以坚韧的意志和无畏的精神耐心求索，不能有半点草率马虎，为此常常要经过数日、数月甚至数年，直到觅得与梦谕吻合神形为止。据满族诸姓老萨满追述，先辈萨满们常为追索梦谕神形经过千辛万苦才能如愿以偿。如，萨满在梦谕中得悉，神形要到东方九个山头上的最高松上，坐等太阳升出后的第一只飞鸟骨上得神形。萨满按此谕示，爬山攀树按时辰捉鸟，此鸟可能是小鸟，也可能是苍鹰，要用箭、网捕捉。这种行动，萨满要与穆昆达合作，甚至要动员倾族人共同放箭捕捉神鸟，捕得后，按谕示由萨满制神形，小雀多为整形标本，大鸟则多取其胸骨磨制偶体。又如，萨满在梦谕获悉，神形要在北向三条河湾过后，爬陡崖两座，再西行下陡崖，过桦树林，有团形小丘，遇着洞口，深挖其内，黑色光石为神体。萨满亦要谨遵谕示，不可偷懒，否则必受神惩，得到黑色光石后便要雕制神形偶体。又如，萨满在梦谕中悉知，神形要向东向，经过九个山头，站好后闭眼前行，往复九次都能举刀砍准在一棵枝繁叶茂的树干上，不论此树何类，便是神形寓居之所，方可为偶神。再如，萨满骑马或骑驯鹿，骑罕达罕或要有三条狗、九条黑毛狗、一只缚线捆在手上的雄鹰引路或乘小威呼顺流而下，要经过几个日出日入，信马由缰，随引物前行，不可拗性，一直到诸物停止不前时，便在该地寻神形，第一眼见到的东西便是神形寓所，采攫归来方可敬制神形偶体，此物可能是草、石、木、土，或是某种虫类、小兽、小兔等，甚或也可能是墓地，采得的是遗骨。总之，按谕示所获的物体，便是神形偶体。我们常见到北方诸民族神偶不仅形态繁多，而且质料甚多，无物不可为偶，其奥秘便是因梦谕而定所形成的结果。颇有趣的是，如果萨满由诸物引导，周返数日，又返回本寨本宅停止不前，萨满也只能白白多日跋涉，而在家舍门前或用门框或用树桩，或用帐篷皮毡，或用地土为泥制作神形偶体；如果萨满由诸物引导，停在活人前边，据萨满神谕传讲，远古时代非本部落之人则殉人为神形偶体，如遇本部落族众，便在该族人东向九步处选一物为神形偶体，后世便沿袭此规，不再殉人，而如果遇到的是人，便在其东向九步（亦有就其脚下、头上）处选物为神形偶体。按照萨满教观念，萨满之所以要由某种动物引路寻找神形偶体，是因为认为梦谕中所示的某种动物，生于阔野之中，体魄净洁，最易接近浮游之魂灵。魂灵有寄生性，可在一定时期内依附于某一物体之内，支配该物体产生灵性。若是木、石、土，便可在暗夜有蓝光，知阴晴雷雨，若是禽兽身上有依属灵魂，该禽兽便自生异态，如疯癫状，终日奔跑奋飞狂叫，远比平时胆壮凶猛，不畏火、不惧水，甚至可与更猛烈的禽兽搏斗，并喜嚼石土，能知阴晴人意。其多种反常情态很易为萨满们辨识，其依附魂魄有召引力，凡按神谕求寻神体时，其依附魂便发生吸引力，无论多么遥远、隐匿，最终都可以找到。故此，萨满们在按谕示寻求神形时，据说都是充满信心而又都有百折不回的意志，不得神体决不罢休的。

综上可知，梦幻是萨满教诸玛音神体（神偶）的孕体，是萨满教偶像崇拜中最普遍最基本的创偶形式。在萨满教中，梦与灵魂与神偶偶体是最直接的相互因果关系。萨满神道观念认为，"无魂无梦，无梦无形（神体）"，而复杂幻渺的梦境，则又是极其不易觅得的诸神偶形体的最重要依据和诱发体。许多珍贵的萨满传世神偶，不少是经过坎坷曲折，甚或要经过一世、两世甚至几世萨满在苦心寻觅中才获得的，尤显萨满所崇拜的偶体的神秘性、敬穆性与千金难买的崇高价值。故而，在萨满教中各族萨满与族众都将本族所奉祀的诸玛音神体奉为神圣不可侵犯、神威无敌的圣物，虔诚敬祀不衰，代代相因，视如族魂与生命，引为阖族之荣耀！许多部落首领、族众在征杀、御敌、猎狩、守卡、谋生等操事上，只要见到偶神形体或身佩神体，便焕发出势不可敌的智慧与威力和勇气，成为无声的领袖与侍卫。

(二) 病许

除梦幻中正常取玛音神形外，在特殊情况下，族内或某个族人也可能因患天花、瘟疫、伤残等，由萨满主祭，经过萨满跳神得到神谕或者跳神做梦中得到某种玛音形体。不过，凡这种情况，所制成的偶形多为某一部分人或某个人服务，除非是全寨瘟疫、灾祸（包括猛兽对屯寨的袭扰），所制的神偶是为全氏族服务的。如图：

防熊和祭熊的神偶，使其不危害屯寨，萨满及全族敬祭（此偶系生活在黑龙江下游那乃人神偶）

医治中风、头痛病症患者的神偶（黑龙江下游满珲人家神偶）

医治腰腿病之多阔罗瞒尼神偶（珲春那木都鲁满族人家神偶）

医治下身疾患的神偶，下身发凉、麻木、不能动、恶寒战栗，此神偶诊治（黑龙江下游那乃人神偶）

受虎豹等惊吓、咬伤而疯癫和不省人事，或入山胆小而佩戴的虎形神偶（黑龙江下游那乃人神偶）

受鱼咬伤与惊吓得病不愈的神偶（黑龙江下游那乃人神偶）

得天花病患而制的防天花神偶（满族、赫哲族以及黑龙江下游那乃人神偶）

治两臂与臀、肋疾患的神偶（满族、赫哲族以及黑龙江下游那乃人神偶）

治全身寒凉、疟疾等症的神偶（满族、赫哲族以及黑龙江下游那乃人神偶）

树神，林海中司管方向的吉祥神（珲春胡什哈里满族神偶）

鸟神神偶，捕猎神（永吉县杨木宋屯满族神偶）

东海船神神偶（在珲春县满族家供奉的远祖神）

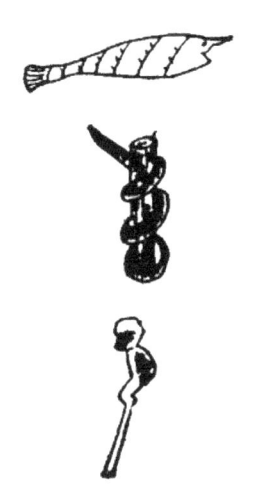

水滨守护神偶,萨满梦谕中所得形体(永吉县杨木宋屯满族神偶)

鄂伦春神偶,长尾神,狩猎守护神(塔河十八站鄂伦春族神偶)

鄂伦春神偶,一个筋斗可折几千里,狩猎守护神(塔河十八站鄂伦春族神偶)

上述类型神偶甚多,不胜枚举。这些神偶都是依据病症实际情况,由萨满绘制的。它不像梦幻偶体,要寻觅很长时间,费很多周折,而是萨满按神谕意旨,降神附体后便可口述神偶的形状、制法、料质、数量,由萨满迅即动手赶制。因此,神偶形体比较单一、简略、粗糙,不求精细,只求其形似能治病祛灾便可以了。这种神偶非常近似替身神偶,如患者重病不好,可治成神偶,在神前或到旷野火化,或顺水冲走,便认为将灾难的恶魔之魂带走了,疾病便可痊愈。如果病人死亡,这类神偶亦不存放,要随之葬埋,不得收留;如果病人痊愈,由当事人家将此神偶供奉珍藏,此人逝后再陪葬,不死便做护身神偶日日奉祀。也有些人家将治好病的祖先神偶,世代保存供奉起来,传流后世。这类治病除秽的神偶,一般多悬挂在病者室内、门上,或用针线缝在患者上衣襟上和压在患者枕下,亦有挂在大门口上的。近世满族等人家,医病神偶也有由萨满简化，而只用彩布条、彩布块缝在病人上衣内，或者挂在门口。也有不用彩布条，而以草代表医病神偶挂在大门上，意在驱邪祛病。这些神偶的另一特征是不全由萨满制作，不全出自萨满之手，而是崇信萨满教的诸族人家主，不论男女家主，都可以向祖先叩拜，然后制成祛病神偶、彩条、草把，由家人保管，日后也由家人陪葬、送走或火化。这类神偶有专一性，一户病家神偶，另一家绝忌带入家门，在郊野见到不捡不理睬，视为秽气；病家人死也不能乱扔，必须火化、随水流走或掩埋，否则认为其魂魄还会返回家室，伤害人畜。

在萨满教观念中，人世间有真、善、美、假、恶、丑之分，在萨满神道观念的灵魂世界里，也有真、善、美、假、恶、丑的分别。萨满教萨满中之黑萨满，即满族先世女真族称为"呼都高萨玛"，即邪怪萨玛，他们所驱策和主宰自己的神祇，便是邪神以及瘟病、魔鬼诸神和魂魄。黑萨满是害人萨满，而神偶神群中之病瘟、灾祸神偶便多由他们掌管。萨满依凭自己的神力与神威，能够迎请宇宙诸神来慑服宇内的邪恶灵魂，如治病，便是萨满依凭自己无敌的神威咒令病瘟神形入世，为族人治病除邪。这便是请来治病神偶的本意。萨满神力低劣，是请不来治病神偶的。萨满能临时按谕示请来治病神偶，说明萨满有慑服宇宙内灵魂的威力，一旦治好疾病，便当即送走治病神偶或令其守护若干年份再离开人世；如果神偶治不好病人疫病，萨满便惩罚它——以火化等宗教仪式除掉灾祸。由此也可以进一步说明，萨满视所有形态不一、大小不等的玛音神世界，不是无生命的人造的"偶像"世界，而是一个活跃的、有知觉有灵魂有生命的另一个灵魂世界——另一个神人世界。它们有值得崇敬的和善长者,有仗义执言的宇内捍卫者,有氏族的乐善好施的保护者,亦有氏族的敌仇。萨满通过与各种神祇形体的交往、驱策与驾驭、格斗,才保持了平安宁静的人世,才有了人类的繁衍、生命的萌发、世界的阳光与春天。

(三)传袭

北方各族众多的玛音神形(神偶)得以保存下来,除了由梦幻、病许等程式保存下来之外,还有一种突出的程式是各族萨满教的内部承袭。正如前述,神偶被视为本族的珍宝圣物,由萨满与本族总祀穆昆承袭保留下来,而且又在临终前传袭给下一代萨满与总祀穆昆达,世代不息,除因战乱、民族部落争杀使神偶毁坏、遗失外,都能代代传流和供祀不停。在萨满教观念中,玛音神形体越保存经年,越有灵气与神力。正因如此,我们近些年发掘到的满族神偶,因年久色泽都变成暗黑色。从满族诸姓萨满祭礼证实,各姓承袭萨满神偶不必有何礼仪程式,只是本族姓氏萨满因生老病死,不断更替,萨满不断"教乌云"培训提携新萨满主持神堂,神堂前的萨满因时光流逝再不断更替新人,而神堂前陈列的玛音神众形体只会世代丰富,不会减少,它不随主祀萨满的生老病死而被更换,依然代代为本氏族服务。不过依照萨满礼法,萨满(主祀大萨满)去世时,他可以带走他生前梦幻中请来的偶体或选定几种偶体陪葬,作为他在另一灵魂世界的侍者和卫士。后世萨满迎请祖先神时,常常有随葬过的玛音偶体突然复现,代那位逝世的先哲萨满传达神谕。复现的方式，多数是后世萨满偶然梦见前世萨满授给他陪葬的玛音神体，或者在道上又得到同样的陪葬的玛音神体。凡遇这种兆候，萨满必要在神堂焚香、击鼓、叩头，按梦意再复制曾随葬的玛音神偶。依照这种神偶所职司的事务范围，卜测会发生的事件，以防不测。

传袭神偶，多数都属各族姓氏保留下来的常祀玛音神体，各族又根据本部落生活环境和生活特点保留下来直接与自己生产生活密切相关的神祇形体。如满族及其先世女真诸部，比较早就定居并发展了农业生产，因此各姓氏神偶便多为育婴神偶、祖先玛音神偶以及对自然界崇拜的天宇神楼等，而祖先英雄神偶——瞒爷神占有突出数量，表现生产、工艺以及文化的发达和发展；而一些游牧民族如鄂伦春族、鄂温克族等民族则多为猎神和其他动物神偶居多；过去久居东海窝集部的满族等一些姓氏，除有玛音神偶外还保留有鱼形神偶及水神、船神神偶。在北方诸少数民族中，长期以来因生产力低下、科学文化落后，在传承下来的神偶中都非常重视"搜翁"、"搜温"、"翁滚"、"鄂其赫"等神偶，主要是便于随身佩戴，防身祛灾，消除疾患。这些神偶不单赫哲等族家家佩挂，在满族、蒙古族、鄂伦春族、鄂温克族、达斡尔族、锡伯族等民族中也非常盛行。在北方诸民族中，常有民族间"互偷神偶，成为自己的祖神"的传说故事，这些观念都充分说明这些北方兄弟民族共同崇信萨满教，共同经历了人类历史的初级原始社会时代，有着共同的心理素质和文化意识，并非是某一民族"偷"了某一民族的偶像信仰，而恰恰说明他们在文化信仰与民族发展关系方面的相通相近乃至有着共同信仰，是民族兄弟关系。

二、神偶嗜血的宗教意识

（一）嗜血是原始意识在偶像崇拜中的反映

北方萨满教中所有玛音神形以及病瘟等恶性神形，都要在一定时候用鲜牲血抹口，而且年年如是。在萨满教观念中认为，神偶（包括所有玛音神体）能够有灵魂，和活着的神体一样，就要跟人一样天天有吃有喝。人不能饿着生存，玛音神体也不可以天天不享食物，主要是要饮血灵魂只有天天饮血，才会有灵性，延续生命。人不吃喝会使灵魂脱窍而毙命，玛音神体不给血饮，也会使在偶体内迎接来的神的魂魄离去，使偶体失去神性，而变成毫无价值的草木块，纵有外表人形亦不能具有灵性和神性。所以，萨满教观念中，世代传袭下一个很普遍的祭礼——神偶要按时嗜牲血，往神偶身上抹血或往神偶嘴上抹杀牲的鲜血，致使许多供奉近百年的偶体嘴上、身上都有一层很厚的暗褐色血痂，坚硬闪光，以为是涂的颜色，其实是牲血的陈年硬迹。在北方满族等民间常将玛音神体——神偶，称作"皮人"或"黑人"，其实不一定是用皮制成，也不原来就是黑色，而是常往神偶上涂血迹，日久天长，红变褐，褐变黑，越积越厚越坚硬，而成为黑色的"皮人"了。考其因，主要是北方原始诸民族最早皆以狩猎为主，饥饮兽血是饭食中的美餐。至今在鄂温克族、鄂伦春族、满族、锡伯族等民族中，在萨满祭祀中都有以血献神、祭神、跳神的习俗。在北方一些民族中，民间亦传诵"饮鲜血生壮力"之说，并将牲血滴于米儿酒中敬神，杀牲献血正是古代生活的遗风，给神祇敬献血汁，正表示神祇享用了祭物。正因如此，给神偶献血的习俗可以说与北方诸民族生产生活的习惯有关，并且体现到宗教观念和宗教祭祀中来了。

在萨满教观念中还认为，献牲的血必须不能隔夜，必须是新杀牲的鲜血。敬鲜血才是最虔诚的表示。萨满教观念还认为，"魂依血流，血行魂行，血凝魂止，则浮离体外，曰浮魂。魂依血养，魂凭血育，血旺魂壮，血热魄强，无敌天荏，鬼魔难当，曰养魂"①。根据这种魂血相生、互卫互荣的关系，所以萨满教中很重视"以血养魂，以血育魂，以血延魂"的学说。这在医学中是有朴素唯物道理的，这里的魂魄，实际便是生命，生命没有血液育养，是不能延续的。萨满教将玛音神体——众神偶，完全视为真人形体，看作也是"人"，要维系其生存的本能，使其生命绵长，就要补血，或者称为嗜血，使偶体内的灵魂长存，永远活在世间，为本氏族服务，萨满教根本不将偶像崇拜看成是麻木无知觉的木石陈列物。从这点看，萨满教原始观念也是非常纯真炽热的，反映了原始人类的生命观。

(二) 嗜血是滋育偶体的神性要素

北方诸民族萨满教所迎请的梦幻中得来的偶神形体，在制作时都与杀牲献血的宗教活动紧密糅合在一起。偶体若是禽骨，便杀鹅、雁等飞禽血润骨，即将作偶体的材料先要泡在

---

① 引《瑷珲祖风遗拾》。

禽血中一宿，依神谕规定有时甚至七日、九日或一九、二九、三九不等；偶体若是木质、石质则要放在动物（鹿、犴、刺猬、猪）血中浸泡；偶体是牲骨，则什么动物就要捕捉什么动物，用其鲜血浸骨润骨，亦依照神谕昭示的时间浸润；其他如偶体是皮质、布质、草质，亦要用牲禽鲜血浸润。经过血润后偶体草、皮、木、骨等，有光泽和柔润性，再裁制、编制或缝制乃至刻制偶体，质料脆硬不变形，而且木质经血润后内层增加红色血纹，永不燥裂，因血中含油质，浸润木内使木质经年不朽。萨满们将血润后的偶体形态，称之为"有魂"或"有神"，认为迎来的神魂已经藏于其内，再制作神偶，也算得上是名副其实的玛音神形体了，才认为有了生命，有了知觉，只要萨满鼓声一响，它便知晓一切了。神偶制成后，还要在牲血中泡若干时辰，然后再拿出来，但最忌见太阳。神偶——所有玛音神形体只能见星、月，不准见太阳，因为它们的魂魄都喜在寒、暗、湿润之地栖息。阳光能照彻偶体干裂，偶体魂魄就要离去，神偶便失去神性。所以萨满所有玛音神形体都专门放在一个玛音神匣中，有的是用桦皮编成的筐篓，有的是用黄柏皮编成的神匣，有的是用白桦锯成的薄板钉成长方匣，望族有势者亦有用鱼骨、兽肋骨加鱼鳔胶粘成的银色神盒，存放神偶。神偶喜放静地，一般多放在室外、帐篷外的北方背阴处，以防烟熏燥热。为防虫蛀，常采走马芹、狼毒等野药草干燥后，磨成粉末，撒在神匣中，经年驱虫防腐。而且，每逢春秋祭祀、年节等祭日，都要敬请诸神体于神堂，由总祀萨满率众致祭，并要杀牲、蘸牲血于神偶唇边育魂。总之，由此可知，嗜血与神偶口唇点血，都是神偶富有神性的象征。如果常年荒旱，没有猎物，萨满育魂偶体，便要将神匣拿到清静的山野，使神偶能润得朝露与夜露，也可在大河中心处，用河心水点润神偶的眼、唇、全身。

萨满教杀牲育神奉神的观念，使萨满祭祀历代都极重视备牲、养牲、杀牲，无牲不祭成为萨满教重要的信仰观念。特别是牲血育魂育玛音神体的观念，而众姓玛音神甚多，驱使祭祀更大量杀牲。杀牲嗜血的举动，后来使萨满教日益走上了反面，走上了衰落的地步。随着狩猎生产的日益减少，农耕生产的发展，杀牲量便日益减少，许多民族姓氏祭祀受到严重影响。明末清初喇嘛教主张少杀牲的观念得以发展，使藏传佛教向萨满教挑战，萨满教众神嗜血是很不利的一条。满族等北方许多由狩猎转入农耕定居生活的民族，如锡伯族、赫哲族等民族，虽信仰萨满教，后世在玛音神祇（神偶）崇拜方面比以前大有减少，神偶数量没以前多了，杀牲是一个重要原因。

（三）嗜血是神偶洞察秋毫的伟力之源

萨满教观念认为，玛音神体嗜血，才使其魂魄旺盛，才能够庇佑族人。北方萨满教诸神偶，按先民们单纯的原始心理意识，使它们不必用耳听，而让它们事事处处用眼观察，不论是白天还是黑夜，不论是多么遥远的地方，不论是多么高峻的山岩，更不论是每个人心里在想什么、谋策什么，玛音神体在神匣中便可以洞测分毫，保护氏族部落永世吉祥安宁。这种心理，正是原始人在生产力低下的境遇中，所梦寐幻想的心愿，将这些奇迹般的愿望，都寄托到神偶神性上来，期盼神偶能实现这种夙愿。所以，萨满在制作神偶时，特别突出神偶都具有一双目光深邃的眼睛，突出眼珠和眼神。凡是雕刻的木、石、骨神偶，双眼炯炯有神，直视前方；而用布、皮等缝制的偶像，则用黑珠或红珠代替双眼；即使是绘画的布偶神形，双眼都是睁得大大的。北方萨满教诸神偶都是睁眼神偶，绝没有闭目或半闭目的神偶。即使偶体再小，也必须画好双眼，这些都是体现原始人类寄托所崇拜的玛音众神体，永世不知疲倦地遨游寰宇，观察人世万物，明察秋毫，扶正除恶，成为本氏族的吉祥平安的守护神。萨满在制作神偶时，神偶的双目必须要用鲜牲血润泡；布帛神偶的双眼也要用血汁点染，甚至有的神偶眼珠就用红色石珠代替。血润神偶双目，也是萨满教"以血育魂，以血润魂"的观念的体现。萨满特别是在有重要大事如问卜等，请出玛音神体时，必要杀牲，用鲜血润点唇、目，并默诵神谕，祈祷神祇能"睁大眼睛，看穿千里迷雾，百里恶云"，卜得吉音。

所有玛音神体（神偶）在历史发展中，又逐渐分出男女性别。据老萨满追忆，最早的神偶只有人形，不分性别。从萨满神谕中可以看出，大约到了辽金以后，萨满教神偶男女性别都很清晰地区别出来了。一般女性神偶居多，多用尖形头顶（或称柳叶头）代表女性神祇；平形头顶（或称方头）代表男性神祇。亦有些神偶，用脖颈部围一块"▲"形符号，代表女性，象征女阴。男性则不围，或者以"—"线形代替，象征男阳。男女性别差异偶像的产生与增多，说明了随着氏族的生产发展，子嗣与生育等企望成为氏族部落的又一重要宗教内容。这些偶体的制作，也必须经过血润，才能被认为能孕生灵性，才能成为保护人丁兴旺、母婴康泰的保护神。而且，制作男女双对神偶，据《吴氏我射库祭谱》中介绍，多在初春时血取黄羊、雄鹿、雄犴、刺猬等，血取其皮，制作男女对偶神。上述动物据传讲生殖能力最强最速，而且制成偶体用本动物血汁浸泡数日，其皮色血润殷红闪亮透明后，才裁制成皮，然后再缝制男女皮人。据传供祭此神，兼吃这些动物的血糕，可以安胎壮子。满族等北方诸民族除萨满供祭此神外，一般家家都供祭血皮人数对，并于春秋两季狩猎麋鹿，制血糕、晒干胎等，边当茶饮边祈祷生育吉顺如意。随着社会的发展，有些原为萨满主宰的宗教偶像，逐渐变成氏族家祭中的崇拜物，不少神圣的偶像走到了民间。

第五节　北方诸民族的神偶崇拜

北方诸民族的神偶崇拜，内容是十分丰富的。本书将择选一些具有代表性的神偶，分民族作一简述。

鄂温克族：《东北亚洲搜访记》中曾记载："索伦纯为萨满教，无巫人，云自外来，其巫皆为女子，任至谁家，均见其祀有萨满神像，盖于毛毡上，以驼毛为绳，结为人形，加以双目阔约一尺五寸，长约二尺五寸，二体双并，谓系男女二神，男名桀士波罗汉,女神仅名波罗汉。阴历二月十五日以粟纳神口中,盖即馔供之意。又在毛毡之右,贯以麻绳,挂小肉块如串珠,其下衬以山羊之毛。于毡之左端,悬一小毡包,纳山羊毛于其中而缝之,此即索伦男女之神,家家信仰,萨满为之祭祀,亦为之祈祷。由此思之,则索伦之宗教,不奉喇嘛,从可知矣。"

从上述介绍可见,索伦即我国北方之鄂温克族,崇拜偶像甚早。所云"波罗汉",实即布如坎,即祖先神。在鄂温克族每个"乌力鄂"里都有玛鲁神,实即氏族祖神。"玛鲁"由十二种东西和神灵组成,其中最主要的是祖先神"舍卧刻"。玛鲁是鄂温克族人在一圆形皮口袋中装各种神灵的总称,舍卧刻神是用一种哈卡尔树木刻制成的人形,一男一女,有手、脚、耳、眼,还有用鹿或犴皮做成的衣服。相传舍卧刻是一条大蛇从天上下来化成的,与人不通话,只和萨满通话。它给人类做许多好事,最喜欢闻油味和香味,故人们祭它时往火里烧鹿犴油。这样不仅不得病,还对打猎有好处。舍卧刻喜欢听鼓声,萨满一敲鼓,舍卧刻就能来。鄂温克族还供"嘎黑"鸟的皮,舍卧刻骑它自由飞翔。此外,还供一公一母两张灰鼠皮,舍卧刻喜欢它,猎人打猎打不到灰鼠,就把两张灰鼠皮拿出来在火上挥动几次,请舍卧刻赐给灰鼠,这样就能打到灰鼠了。此外,鄂温克族供乌麦神,是保护婴儿生命安全的神,它是用白桦或落叶松制成的小雀神偶。

玛鲁偶像口袋平时放在撮罗子外,搬家前,要把玛鲁挂在三角木架上,下边用卡瓦瓦草或翕吉勒木生烟熏之,鄂温克语叫"乌拉嘎尼楇",即除污之意。

鄂温克族还供奉牲畜神吉雅其,其状是在一方形的毡子上,用偷来的不同姓氏人家的种马的鬃尾,绣成两个人形,并且在中间缝一个口袋,以盛供物。这便是《东北亚洲搜访记》所讲的神。供吉雅其神一般一年一次,在正月十五或六月间牲畜满膘时进行,供物是稷米或大米奶粥。除此,还供毛木铁神,是用铁片剪成的人面形物,一个穆昆里只有一个,据说它是萨满最根本的神。

鄂伦春族:鄂伦春族人供奉祖先神叫"阿娇儒"。阿娇儒原是母系氏族的祖先,后来又演变为父系氏族的祖先。每个氏族都有自己的"阿娇儒神"。阿娇儒神体是用松木刻成的偶像,几乎家家都供奉这位神偶。它的神威浩大,子孙绵延、祛病消灾、狩猎丰歉,都在它的主宰之内。在鄂伦春族所居住的"仙人柱"后面,是供奉"博如坎"的地方,即供神之所。"玛鲁"神最早就起自鄂伦春族,后传到鄂温克族。"仙人柱"内部朝门的铺位叫"玛路",左右两侧的铺位叫"奥路"。在"玛鲁"左侧悬挂四、五个桦皮盒,里边供奉的便是博如坎神偶,右侧悬挂着用马尾刺绣在狍皮上的神像。鄂伦春族神偶可分为三类,一类是木制的,称"毛木台";一类是画在布和纸上的;一类是绣在布或狍皮上的。木刻的神多为祖先神,画像神多为野外的神,刺绣的神则是管马的神。

根据日本学者赤松智城和秋叶隆合著的《对大兴安岭鄂伦春族的实地调查报告》可知,鄂伦春族往昔的神偶崇拜是非常普遍而又十分丰富的。因是 1935 年秋天的调查,资料是极为丰富可贵的。作者介绍了从诺敏河、海拉尔河上游,南至绰尔河上游以及大兴安岭东西方向散在的鄂伦春族的15处驻地,访问了45位萨满,甚至在毕拉尔河上游的13个帐篷里,有三位是萨满,可见"萨满教在鄂伦春人中是多么盛行"。作者所见到的鄂伦春萨满神偶种类甚多,而且记录细致翔实,特转引如下:"鄂伦春人祖先神阿娇儒神偶,是极为朴素的黑桦材木偶,长五寸许,口上涂有獐子血,是祭祀时作为供品抹上的。加其达来神偶,也是黑桦木刻成,长八寸许,在神像中它是最大的,口边亦涂有獐血,据说是狩猎神;阿撒兰地神偶,是在黑桦木偶身上穿上幼獐毛皮的神像,高约三寸,是治小儿病的神。玛古神偶,是一对九面小木偶,系狩猎及治疗的神。包玛神偶,是在布上描绘的神像,是治疾病的神。俄库巧基神偶,是拴在一起的一对木偶,是产神,也是夫妻神偶。"

达斡尔族:达斡尔族普遍供奉霍列力·巴尔肯神偶,它包括17种神,由58种生物和物件组成,其中17种神偶,有15种是木刻的,只有两种是布上绘制的,其形状部分如下:

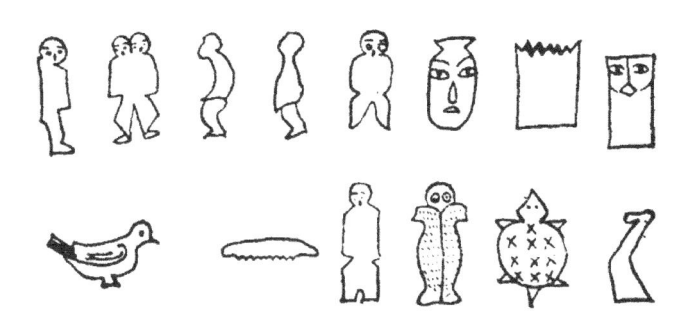

达斡尔人不分莫昆或哈拉，家家都供吉雅其神偶。它的偶像是用白布剪成的人形，一男一女，贴在蓝色或黄色的布上，供在房外。祭吉雅其神以羊为牺牲，用黄油或香油燃灯，它是保护牲畜的神。

赫哲族：赫哲族祖先神偶是木刻制的，长约28厘米，身裹熊皮，平头为男性，尖头为女性，平时供在西炕墙上的搁板上面，家祭时请至西炕上，排入诸神位之列。此外，司宅的房山神偶，高约29厘米，另有司鬼神偶、避邪神偶、痨病神偶、肚痛神偶、头疼神偶。赫哲族神偶据凌纯声先生早期调查，名目繁多，还有虎神、狼神、狗神、野猪神、猪神、龟神、鳖神、刺猬神等，平时藏于一皮口袋里，出猎时将口袋携带身边，祭时则陈列供奉。除此，还有猎神，神形尖顶，有两长足，体高92厘米，管理狩猎一切事宜；司皮神偶，神形刻有耳、目、口、鼻，两手两足，为赫哲削刻木偶最精细者，全身裹红色布或皮，大小不一，最大者高约24厘米；余者高约15厘米，专司猎皮之事。除此，赫哲人古老的神"卓禄玛法"和"卓禄妈妈"均为石偶。又据《龙江县志》卷十五习俗条中介绍，"赫哲人刻其祖宗之像，截木长尺许，其上刻圆为头颅，画成眉目，略似人形，置于犄角，处年久著灵异，如遇客误犯则立患青盲，数日瞽目，虽祷无效，一年数祭，时惟以一鹿而已"。

蒙古族：萨满的神偶，蒙古语称"翁衮"，也叫"翁古达"，是萨满神灵的象征。这些似人非人略具人形的偶像，从史书记载和实物来看，主要是木雕、皮画、毡制、铜铸四种，用木刻和用兽皮画的或剪的翁衮是森林狩猎时期的产物；用毛毡制成的翁衮是草原游牧时期的文化；尤其用青铜铸成的翁衮很可能是青铜文化组成部分。翁衮别名叫"呼日勒"，蒙古语青铜之意，人们以偶像的质料代替了它的名称。蒙古族此外也祭祀保牧勒和吉雅其神。蒙古努图克人在房门或蒙古包门外边的右上方，供奉这两位尊神。他们将一块牛骨头用一根皮条缠好，然后放在门外边右上方的神龛里，这就是保牧勒神。在毡子或牛皮上画一个牧人形象的头像，供起来，这就是吉雅其神，他们两位都是牧畜保护神。据传，古代有一牧民从天庭下界时，偷走了天帝一头牛，天帝派天使捉拿他，他说我杀了天帝的牛是为了用牛皮和牛骨做神像供奉。天帝听后赦免了他的罪，他便将牛骨用皮条缠好分给牧民供奉，人们称他为保牧勒，久而久之，保牧勒便成了牲畜的保护神。而吉雅其神则是老牧人，临死时不肯瞑目，牧民问他牵挂什么，他说，我死后给我穿上牧马服，手挎套马杆，骑上黄骠马，背靠额尔敦宝木比山埋葬。人们按着他的遗嘱进行安葬。可是，没过几月，牲畜大批死亡，他们到吉雅其墓地祭奠，并将他的像画在毡子或牛皮上供奉，让他永远望着牲畜，从此六畜兴旺。祭祀这两位保畜神都是祖先有灵论的反映。蒙古族神偶中亦有山神，祭祀要用含血的供物，"用含血的供物和动物作祭品"，这正是北方萨满教神偶灵魂崇拜的血祭表现形式。[①]

---

① 蒙古族部分，引自波·少布，《东蒙萨满刍议》，《北方民族》1989年第2期，"蒙古努固克人的原始文化遗存对其发展的影响"。

锡伯族：锡伯族萨满教形体神形突出的特点是绘画，主要是绘画萨满神像图，神像均在长方形白布上彩绘，有的图像达百余年，除画有萨满神像外，在上边云层中还画三位女神，称"伊兰恩都力格格"，两侧又有一男一女，女者居左，称"吉郎嘎妈妈"，即仁慈的女祖；男者居右，称作"郭兴玛嘎法"，即仁慈的男祖。上述人像右上侧和左上侧，分别有一日、月图案，女神之下绘有各种各样动物，有龙、虎、蛇、狼、狐狸、鼬鼠等。在另外两张图像上还绘有鹿、鹰及其他鸟类，各作不同姿态，颇为生动。这些动物的右侧并绘有展翅飞翔的羽人，据说它们都是萨满所领诸神的形体，能帮助萨满施展神术。锡伯族萨满教文化中虽形体神偶已经随历史发展而减退，但彩画技艺得以发展。彩绘仍然是偶像崇拜中一类重要形式。此外，在锡伯族中妇孺崇仰的喜利妈妈，同满族、赫哲等族非常相近，以嘎拉哈、彩条、绳索等象征神祇形体，实际上就是神祇形体的替身，是虔诚祭奉的保育神。原始的偶形神体崇拜，发展成繁荣的神体绘画技艺，说明了萨满教偶像崇拜文化在锡伯族中已有了较大的前进。因为神偶崇拜，属于朴素的原始宗教文化遗存，在有的民族中这种现象日趋减少，萨满教文化在发生着变化。

满族：满族及其先世女真各部过去的神偶崇拜情况，只在《金史》等典籍中有些记载。在清代一些史志、笔记中亦有关于满族家屋崇信神偶的记载，实物获得甚少。近些年笔者与同仁们在东北满族聚居地发现并征得了许多萨满教神偶和各种资料。神偶的各种形态和古远资料，远超出了通过俄人马克和我国著名民族学家凌纯声先生的调查所被人熟知的情况。我们发现东北亚的神偶分布区域遍及我国东北,以吉林、黑龙江为最突出。满族神偶主要分布区域以珲春、吉林、瑷珲诸地最具代表性。如,我们近年在珲春一带征得的木刻神偶"恩都里毛",长约三寸,圆柱形,平顶,有两只凹下去的大眼睛和微削下去的小嘴,惟妙惟肖。又如神偶"威虎里恩都力",即船神,木刻而成,这是脚踏一只船的两位并立女神,尖顶,眼部画线为形,嘴部刻画,一根细线将两神绑接,象征在大海行船纹丝不动。东海窝集部尼玛查氏(杨姓)多为树根神偶。又如发现满族孟哲勒氏用桦皮制成的一椭圆形柱状桦皮盒,内居三创世女神木制神偶。桦皮盒正面雕刻云朵、水和象征女性生殖器的柳叶,底部正中有一孔洞,意味此形只为九层天中的一层宇宙,各层之间上下相通。在吉林地区永吉县小绥河村满族韩姓家存有宇宙风神神偶四个,均为女性,神偶圆头凸睛,饰有女发,外罩有二尺半长黑色布条,此布象征风威,控制宇宙六个方向,即上下、左右、前后。杨姓宇宙司昼祖神偶为一对夫妻神,面部笔画而成,均作腾飞状,双偶正面均为白色,背部女为白色,表示白昼即司白天,男为黑色,意为夜,即司黑天。另外,皮制小偶双眼由铁丝嵌内,凸形,双臂呈飞腾状,有发辫。此外,与赫哲族相近的"鄂其赫"对偶,亦在吉林发现,铅制,一寸高,尖顶,双臂平伸,头上有细孔便于穿线挂身携带。它们保佑人身安全、不得疾病、不迷失方向等。除此,在满族诸姓中还发现布帛神偶,是由约半尺长、二寸宽的黑、蓝、白三色长方形布条制成的一双男女宇宙神偶,眼均以黑色玻璃球为之，女神用一三角符号（黑色布块料）贴于胸部，代表女性生殖器，神偶布条白色代表阳光，蓝色代表水，黑色为黑夜。布帛神偶便于携带。保婴神偶佛朵妈妈在辽宁新宾等地亦有神偶。随着近世满族诸姓家祭简化，多以九色或七色绸布条代表祖先，满语称为"梭利"，实为祖先神偶；亦有些姓氏因年淹日久，祖先神影已经记不清楚，如黑龙江省宁安县渤海乡满族厉姓只做几色布人代替祖先神偶。亦有些姓氏如永吉岔路河胡姓满族祖先神偶已绘制成清代官服式的神偶，而且更多姓氏的满族将神偶简化，发展为绘影像，在吉林、黑龙江等地均为普遍。满族同其他兄弟民族一样，神偶的禁忌甚多。神偶的制作亦有严格规定，不是任何人都可制神偶的，安放神偶也有严格限制，必须面南背北放在西墙神位上，神偶处必须洁净，在神偶面前人们不许讲脏话。神偶处的祭品不许更改，供品品类绝对一致，敬鸡者不能放鸭，祭鱼者不能摆鸡，而且颜色、只数、雄雌都有定论。各姓神偶不向外泄，不准外姓甚至本族常人看。做神偶剩下的余料视为神物，不能乱扔，骨石类可用它作盖房垫基、立柱之用，制下的皮张软料可做妇女坐垫、老人兜肚、护膝，也可剪制和彩绘成各种小巧美观的吉祥佩饰，甚至骨、皮等也可作药，治胃出血、妇女难产、腰腿疼疾患。祭神偶是满族等各族经常性的宗教活动，家族内自己便可进行。

第六节 北方萨满教神偶崇拜的文化意义

恩格斯在论证原始社会的发展分期中,十分重视分析原始社会各个历史阶段遗存的物质遗迹,认为这种出土的各种物质实物"具有时代特征"。北方诸民族的神偶形体正是活着的"具有时代特征"意义的精神文化的各种物化形式,对于我们认识我国东北乃至东北亚诸民族神偶文化的内涵及其在民族学、宗教学、文化史方面的重要价值是有重要意义的,提供了宝贵的实物佐证。首先,北方诸民族所崇拜、传世的神偶形态是极丰富多彩的,反映了原始先民灵魂信仰的不同层次和心理素质。神偶所涉猎的物质十分广阔,可以看出萨满教的多神崇拜与万物有灵意识的泛神观念。动物、植物身上的皮、骨、牙、羽、鳞等均可为偶体,而且绘制的神形有人形、半人形、拟人形、动物形、飞禽形、鱼形、蛇虫形,甚至就是自然的石、土等原形物质,但不论何种形态,萨满教最重要的观念便是认为其中部分已经有宇宙间的气化、神化、灵魂化的物质,有灵魂在支配着偶体知觉与行动,其超凡的神性与神力,就源于宇宙中的灵魂寄生其内。故而不得将神偶视为玩物、死物,而看作超人的真神生活于人类之中。它远超过萨满,而是神直接与人生活在同一世界之内,直接为广大部族祛病除灾,与族众同甘共苦,形影不离,亲恤民情。神偶对于研究原始人类的原始心理活动与原始思维有着宝贵的价值。

我国东北地区北方诸民族神偶的发掘与征集，丰富了通古斯各族神偶的内容，显示出同其他各地如西伯利亚诸民族所藏神偶相比的独特个性与共性，从而充实了北方通古斯语族的历史文化宝库。从《龙江纪略》《黑龙江外记》《吉林汇征》《龙江县志》《宁安县志》《瑷珲县志》等地方志和调查报告中，包括俄国、苏联、日本的一些民族调查、考古研究等著作中得悉，北亚、东北亚信仰萨满教的诸族几乎都有神偶实物和神偶崇拜现象。从地图可见，从黑龙江发源处乃至入海口，包括它的南北各个支流和沿海各岛以及乌苏里江东侧广大区域所居住的各民族，都非常普遍地崇奉多种形态的神偶。神偶崇拜是北方萨满教文化圈原始文化一大重要特征。神偶千姿百态，展现了北方萨满教文化的璀璨多彩。

从神偶的多种形态，可以确立神偶文化发展的思维进程。从原生崇拜到偶体崇拜包容着不同层次的灵魂信仰观，反映了北方古人灵魂观念的进化轨迹，即物质有灵——灵魂不死——灵魂附体——灵魂永生与转生的思维观念演进。从而使我们可以在神偶演化理论的基础上，提出许多现实的问题，可以使人联想到在现代社会中，许多特异功能现象和气功作用，似乎都与气运、气化、神化、魂化有直接关系。古人佩戴神偶和灵物，是否可以理解为与今人某些气功师运动气化内功，将某一物体摆放在患者的一定部位而起按摩祛病的作用相近似？只不过所用物件与治愈方式不同而已。当然，萨满教观念中的神偶价值远远高于这一方面意义。我们在研究古人思维观念过程中，不能以"迷信之尤"一言以蔽之，应该研究数千年来，人类自身发展中的气运学说是否存在，是否有人内在的生理基因，世界上的有生命体是否也内藏同样的气运生理基因，等等，这不仅对于解释数千年来神偶崇拜有学术价值，而且对于现世的精神异态学、病理学、心理学以及宗教学等都有重要的研究与参考价值。可惜，长期以来人们因将萨满教神偶崇拜视为迷信糟粕，而不加分析地予以扬弃焚毁。我们应该以马克思主义的态度，科学地、实事求是地分析研究，树立我国崭新的人类文化学、民族文化学和原始思维学理论，为人类文化作出应有贡献。

后 记

1988年6月间，在长春召开了新中国成立以来首次的萨满教文化座谈会。北方诸省新老学者专家喜聚一堂，显示了我国萨满教文化研究的新发展、新气象。其间，多位先生和同道热心勉励将近年国内萨满教研究与调查新成果撰写成书。会议前后，日本、芬兰、西德、澳大利亚以及台湾、香港等国家和地区学者来长春学术交流，殷切期盼能得到有关萨满教的书籍和资料。好友史昆先生等并热心搭桥，美国、意大利以及苏联、英国、韩国等国家学者也相继来函，主动给介绍国际萨满教学术研究成果和动态信息，希望加强学术交流和合作，并馈赠国外萨满教研究论集、照片与颇有影响的美国《萨满之鼓》期刊。特别值得提及的是，我们在组织完成国家萨满教文化研究课题的过程中，尊敬的民族学、宗教学、历史学前辈杨堃先生，任继愈先生、王锺翰先生、秋浦先生、贾芝先生、王承礼先生等始终给予热情亲切的指导帮助，期望和鼓励中国学者辛勤努力，建立中国萨满教学研究队伍，加强国际间学术合作与交流，为中华民族和世界文化宝库作出我们应有的贡献。

萨满教文化是现存于世的人类原始文化少有的"活化

石",容括了人类原始文化进程中所创造和承继下来的丰富遗产。人类先期历史、经济、哲学、宗教、文学、音乐、舞蹈、雕刻、绘画、天文、医药以及民俗观念、生产生活的经验技能等思想文化成就,都能在萨满教这座辉煌古老的宝库中得到鉴赏和答案。我国萨满教文化研究,仅仅是开始。我们热切欢迎国内外有识之士,携手合作共同开掘这一人类古文化的矿藏。近年,我国已有多位先生新出版或正在出版萨满教方面的专著,无疑是对我国萨满教文化研究的有力推动。拙书旨在在萨满教研究中,对一些过去较少涉猎或关心的问题,以二十年来田野调查为实证,试做一概略性探考。因时间仓促,水平有限,意在抛砖引玉,以求教于国内外同道。诸如,萨满心理学、精神病理学、萨满昏迷术、灵魂气化说以及萨满古代药术、萨满教原始艺术等章节,因篇幅所限,则求另册面世。

在完成本书前,笔者以虔恭崇仰之情向读者介绍几位上世纪二三十年代,对黑龙江省瑷珲、孙吴、逊克等地区北方诸民族萨满教进行实地考察和撷采者——富希陆、吴纪贤、程林元、郭荣恩、郭文昌、吴老师(绰号吴大个)等诸先生。本书许多姓氏近世难以采录的原始资料,出自诸前辈先生的辛劳远识。据先父富希陆先生生前回忆,当年他们一群汉族、满族乡间文化后生,深得长辈萨满、穆昆、耆老们的宠爱,朋辈间每每在尊亲有暇时,便缠闹先辈问俗论神,一言一事,均作笔录。该地满族大姓有关、吴、富、白、杨、臧、葛、赵、阎、陶诸户,聚居于沿江各屯。还有达斡尔族德、王、吴诸姓。鄂伦春族有孟、莫、葛、吴、关诸姓。其中满族、达斡尔族、鄂伦春族等族户，多为清康熙年后陆续迁入戍边的，已传十数代。除此，还有散居的赫哲族、鄂温克族（索伦）兄弟。松花江入黑龙江汇合处的同江地区赫哲族兄弟，久有往来。沿江各族除有亲戚关系外，经济上互通有无，以物易物，自古如此。各屯中都有几位造诣很深的穆昆达、噶珊达、萨满达和笔特色夫（文书师傅），都是德高望重的长者。那时，村屯间鸡犬相闻，马群驰骋。逢年节"鞑子秧歌"走屯串户。若逢春秋祭祀，铃鼓声夜传十数里，不分亲族相邀共饮，融如一家。有时一宿可赶马爬犁雪中连吃十数家的白肉血肠。乌春莽式舞更是宴席间乐事，各族竞相献舞，互不相让，通宵达旦。族中耆老和萨满们，怕族风日染汉俗，除将满文萨满神谕用汉字标音传教后代外，说史讲古最召引族众。孙吴县四季屯一带擅讲古者有当年九十高龄的清末遗老富常阿（我们后辈尊称老祖宗）、臧太爷爷、吴太爷爷、何太爷爷、何太奶奶等，都能讲萨大人（萨布素将军）传、讲雅克萨故事、讲萨满故事，有时连宿唱满语《音姜萨满》（即《尼山萨满》）等口碑说部。先父自幼受家教熏陶，常聆听族训，在其两姊的帮助下，广征满文书籍和文物，采录民情里俗。他与吴纪贤、程林元等先辈，常奔走于大五家子、四季屯、下马厂、黄旗营子、瑷珲、兰旗沟、前后拉腰子屯、吴家堡、曾家堡、大桦树林子、霍尔莫津、哈达彦、车陆、奇克、逊克等地村屯，故对北方诸族习俗十分谙熟，粗通晓数族日常语词，交友甚厚，与各地长者、猎达、渔达、穆昆、萨满都有交往，常夜过其舍，杀禽狍等做长夜谈。北方各族素有古风，客过家门不美食款待亦不放行。多年惨淡积蓄，先父与吴纪贤等先生，在一起草记了《富察哈喇礼序跳神录》《瑷珲祖风遗拾》《吴氏我射库祭谱》《满洲神位发微》《瑷珲十里长江俗记》，等等。所撰内容，不求公诸于世，只为传世备忘。尽管如此，确为后世留下了极难得到的珍贵资料。其中数篇，我家一直保存到"土改"，不少章节词句，先父于1984年病逝前还能琅琅背诵，病榻上命我兄弟记录口述。笔者能撰此书，诚谢先辈们开拓求索之良苦！另外，我们还以极沉痛和崇敬的心情，痛悼为此书曾提供过资料的已故萨满：石清民、阎文宽、高岐山、杨世昌、何玉霖、赵兴亚、关志远、赵礼、钱振才、富小昌、张荣久、郎文海、徐宝山等诸位老人，感谢至今甚有影响的孟金福、关扣尼、魏要杰等多位鄂伦春著名萨满和萨满文化传袭人，诚挚感谢东北和内蒙古地区少数民族的萨满和父老同胞。此书每章每节都倾注着他们深厚的民族情感和为传播与弘扬民族文化所付出的智慧与心血。本书是民族团结与友谊之花！

全书承蒙尊敬的孙文良先生费心阅稿，为此书提出了很宝贵的意见。任继愈先生百忙中为本书作序，这些都是对我莫大的鼓舞。在完成此书过程中，我还要感谢李治亭、张璇如等先生们的大力支持，深切感谢王宏刚、郭淑云等同志热心协助润校书稿。尤令人感激的是，辽宁大学出版社极力扶助、鼎力出书，使萨满教文化这枝古卉得以同广大读者见面，在此一并再谨致最诚挚最衷心的谢忱！

作者

1990年暮春于沈阳